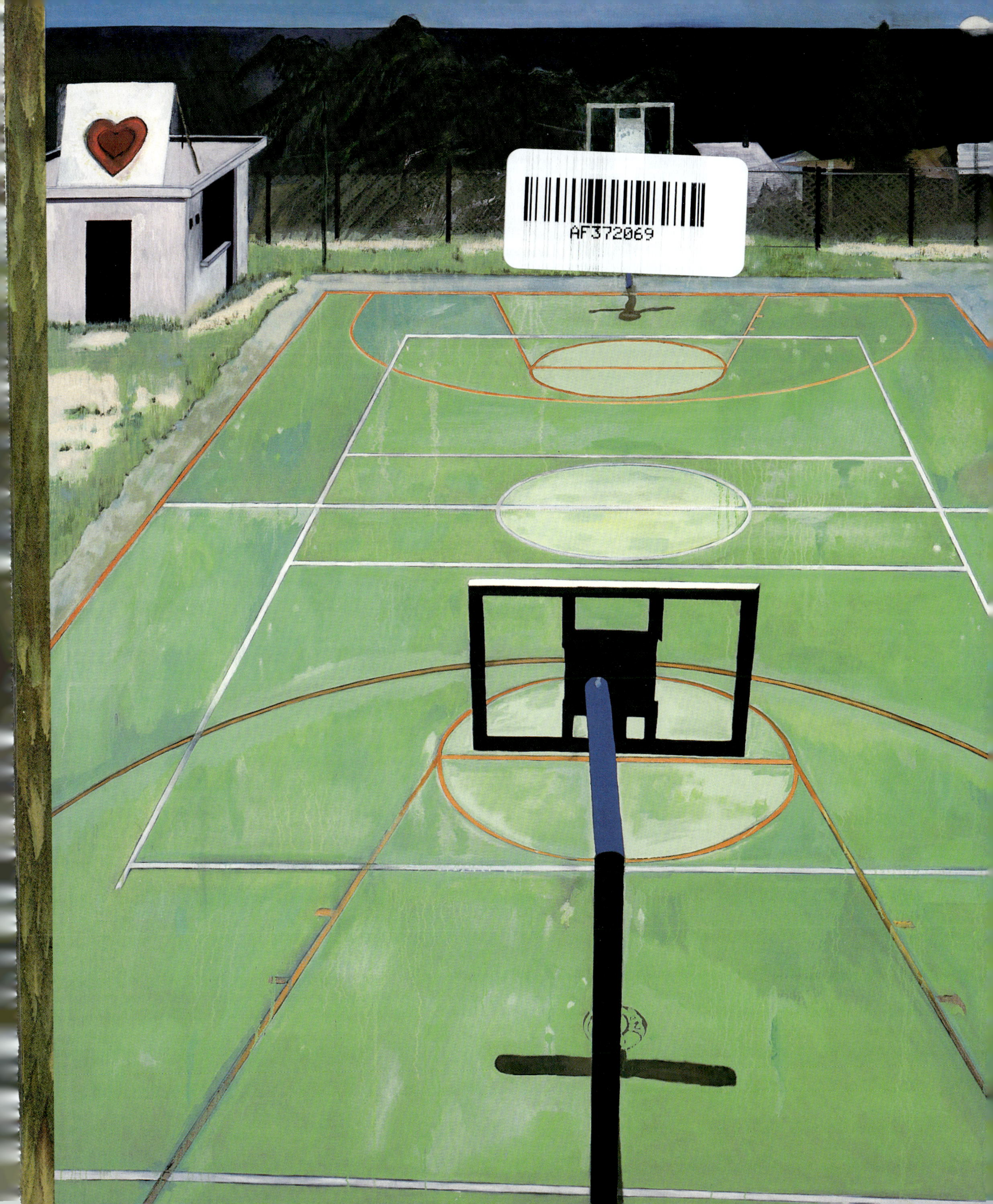
AF372069

DIE PARKETT-REIHE MIT GEGENWARTSKÜNSTLERN / THE PARKETT SERIES WITH CONTEMPORARY ARTISTS

Book Series with contemporary artists in English and German, published three times a year. Each volume is created in collaboration with artists, who contribute an original work specially made for the readers of Parkett. The works are reproduced in the regular edition and available in a limited and signed Special Edition.

Buchreihe mit Gegenwartskünstlern in deutscher und englischer Sprache, erscheint dreimal im Jahr. Jeder Band entsteht mit Künstlern oder Künstlerinnen, die eigens für die Leser von Parkett einen Originalbeitrag gestalten. Diese Werke sind in der gesamten Auflage abgebildet und zusätzlich in einer limitierten und signierten Vorzugsausgabe erhältlich.

PARKETT NR. 68 ENTSTEHT IN COLLABORATION MIT • FRANZ ACKERMANN, EIJA-LIISA AHTILA, DAN GRAHAM • WILL BE COLLABORATING ON PARKETT NO. 68

JAHRESABONNEMENT (DREI NUMMERN) / ANNUAL SUBSCRIPTION (THREE ISSUES) SFR. 116.– (SCHWEIZ), € 78 (BRD), € 82 (ÜBRIGES EUROPA), US$ 80 (USA AND CANADA ONLY)

ZWEI- UND DREIJAHRESABONNEMENTPREISE SIEHE GELBE BESTELLKARTE IM HEFT / FOR TWO & THREE YEAR RATES, PLEASE CONSULT YELLOW ORDER FORM.

Zürichsee Druckereien AG (Stäfa) Satz, Litho, Druck/Copy, Printing, Color Separations

No parts of this magazine may be reproduced without publisher's permission. We appreciate seeing any mention of Parkett in critical reviews.
Nachdrucke jeder Art sind nur mit Genehmigung des Verlags erlaubt, bei Besprechungen bitten wir um Belege.

Parkett does not assume any responsibility for unsolicited texts and pictures.
Für unaufgefordert eingesandte Texte und Bilder übernimmt der Verlag keine Verantwortung.

Copyright Parkett & Pro Litteris

PARKETT-VERLAG AG, ZÜRICH, MAI 2003   **PRINTED IN SWITZERLAND**   **ISBN 3-907582-17-9**   **ISSN 0256-0917**

Special thanks to Kelly Taylor, Victoria Miro Gallery, London.

HEFTRÜCKEN / SPINE 67–69: FIONA BANNER
Cover & inside cover flap / Umschlag & Klappe innen: JOHN BOCK, INTEREST, 2001, Yokohama Triennale. (PHOTOS: KNUT KLASSEN)
Cover flap / Umschlagklappe: FRED TOMASELLI, MONSTERS OF PARADISE TIMES TWO, 2002.
Inside cover / Innere Umschlagseite: FRED TOMASELLI, GUILDED SPLINTER (LARGE), 1994. (PHOTO: JOHN BERENS)
Page 1 / Seite 1: PETER DOIG, THE HEART OF OLD SAN JUAN, 1999.
Back cover / Rückseite: PETER DOIG, REFLECTION (WHAT DOES YOUR SOUL LOOK LIKE), 1996.
All images slightly cropped / Alle Bilder leicht beschnitten.

PARKETT Zürich New York

Bice Curiger Chefredaktorin/Editor-in-Chief; **Jacqueline Burckhardt** Redaktorin/Senior Editor; **Cay Sophie Rabinowitz** Redaktorin USA / Senior Editor US; **Suzanne Schmidt** Textredaktion und Produktion / Editing and Production; **Hanna Koller · Simone Eggstein · Trix Wetter** (beurlaubt / on temporary leave) Graphik / Design; **Catherine Schelbert** Englisches Lektorat / Editorial Assistant for English; **Claudia Meneghini Nevzadi** Korrektorat/Proof Reading

Beatrice Fässler Vorzugsausgaben, Inserate / Special Editions, Advertising; **Nicole Stotzer** Buchvertrieb, Administration / Distribution, Administration; **Mathias Arnold** Abonnemente / Subscriptions; **Ali Subotnick** Redaktion, Vorzugsausgaben und Marketing USA / Associate Editor, Editions and Marketing US; **Monika Condrea** Abonnemente USA / Subscriptions US; **Yael Bergstein** Praktikantin USA/Intern US; **Adrian Koerfer** Deutsche Verlagsvertretung/German Representative

Jacqueline Burckhardt – Bice Curiger – Dieter von Graffenried Herausgeber/Parkett Board;
Jacqueline Burckhardt – Bice Curiger – Dieter von Graffenried – Walter Keller – Peter Blum Gründer/Founders

Dieter von Graffenried Verleger/Publisher

www.parkettart.com

PARKETT-VERLAG AG, QUELLENSTRASSE 27, CH-8031 ZÜRICH, TEL. 41-1-271 81 40, FAX 41-1-272 43 01
PARKETT, NEW YORK, 155 AV. OF THE AMERICAS, N.Y. 10013, PHONE (212) 673-2660, FAX (212) 271-0704

VON MERKWÜRDIGEN DINGEN

Es ist wie Neuausbuchstabieren, als ob John Bock, Peter Doig und Fred Tomaselli ihr persönliches Inventar im Raum Gestalt annehmen liessen oder auf eine Fläche bannen würden. Der eine malt, der andere baut und hält kuriose Vorträge, während der Dritte winzige, ausgeschnittene Bildchen und echte Pflanzen in Acryllackplatten eingiesst. Ihre Bezugnahmen dringen so weit in weltliche Dimensionen vor und brechen aus diesen aus, dass es zuweilen kosmisch und atomistisch zu und her geht; als ob es darum ginge, das Universum und seine Sub-Universen zu ordnen, um neue, verblüffende, nie so gesehene, aber schon erahnte Komplexitäten zu erschaffen. Denn die Werke dieser Künstler sind keineswegs hermetisch verschlossen, im Gegenteil, sie atmen etwas Überpersönliches und sind von nachvollziehbarer Glaubwürdigkeit. Ist es ein neuer Authentizitätsbegriff, an dem hier ganz unpathetisch mit den kuriosesten Versatzstücken gewerkt, ja gekleistert, gestrickt wird?

Im Zentrum steht das Wahrnehmen der Welt und ganz eng, sozusagen wahrhaftig damit verbunden sind die Aktivitäten, die sich daraus ergeben. Wenn die Malerei von Peter Doig eine «Innigkeit» ausstrahlt wie alte Kunst, dann gerade weil der Stoff, der sie nährt, sehr heutig und mit den Imprägnierungen des Gewöhnlichsten versehen ist. Dies ist der Grund, warum sich beim genauen Hinschauen und Mitschwingen auch ein interessanter Materialbegriff aufdrängt: In dieses «Öl auf Leinwand» haben sich Aromen, Farben, Bilder als weit gefasste immaterielle Elemente eingeschrieben, als Fetzenablagerungen, die gefragt und ungefragt in uns allen Einsitz genommen haben; denn sind wir zuweilen nicht ferngesteuerte Empfindungsmaschinen?

Auch John Bock führt einen erstaunlichen Materialbegriff in die Kunst ein, indem er Vorstellungen von Wahrheitsgehalt in die Hinterhöfe des abstrus Entfernten der Erfahrung und des Diskursiven trägt; in die Welt des Rasierschaums, der Bohnensuppe und der Heuballen, aber auch des avanciert Wissenschaftlichen, der abstrakten Formeln und abgeschiedenen Forschungslaboratorien. Dabei entsteht eine Verschmelzung von Handfestem und abgehoben Abstraktem in den unwahrscheinlichsten Begegnungen von vermeintlich Natürlichem und kristallin Theoretischem, von Herzhaftem und hochfliegend Begrifflichem.

Diese Ausgabe von PARKETT handelt von merkwürdigen Dingen, die aber nur aus einem bestimmten Blickwinkel seltsam wirken. Das Bild auf dem Titelblatt, so scheint es, zeigt jedenfalls Menschen, die auf der Suche sind und gerne ihren Kopf temporär in eine «andere», «unbekannte» Welt eintauchen – eine, die ja durchaus zur alten, vertrauten gehört.

Nicht nur Material-, sondern auch Zeitbegriffe verschmelzen in den Werken dieser Künstler. In Fred Tomasellis an Bernstein erinnernden Bildtafeln sind zugleich Äonen und Augenblicke eingefangen, geronnen zu einem fein ziselierten Bild von haltloser Tiefe. Wenn Tomaselli in die sprichwörtliche massenmediale Bilderflut greift und in hingebungsvoller Sorgfalt, geduldig schnipselnd seine «Atome» verschiebt und ordnend zusammenfügt, bis in den Bildern das Universum von neuem in den grossen Dimensionen erstrahlt, scheint er für Momente die Sinnfrage zu beantworten, wozu denn diese ganze Bilderflut überhaupt existiere.

OF CURIOUS THINGS

John Bock, Peter Doig, and Fred Tomaselli seem to be spelling out a new universe in the act of shaping their personal inventory in space or confining it to a plane. The first paints, the second constructs and gives eccentric lectures, and the third embeds tiny cutouts and real plants under an acrylic veneer. Their points of reference burrow deep into the world and break out of it, oscillating between cosmic and atomistic dimensions. It is as if the universe and its sub-universes were being tidied in order to create startling new complexities, the likes of which, though often conjectured, have never been seen in this form before, for they are certainly not hermetically sealed. On the contrary, they breathe a supra-personal and comprehensible credibility. Are these artists forging, pasting, and even knitting a new concept of authenticity with their matter-of-fact array of curious set pieces?

The heart of the matter is a world perceived in close and, so to speak, truthful association with the activities attendant upon that perception. If an artistic past reverberates in the "intimacy" of Peter Doig's paintings, then it is precisely because the quintessential ordinariness of the subject matter that feeds into them speaks so intensely of today. This explains the engaging approach to materials that strikes the viewer on closer, empathetic study. Scents, colors, images are inscribed in the "oil on canvas" as wide-ranging immaterial elements, as the sedimentation of scraps deposited, invited and uninvited, in all of us, for are we not at times remote-controlled machines of sensation?

John Bock also proposes an astonishing treatment of materials by shifting ideas of truth content to the abstruse backyards of experience and discourse: to the realms of shaving cream, bean soup, and bales of hay, as well as the remote and recondite scholarship of abstract scientific formulas and inaccessible laboratories. Solid, down-to-earth fact and aloof abstraction blend into each other in the most unlikely—or rather likely—encounters between reputed nature and crystalline theory, between heartless sanity and heartfelt insanity.

The curiosities dealt with in this issue of PARKETT warrant that designation only from a specific vantage point. The picture on the cover shows searchers willingly immersed for the moment in another, "alien" world—one that quite clearly belongs to all that is old and familiar.

Concepts not only of material but also of time melt into each other in the works of these artists. Fred Tomaselli's pictures, reminiscent of amber, capture both eons and seconds that coalesce into the most delicately chiseled images of unfathomable depth. When Tomaselli plunges into the proverbial flood of mass media images and, with devoted care, patiently shifts and organizes his clipped "atoms" until the universe radiates anew in the soaring dimensions of his spaces, it seems he has found a passing answer to the question of why such a flood of images even exists.

Bice Curiger

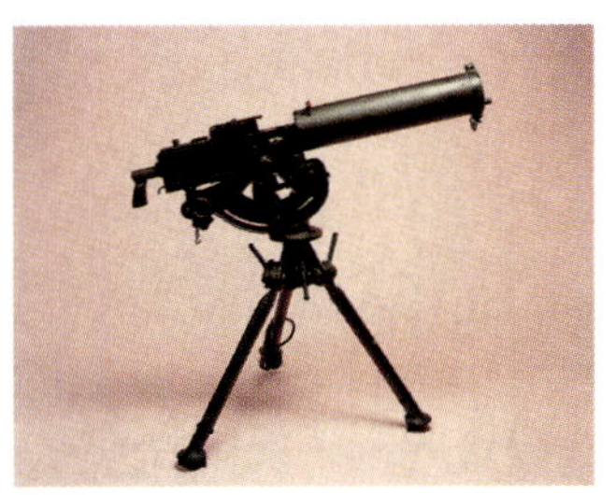

THE STARLING VARIATIONS

TROY SELVARATNAM

Simon Starling would have been something of a poster boy to the existentialists. Here is someone who embraces the idea that two plus two equals five, who refuses to accept rigid ideologies at face value, and who attempts to order an increasingly impersonal world according to his own terms. Starling reflects on the world unburdened of dogma and makes connections between disparate schools of thought, historical trajectories, and natural phenomena such that they commingle in a meaningful way, at least in his eyes. His is an art marked by a constant rebellion against convenience, not only in that he refuses to accept that musical theory can never be applied to architecture, for example, but also in that his artistic gestures are the product of a hard-won individual process. Indeed, in executing his large-scale art projects, Starling has turned his hand to aluminum production, chair manufacture, printing, boat building, and horticulture, and mercurially journeyed through Surinam, Trinidad, Puerto Rico, and Romania. Starling encourages the viewer to see the product as being much more than the sum of its parts, to explore the physical processes and ideas that were responsible for its creation. Each element possesses a fascinating narrative, each one indissoluble from the whole.

An artist prone to extended reflection and reverie, Starling cuts a resolutely solitary figure. He is a southerner from England who lives in Glasgow. Possibly this sense of displacement is critical to his stance as an itinerant artist. Physically and psychologically, he has not put his roots down. In RESCUED RHODODENDRONS (2000), Starling directly inverted a historical trajectory—a key element in this endeavor being a red Volvo 240 Estate. In the mid-eighteenth century, the plant *Rhododendron ponticum* was imported from the south of Spain to the north of Scotland, where it is now regarded as a nuisance weed. Learning that the plant would be eliminated as part of a large-scale

TROY SELVARATNAM lives in Brooklyn, New York.

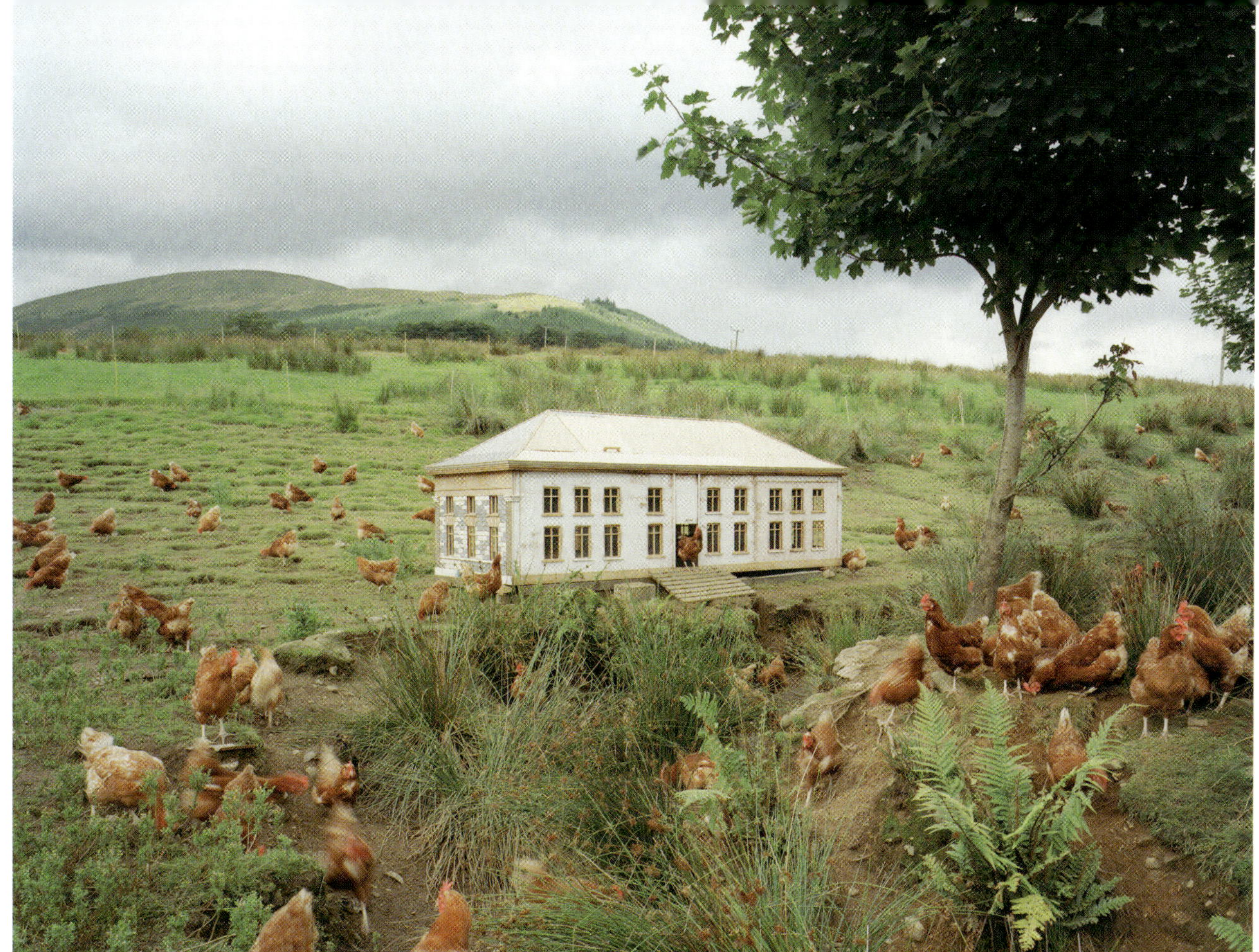

landscaping project that sought to reinstate the original ecosystem, Starling counteracted by rescuing some of the plants and set off for Spain in his estate car. Equipped with a generator, sun lamps, plant food, and a pitchfork, Starling made photo-shoot stops along the way, in Elrick Hill, Scotland, Pays de Calais and Les Landes in France, and Moron de La Frontera and Parque Los Alcornocales in Spain, where, as Starling informs us in the accompanying text, Claes Alstoremer introduced the plants into cultivation in 1763. (Is Starling's use of a Swedish car then a deliberate gesture, or is it a reassuring coincidence?) The elements in each photo are immutable—there is the pitchfork leaning against the Volvo, the plants tied up in burlap on ground sheets, the generator in the foreground. One gets the feeling that these plants are in loving, though not entirely competent, hands. Starling posits that the endeavor of reintroducing the plants in Spain controls the pursuit, and the expertise to do so, far from being insur-

mountable, will be acquired along the way. There is a credo at the root of this amateurism: "The important thing for me is that in each case it is a learning process within an expanded field of activity. I suppose in some sense I operate as a 'professional amateur.' Toying with things, with ways of doing things, but never getting really good at them."[1]

A dignified work ethic pervades Starling's work. He is undaunted by the theoretical systems and machines of mass production that have diminished the role an individual has in giving meaning to his own existence. As a "professional amateur," Starling reclaims creative thought and manual craft and, in the process, he is able to demystify seemingly intractable ideologies and democratize production techniques. In the installation INVERTED RETROGRADE THEME (2001) at the Secession in Vienna, Starling took as his starting point the twelve-tone system of composition devised by Viennese composer Arnold Schönberg. It is not surprising that Schönberg's system

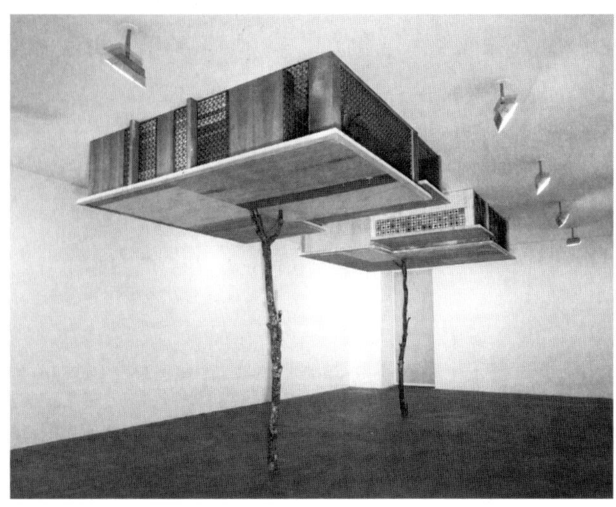

would strike a chord with Starling, grounded, as it is, in the principle that sequences of notes based on the twelve-tone scale can be inverted, reversed, and tied together to produce the final composition. Starling related Schönberg's system to the modernist architecture of the exhibition space and the way in which a piano is constructed. Twelve rows of neon tubes that were normally part of the central ceiling construction of the gallery space were lowered into the room below. Each row of lights was divided into seven sections controlled by time switches, flickering according to a programmed Schönbergian composition—a visualization of Schönberg's theories. Two nineteenth-century Bösendorfer grand pianos were placed on the floor of the space, one of which was disassembled and built in reverse. The altered components were ranged out across the space, along with inverted sections of the piano produced by Starling himself.

Starling reminds us that theoretical systems can never fully take into account the improvisatory nature of the reality they attempt to influence and shape. In transforming objects inspired by rigid systems of thought and reconfiguring them to different contexts and materials, Starling questions the over-riding dogma of their design. In Starling's work, structures crumble under the continuum of history and its variations. But Starling is invoking something more than mere deconstruction here, as in many of his works; indeed, in order to defile the piano, he had to understand the minutiae of its construction, the essence of every individual element. By transferring the stringent organizational system of twelve-tone music to the architecture of the piano, he breaks down the method of producing such a bourgeois cultural artifact. He also emphasizes that craft goes into its production.

It's not such a stretch to think of Starling as a Luddite railing against machines of mass production and doggedly determined to prove that he can make objects by the sweat of his own brow. In his installation WORK MADE-READY, LES BAUX-DE-PROVENCE (MOUNTAIN BIKE) (2001) at the Cooper Gallery, University of Dundee, Starling produced aluminum from bauxite mined in France and forged a mountain bike frame from the metal. He has also produced homespun renditions of modernist objects, such as Eames chairs (HOME-MADE EAMES, 2001) and Poul Henningsen lamps (HOME-MADE HENNING-SEN, 2001). HOME-MADE EAMES consists of a series of photographs depicting the molds and special apparatuses he constructed to produce a replica of the coveted Eames "DDS" chair. What is on display, in effect, is the negative space of the chair, the molds that give it shape and the formers that hold it together. Indeed, negativity is a recurring theme in Starling's works, and in this respect, his art bears comparison with that of Rachel Whiteread. Starling, however, takes the idea of negativity and runs with it—not only does he depict objects in their inverted state, but he also turns theoretical systems upside down and projects narratives in reverse.

Starling's cavalier attitude towards narratives reaches something of an apex in BURN-TIME (2000). In Bremen, a nineteenth-century prison designed by Frederik Moritz Stamm, which most recently detained illegal immigrants, was converted in the late nineties into a museum dedicated to the Bauhaus-educated designer Wilhelm Wagenfeld. Wagenfeld's most ubiquitous design was that of an egg-coddler, a uniquely heat-resistant convex glass dish ideal for poached eggs. Starling built a scaled-down model of the prison in the form of a hen house using timber he collected from skips around his studio in Dundee. The house was installed at Stronchullin Farm, Strone, Scotland, where it proved a resounding success with the hens. Having collected a quantity of the fresh eggs produced by the hens, he built a stove in London made out of bricks culled from the Camden Arts Centre, where he had earlier heard a lecture on Wagenfeld. Using timber from the hen house, which had fallen into desuetude, as fuel, Starling cooked the eggs in Wagenfeld egg-coddlers that he had produced himself.

As is evident in BURN-TIME, nothing is straightforward in Starling's world. Detours are par for the course, and an almost absurd level of preparation goes into the consummation of the gesture. To Starling, the digressions are what invigorate the endeavor; the decisions made at crucial junctures must be bold to motivate both the producer and the consumer, who is encouraged to look beyond the mere utility of an object and seek pleasure in the historical rearrangements behind it. As he has said, "At the end, the object will be imbued with all the energy that has gone into making it."[2] The object or gesture is granted a certain poetry, a poetry born of dissonances, failures, and implacable human determination.

One of Starling's most exquisitely realized projects is a recent work for Casey Kaplan Gallery in New York, INVERTED RETROGRADE THEME, USA (2002). The work is largely liberated from the extended titles, or "recipes" as Starling calls them, which accompany his installations. Indeed, the delicate beauty of INVERTED RETROGRADE THEME, USA is apparent even without a cursory knowledge of the ideas that inspired it. Whereas in HOME-MADE EAMES and INVERTED RETROGRADE THEME the elements of production are laid out for the spectator, here the processes behind the installation are less prominent. Nevertheless, the installation's aesthetic value accrues with an awareness of the stories behind each individual element.

Here, Starling merges Schönberg's twelve-tone system of composition with fellow Austrian émigré Simon Schmiderer's modular system of architecture. During the sixties, Schmiderer designed a series of concrete houses built in Puerto Rico that were based on an open style of architecture, blurring the distinction between the interior and the outside environment. The openness of these homes, however, became impractical as crime increased in the country in the seventies and eighties. Occupants improvised by setting up metal grilles along the houses' facades, effectively caging themselves in. In Starling's piece, a one-fifth scale model of one of these houses and its mirror, or retrograde, image are turned upside down and pressed against the ceiling, held up by two branches of tropical hardwood from Trinidad. These inverted/retrograde models are a visualization of Schmiderer's design married with Schönberg's method of composition. Starling literalizes the cagelike element of the modified houses by fixing lattice grilles on the sides of the models and placing two parakeets in one. The gesture invokes, among other things, the Puerto Rican tradition of keeping caged songbirds and the random musical harmonies associated with Schönberg's compositions. Maybe he is also making a sly wink to himself, a starling considered a niggling, gregarious bird. Whatever the case, INVERTED RETROGRADE THEME, USA continues Starling's preoccupation with collapsing modernist theories, in this case architectural and musical, exploring how they interact with other phenomena in the world. To Starling, the "interest in using the remnants of Modernism is to try in a way to reintroduce that ideological impulse into the present day, to have a look at it and see whether it still has any relevance."[3] As flawed as the ideologies concerned may be, with charges of cacophony being leveled at Schönberg's compositions and impracticality at Schmiderer's designs, they may be redeemed by intertwining their respective aesthetic manifestations. In this case, Starling's diligent work ethic has yielded something provocative and visually arresting, an embodiment of the Yeats dictum, "We must labor to be beautiful."

1) *Simon Starling*, (Leipzig: Galerie für Zeitgenössische Kunst, Leipzig, 1999), p. 43.
2) Susan Mansfield, "A Wing and a Prayer," *The Scotsman*, June 22, 2002, p.17.
3) *Simon Starling*, op. cit., p. 44.

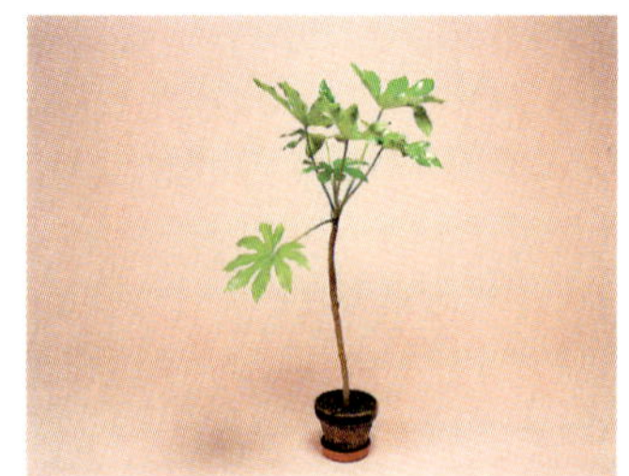

DIE STARLING-VARIATIONEN

TROY SELVARATNAM

Von den Existenzialisten wäre Simon Starling zum Idol erhoben worden: jemand, dem der Gedanke gefällt, dass zwei und zwei fünf ergibt, der sich weigert, starre Ideologien als das zu akzeptieren, wofür sie sich ausgeben, und jemand, der versucht eine zunehmend unpersönliche Welt seinen eigenen Ideen entsprechend zu begreifen. Starling denkt unvoreingenommen über die Welt nach und schafft Verbindungen zwischen völlig verschiedenen Denkrichtungen, geschichtlichen Abläufen und Naturerscheinungen, so dass sich diese – zumindest in seinen Augen – auf bedeutsame Weise verquicken. Seine Kunst zeichnet sich durch eine permanente Rebellion gegen alles Konventionelle aus, nicht nur in dem Sinn, dass Starling sich etwa weigert zu akzeptieren, dass sich die Musiktheorie nicht auf die Architektur übertragen lässt, sondern auch dadurch, dass seine künstlerischen Ausdrucksformen immer Produkt eines hart

erkämpften individuellen Lernprozesses sind. Tatsächlich hat sich Starling für die Umsetzung seiner grösseren Kunstprojekte mit Dingen wie Aluminiumproduktion, Stuhlfabrikation, Druckgewerbe, Schiffbau und Gärtnerei befasst und hat kurz entschlossen Surinam, Trinidad, Puerto Rico und Rumänien bereist. Starling ermutigt den Betrachter dazu, ein Produkt nicht nur als Summe seiner Teile zu sehen, sondern auch nach den physikalischen Prozessen und Ideen zu fragen, die zu seiner Entstehung geführt haben. Jedes Element hat seine eigene faszinierende Geschichte, die sich nicht vom Ganzen loslösen lässt.

Als Künstler, der zu fortwährender Reflexion und Träumerei neigt, gibt Starling eine ziemlich einsame Figur ab. Er kommt aus dem Süden Englands und lebt in Glasgow. Möglicherweise ist diese grundlegende Erfahrung einer Entwurzelung entscheidend mitverantwortlich für sein künstlerisches Wanderdasein. Weder physisch noch psychisch hat er je Wurzeln geschlagen. In RESCUED RHODODEND-

TROY SELVARATNAM lebt in Brooklyn, New York.

RONS (Gerettete Rhododendren, 2000) hat Starling ein Ereignis aus der Vergangenheit diametral umgekehrt; eine Schlüsselrolle spielte dabei ein roter Volvo 240 Estate. Der Strauch *Rhododendron ponticum* war Mitte des achtzehnten Jahrhunderts aus Südspanien nach Nordschottland importiert worden, wo er heute als schädliches Unkraut gilt. Als Starling davon hörte, dass die Pflanze dort im Zuge eines gross angelegten Landschaftsprojektes zur Wiederherstellung des ursprünglichen Ökosystems ausgerottet werden sollte, reagierte er rasch entschlossen, rettete einige Pflanzen vor der Vernichtung und transportierte sie in seinem Stationswagen nach Spanien. Ausgerüstet mit einem Generator, Infrarotlampen, Pflanzendünger und einer Spitzhacke machte Starling unterwegs immer wieder Photopausen: in Elrick Hill, Schottland, in der Gegend von Calais und Les Landes in Frankreich, in Moron de la Frontera und im Naturschutzpark Los Alcornocales in Spanien, wo Claes Alstoremer, laut Starling, 1763 Rhododendren zu züchten begonnen hatte. (Ist Starlings Verwendung eines schwedischen Autos womöglich eine bewusste Referenz oder lediglich ein glücklicher Zufall?) Die Grundelemente auf jedem Photo sind immer dieselben: Die Spitzhacke steht gegen den Volvo gelehnt, die mit Jute umwickelten Pflanzen stehen auf Tüchern am Boden, im Vordergrund der Generator. Man gewinnt den Eindruck, dass diese Pflanzen in liebevollen, wenn vielleicht auch nicht ganz kompetenten Händen sind. Starling betonte, dass das Vorhaben, die Pflanzen wieder nach Spanien zurückzuführen, über allem stehe und dass das zur erfolgreichen Umsetzung nötige, im Übrigen nicht allzu komplexe Wissen sich unterwegs schon einstellen würde. Diesem amateurhaften Vorgehen liegt folgendes Credo zugrunde: «Für mich ist es wichtig, dass es sich in jedem Fall um einen Lernprozess im Rahmen eines umfassenden Tätigkeitsfeldes handelt. In gewissem Sinne handle ich wohl wie ein professioneller Amateur. Ich spiele herum und probiere die verschiedenen Möglichkeiten aus, wie man etwas anpacken kann, aber ich werde nie wirklich gut in etwas.»[1]

Starlings Werk zeugt von seinem hohen Arbeitsethos. Er scheint völlig unbeeindruckt von den Theorien der Massengesellschaft und ihrem indust-

riellen Produktionsapparat, die die Möglichkeiten des Individuums zur sinnvollen Lebensgestaltung stark eingeschränkt haben. Als «professioneller Amateur» fordert Starling kreatives Denken und manuelle Fertigkeit ein, und im Verlauf dieses Prozesses gelingt es ihm, scheinbar unverhandelbare Ideologien zu entmystifizieren und Produktionsprozesse zu demokratisieren. Für die Installation INVERTED RETROGRADE THEME (Umgekehrt rückläufiges Thema, 2001) in der Wiener Sezession nahm Starling das von Arnold Schönberg erfundene Zwölftonsystem als Ausgangspunkt. Es überrascht nicht, dass Schönbergs Kompositionslehre bei Starling eine Saite zum Klingen brachte, beruht sie doch auf dem Prinzip, dass auf der Zwölftonskala basierende Tonsequenzen im Verlauf der Komposition immer wieder umgedreht, verkehrt und verbunden werden können. Starling brachte Schönbergs Theorie mit der modernen Architektur des Ausstellungsraums in Verbindung und mit der Art und Weise, wie ein Klavier gebaut wird. Zwölf Reihen aus Neonröhren, die normalerweise zentral an der Decke des Ausstel-

SIMON STARLING, RESCUED RHODODENDRONS, 2000,
film still / GERETTETE RHODODENDREN.
Lefthand page / Links: THE PINK MUSEUM, 2001, Porto, detail.

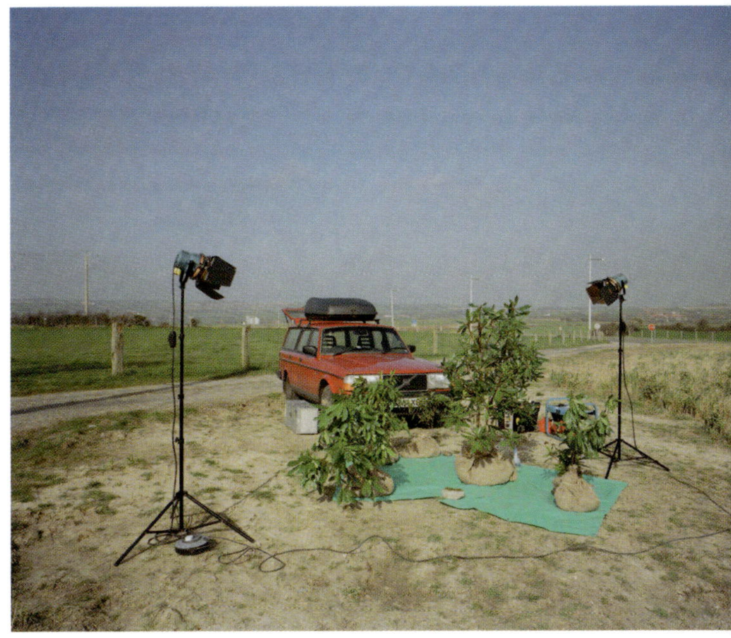

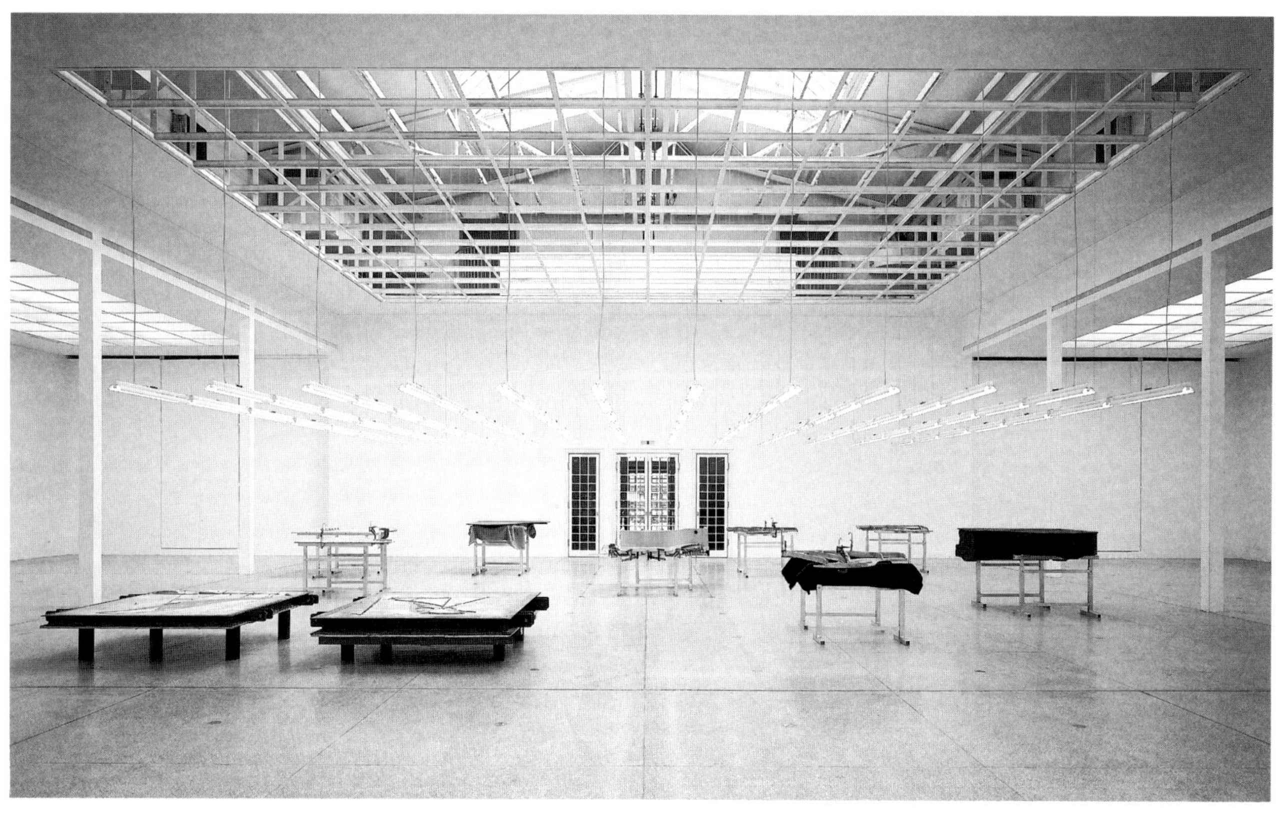

SIMON STARLING, INVERTED RETROGRADE THEME, 2001, Secession, Vienna / Wien. (PHOTO: PEZ HEJDUK)

lungsraums angebracht sind, wurden in den Raum heruntergeholt. Jede Lichterreihe wurde in sieben Elemente unterteilt, von Zeitschaltern kontrolliert, und gab flackernd eine Komposition von Schönberg wieder – eine visuelle Umsetzung von Schönbergs Ideen. Im Raum standen ferner zwei Bösendorfer Flügel aus dem neunzehnten Jahrhundert, einer davon war zerlegt und verkehrt herum wieder zusammengebaut worden. Die veränderten Bestandteile waren nebeneinander am Boden ausgelegt, zusammen mit den spiegelverkehrten Elementen des von Starling selbst gebauten Flügels.

Starling ruft uns in Erinnerung, dass theoretische Systeme dem improvisatorischen Charakter der Realität, die sie zu beeinflussen und zu formen versuchen, nie vollständig gerecht werden können. Indem er von strengen Denksystemen inspirierte Gegenstände umformt und sie mit anderen Kontexten und Materialien in Verbindung bringt, hinterfragt Star-

ling das übertrieben Dogmatische ihrer Konstruktion. In seinem Werk brechen Strukturen unter dem Kontinuum der Geschichte und ihren Variationen zusammen. Aber – wie in vielen seiner Arbeiten – betreibt Starling hier mehr als nur reine Dekonstruktion; tatsächlich musste er, um den Flügel auseinander nehmen zu können, dessen Konstruktion bis ins letzte Detail verstehen und die Funktion jedes einzelnen Elementes kennen. Indem er das strenge Organisationsprinzip der Zwölftonmusik auf die Bauweise des Flügels überträgt, nimmt er die Herstellungsweise dieses erzbürgerlichen Kulturerzeugnisses unter die Lupe. Er unterstreicht auch, dass zum Bau eines Konzertflügels einige Kunstfertigkeit vonnöten ist.

Es ist nicht schwer, sich Starling als Luddit vorzustellen, der gegen die Maschinen der industriellen Produktion wütet und wild entschlossen beweisen will, dass er im Schweisse seines Angesichts selbst Objekte herstellen kann. Für seine Installation WORK MADE-READY, LES BAUX-DE-PROVENCE (MOUNTAIN BIKE) (2001) in der Cooper Gallery an der Universität von Dundee stellte Starling Aluminium aus in Frankreich gewonnenem Bauxit her und schmiedete daraus einen Mountainbike-Rahmen. Er hat auch selbst gemachte Versionen von Kultobjekten der Moderne angefertigt, etwa Eames-Stühle (HOME-MADE EAMES, 2001) oder Poul-Henningsen-Lampen (HOME–MADE HENNINGSEN, 2001). HOME-MADE EAMES besteht aus einer Photoserie, welche die Gussformen und Spezialgeräte zeigt, die er für die Herstellung einer Replik des begehrten DDS-Stuhles von Eames anfertigte. Tatsächlich wird die Negativform des Stuhles gezeigt, jene Formen, die ihm seine Gestalt verleihen, und das Formwerkzeug, das sie zusammenhält. In der Tat ist Negativität ein häufiges Thema in Starlings Arbeiten und in dieser Hinsicht vermag seine Kunst einem Vergleich mit Rachel Whiteread durchaus standzuhalten. Starling jedoch schnappt sich die Idee der Negativität und brennt damit förmlich durch – nicht genug, dass er Gegenstände in invertiertem Zustand abbildet, er stellt auch theoretische Systeme auf den Kopf und verkehrt narrative Zusammenhänge.

Starlings respektloser Umgang mit narrativen Zusammenhängen erreicht einen Höhepunkt in BURN-TIME (Brennzeit, 2000). In Bremen wurde ein von Friedrich Moritz Stamm entworfenes Gefängnis aus dem neunzehnten Jahrhundert, in dem zuletzt illegale Immigranten untergebracht gewesen waren, in ein Museum zu Ehren des Bauhaus-Schülers Wilhelm Wagenfeld umgewandelt. Wagenfelds meistverbreitetes Designprodukt war ein Eierkocher, ein speziell hitzebeständiges, konvexes Glasgefäss, ideal zum Pochieren von Eiern. Starling baute in verkleinertem Massstab ein Modell des Gefängnisses nach, und zwar als Hühnerstall. Dazu verwendete er weggeworfenes Bauholz, das er in der Umgebung seines Ateliers in Dundee gefunden hatte. Das Hühnerhaus wurde auf der Stronchullin Farm in Strone, Schottland, aufgestellt und fand grossen Anklang beim Federvieh. Nachdem er einige frische Eier dieser Hühner gesammelt hatte, baute Starling in London einen Ofen aus Backsteinen, die vom Camden Arts Center stammten, wo er früher einmal eine Vorlesung über Wagenfeld gehört hatte. Das Holz des überflüssig gewordenen alten Hühnerstalls verheizte er und kochte damit die Eier in selbst gemachten Wagenfeld-Eierkochern.

Wie BURN-TIME zeigt, gibt es in Starlings Welt nichts Geradliniges. Die Umwege sind genauso wichtig wie der Weg, und ein schon beinah absurdes Mass an Vorbereitung geht der eigentlichen Umsetzung

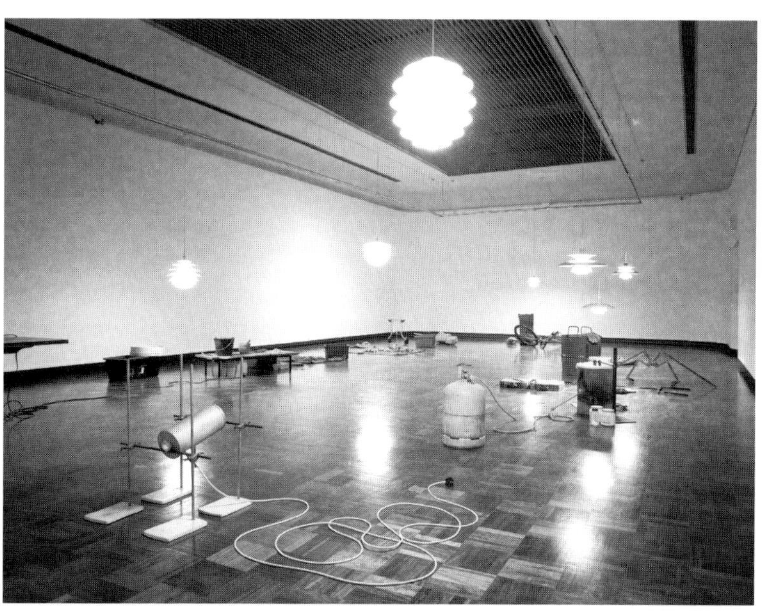

SIMON STARLING, WORK MADE-READY,
LES BAUX-DE-PROVENCE, 2001,
Cooper Gallery, University of Dundee, Scotland.

voraus. Für Starling sind es die Abweichungen, die dem Unternehmen seine Stärke verleihen; die Weichenstellung an den entscheidenden Kreuzungen muss kühn sein, um sowohl den Künstler zu motivieren als auch den Betrachter, der dazu ermutigt werden soll, jenseits der reinen Nützlichkeit eines Objektes noch etwas anderes zu sehen und an der Neukonstruktion der dazugehörigen Geschichte(n) seine Freude zu haben. Wie er selbst einmal meinte: «Am Ende wird das Objekt mit der ganzen Energie ausgestattet sein, die in seine Erzeugung floss.»[2] Dem Objekt oder der Handlung wird eine gewisse Poesie zugebilligt, eine Poesie, die sich aus Dissonanzen, Missgeschicken und dem unbeugsamen menschlichen Willen nährt.

Eines von Starlings am schönsten ausgeführten Projekten ist ein neueres Werk für die Galerie Casey Kaplan in New York mit dem Titel INVERTED RETROGRADE THEME, USA (2002). Das Werk ist weitgehend frei von den ausführlichen Überschriften oder (wie Starling es nennt) «Gebrauchsanweisungen», die sonst seine Installationen begleiten. Tatsächlich liegt die zerbrechliche Schönheit von INVERTED RETROGRADE THEME, USA auch ohne jedes Wissen um die dahinter stehenden Ideen offen zu Tage. Während die einzelnen Produktionselemente in HOME-MADE EAMES und INVERTED RETROGRADE THEME vor dem Betrachter ausgebreitet werden, ist der Prozess, der hinter der Installation steckt, weniger augenfällig. Dennoch wächst der ästhetische Wert der Installation mit der Wahrnehmung der Geschichten hinter jedem einzelnen Element.

Starling verknüpft in dieser Arbeit Schönbergs Zwölftontheorie der Komposition mit dem architektonischen Modulsystem des österreichischen Emigranten Simon Schmiderer. In den 60er Jahren baute Schmiderer eine Reihe von Betonhäusern in Puerto Rico, welche auf einer offenen Architektur beruhten, in der die Unterscheidung zwischen Innenraum und äusserer Umgebung verwischt war. Die Offenheit dieser Häuser wurde jedoch mit der zunehmenden Kriminalität in den 70er und 80er Jahren untragbar. Die Bewohner improvisierten, indem sie an den Fassaden Metallgitter anbrachten und sich so buchstäblich selbst einsperrten. Bei Starling wird ein solches Haus – im Massstab 1:5 – zusammen mit seinem Spie-

gel- oder Gegenbild auf den Kopf gestellt und von zwei Tropenholzbalken aus Trinidad gegen die Decke gepresst. Diese auf den Kopf gestellten beziehungsweise seitenverkehrten Modelle stellen eine Visualisierung von Schmiderers Architektur in Kombination mit Schönbergs Kompositionslehre dar. Starling veranschaulicht das käfigartige Element der veränderten Häuser, indem er seitlich Gitter anbringt und in einem der Modelle zwei Wellensittiche unterbringt. Das erinnert unter anderem an die puertoricanische Tradition sich Singvögel in Käfigen zu halten sowie an die Zufälligkeit der harmonischen Effekte, die man mit Schönbergs Musik verbindet. Vielleicht zwinkert der Künstler sich auch verschmitzt selber zu, gilt doch der Star (engl. Starling) als ein äusserst geschwätziger und geselliger Vogel. Wie dem auch sei, INVERTED RETROGRADE THEME, USA setzt Starlings Auseinandersetzung mit dem Zusammenbruch der Theorien der Moderne fort, in diesem Fall jenen der Architektur und Musik, und untersucht, wie sie mit anderen Phänomenen in der Welt interagieren. Für Starling liegt das «Interessante an der Verwendung von Relikten der Moderne im Versuch, deren theoretische Ansätze in die Gegenwart zu übertragen und zu prüfen, ob sie noch irgendeine Relevanz haben».[3] So unvollkommen diese Theorien auch sein mögen, selbst wenn Schönbergs Kompositionen als kakophonisch verteufelt werden und Schmiderers Architektur als realitätsfremd: Durch die Verflechtung ihrer ästhetischen Ausdrucksformen kommt es zu einer Versöhnung. In diesem konkreten Fall hat Starlings behutsames Arbeitsethos etwas Provokatives und auffällig Attraktives hervorgebracht, eine Verkörperung von Yeats Ausspruch: «Wir müssen arbeiten um schön zu sein.»

(Übersetzung: Wilma Parker)

1) *Simon Starling*, hg. v. Stefanie Sembill, Galerie für Zeitgenössische Kunst, Leipzig 1999 (dt. und engl.), S. 43.
2) Susan Mansfield, «A Wing and a Prayer», in: *The Scotsman*, 22. Juni 2002, S. 17.
3) *Simon Starling*, op. cit., S. 44. (Die deutschen Zitate wurden nicht direkt dem Katalog entnommen, sondern aus dem Englischen übersetzt. Die Seitenzahlen verweisen auf den englischen Katalogtext.)

JOHN BOCK
geboren 1965 in Gribbohm,
Schleswig-Holstein, lebt und
arbeitet in Berlin / born 1965
in Gribbohm, Germany, lives
and works in Berlin.

PETER DOIG
born 1959 in Edinburgh,
Scotland, lives and works in
London and Trinidad / geboren
1959 in Edinburgh, Schottland, lebt und arbeitet in
London und Trinidad.

FRED TOMASELLI
born 1956 in Santa Monica,
California, lives and works
in Brooklyn, New York / geboren
1956 in Santa Monica, Kalifornien, lebt und arbeitet in
Brooklyn, New York.

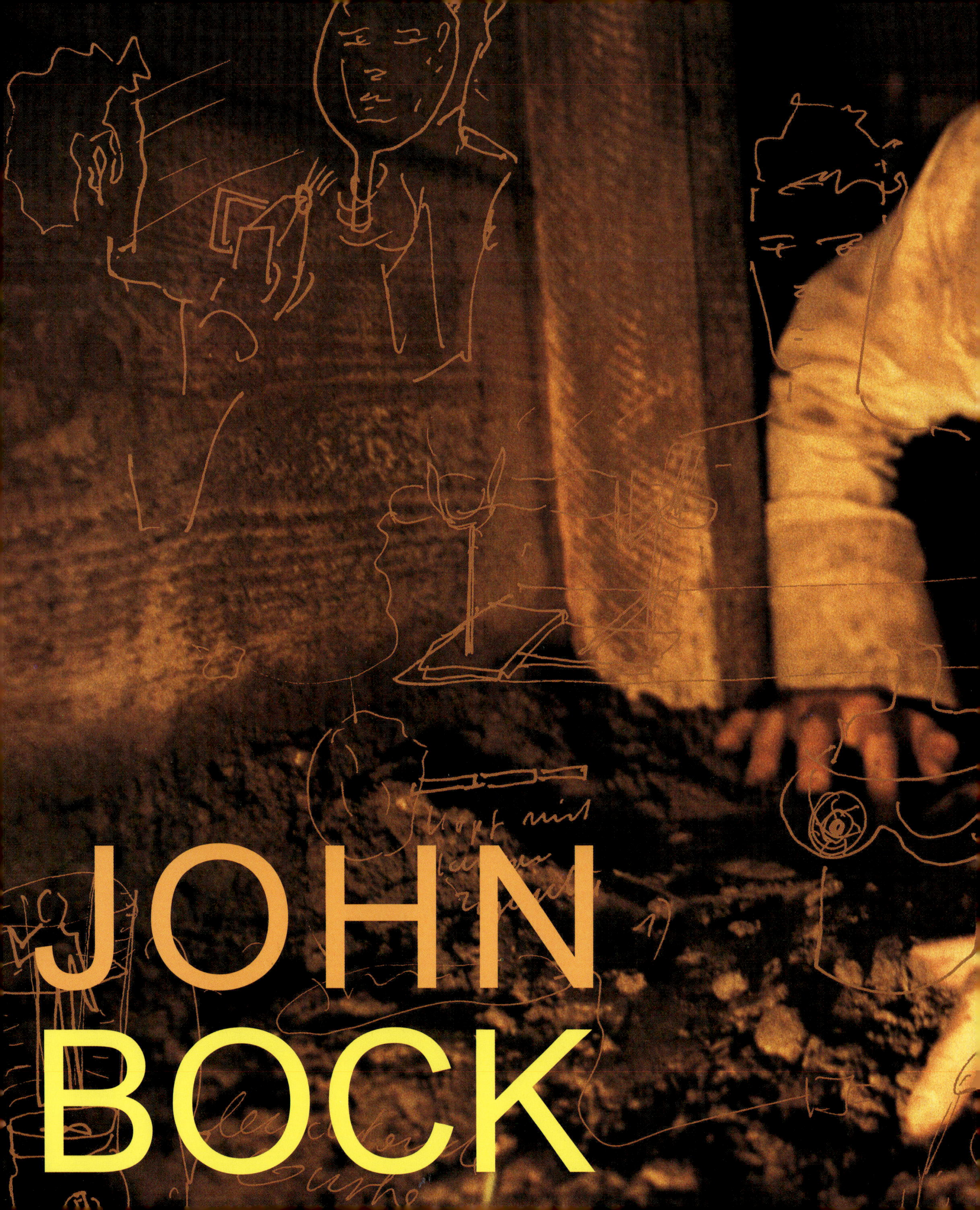
JOHN
BOCK

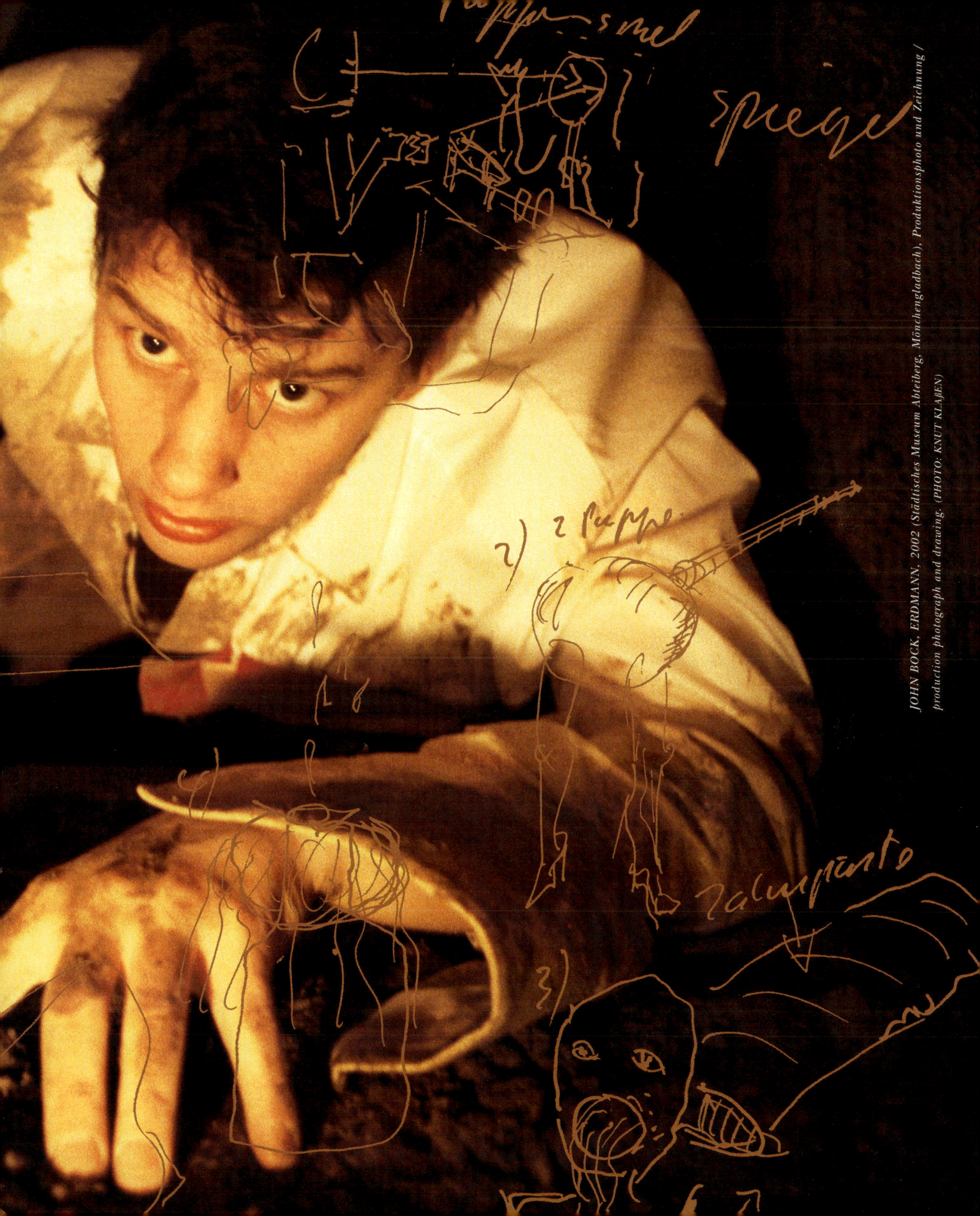

JOHN BOCK. ERDMANN. 2002 (Städtisches Museum Abteiberg, Mönchengladbach), Produktionsphoto und Zeichnung / production photograph and drawing. (PHOTO: KNUT KLAßEN)

ARS COMBINATORIA

JENS HOFFMANN

Die erste Schwierigkeit im Umgang mit den Arbeiten des deutschen Künstlers John Bock besteht darin, dass sie sich schlicht nicht einordnen lassen. Sie sind weder Performance- noch reine Installationskunst, weder Skulptur noch reiner Slapstick, weder Film noch eine bekannte Form von Theater. Wahrscheinlich ist Bocks Kunst eine wilde Mischung aus all dem; jedenfalls macht er eine überschäumende, extrovertierte, leidenschaftliche Kunst, die oft sehr eindringlich, jedoch immer witzig und in höchstem Mass absurd ist. Bocks künstlerische Mittel sind bemerkenswert vielfältig; es ist eigentlich unmöglich, ihn auf irgendetwas festzulegen, weil so vieles zweideutig, kryptisch, dunkel, rätselhaft und geheimnisvoll ist. Was man kennt, wovon schon die Rede war und was man bereits gesehen oder gehört hat, interessiert Bock wenig. Wie erschöpft und verbraucht unsere Welt auch scheinen mag, er setzt uns eine gewaltige Lawine visueller Eindrücke und künstlerischer Kraftakte vor, als ob noch gar nichts gesagt, gesehen oder gehört worden sei.

In den 70er Jahren hat sich ein Begriff zur Beschreibung der Interaktion zwischen verschiedenen visuellen Konzepten innerhalb eines Kunstwerkes eingebürgert, der nahe zu legen schien, dass die Zeit der dogmatischen Kunsttheorien und -klassifikationen definitiv abgelaufen sei: *Ars combinatoria*.[1] Dieser Begriff ist natürlich verwandt mit dem, was man in den 90er Jahren als trans- oder interdisziplinär bezeichnete, aber im Gegensatz zum grenzenlosen Pluralismus des postmodernen *anything goes* war eher eine Wechselwirkung und ein Austausch zwischen den verschiedenen Sparten gemeint als eine ungenierte Verschmelzung der Stile und Konzepte. Bock nimmt den Begriff der Ars combinatoria wörtlich, wenn er eine endlose Ansammlung visueller Ideen als Ausfluss seiner anscheinend grenzenlosen Phantasie präsentiert, die in vielen verschiedenen Bereichen der Kunst und auch ausserhalb dieser zu Hause ist. Er hat ein Universum geradezu Homerischen Ausmasses geschaffen, in dem es keinerlei Schranken zu geben scheint. Dennoch können wir es nicht einfach betreten, sondern müssen erst langsam jedes Detail verdauen, um sein einzigartiges künstlerisches Vokabular zu verstehen. Der Künstler selbst liefert uns nur wenige Anhaltspunkte dafür, was eigentlich seine Absicht ist. Demzufolge werden seine Performances und Installationen oft als purer Nonsens betrachtet, als Spektakel um des Spektakels willen mit einer gehörigen Portion Abstrusität. Weil wir so sehr darauf versessen sind, jedes Kunstwerk und Bruchstück so-

JENS HOFFMANN ist freischaffender Kritiker und Kurator in Berlin.

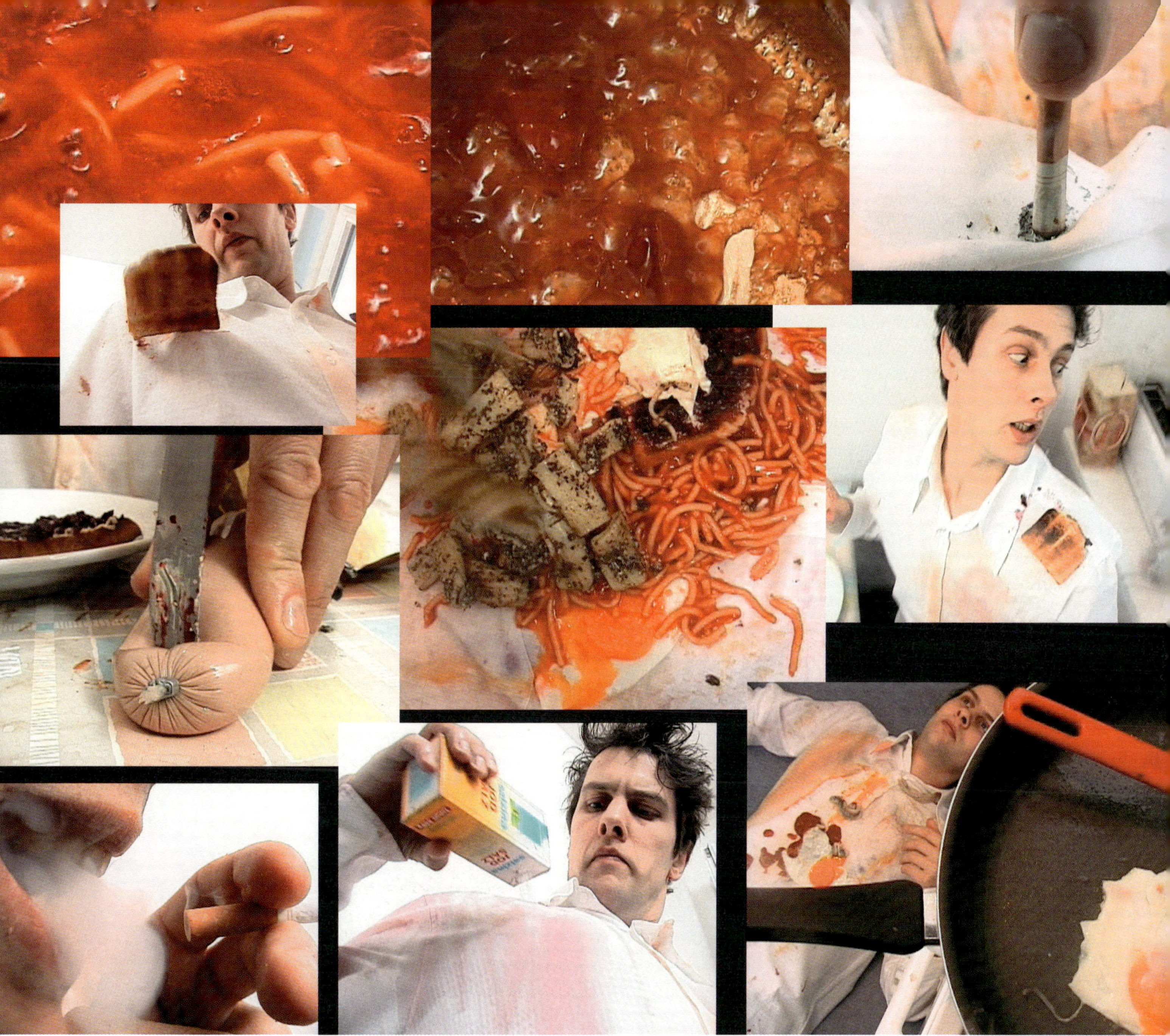

gleich in einen Kontext einzuordnen, wurde Bocks Kunst wiederholt mit Dada, Surrealismus, dem Wiener Aktionismus, der Popkultur und sogar mit der eher mystischen Welt eines Joseph Beuys in Verbindung gebracht. Es stimmt zwar, dass solche Affinitäten vorhanden sind, aber solche Vergleiche stehen auch einem besseren Verständnis von Bocks Intentionen im Wege, die weiter und in eine ganz andere Richtung gehen.

Oft wirkt der Künstler wie ein trauriger Clown, ein postmoderner Buster Keaton, eine Kreuzung zwischen dem anarchischen, aber zutiefst melancholischen Harpo Marx und dem Kraftmenschen Kurt Schwitters. Er verkörpert eine Kunstfigur, die dem klassischen Narren nicht ganz unähnlich ist, dessen Aufgabe es war, den Hof zum Lachen zu bringen, aber zugleich auch fein anzudeuten, was faul war im Staate. Bock setzt bei der Schaffung seiner extravaganten Kreationen bewusst alle Mittel ein und mischt dabei die verschiedensten Stile und künstlerischen Arbeitsweisen; eigentlich schafft er dabei eine spezifische Spielart dessen, was der französische Philosoph Jean-François Lyotard als «Meta-Narrative» bezeichnet, eine Abstraktion zum Zwecke künstlerischer Reinigung.[2] Es scheint ein existenzielles Bedürfnis des Künstlers zu sein, alles, was er aufnimmt, wieder auszukotzen und alle Eindrücke, die auf ihn einstürzen, mit tausend anderen zu multiplizieren, bevor er sie der Welt wieder entgegenschleudert. Dennoch ist Bock kein Künstler, der eine postmoderne Ästhetik der Trivialität oder Indifferenz vertritt. Seine Kunst ist radikal und wird von deutlich autobiographischen Anspielungen und persönlichen Dingen gespeist. Manche Arbeiten haben sehr viel mit der Erforschung der eigenen Identität des Künstlers zu tun, besser noch, seiner Identitäten, da er während seiner zahllosen Auftritte immer wieder in andere Charaktere und Persönlichkeiten schlüpft.

Ursprünglich hat Bock an der Universität Hamburg Wirtschaftswissenschaften und parallel dazu Kunst studiert. Diese und andere Episoden aus seiner Jugend sowie seine Kindheit auf einem entlegenen Bauernhof in Norddeutschland hatten grossen Einfluss auf seine spätere Entwicklung als Künstler. Die meisten seiner frühen Aktionen oder Performances bezeichnete er als «Vorträge», denen die Idee einer Art akademischen Vorlesung zu Wirtschaftsthemen zugrunde lag. Schon bald begann Bock jedoch diese theoretischen Vorträge mit Dingen zu vermischen, die man eher aus der Kunstszene kennt, und führte ziemlich absurde Dialoge mit dem Publikum. Diese frühen Arbeiten erklären auch, warum Bocks Kunst oft mit Dada in Verbindung gebracht wurde. Er karikiert darin scheinbar hochgeistige Themen und deren irrationale Vergötterung und parodiert damit ganz offensichtlich unsere Gesellschaft; das unterscheidet sich klar von der radikal politischen Stossrichtung des Dadaismus in der Weimarer Republik. In vielen dieser frühen Arbeiten verwendete Bock eine klassische grüne Schultafel und grosse Papierbögen oder einen Hellraumprojektor, um Diagramme über die Zusammenhänge zwischen Kunst und ökonomischen Theorien oder Gesetzen aufzuzeichnen. Allmählich benützte er jedoch immer mehr Objekte und schuf schliesslich für seine Auftritte ganze Bühnenbilder, die immer komplexer wurden, bis die ursprüngliche Idee der akademischen Vorlesung schliesslich ganz verschwand. Beispiele solcher frühen Arbeiten sind, PAUL-ELUARD-GEDICHTSKORREKTUR (1992), DIE KUNSTWOHL-FAHRTSMASCHINE (1993), DAS GÄNGELBAND DER KUNSTWOHLFAHRT (1997), DER KLEINE UND DER GROSSE REZIPIENT (1998), KUNSTKARTON (1994). Von diesen früheren Werken ist eine Performance-Reihe mit dem Titel *Suitcase Performances* übrig geblieben, die der Künstler gelegentlich noch zeigt; er rückt dabei mit einem Koffer voller Requisiten in der Galerie an und entnimmt dem Koffer verschiedene Gegenstände, um damit völlig frei zu improvisieren. Etwas ausgeklügelter, aber immer noch frei improvisiert sind die sogenannten KOPPELFIELD LECTURES. Diese Vorträge haben etwas Wanderzirkus-Ähnliches. Bock packt jeweils ungeheuer viele Dinge in sein Auto, hält irgendwo einen Vortrag und packt am gleichen Abend alles wieder zusammen, so geschehen bei DER ONKEL IM KOFFER (1996), DIE DRECKSCHLEUDER (1996), RASPUTIN IST MÜTTERCHEN (1997), BOMMELBABYFACE NELSON (1998) und REGARDEZ LE DISCJOCKEY LONG JOHN SILVER (1999).

Um 1998 herum begann Bock grössere, immer kompliziertere Installationen zu schaffen, die vom Publikum auf verschiedenste Weise genützt werden konnten und nach seinem Auftritt meist als Zeugen im Ausstellungsraum verblieben. Angesichts der Diskrepanz zwischen

JOHN BOCK, BOXER, 2002, Zeichnung zum gleichnamigen Video / drawing for the eponymous video production.

bespielter Installationsbühne und leerer Kulisse begann Bock die meisten seiner Aktionen zu filmen und zeigte diese Dokumentationen anschliessend innerhalb der Installationen. Er wollte den Leuten die Möglichkeit geben, die Performance immer wieder zu sehen oder auch zum ersten Mal zu sehen, falls sie bei der Ausstellungseröffnung nicht dabei sein konnten. Nach dieser ersten Verlagerung von der gesprochenen Performance zur Installation und schliesslich zur filmischen Dokumentation seiner Live-Auftritte begann Bock sich intensiver mit dem Medium Film auseinander zu setzen. Einer der jüngsten Wendepunkte in seiner Entwicklung ist der Film zur Ausstellung «A Little Bit of History Repeated» in Berlin, anlässlich der er jüngere zeitgenössische Künstlerkollegen bat, klassische Performances nachzuspielen und neue Interpretationen dafür zu liefern.[3] Statt einfach eine bekannte Performance aus den 60er oder 70er Jahren zu wiederholen, begann Bock die Beziehung zwischen Performance und Film in jenem Zeitraum genauer zu untersuchen und stiess auf die Zusammenarbeit des österreichischen Künstlers Otto Mühl mit dem Experimentalfilmer Kurt Kren. Mühl entwickelte eine spezifische Spielart der Performance und präsentierte seine Aktionen auch live mit einer Filmkamera als einzigem Zuschauer. Dank diesem Vorgehen konnte Mühl die Vorteile der filmischen Möglichkeiten nutzen und begann die Filme stark zu verändern und zu bearbeiten. Für seinen eigenen Beitrag zu «A Little Bit of History Repeated» verfiel Bock auf den Gedanken, eine Performanceaktion ins Medium Film zu übersetzen, wie er es bei Mühl und Kren gesehen hatte. Er tat sich ebenfalls mit Partnern zusammen – Knut Klaßen und Mark Aschenbrenner –, die bei den meisten von Bocks neueren Filmen für Kamera und Filmbearbeitung zuständig sind. Zentral dabei ist, dass Bock Krens typische Arbeitsweise übernahm, bei welcher der Schnitt und weniger die Performance selbst Bewegung und Entwicklung der Filmhandlung bestimmt. Zu den Arbeiten von Mühl und Kren gehören unter anderem *Mama und Papa* (1964), *O Tannenbaum* (1964) und *Sinus Beta* (1967). Es ist frappant, zu sehen, wie Bock sich vom ursprünglichen Vorbild befreit hat, um etwas Eigenständiges zu schaffen, und wie es ihm dennoch gelungen ist, eine gewisse Verwandtschaft im Stil beizubehalten. Der erste Film dieser Serie war PORZELLAN ISOSCHIZO KÜCHENTAT DES NEURODERMITISCHEN BROCKENFALLS IM KAFFEESTRUDEL UND DAS ALLES GANZ TEUER (2002); weitere, wie etwa BOXER (2002), sollten folgen, immer in Zusammenarbeit mit Klaßen und Aschenbrenner. Bei BOXER handelt es sich um einen Zweieinhalb-Minuten-Film, in dem man den Künstler so heftig gegen seinen Widersacher boxen sieht, dass selbst ein Wes Craven darin neue Spezialeffekte für seine blutrünstigen Horrorstreifen entdecken könnte. Köpfe in Form von Gemüse fliegen durch die Luft und aus den boxenden Körpern fliesst tonnenweise grüne Sauce. PORZELLAN ISOSCHIZO KÜCHENTAT DES NEURODERMITISCHEN BROCKENFALLS IM KAFFEESTRUDEL UND DAS ALLES GANZ TEUER ist nur eineinhalb Minuten lang und zeigt, wie der Künstler sich in seiner Küche mit allerhand Küchenutensilien und Esswaren zu schaffen macht. Wie BOXER ist auch dieser Film beinah eine reine Abfolge hunderter schnell aufeinander folgender Bilder (jeweils 6 Bilder pro Sekunde), die zusammen mit dem lauten Soundtrack eine Schwindel erregende Blitzreise durch ein völlig hirnverbranntes Universum aus fliegenden Heringen, Ravioli, Eiern, Leberwurst, Toastscheiben, Milch und Karottensaft ergeben.

Angesichts der sorgfältigen Detailarbeit in Bocks gewaltigem Werk wird einem bewusst, dass er eine Menge älterer Aktions- und Performancekunst gesehen haben muss, was auch sein Requisitenarsenal aus Heu, Spaghetti, Dosenfisch, Q-tips, Zahnstochern, Secondhand-Möbeln und -Kleidern, Wild- und Haustieren, Zahnpaste, Aktmodellen und immer wieder auch Bergen von Rasierschaum deutlich beweist. Energie und Stärke seiner Arbeiten, insbesondere was die visuellen und physischen Aspekte angeht, erinnern unweigerlich an Künstler wie den amerikanischen Performance-Veteranen Paul McCarthy oder die Wiener Aktionisten in ihrer uferlosen Exzessivität. Bock nennt beide als Quellen seiner Inspiration zusammen mit starken Bühnenpersönlichkeiten wie Alice Cooper. Aber im Gegensatz zu diesen Figuren bewegt sich Bock auch in der Tradition des modernen Theaters und fragt, wo im «Theater des Lebens» die Bühne anfängt und endet. Er nimmt Bezug auf Ideen wie die Verfremdungstheorie im epischen Theater Brechts, auf Samuel Becketts Melancholie, die abgründigen transdisziplinären Visionen eines Antonin Artaud oder die absurden Dialoge eines Eugène Ionesco. Für die «Documenta 11» in Kassel begann Bock seine Interessen für Film und Theater zusehends zu verschmelzen und dokumentierte beinah all seine Auftritte, die zusammen mit einer Gruppe von Schauspielern unter der Regie des erfahrenen Theatermannes Jochen Dehn auf einer Wiese ausserhalb des Ausstellungsgeländes stattfanden. Er ist fasziniert von der Idee, dass die Bühne eine Metaebene menschlicher Artikulation und Existenz darstellt.

Es scheint, dass Bock, sosehr ihn das Sprengen künstlerischer Grenzen auch interessieren mag, auch einfach Freude daran hat, sich im Rahmen epischer Denkkategorien seinen eigenen Kosmos zu schaffen. Sein Werk ist ein in sich geschlossenes System, eine ungewöhnliche und raffinierte Mischung aus Phantasie und Vernunft, subjektiven Gedanken und objektiv sichtbaren Prozessen, emotionaler Herausforderung und sinnlichem Angebot, eben *Ars combinatoria*.

(Übersetzung: Wilma Parker)

1) Hofmann, Werner, «Ars Combinatoria», in: *Jahrbuch der Hamburger Kunstsammlungen*, Bd. 21, 1976.
2) Jean-François Lyotard, *La condition postmoderne: rapport sur le savoir*, Les Editions de Minuit, Paris 1988 (deutsch: *Das postmoderne Wissen*, Passagen-Verlag, Wien 1993).
3) Ausstellung «A Little Bit of History Repeated», Kunst-Werke, Berlin 2001; Kurator: Jens Hoffmann.

ARS COMBINATORIA

JENS HOFFMANN

The first challenge we are confronted with when approaching the work of German artist John Bock is that it is simply unclassifiable. It is neither performance nor clearly installation, neither sculpture nor solely slapstick happening, neither film nor any known form of theater. Bock's work is most likely a turbulent mixture of all of these—he creates exuberant, extroverted, passionate, and often forceful but always humorous and highly absurd pieces of art. The range of Bock's artistic means is remarkably diverse; in fact, it is impossible to pin him down at all, since so much is ambiguous, cryptic, obscure, enigmatic, and mysterious. What is already known, spoken about, seen, or heard of is of little importance to Bock. No matter how exhausted, how worn out our world may appear, the artist confronts us with an unstoppable avalanche of visual impressions and artistic stunts, as if everything still remains to be said, seen, or heard.

In the seventies, a term was coined to describe the interaction between various visual concepts within a single work of art, thereby suggesting that the era of dogmatic theories and classifications in art had come to a point of conclusion: *ars combinatoria*.[1] The term is clearly linked to what was considered trans- or interdisciplinary work in the nineties, but in contrast to the limitless pluralism of the postmodern "anything goes," it suggested an interplay and exchange between the disciplines rather than an unaffected fusion of styles and concepts.

Bock takes the idea of *ars combinatoria* literally, when constantly delivering an endless array of visual conceptions as results of a seemingly boundless imagination that is at home in many different fields of art and far beyond that. He has created a universe of Homeric dimensions that appears to be completely unrestricted. Yet we cannot simply enter it, but must slowly digest every detail in order to comprehend his unique artistic vocabulary. The artist gives us few clues to what his intentions really are. Consequently, his performances and installations are often seen simply as nonsense, pure spectacle with a large dose of abstruseness. In our frantic desire to contextualize every piece and fragment of art that we see, Bock's work has repeatedly been linked to Dada, Surrealism, the Viennese Action Group, popular culture and even the rather mystical world of German artist Joseph Beuys. It is true that those affinities exist, yet these readings also obstruct a better understanding of Bock's intentions that extend further in a different direction.

The artist often appears like a sad clown, a postmodern Buster Keaton, a cross between the anarchic but constantly melancholic Harpo Marx and the forceful Kurt Schwitters. He em-

---

JENS HOFFMANN is a curator and writer based in Berlin.

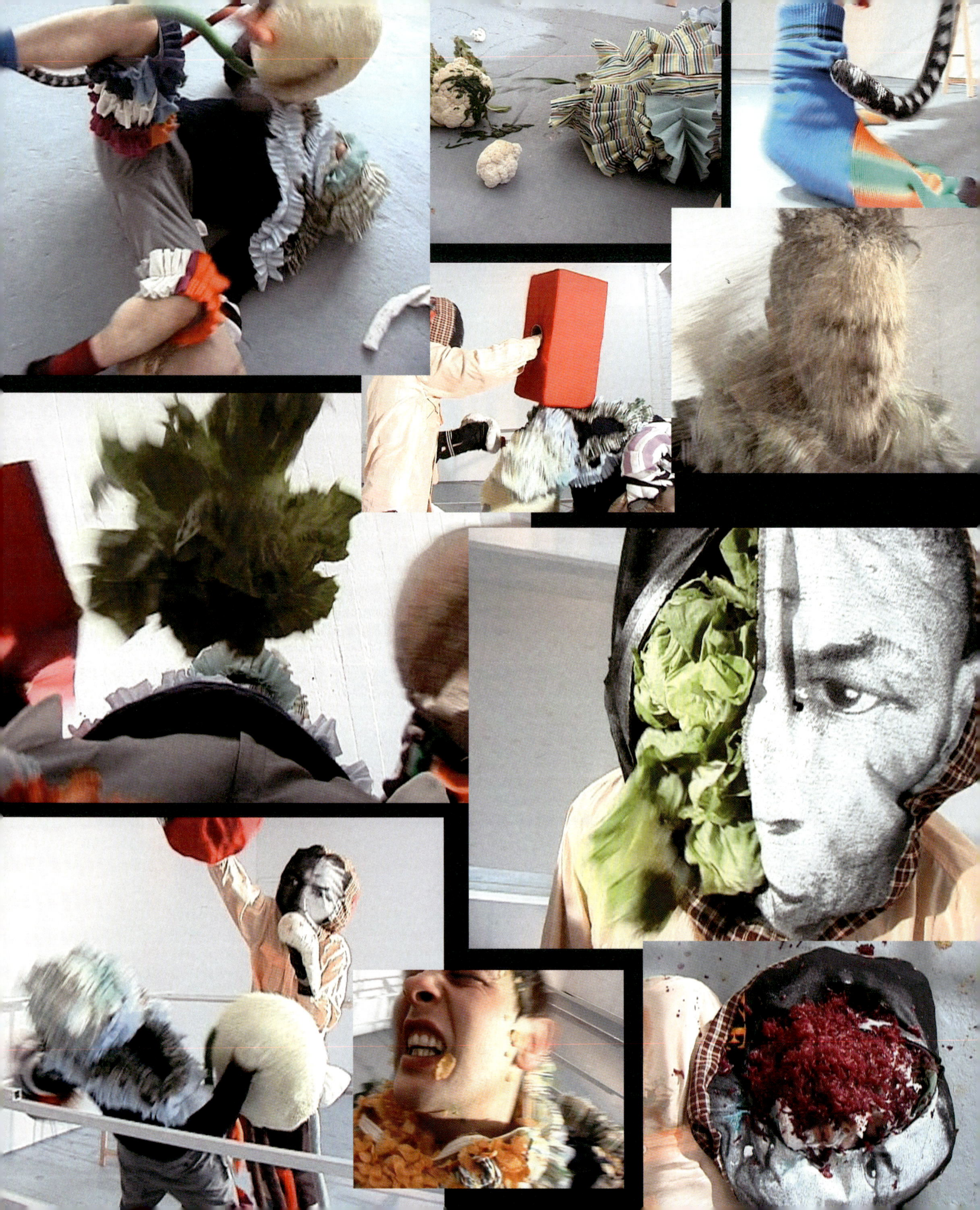

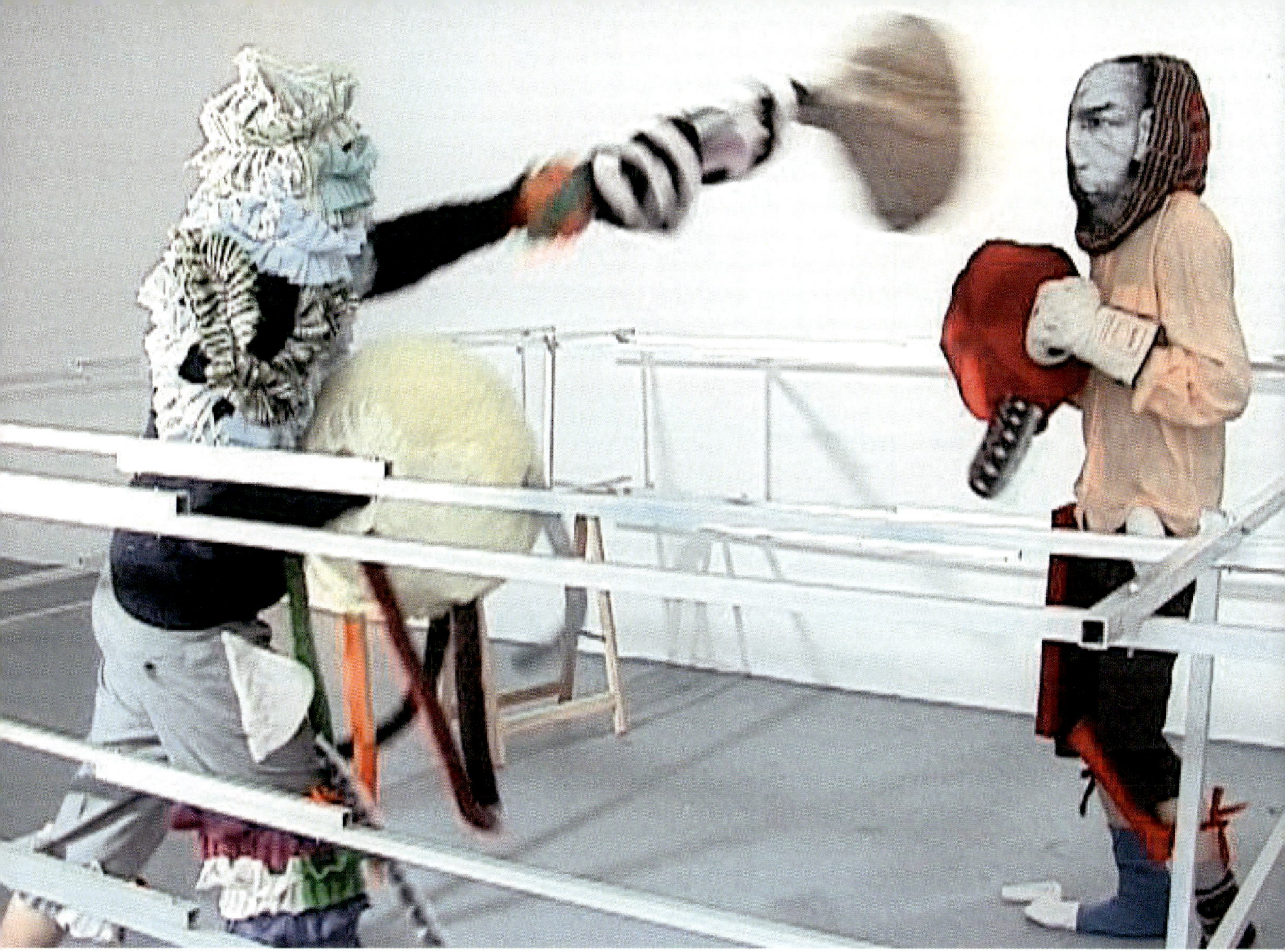

JOHN BOCK, BOXER, 2002, Bilder aus dem 2-Min.-30-Sek.-Video / stills from 2 min. 30 sec. video.
(CAMERA: KNUT KLASSEN; EDITING: MARC ASCHENBRENNER)

bodies a creation not unlike the classic fool, whose function was to amuse the court, but at the same time to observe subtly what was rotten in the state. Bock deliberately applies all means to give birth to his extravagant creations, mixing and sampling various styles and artistic methods and in fact creating a particular form of what French philosopher Jean-François Lyotard described as *meta-narrative,* abstraction as a principle of artistic depurification.[2] The artist seems to have an existential need to get everything he absorbs out of his system, to multiply all the impressions he takes in with thousands of others before throwing them back into the world. Yet Bock is not an artist who represents a postmodern aesthetic of triviality or indifference. His work is very rigorous and is driven by strong autobiographical allusions and completely personal matters. Many works have a lot to do with an exploration of the artist's own identity or, better, other identities as, repeatedly, he takes on different characters and personalities for his countless performances.

Bock simultaneously studied art and economics at the university in Hamburg. This among other episodes of his youth, such as his upbringing on a remote farm in northern Germany, had a large influence on what he would later develop as an artist. Most of his early actions or performances were termed "lectures" and originated in the idea of an academic lesson on economic concerns. Bock would soon begin to mix those theoretical speeches with subjects better known from the world of art and to create rather absurd dialogues with the public. Those early pieces are the reason why Bock's work was frequently associated with Dada. Here he evidently parodied society by staging a travesty of seemingly intellectual matters and society's irrational affections for them, yet the work stands clearly apart from the radical political statements of Dada during the Weimar Republic. For many of those early pieces, the artist used a classical chalkboard, a large pad of paper, or an overhead projector to draw diagrams about art's connection to economic systems and dynamics. Bock slowly began to use more and more objects in these lectures and to create entire sets for his performances that became more and more complex until the original idea of the academic lecture completely vanished. Some of the early works include PAUL-ELUARD-GEDICHTSKORREKTUR (1992), DIE KUNSTWOHLFAHRTSMASCHINE (1993); DAS GÄNGELBAND DER KUNSTWOHLFAHRT (1997), DER KLEINE UND DER GROSSE REZIPIENT (1998), KUNSTKARTON (1994), and others. What is left of those earlier works is a series of performances called *Suitcase Performances,* which the artist still does. He arrives at a gallery carrying a suitcase full of props that he uses to develop entirely improvised actions. More elaborate, but still totally improvised are the so-called KOPPELFIELD LECTURES. Those lectures could be compared to the idea of a traveling circus. Bock loads an immense number of objects into his car and drives to a destination, unpacks the car, gives a lecture, and that same evening, he packs everything back into the car, as in DER ONKEL IM KOFFER (1996), DIE DRECKSCHLEUDER (1996), RASPUTIN IST MÜTTERCHEN (1997), BOMMELBABYFACE NELSON (1998), and REGARDEZ LE DISCJOCKEY LONG JOHN SILVER (1999).

Around 1998, Bock began to create large-scale installations that could be put to use by the audience in various ways. Most often his complex sets would remain after his presentations as traces in the exhibition spaces. Realizing the discrepancy between the empty set and the performed installation, Bock began to film most of his actions and show the documentation on screens inside the sets. The aim was to give the audience the chance to see the performance again and again, or, if they missed the inauguration of the piece, even experience it for the first time. After the initial movement from spoken performance to installation and then to documenting his life appearances on film, Bock began to study the medium of film more and more carefully. One of the turning points in this latest development is a film he made for the exhibition "A Little Bit of History Repeated" in Berlin. For this exhibition, younger contemporary artists were asked to recreate classic performances and find new readings for them.[3] Instead of simply repeating a well-known performance from the sixties or seventies, Bock began to closely investigate the relationship between performance and film during this period and he came across the collaboration of Austrian artist Otto Mühl and experimental filmmaker Kurt Kren. Mühl developed a particular form of performance, presenting his actions to a film camera as the only witness. Using this method, Mühl could take advantage of film's possibilities and began to heavily manipulate and edit the films. For his contribution to "A Little Bit of History Repeated," Bock focused on the idea of translating performance/action into the medium of film as he had seen it in the work of Mühl and Kren. Bock also teamed up with a group of collaborators—Knut Klaßen and Mark Aschenbren-

JOHN BOCK, BOXER, 2002, Zeichnung zum gleichnamigen Video / drawing for the eponymous video production.

ner—who are accountable for the filming and editing of most of Bock's recent films. What is essential here is that Bock takes on Kren's typical style of film editing in which the cuts actually created the movement and performative development and not necessarily the performance/action itself. Some of the collaborations of Mühl and Kren include *Mama und Papa* (1964), *O Tannenbaum* (1964), and *Sinus Beta* (1967). It is quite striking to the see how Bock has broken free of the original model to create something unique, but he has still managed to keep affinities to the style alive. The first film in this series was PORZELLAN ISOSCHIZO KÜCHENTAT DES NEURODERMITISCHEN BROCKENFALLS IM KAFFEESTRUDEL UND DAS ALLES GANZ TEUER (2002); several others, such as BOXER (2002) followed, always in collaboration with Klaßen and Aschenbrenner. BOXER is a 2.30-minute film that shows the artist boxing with his opponent in such a violent, but still charming manner that even Wes Craven could discover new special effects for his splatter movies. Heads in the form of vegetables fly through the air and green sauce spreads over the protagonists in measureless amounts right out of the boxers' bodies. PORZELLAN ISOSCHIZO KÜCHENTAT DES NEURODERMITISCHEN BROCKENFALLS IM KAFFEESTRUDEL UND DAS ALLES GANZ TEUER is only 1.30 minutes long and depicts the artist in his kitchen while messing around with all types of kitchen utensils and food. Like BOXER, this film is almost a sequence of hundreds of still photographs appearing in six-frame, rapid succession one after another, creating, together with the forceful soundtrack, a high-speed journey through a delirious universe consisting of flying herring, ravioli, eggs, liverwurst, toast, milk and carrot juice.

Considering the details of his wide-ranging body of work, one realizes that Bock has obviously looked at a lot of historical live art and performance work, as clearly demonstrated by his arsenal of props including hay, spaghetti, canned fish, Q-tips, tooth picks, second-hand furniture and clothes, various wild and domestic animals, toothpaste, nude models, and, again and again, mountains of shaving cream. The energy and strength of his pieces, especially the visual and physical aspects, unquestionably remind the viewer of artists such as veteran American performer Paul McCarthy or the Viennese Action Group in all their overflowing excessiveness. Bock often mentions both as sources of inspiration, along with energetic performers such as Alice Cooper. In contrast to those figures, Bock also maneuvers in the tradition of modern theater, looking for the beginning and the end of the stage in the "theater of life." His references include ideas on the theory of alienation taken from the principles of Bertolt Brecht's epic theater, Samuel Beckett's melancholy, the doomed transdisciplinary visions of Antonin Artaud, or the absurdity of Eugene Ionesco's dialogues. For "Documenta 11" in Kassel, Bock began to combine his interests in theater and film more and more, documenting almost all of the performances that he staged on a field outside the exhibition venues together with a group of actors and the director Jochen Dehn. He is fascinated by the idea of the stage as the representation of a meta-level of human articulation and existence.

It appears that Bock, as much as he is interested in expanding the limits of art, simply enjoys creating his own individual cosmos constructed within epic categories of thought. His work is a self-contained system, an unusual and careful blend of fantasy and rationality, subjective reflection and objective visual process, emotional challenge and sensual proposition: *ars combinatoria.*

1) Werner Hofmann, "Ars Combinatoria" in *Jahrbuch der Hamburger Kunstsammlungen*, vol. 21, Hamburg, 1976.
2) Jean-François Lyotard, *The Postmodern Condition* (Minneapolis: University of Minnesota Press, 1985).
3) "A Little Bit of History Repeated," Kunst-Werke Berlin, 2001. Curated by the author.

John Bock

*Sei*tricks

DANIEL BIRNBAUM

Wichtig erscheint uns vor allem die Funktion des Seiltricks – oder genauer, jene der archaischen Szenarien, die ihn möglich machten.

– Mircea Eliade [1]

Eines wollen wir gleich klarstellen: Nicht das Seil selbst ist interessant, sondern der Trick, den es ermöglicht – der Akt des Verschwindens, der Akt der Transzendenz.

Was tut John Bock eigentlich, wenn er Dinge mit Fäden zusammenbindet wie in seiner Performance ALICE COOPER (2001)? Seltsame Gegenstände fallen aus den langen sackartigen Ärmeln des Protagonisten, ein verzwicktes knotenähnliches Gebilde wird über seinen Kopf gestülpt wie ein geheimnisvoller Helm, und ein roter Wollfaden ist an einem Baum befestigt und verbindet die Zweige miteinander. Schliesslich baut Alice aus Schnur und Stecken eine Pyramide. Hören wir, was Mircea Eliade, Erforscher der Ekstasetechniken, sagt: «Wenn am Ende der Welt die Seile und Winden gekappt werden, fällt das Universum auseinander. Und da diese Welt und die andere Welt durch die Luft wie durch einen Faden verbunden sind, sagt man von einem Toten, dass seine Glieder lose und nicht mehr verbunden sind – denn es ist die Luft (der Atem), die (der) sie wie ein Faden zusammenhält.» [2] Bock ist nicht der Erste, der Bezug auf solche kosmischen Bilder nimmt, und er ist sich dieser Situation, eben nicht der Erste zu sein, mit Sicherheit bewusst, ja, er unterstreicht und untersucht sie: Fragmente des Wiener Aktionismus, Joseph

Beuys und verschiedene Formen von Strassentheater sind in seinen Arbeiten nicht nur gegenwärtig, sie werden mit Absicht hervorgehoben.

Bocks Kunst ist eine Art spekulativer Pädagogik, er hält Vorträge. Er entwickelt vor seinem Publikum einen Diskurs, aber zugleich auch seine eigene, etwas bizarre Identität. Die theatralische Inszenierung des Selbst hat eine lange Tradition und in vielen sehr frühen Versionen gehören Stricke und Seile dazu. Tatsächlich sind Schnüre, Knoten und das Ego als Konstruktion – bei Bock heisst das «Quasi-Ich» – durchaus kein neues Thema des pädagogischen Diskurses, obwohl die Art, wie Bock seine Wissenschaft der Schnüre präsentiert, einzigartig ist. Nehmen wir, zum Beispiel, Jacques Lacan, der seine «Pädagogik» genauso exzessiv ausübte: Während seiner Vortragsreisen in Amerika verbrachte er vor jeder Vorlesung Stunden damit, komplizierte Knotengebilde auf die Wandtafel zu zeichnen. Oder Eliade, der besessene Erforscher schamanistischer Praktiken, der zwei immer wiederkehrende Elemente des Seiltricks nennt: «(1) dass Zauberer entweder ihre eigenen Glieder oder die eines anderen abtrennen und danach wieder zusammensetzen; und (2) dass Schamanen, männlichen oder weiblichen Geschlechts, Seile hochklettern und sich in Luft auflösen.» [3]

Der unermüdliche Dozent Beuys verkündete: «Ein Lehrer zu sein ist mein grösstes Kunstwerk. Der Rest ist ein Abfallprodukt, eine Demonstration. Wenn man sich mitteilen will, muss man etwas Greifbares präsentieren. Aber nach einer gewissen Zeit hat das nur noch die Funktion eines historischen Dokuments. Ich will an den Ursprung der Dinge gelangen, den Gedanken der dahinter steckt. Denken, Reden, Kommunikation.» [4] Bock würde dem zweifellos beipflichten. Wie schon gesagt: Nicht das Seil selbst

---

DANIEL BIRNBAUM ist Direktor der Städelschule und des Portikus in Frankfurt am Main. Er ist Co-Kurator der internationalen Sektion der Biennale Venedig 2003.

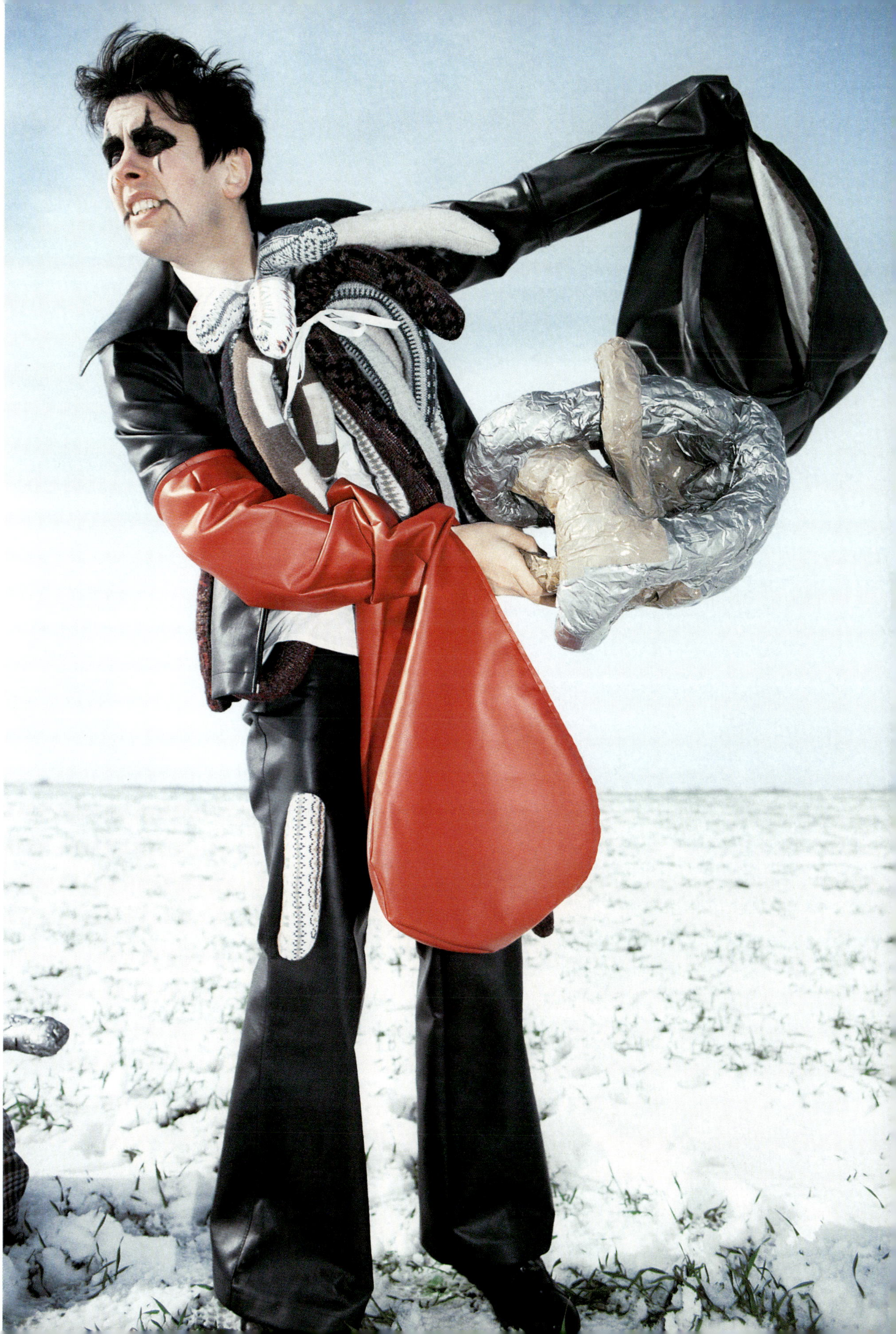

JOHN BOCK, ALICE COOPER, 2001, Produktionsphoto / production photograph. (PHOTO: KNUT KLASSEN)

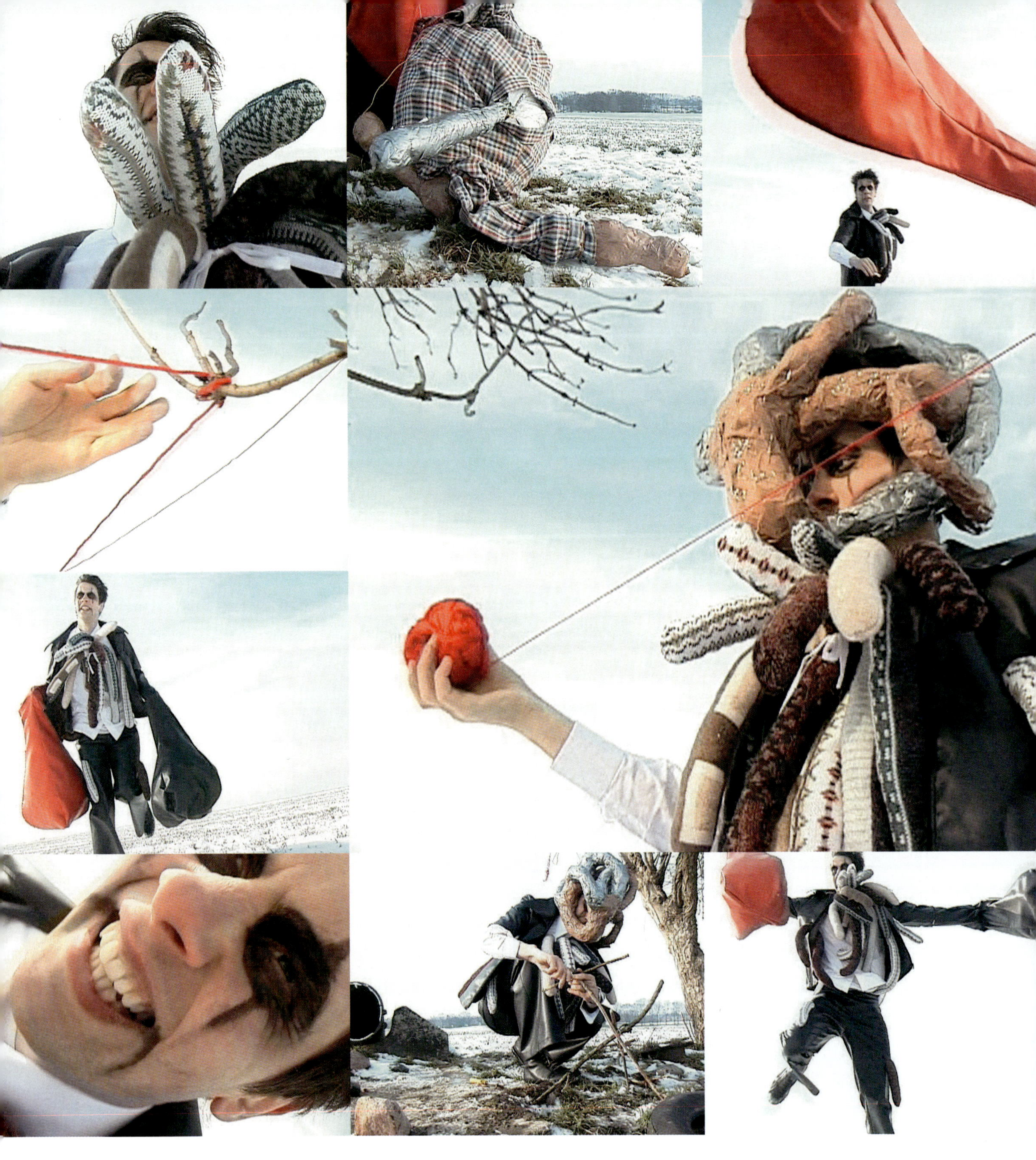

JOHN BOCK, ALICE COOPER, 2001, Bilder aus dem 4-Min.-54-Sek.-Video / stills from 4 min. 54 sec. video.
(CAMERA, EDITING: KNUT KLASSEN; EDITING: MARC ASCHENBRENNER)

ist interessant, sondern der Trick, den es ermöglicht – der Akt des Verschwindens, der Akt der Transzendenz.

Und doch ist da diese ganze Materialfülle. Ich schaue mir eine neuere Auswahl von Bocks Performances auf DVD an – ERDMANN; LEHM, LEHM, LEHM; FASHION BACKSTAGE ZERO; und ALICE COOPER, diesen seltsamen schamanistischen Auftritt –, nur um erneut festzustellen: Da kommt eine Menge zusammen. Materialien werden ungewöhnlich behandelt und auf einzigartige Weise kombiniert – mehr oder weniger flüssige Haushaltprodukte, wie Zahnpaste, Rasierschaum, alle möglichen Putzmittel, Gegenstände aus Alufolie, Watte und Q-tips; aber auch haufenweise Lebensmittel. All das wird vermischt, miteinander verbunden, verspritzt und ausgegossen, so dass aus verschiedenen Kombinationen neue, bisher unbekannte Dinge entstehen – Kulissenelemente, Prothesen, Werkzeuge, rituelle Instrumente. Noch einmal Beuys: «Wenn ich mir Honig auf den Kopf streiche, mache ich eindeutig etwas, was mit Denken zu tun hat.»[5] Glaubt Bock an solche Transsubstantiationsprozesse? Sind seine Diagramme, Schemata, rituellen Performances und spirituellen Stoffwechseltheorien ernst gemeinte schamanistische Elemente oder gehorchen sie allein dem Prinzip des ironischen Zitats?

Worum geht es im Schamanismus überhaupt? Ein Beispiel: «So gesehen hat der Seiltrick – wie jedes Zauberkunststück – einen positiven kulturellen Wert, denn es regt Phantasie und Denken an… Es ist von entscheidender Bedeutung, dass das Bild des Stricks oder Fadens in der Vorstellungswelt ‹primitiver› Medizinmänner eine ebenso wichtige Rolle spielt wie in der aussersinnlichen Wahrnehmung des modernen Menschen, den mystischen Erlebnissen archaischer Gesellschaften, den indoeuropäischen Mythen und Ritualen oder der Kosmologie und Philosophie Indiens.»[6] Beuys glaubte offenbar an die Energie, die durch die Reinszenierung solcher Rituale frei wurde. Und Bock? Seine Performances und Installationen sind alles andere als Imitationen der Kunst früherer Generationen. Tatsächlich ist seine Arbeit ein wichtiges zeitgenössisches Beispiel für die Produktivität von Wiederholungen und Rückgriffen. Kunstwerke sind nichts Vorgegebenes, ihre Bedeutung steht nicht fest, sie sind vielmehr Gegenstand unendlicher Interpretationen und Neuinterpretationen. Deshalb kann die Zeitgebundenheit eines Kunstwerks – wie schon Duchamp bemerkte – erst im Nachhinein erfasst werden, ähnlich wie bei der Reaktion auf traumatische Erfahrungen, wo die Psychoanalyse von «Nachträglichkeit» spricht. Auf kulturgeschichtlicher Ebene liesse sich diese Logik der psychischen Zeit wie folgt verstehen: Die Traumata der ursprünglichen Avantgarde, wie monochrome Malerei und Readymade, werden erst in den Kunstwerken späterer Generationen wirklich verarbeitet. Hal Foster, der in seinem Buch *The Return of the Real* einige dieser geschichtlichen Wiederholungen untersucht – und zwar das hysterische Ausagieren ebenso wie das gründliche Aufarbeiten –, behauptet, dass «ein Ereignis nur in der Neuformulierung durch ein anderes aufgenommen wird; wir werden, was wir sind, erst in der nachträglichen Aufarbeitung. Genau diese Analogie möchte ich für das Studium der Moderne am Ende des Jahrhunderts bemühen. Historische und neue Avantgarde setzen sich ähnlich zusammen: als fortwährende Prozesse des Vorpreschens und Zurückhaltens, als komplexe Schaltstelle zwischen antizipierter Zukunft und rekonstruierter Vergangenheit – kurz, als nachträgliche Reaktion, die jedes einfache Schema von Vorher und Nachher, Ursache und Wirkung, Anfang und Wiederholung über den Haufen wirft.»[7]

Ein Kunstwerk existierte demnach als eine Reihe von Aufschüben, und die Vorstellung seiner ursprünglichen Gegenwärtigkeit müsste durch etwas Grundlegenderes ersetzt werden: einen ursprünglichen Aufschub, ein Echo. Diese Rückgriffe und Wiederholungen reichen bis in unsere Gegenwart hinein und John Bock ist davon nicht ausgenommen. Im Gegenteil, er ist ein wunderbares Beispiel für das kreative Missverstehen von Beuys und anderen. Manchmal denke ich auch an Franz West: Wenn er eines seiner *Passstücke* herumträgt, wird der Körper zu allen möglichen und unmöglichen, oft komischen Haltungen gezwungen und macht dadurch Spannungen und Neurosen sichtbar. «Ich behaupte, dass Neurosen genau so aussehen würden, wenn man sie sehen könnte», sagt West über seine *Passstücke*.[8] Halb Slapstick, halb Psychopathologie hat

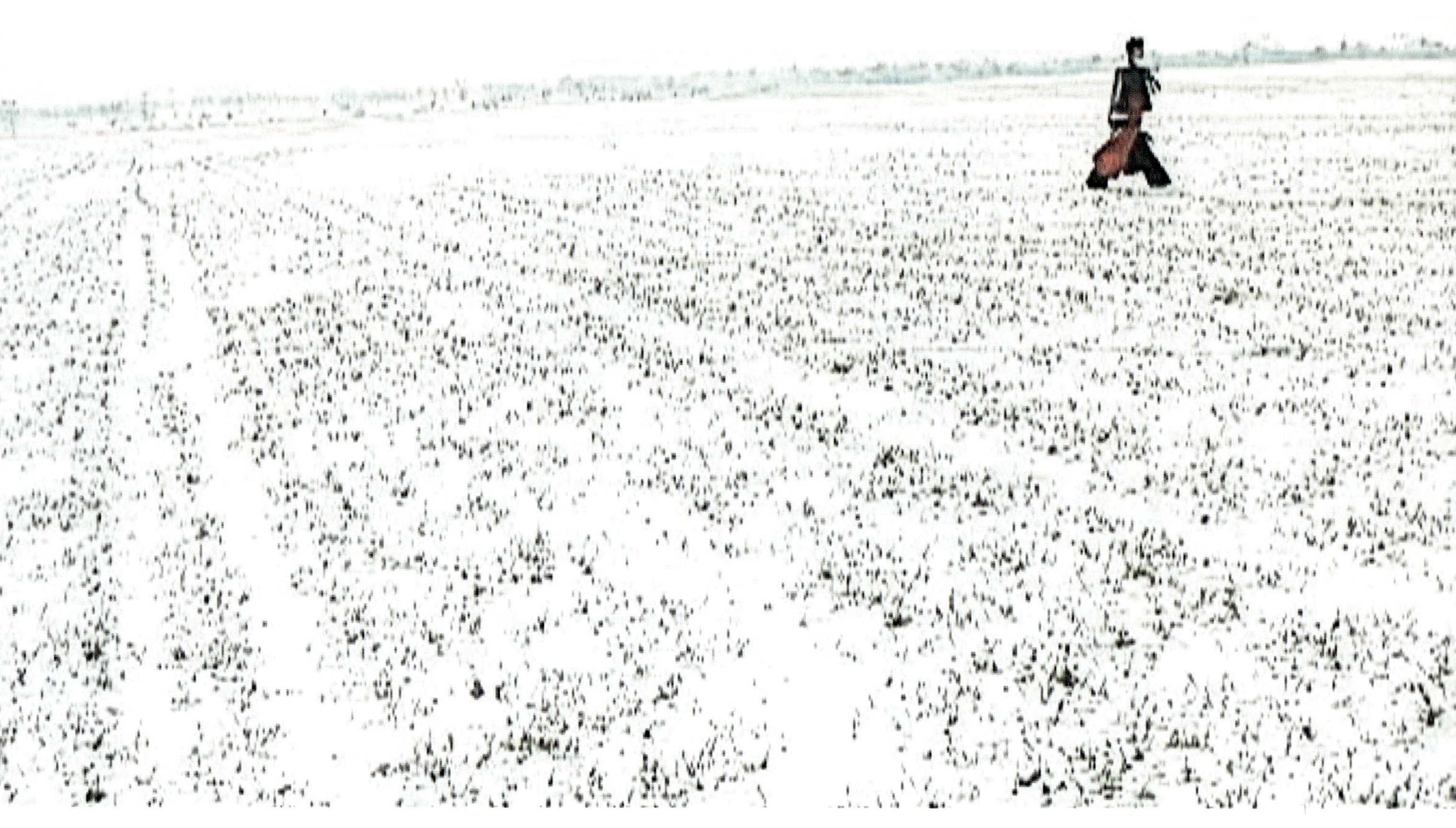

JOHN BOCK, ALICE COOPER, 2001, Bild aus dem 4-Min.-54-Sek.-Video / still from 4 min. 54 sec. video.

(CAMERA, EDITING: KNUT KLASSEN; EDITING: MARC ASCHENBRENNER)

die Kombination von *Passstück* und menschlichem Körper zwar viele Facetten, aber in erster Linie ist es doch eine Kunst der menschlichen Mängel, Nöte und neurotischen Verhaltensmuster. John Bock ist ein Künstler, der eine ungeheure absurde Lust erzeugt. Seine Arbeit findet in einer absurden Atmosphäre statt. Wie wir wissen, wiederholt sich die Geschichte. Das erste Mal sind die Ereignisse tragisch, das zweite Mal komisch. Bocks schamanistische Praktiken sind mit Sicherheit ernst gemeint. Wenn er jeweils den Schauplatz verlassen hat und die Installation allein zurückbleibt, verbreitet sie eine nachdenkliche Stimmung, die jemand einmal als «Elvis-hat-das-Gebäude-verlassen»-Melancholie bezeichnet hat. Aber im Prinzip sind seine Abgänge und Auftritte die reine Freude. Der Seiltrick ist Teil einer allumfassenden, schwarzen Komödie.

1) Mircea Eliade, *Mephistopheles and the Androgyne*, Sheed & Ward, New York 1965, S. 186. (Alle Zitate aus dem Engl. übersetzt.)
2) Ebenda, S. 170f.
3) Ebenda, S. 163.
4) Joseph Beuys im Interview mit Willoughby Sharp, *Artforum*, Dezember 1969, S. 44. (Zitat aus dem Engl. übersetzt.)
5) Caroline Tisdall, *Joseph Beuys*, Thames & Hudson, London 1979, S. 105. (Zitat aus dem Engl. übersetzt.)
6) Eliade, op. cit., S. 188.
7) Hal Foster, «What's Neo with the Neo-Avant-Garde?», in: *The Duchamp Effect*, hrsg. v. Martha Buskirk und Mignon Nixon, MIT Press, Cambridge, Mass., 1996. (Zitat aus dem Engl. übersetzt.)
8) Zitiert aus: Daniel Birnbaum, «Flowers and Excrement: Franz West in the Baroque Garden», in: *Franz West*, Ausstellungskatalog, Gagosian Gallery, London 2001. (Zitat aus dem Engl. übersetzt.)

(Übersetzung: Wilma Parker)

Rope Tricks

DANIEL BIRNBAUM

But it is above all the function of the rope-trick—or, to be more exact, of the archaic scenarios which made it possible—that seem to us important.

– Mircea Eliade [1]

Let's make one thing clear: it's not the rope itself that is of interest, it's the trick it makes possible—the act of disappearance, the act of transcendence.

What is John Bock doing when he binds things together with a thread, as in the performance ALICE COOPER (2001)? Strange objects fall out of Alice's long baggy sleeves, a complicated knot-like structure ends up on his head like an occult helmet, and a red thread is attached to a tree, connecting the branches. Finally, he constructs a small pyramid out of sticks and string. Listen to Mircea Eliade, investigator of ecstatic techniques: "When, at the end of the world, the ropes and the winds are cut, the Universe will fall apart. And since it is by the air, as by a thread, that this world and the other world and all beings are strung together, they say of a dead man that his limbs have become unstrung—, for it is the Air (the breath) that binds them like a thread." [2] Bock is not the first to reference cosmic schemes like this, and the predicament of not being the first is certainly something the artist is aware of and something he affirms and explores: fragments from Vienna Aktionism, Joseph Beuys, and various forms of street theater are not only present, they are actively highlighted.

Bock's art is a kind of speculative pedagogy, he delivers lectures. He constructs a discourse in front of his audience, but also his own somewhat bizarre

identity. The theatrical staging of self has a long tradition, and many of the earliest versions involve cords and ropes. Indeed, strings, knots, and the ego as construction—what John Bock calls the "Quasi-me"—are no new themes in pedagogical discourse, even if his way of delivering his doctrine of ropes is unique. Take Jacques Lacan, who was just as excessive in his "pedagogy": during his lecture tours in America he would spend hours, before every address, drawing complicated knots on the blackboard. And Eliade, the obsessive explorer of shamanistic practices, recounts the two recurring features of the rope trick, "(1) that magicians cut up either their own limbs or someone else's, and afterwards put them together again; and (2) that conjurers, male or female, climb ropes and disappear into the air." [3]

Beuys, the inexhaustible lecturer, proclaimed: "To be a teacher is my greatest piece of art. The rest is the waste product, a demonstration. If you want to explain yourself you must present something tangible. But after a while this has only the function of a historical document. I want to get to the origin of matter, to the thought behind it. Thought, speech, communication." [4] Bock, no doubt, would agree. As mentioned: it's not the rope itself that is of interest, it's the trick it makes possible—the act of disappearance, the act of transcendence.

And yet, there is all this solid stuff. I look through a recent selection of Bock performances documented on DVD—ERDMANN; LEHM, LEHM, LEHM; FASHION BACKSTAGE ZERO; and ALICE COOPER, that weird piece of shamanism—and must again conclude: there really is a lot of stuff. Materials handled in unusual ways and combined in a singular fashion —more-or-less fluid household products, such as toothpaste, shaving foam, detergents of different

DANIEL BIRNBAUM is Director of the Städelschule and of Portikus in Frankfurt am Main. He is co-curating the international section of the 2003 Venice Biennale.

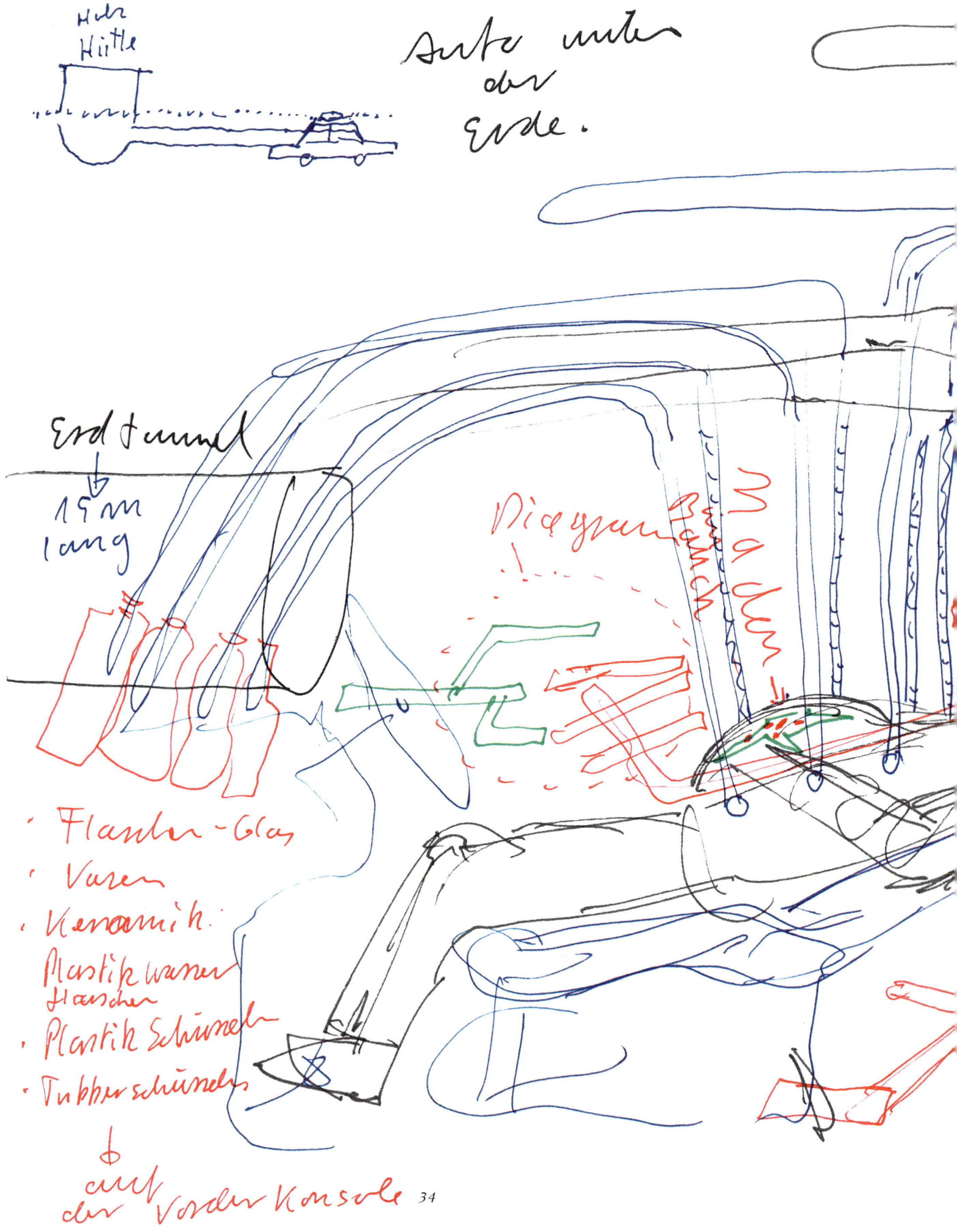

Holz
Hütte

Auto unter
der
Erde.

Erd tunnel
15 m
lang

Diagramm
!

Maden
Bausch

- Flaschen-Glas
- Vasen
- Keramik.
Plastik waren
Fläschen
- Plastik Schüsseln
- Tupperschüsseln

auf
der Vorder Konsole

34

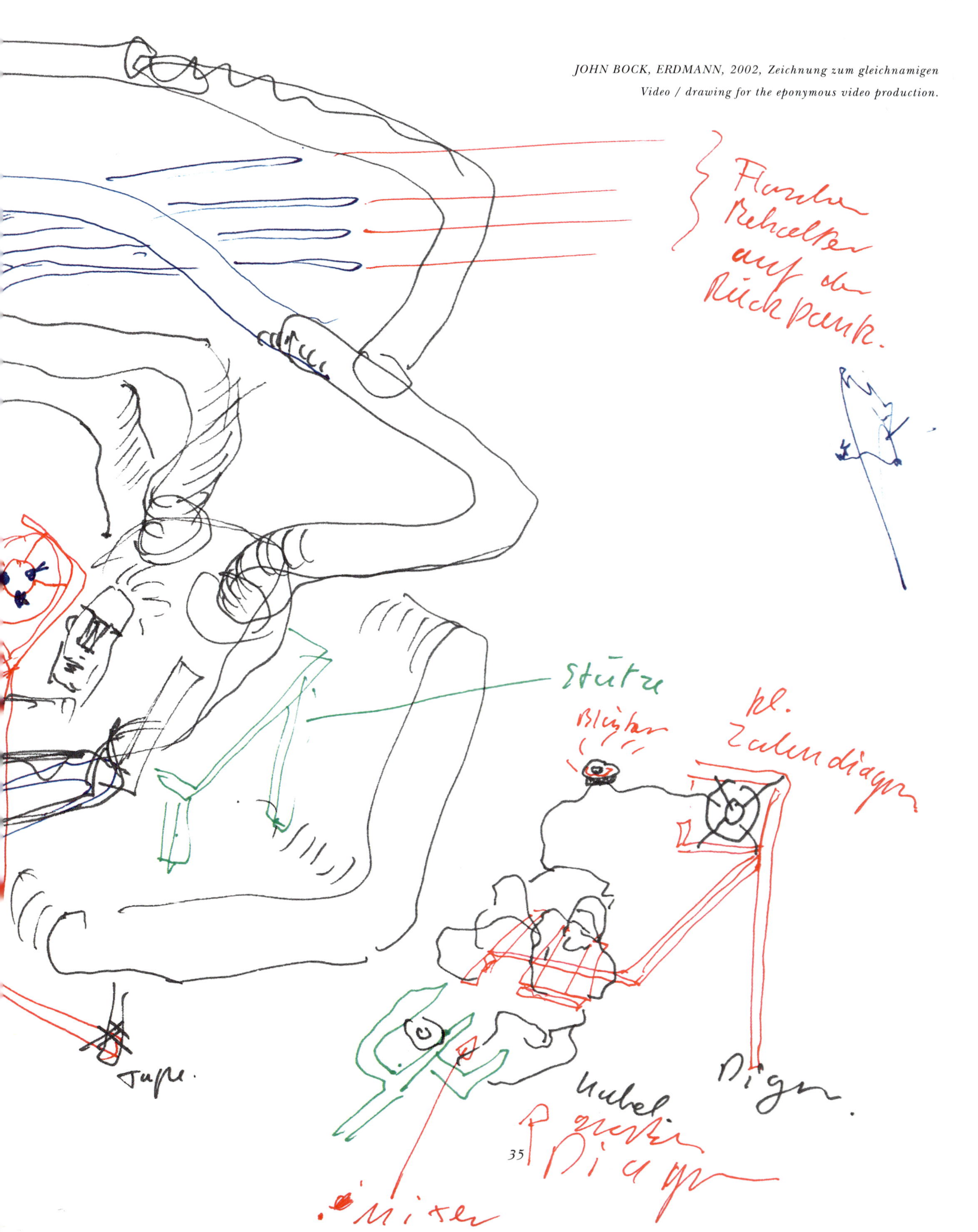

Flasche
Behaelter
auf der
Rückbank.
Stütze
Blitzer
kl.
Zahendiagr
Tape.
Kabel
Diagr.
Mixer

35

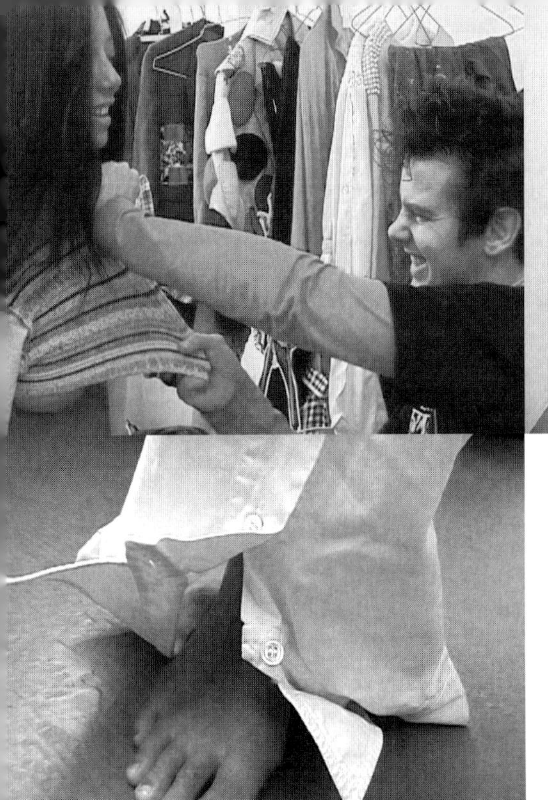

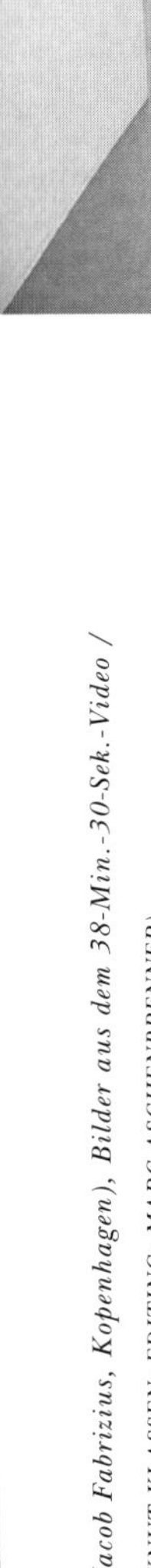

JOHN BOCK, FASHION BACKSTAGE ZERO, 2000 (Jacob Fabrizius, Kopenhagen), Bilder aus dem 38-Min.-30-Sek.-Video / stills from 38 min. 30 sec. video. (CAMERA, EDITING: KNUT KLASSEN; EDITING: MARC ASCHENBRENNER)

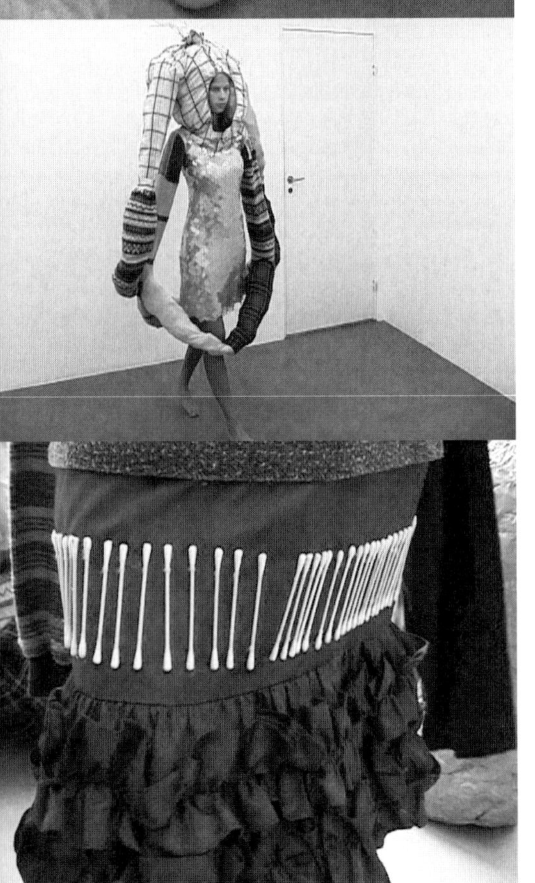

kinds, and objects made of aluminum foil, cotton wool, and Q-tips. And then there is food, always lots of food. All of this stuff is mixed, linked, sprayed, and poured so that various combinations give rise to previously unknown things—props, prosthetic extensions, tools, ritualistic instruments. Beuys again: "In putting honey on my head I am clearly doing something that has to do with thinking."[5] Does Bock believe in these kinds of transubstantiation? Are his flow charts, diagrams, ritualistic performances, and systems of spiritual metabolism serious instances of shamanism, or are they built entirely on the principle of ironic citation?

So what is shamanism all about? An example: "From this point of view, the rope-trick—like all other displays of magic—has a positive cultural value, for it stimulates the imagination and reflection… It is highly significant that the image of the cord or thread plays a principal role in the imaginary universe of primitive medicine-men and in extra-sensory perceptions of modern men, as well as in mystical experiences of archaic societies, in Indo-European myths and rituals, in Indian cosmology and philosophy."[6] Beuys, it seems, believed in the energies released through the re-staging of these rituals. And Bock? His performances and installations are anything but imitations of the art of previous generations. In fact, his work is an important contemporary example of the productivity of repetitions and returns. Artworks are not givens, they are not fixed packages of meaning, but rather carriers of infinite readings and re-readings. Thus the temporality of an

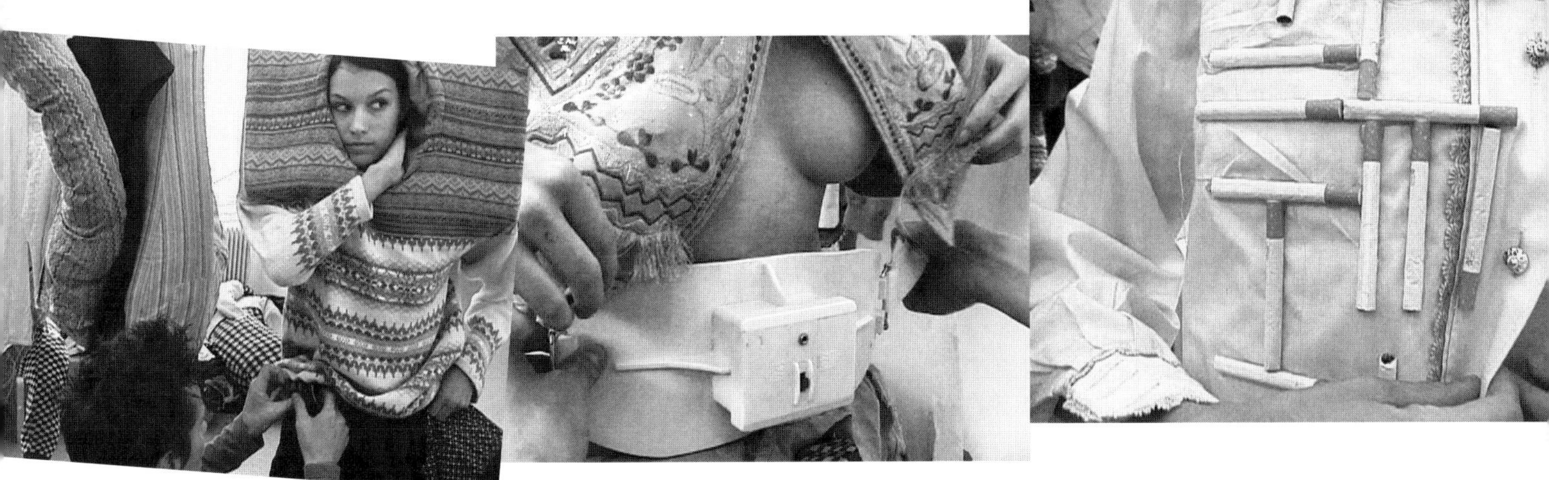

artwork—as Duchamp already noted—can only be characterized as a delay, comparable to the traumas understood by psychoanalysis as a "deferred action." Relocated to the stage of cultural history, this logic of psychic temporality could be taken to imply the following: the traumas of the original avant-garde, such as the monochrome or the ready made, are acted out only in works of art by later generations. Hal Foster, whose book *The Return of the Real* explores some of these historical repetitions—their hysterical acting out as well as laborious working through—contends that "One event is only registered through another that recodes; we come to be who we are only in deferred action *(nachträglich)*. It is this analogy that I want to enlist for modernist studies at the end of the century: historical and neo-avant-gardes are constituted in a similar way, as a continual process of protension and retention, a complex relay of anticipated futures and reconstructed pasts—in short, in a deferred action that throws over any simple scheme of before and after, cause and effect, origin and repetition."[7]

A work of art would thus exist as a series of deferments, and the concept of an original presence would need to be replaced by something more primary: an originary delay, an echo. These returns and repetitions continue into our days, and John Bock is no exception. On the contrary, he is a prime example of creative misreadings, of Beuys and of others. Sometimes I also think of Franz West: When carrying around a *Passstück*, the body is forced into all kinds of odd (and often humorous) positions, thus making tensions and neuroses visible. "I say that that's what neuroses would look like if you could see them," says West in a statement about his *Passstücke*.[8] Part slapstick, part psychopathology, the combination of *Passstück* and human body clearly has facetious aspects, but primarily this is an art about human shortcomings, distress, and patterns of neurotic behavior. John Bock is an artist who produces preposterous joy. His work takes place in an atmosphere of absurdity. History repeats itself, as we know. The first time things occur as part of a tragedy, the second time as comedy. Bock's shamanistic practices are certainly seriously meant. When he's left the stage and the installation sits there alone, it sometimes projects a slightly pensive mood that someone characterized as Elvis-has-left-the-building melancholy. But in principle, his exits and entrances are pure joy. The rope trick is part of an all-encompassing, dark comedy.

1) Mircea Eliade, *Mephistopheles and the Androgyne* (New York: Sheed & Ward, 1965), p. 186.
2) Ibid., p. 170.
3) Ibid., p. 163.
4) Joseph Beuys, interviewed by Willoughby Sharp, *Artforum*, December 1969, p. 44.
5) Caroline Tisdall, *Joseph Beuys* (New York: Thames & Hudson, 1979), p. 105.
6) Eliade, op. cit., p. 188.
7) Hal Foster, "What's Neo with the Neo-Avant-Garde?" in *The Duchamp Effect,* edited by Martha Buskirk and Mignon Nixon (Cambridge, Mass.: MIT Press, 1996).
8) Quoted from Daniel Birnbaum, "Flowers and Excrement: Franz West in the Baroque Garden" in *Franz West*, exh. cat. (London: Gagosian Gallery, 2001).

Bock-Ness Monster

JAN AVGIKOS

John Bock begins his first lecture in Los Angeles, LEHM, LEHM, LEHM (2001), in a very low-key style. Wearing a white dress shirt and black trousers and no make-up, he makes his entrance without fanfare, walking through the dense crowd, literally rubbing shoulders with the participants who have gathered at the gallery of Regen Projects. People applaud as he moves to the head of the audience, and he responds with a modest "hello." Initially, his only props are a felt-tip marker and a large, lightweight wooden panel.

The artist will explain aspects of his extensive cosmological theories of the universe, while making his art. Without ceremony, he holds his panel aloft and begins to speak with a serious, straightforward delivery style that verges on the academic. "An important point in the world is the recipient," he says. The audience is rapt with attention as he illustrates this idea with a schematic drawing of the "recipient-human," a symbolic figure that frequently surfaces in Bock's ongoing attempts to describe life—the way things are, how it all works, and how we fit in.

Bock has talked about recipient-humans for years, in both his lectures (which he performs alone) and

his action-plays (performances that include actors). As the name suggests, the recipient-human is a receiver—an approximation, rather than an individual identity. Bock loads the crudely drawn figure with lots of detail, making multiple loopy squiggles to signify the recipient-human's brain; at the same time, he speaks about a process whereby the recipient responds to stimuli from the outside world and the brain, in turn, produces what he terms "Aura-Aroma"—another familiar concept in the ever-expanding lexicon of Bock-speak. "That's easy," he comments with a smile, as if to suggest that recipient-humans and AuraAroma will lead to more. The audience responds with nervous laughter and he continues. "The AuraAroma works; the hubble-bubble effect works ..." More nervous laughter. Then Bock launches into a series of baffling statements. "From the eyes of the world comes a 'MolkeMeMind' universe, but you can't see it. Around the MeMM universe, there are many galaxies and the galaxies form closely around the MeMM universe. Scribbling over the entire surface of the panel, he charts hypothesized states of consciousness, metaphysical processes, and astronomical relations with flair, conviction, and a palpable sense of urgency. In almost constant eye contact with the audience and by means of an occasional, rhetorical "Yes?," which he throws out after

JAN AVGIKOS is an art historian who lives and works in New York City.

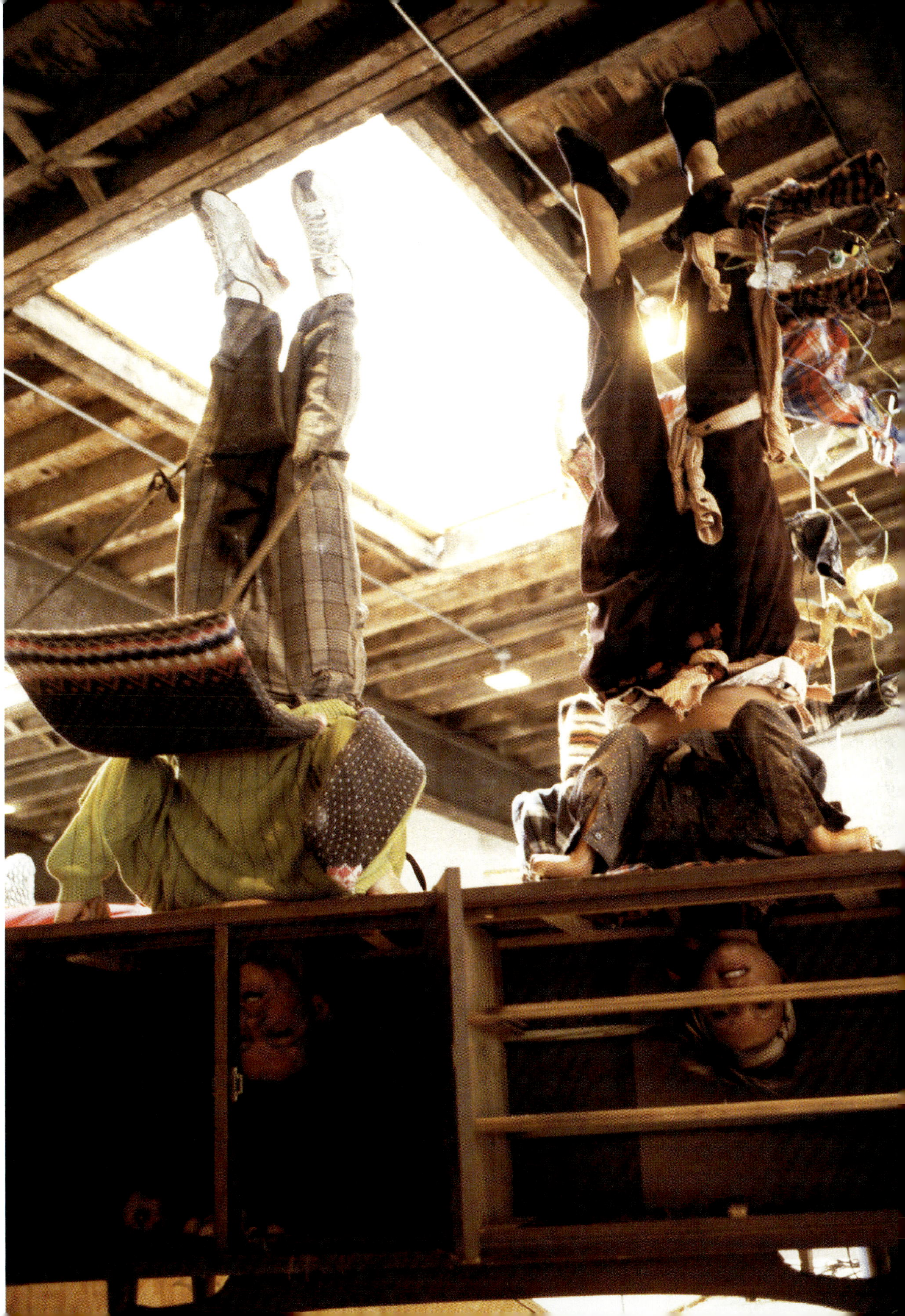

JOHN BOCK, WHEN I AM LOOKING INTO THE GOAT CHEESE BAISER, 2001, Anton Kern Gallery, New York. (PHOTO: KNUT KLASSEN)

explaining key points, he's genuinely interested in making sure that everybody is following along and understands what he's talking about. After he finishes sketching the chains of galaxies and how they cluster in orbit formation around the MolkeMeMind universe, he stops and looks out to the audience. "Any questions?" he asks. The decibel level of laughter increases noticeably. No one says a word.

The goal as an audience member at a Bock lecture, obviously, is to blend in as much as possible. Besides, where would one start to ask questions given the fanciful dimensions of his theories?

Bock continues to fill in the schematic picture on the wooden panel, showing how two galaxies escaped from the main orbit cluster, breaking the chain and allowing some of the MolkeMeMind universe to slip out, which mutated into a large funnel shape, around which the galaxies re-align. Inside the newly formed MeMM funnel universe there is a spiraling whirlpool of lust, through which the galaxies fly, growing heavy with lust dust particles as they bond to the inside of the funnel. But, he explains, only two galaxies can slip through the opening, and he points them out—"this one, and that one." One of these galaxies explodes and creates a black hole. The important thing, we learn, is that the other galaxy mutates.

"And now I come to the point," he says. "This galaxy mutates into a Quasi-Me." Bock qualifies this statement, adding that the Quasi-Me is invisible and when inhaled it results in the "tooth universe." By this time, the panel upon which Bock has been sketching is completely covered with diagrammatic images of exploding galaxies, the funnel, the spiral whirlpool of lust, the lust dust, the tooth universe, the recipient, AuraAroma, and Quasi-Me, with lots of connecting vectors and key terms written out in hurried script.

"Now, the lecture works with this idea materialized," he announces as he puts his panel aside and moves to several three-dimensional models of the universe. Walls the size of garage doors glide into the room to reveal the unfolding models: one, a wire construction studded with individual serving packets of marmalade, grated cheese, and hot pepper flakes; another, a cleverly built table-top contraption with lots of hinged and movable parts. Bock continues to lecture on the subject of the creation of the MolkeMeMind universe, lavishing detail on the astro-physical properties of mutant planets, black holes, and supernovas. He includes in his descriptions mention of gray geometric holes, black-hole bridges, the numbers 0101010, and some ideas about Royal Tea cash flow. "Any questions?" he asks again and pauses as he earnestly scans faces for any comprehension problems. Nervous laughter is followed by silence. Then a solitary female voice ventures to ask, "About those black holes…" but before she can finish Bock continues with a humorous dismissal. "Later. I'm sorry," he says, smiling and shaking his head. In another segment of the lecture, he announces that he "feels like sculpture" and begins to cut the shape of a large head in profile from a movable panel wall on wheels. He names the head Mr. Hornblower. Playing both himself, as a moderator from *The Daily News*, and the cutout character, he proceeds to interview Mr. Hornblower, who is a black hole. He puts on a sweater with knitted heads dangling at the ends of tentacle-like arms. The recipients pull them over their heads and are thereby directly incorporated into the model.

Bock has plenty of questions, not only for Mr. Hornblower, but also for all the other characters whom he channels to life in the lecture. The ceiling descends to reveal puppets, including the famous actor Mr. Kinski, who manifests in the form of a big floppy red suitcase with giant, gnarly aluminum-foil teeth, and who denies every truth that Bock utters; the sage, philosophical Farmer, symbolized by a flapping terrycloth tongue (a big red towel) that licks a crouching Bock; and other crudely wrought puppet characters, all of whom sound off in noisy talk about mundane events and metaphysics. "What is the reason point in the world?" Bock channels the voice of the Farmer. "To drink milk!" comes the reply. Bock eventually ends the performance by walking back through the crowd and out the door—this time, cloaked in full costume with mask and sweater.

Many of John Bock's concepts—the recipient-human, AuraAroma, the MolkeMeMind universe, the Quasi-Me and Paramoderne, and related ideas such as Meech—have been developed in lectures, ac-

JOHN BOCK, LEHM, LEHM, LEHM, 2001, Bilder aus dem Video zum Vortrag (23 Min. 5 Sek.) bei / stills from 23 min.

5 sec. video of lecture at Regen Projects, Los Angeles; drawing by the artist / Zeichnung des Künstlers.

(CAMERA: KNUT KLASSEN; EDITING: MARC ASCHENBRENNER)

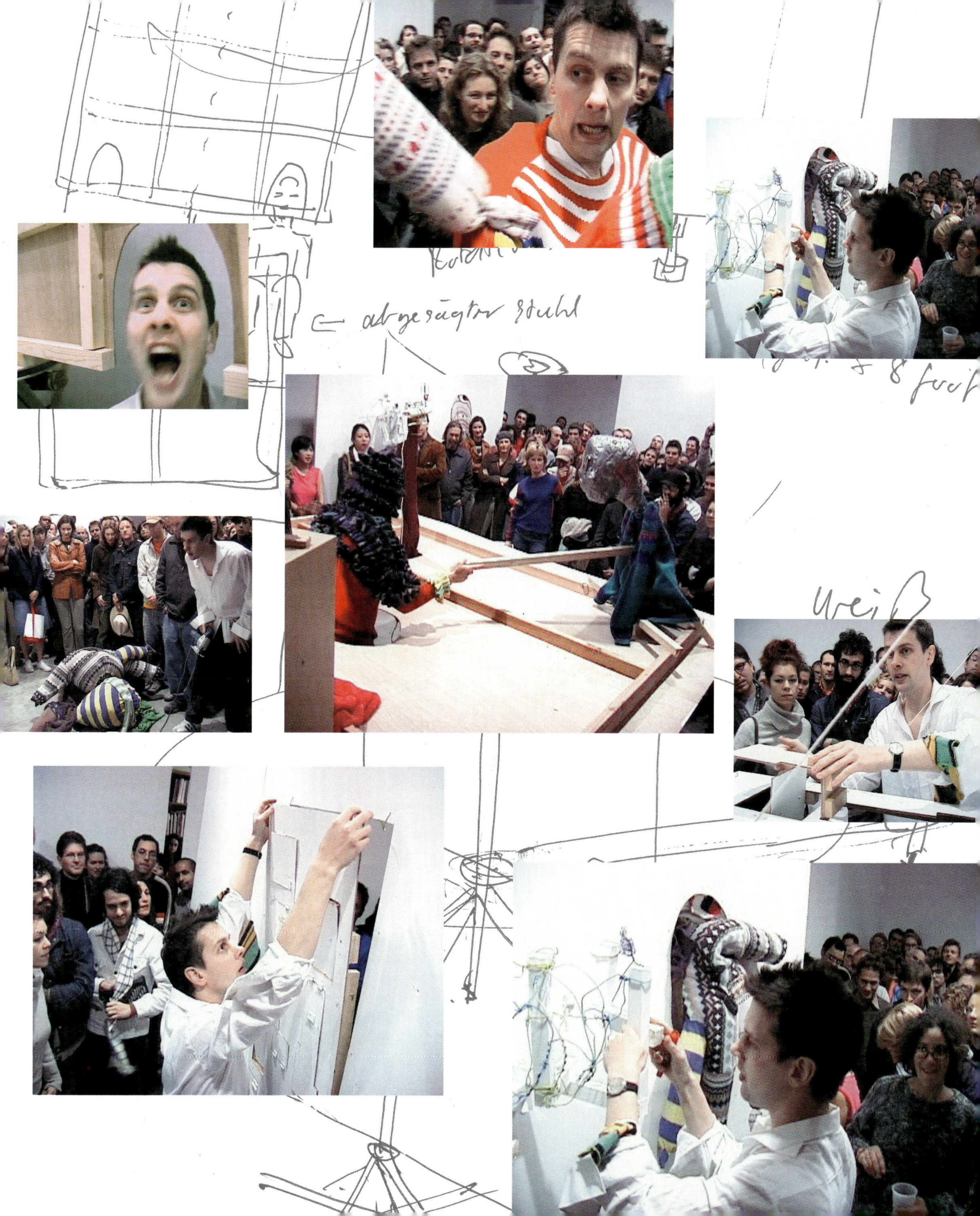
← abgesägter stuhl
weiß

tion-plays, and videos and offer a wealth of associative meanings. The concept of MolkeMeMind, for example, was developed in MOLKEMEMINDVEHIKEL, an extended lecture given from within his car, which was full of potatoes, as he drove around Berlin/Kreuzberg in 1999.

In another extensive lecture, LIQUIDITÄTSAURA-AROMAPORTFOLIO, performed at the Berlin Biennale in 1998, Bock explains the AuraAroma Pareto Theory. Portions of this lecture are imported into his most recent New York City action-play, WHEN I AM LOOKING INTO THE GOAT CHEESE BAISER, produced in 2001, and presented at Anton Kern Gallery. If AuraAroma translates roughly as "energy," Bock's umbrella term "Meech" might be interpreted as something akin to source. A local specific word, the concept of Meech warrants attention in both MEECHCITY, UNTITLED (TENT) (2001), and in numerous lectures that composed Bock's project for the Museum of Modern Art in New York, in 2000, among them MEECHFEVERLUMP SCHMEARS THE ARTWELFAREELASTICITY, in which he expounds at length on the "Meech-model":

> *…The Meech-model is approximate. With uncertainty, the model exists. First silage-pressure, then Meech-production. The computer produces Meech. Meech is the information-fluxer. Optimal recipient persons are able to read Meech by code. Meech unites with the human via the stomach. Meech-recipient-person-function. Goal: the Meech-recipient-person transforms into transcendent immaterial Meech-information-simulation… The Meech-computer is the Meech-information-simulation-sculptor, the Meech-god. Collective Meech-information-simulation feeds the Meech-god. A uniting—a realizing of a collective Meech-universe—a becoming of the Meech-god. Resurrection from the thing-being-matter. She is the womb: the Meech-information-simulation is the mass-god-becoming.*[1]

Questions arise: How can you take Bock at his word? Bock is a poet who likes to finger the tricky parts of day-to-day existence: from art to farm labor, from relationships to Absolute Truth, his perceptions can be quite keen. He keeps things loose and fluid, but at the same time, he's articulating holism and totalities. He's always defiantly outrageous; as an artist, he will not be contained. But no matter the line of inquiry or dramatic conceit, it seems fair to ask, within the terms of the work, "Who is John Bock?" For openers, he's a hyper-collectivity. Innumerable personas leap to life within the context of his lectures and action-plays and in the array of characters that populate them. Bock's slice-of-life imitations include Alice Cooper, farmers, economists, and historical persons of every rank and order—including Mr. Hornblower and Mr. Kinski. Another field of reference is never far from view: Joseph Beuys, Martin Kippenberger, Paul McCarthy, Jason Rhoades, and Matthew Barney. Bock provokes much comparison not merely formally to other artists. More importantly, he services multiple links to ideas and historical figures on both sides of the Atlantic Ocean, such as Madame de Pompadour, George Mallory, Rasputin, Raymond Roussel, John Maynard Keynes, Karl-Joris Huysmans, and Kaspar Hauser. What these links show—beyond the dexterity of artists and historians to connect the dots—is a readymade means of legitimation consisting of selected similarities and differences averaged together to produce recognizable substance. Make it real (as a means to recuperate the past, to be everywhere at once)—be it performance, actions, happenings, live theater, puppetry, freak shows, vaudeville, Vegas, or animal acts. Bock answers the call to revive every outmoded, abandoned, forgotten, and otherwise degraded art and entertainment form you can think of. His wholesale eclecticism prescribes nothing short of chaos and produces, in the offing, some pretty strange bedfellows. It's a twist of fate, for example, that pairs Beuys with Bock: one with a hare, the other with a tortoise; one who lectures on the flow of capital and the creation of self-organizing social systems; and the other, on renegade quantum galaxies made heavy by lust dust inside the MolkeMeMind universe. Influence, imitation, homage, simulation, originality, nonsense, truth, spoof, real or not—when you're deep in Bock country, you just can't tell the difference any more, a perspective that seems consistent with approximate Quasi-Me's, Meech-recipient uncertainties—and legendary monsters, too.

---

1) Transcript printed in *John Bock: Gribbohm* (Ostfildern-Ruit: Hatje Cantz Verlag, 2001), n.p.

Ungeheuer aus Schwarzen Löchern

JAN AVGIKOS

John Bocks erster Vortrag in Los Angeles, LEHM, LEHM, LEHM (2001), beginnt sehr still und zurückhaltend. Der Künstler betritt die Bildfläche ohne grosses Trara; ganz ohne Maske, in weissem Hemd und schwarzen Hosen bahnt er sich seinen Weg durch die dichte Menschenmenge, buchstäblich in Tuchfühlung mit dem Publikum, das im Ausstellungsraum von Regen Projects versammelt ist. Als er vorne ankommt, applaudieren die Leute und er antwortet mit einem bescheidenen «Hallo». Ein dicker Filzstift und eine grosse leichte Holztafel sind vorerst seine einzigen Requisiten.

Gleich wird der Künstler in Ausübung seiner Kunst einige Aspekte seiner ausufernden kosmologischen Theorien erklären. Ohne lange Einleitung hebt er seine Tafel in die Höhe und beginnt in einem ernsten, schmucklosen, beinah akademischen Vortragsstil zu sprechen. «Ein wichtiger Punkt in der Welt ist der Rezipient», sagt er. Das Publikum folgt ihm aufmerksam, als er diese Idee mit einer schematischen Zeichnung des «RezipientenMenschen» illustriert; diese symbolische Figur taucht immer wieder auf in Bocks Versuchen, das Leben zu beschreiben

JAN AVGIKOS ist Kunsthistorikerin und lebt in New York.

PARKETT 67 2003

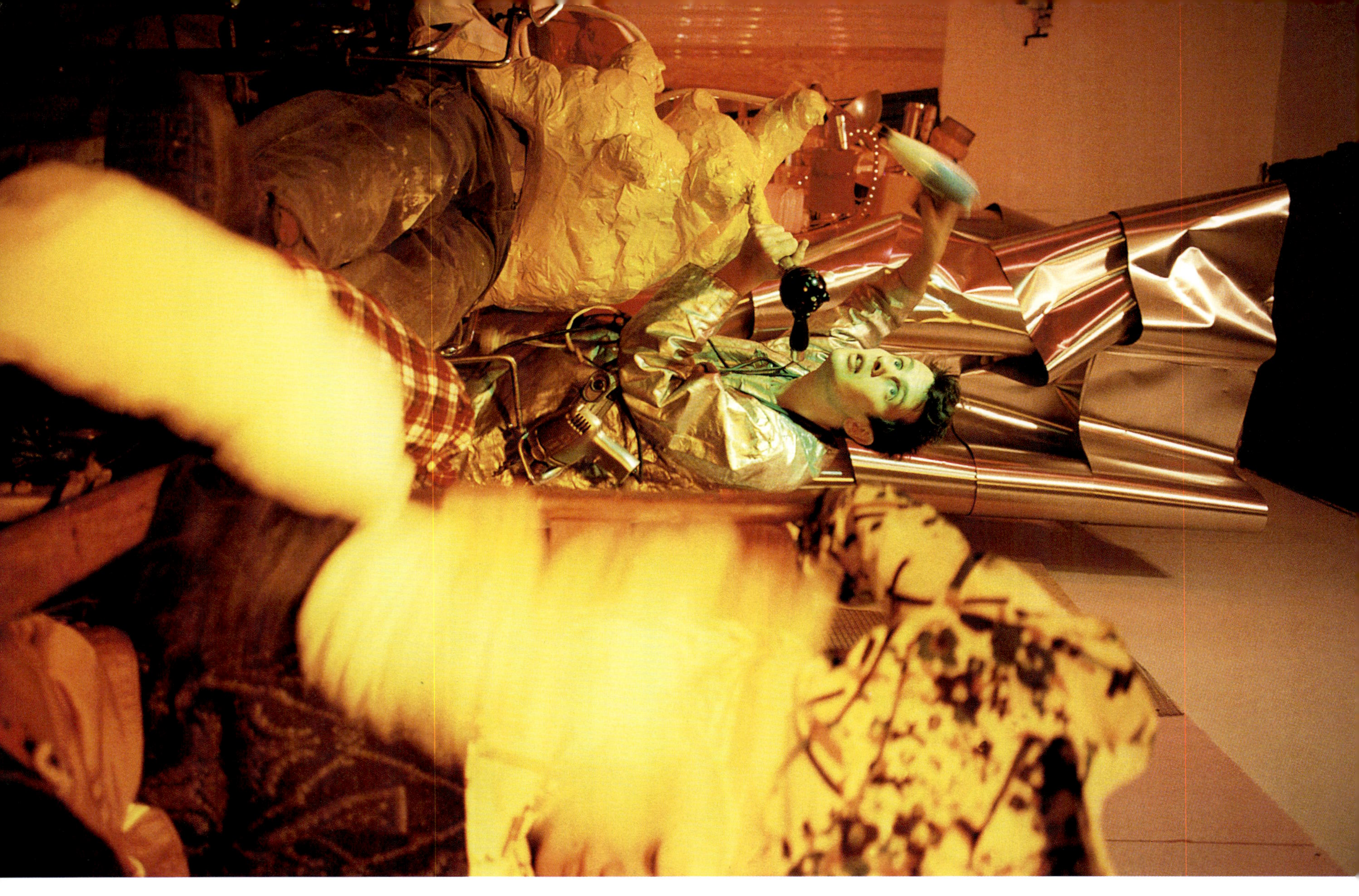

JOHN BOCK, MEECHFEVERLUMP SCHMEARS THE ARTWELFAREELASTICITY, 2000, dritter Vortrag / third lecture, Museum of Modern Art, New York. (PHOTO: KNUT KLASSEN)

beziehungsweise zu erläutern, wie die Dinge sind, wie alles funktioniert und wo unser Platz darin ist.

Bock spricht seit Jahren über Rezipienten, sowohl in seinen Vorträgen (die er allein hält) als auch in seinen Aktionsstücken (bei deren Aufführung Schauspieler mitwirken). Wie schon der Name sagt, ist der «RezipientenMensch» ein Empfänger – eher etwas Ungefähres als ein bestimmtes Individuum. Bock fügt der rudimentär angedeuteten Figur eine Menge detaillierter Informationen hinzu und zeichnet mehrfach verschlungene Schnörkellinien, die das Hirn des «RezipientenMenschen» darstellen sollen; gleichzeitig spricht er von einem Prozess, bei dem der Rezipient auf Stimuli der Aussenwelt reagiert und das Hirn seinerseits etwas namens «Aura-Aroma» hervorbringt – ein weiterer vertrauter Begriff im ständig expandierenden Lexikon der Bock-Sprache. «Das ist einfach», meint er lächelnd, als ob er andeuten wolle, dass «RezipientenMenschen» und «AuraAroma» erst den Anfang bildeten. Das Publikum reagiert mit irritiertem Lachen und er fährt fort: «Das AuroAroma funktioniert; der Hubble-bubble-Effekt funktioniert...» Wieder lacht das Publikum. Dann holt Bock zu einer Reihe verwirrender Sätze aus. «Aus den Augen der Welt wächst ein Mol-keMeMind-Universum, aber man kann es nicht sehen. Um das MeMM-Universum herum befinden sich viele Galaxien und diese Galaxien schmiegen sich eng an das MeMM-Universum an.» Über die ganze Tafel ziehen sich nun seine Aufzeichnungen und mit elegantem Schwung, voller Überzeugung und mit einem spürbaren Gefühl von Dringlichkeit zeichnet er hypothetische Bewusstseinszustände, metaphysische Vorgänge und astronomische Bezüge auf. Am beinah ununterbrochenen Augenkontakt mit dem Publikum und dem nach der Erklärung zentraler Punkte jeweils hingeworfenen rhetorischen «Ja?» merkt man, dass es ihm wirklich darauf ankommt, dass alle ihm folgen können und verstehen, was er sagt. Nachdem er mit der Skizze der Galaxien und ihrer Anhäufung um das MolkeMeMind-Universum herum fertig ist, hält er inne und schaut ins Publikum. «Noch Fragen?» Die Lautstärke des Gelächters nimmt merklich zu. Niemand sagt etwas.

Bei einem Vortrag von Bock will natürlich jeder einzelne Zuschauer möglichst mit dem Publikum verschmelzen. Wo sollte man auch mit dem Fragen beginnen, angesichts der Komplexität seiner Theorien?

Bock fährt fort das Schema auf der Holztafel zu vervollständigen und zeigt jetzt, wie zwei Galaxien aus der Bahn des Haupthaufens ausgebrochen sind, indem sie die Kette zerrissen haben und einen Teil des MolkeMeMind-Universums entwischen liessen, welches seinerseits die Form eines grossen Trichters angenommen hat, um den herum sich die Galaxien wieder neu formieren. Im Innern dieses neu entstandenen MeMM-Trichteruniversums sprudelt eine Lustspirale, durch welche die Galaxien sausen und dabei von den Luststaubpartikeln immer schwerer werden, während sie auf das Innerste des Trichters zudriften. Aber, so erklärt Bock, nur zwei Galaxien können durch die Öffnung schlüpfen, und er zeigt welche: «Die da und diese.» Eine dieser Galaxien explodiert und lässt ein Schwarzes Loch entstehen. Und das Zentrale, so erfahren wir, ist, dass die andere Galaxie sich dadurch verändert.

«Und nun komme ich zum springenden Punkt», sagt er. «Diese Galaxie mutiert zu einem Quasi-Ich.» Bock führt diesen Satz aus, indem er hinzufügt, dass das «Quasi-Ich» unsichtbar sei, und wenn es inhaliert werde, entstehe «das Zahn-Universum». Mittlerweile ist die Tafel, auf die Bock gezeichnet hat, vollständig bedeckt mit schematischen Darstellungen explodierender Galaxien, des Trichters, der sprudelnden Lustspirale, des Luststaubs, des Zahnuniversums, des Rezipienten, des AuraAroma und Quasi-Ich sowie einer Menge verbindender Vektorpfeile und flüchtig hingeworfener Schlüsselbegriffe.

Nun wollen wir diese Idee praktisch anwenden, verkündet er, während er seine Tafel beiseite stellt und sich einigen dreidimensionalen Modellen des Universums zuwendet: Garagentorgrosse Wände fahren in den Raum und geben den Blick auf ausklappbare Modelle frei. Eines ist eine Konstruktion aus Draht und Latten besteckt mit diversen Portionenpackungen, die Marmelade, Reibkäse und getrocknete Peperonciniflocken enthalten; ein anderes ist ein ingeniös konstruierter Tischapparat mit zahllosen Scharnieren und beweglichen Teilen. Bock fährt in seinem Vortrag über die Entstehung des Molke-MeMind-Universums fort und ergeht sich in Details über die astrophysikalischen Eigenschaften von mutierenden Planeten, Schwarzen Löchern und Supernovas. In seinen Beschreibungen kommen Dinge vor, wie graue geometrische Löcher, Schwarze-Löcher-Brücken, die Zahlenfolge 0101010 und ein paar Gedanken zum Royal-Tea-Cashflow. «Irgendwelche Fragen?», erkundigt er sich erneut und prüft die Gesichter auf Anzeichen allfälliger Verständnisschwierigkeiten. Zuerst irritiertes Gelächter, dann Stille. Eine einsame weibliche Stimme setzt zu einer Frage an: «Diese Schwarzen Löcher…», aber bevor sie ausreden kann, fährt Bock munter fort. «Später, tut mir Leid», meint er lächelnd und schüttelt den Kopf. An anderer Stelle des Vortrags, erklärt er, es sei ihm nach Skulptur zumute, und beginnt mit einer Stichsäge einen grossen Kopf im Profil aus einer beweglichen Wand auf Rädern auszuschneiden. Der Kopf erhält den Namen Mr. Hornblower. Dann spielt er

JOHN BOCK, MEECHCITY, 2001, Bilder aus dem 11-Min.-50-Sek.-Video zum Vortrag / stills from the 11 min. 50 sec. lecture video at Anton Kern Gallery, New York. (CAMERA, EDITING: KNUT KLASSEN; EDITING: MARC ASCHENBRENNER)

JOHN BOCK, WEISSSCHWEISSPRODUKTION, 2002, "Documenta 11", Kassel. (PHOTO: KNUT KLASSEN)

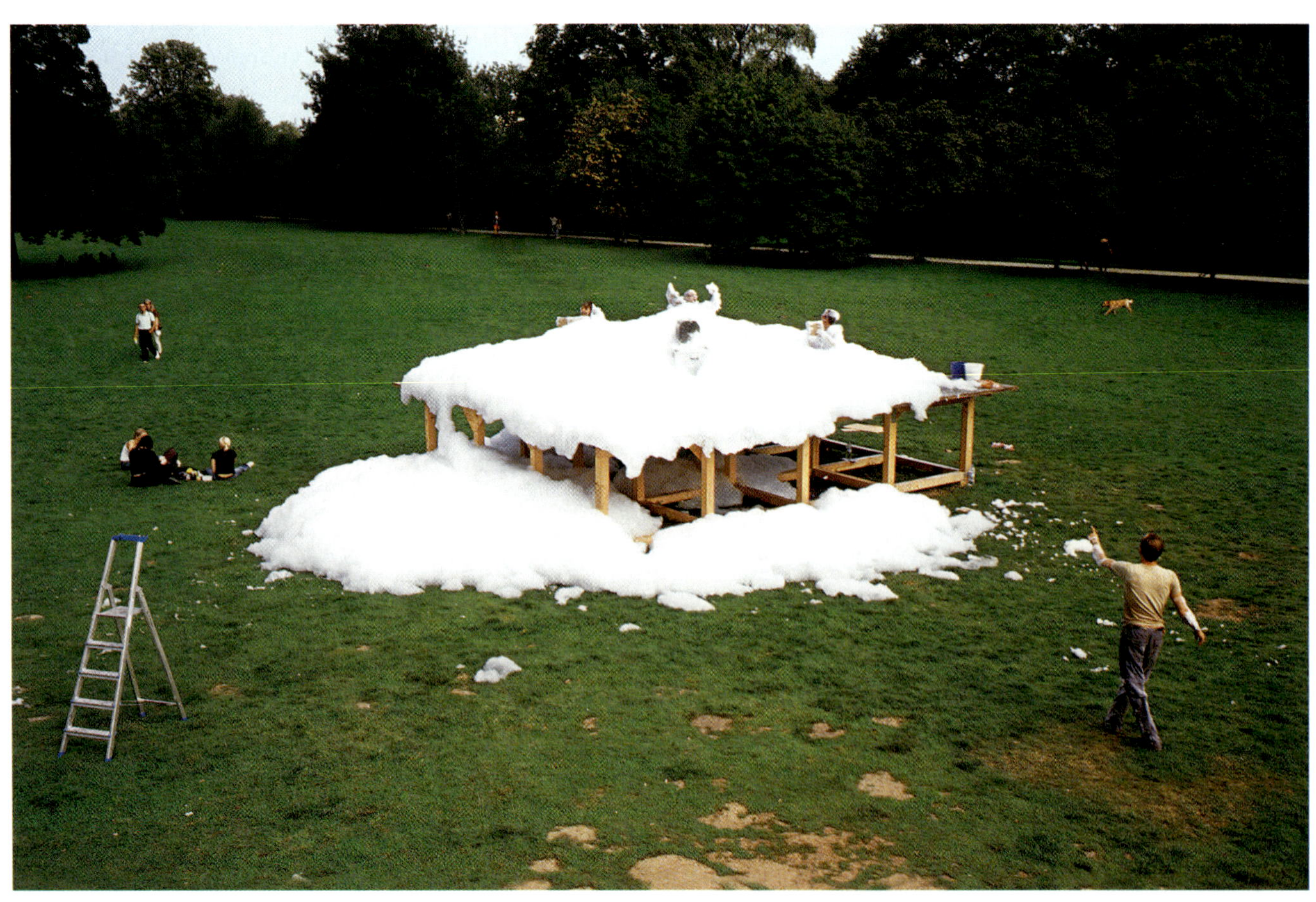

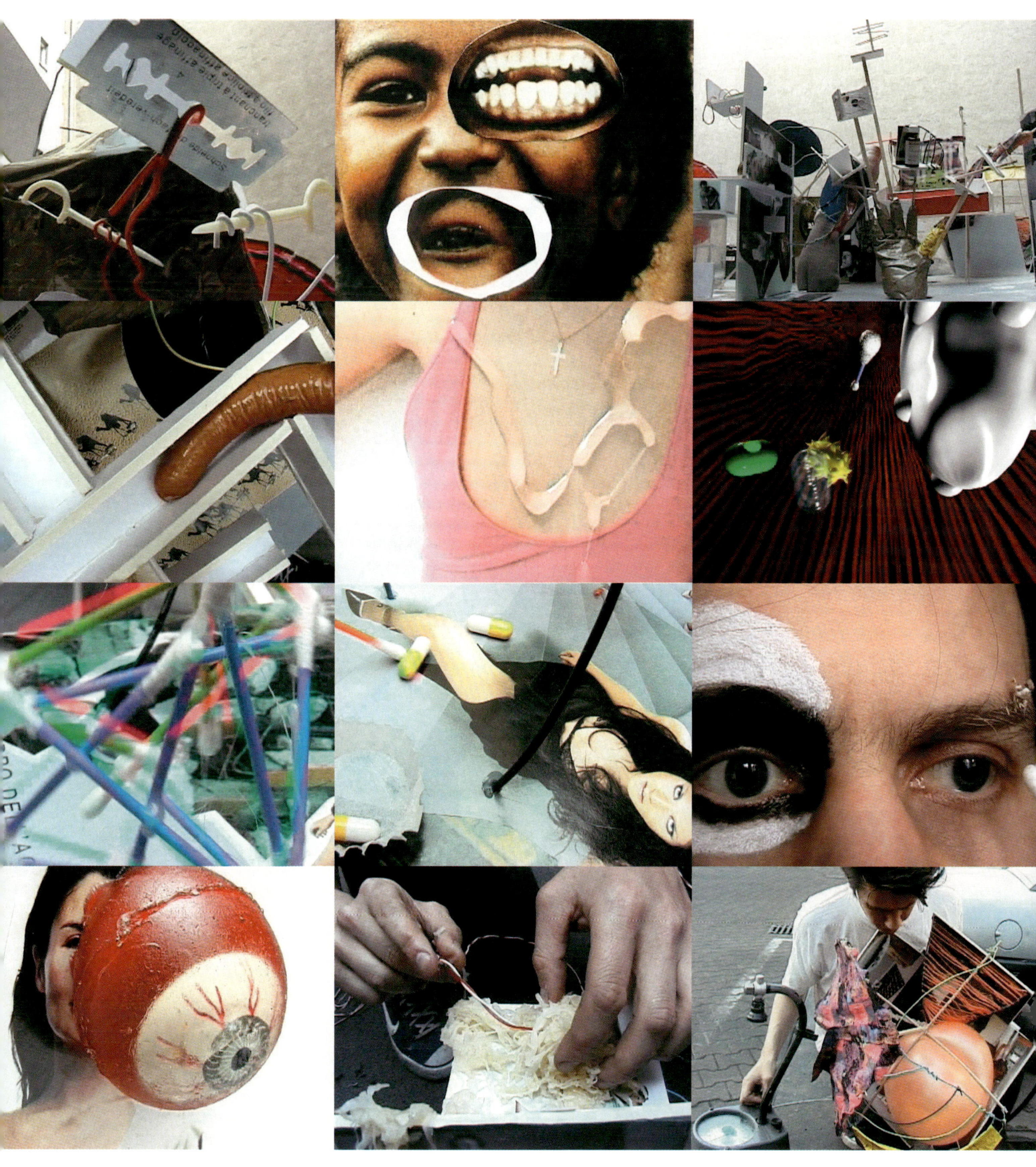

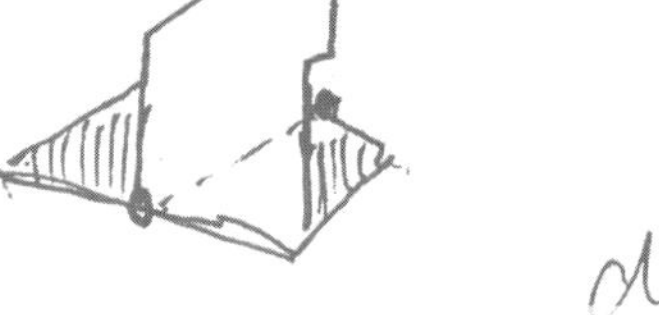

zugleich sich selbst – als Moderator von *The Daily News* – und diese neue Figur und beginnt ein Interview mit Mr. Hornblower, der eigentlich ein Schwarzes Loch ist. Bock schlüpft in einen Strickpullover mit tentakelähnlichen Armfortsätzen, an deren Enden jeweils Strickköpfe angeheftet sind. Diese ziehen sich die Rezipienten über den Kopf und werden so direkt in das Kunstmodell eingebunden.

Bock hat mehr als genug Fragen auf Lager, nicht nur für Mr. Hornblower, sondern auch für alle anderen Charaktere, die er im Lauf des Vortrags zum Leben erweckt, wenn sich die Decke senkt und die Puppen sichtbar werden: der berühmte Schauspieler Mr. Kinski, der in Gestalt eines grossen schlappen roten Koffers mit riesigen grimmigen Zähnen aus Alufolie auftritt und jede Wahrheit, die Bock äussert, heftig abstreitet; der vernünftige, philosophische Bauer, symbolisiert durch eine grosse schlabbernde Frotteezunge (ein rotes Badetuch), die den sich duckenden Bock leckt; ferner weitere, mit einfachsten Mitteln gestaltete Puppen, die sich alle lauthals über weltliche und metaphysische Fragen auslassen. «Was ist des Pudels Kern auf dieser Welt?», fragt Bock mit der Stimme des Bauern. «Milch trinken!», lautet die Antwort. Schliesslich beendet Bock die Performance, indem er einfach durch die Menge zurück und zur Tür hinausgeht – aber diesmal voll kostümiert mit Maske und Pullover.

Viele der im LEHM, LEHM, LEHM-Vortrag diskutierten Begriffe – der RezipientenMensch, das Aura-Aroma, das MolkeMeMind-Universum, Quasi-Ich und Paramoderne sowie damit verwandte Ideen wie Meech – wurden im Verlauf von Vorträgen, Aktionsstücken oder für Videos entwickelt und eröffnen ein weites Feld assoziativer Bedeutungen. So wurde der Begriff «MolkeMeMind» 1999 im Lauf eines längeren Vortrags mit dem Titel MOLKEMEMINDVEHIKEL entwickelt, den er während der Fahrt durch Berlin-Kreuzberg aus seinem mit Kartoffeln gefüllten Auto heraus hielt. In einem anderen ausführlichen Vortrag, LIQUIDITÄTSAURAAROMAPORTFOLIO, gehalten an der Berliner Biennale 1998, erläutert Bock die AuraAroma-Pareto-Theorie. Teile dieses Vortrags sind in sein jüngstes, in der Galerie Anton Kern in New York aufgeführtes Aktionsstück, WHEN I AM LOOKING INTO THE GOAT CHEESE BAISER (2001),

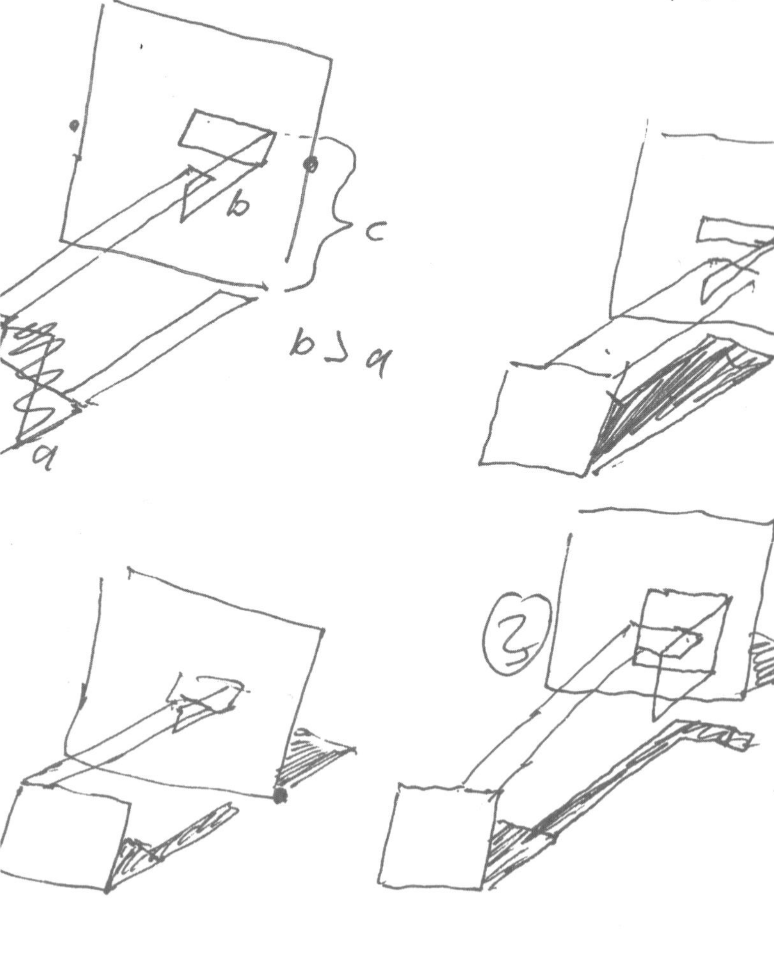

JOHN BOCK, LEHM, LEHM, LEHM, 2001, Zeichnung zum gleichnamigen Vortrag und Video, Ausschnitt / drawing for the eponymous lecture and video, detail.

eingegangen. Während sich AuraAroma ungefähr mit «Energie» übersetzen lässt, bedeutet Bocks Kollektivbegriff «Meech» etwas Ähnliches wie «Quelle». Als Ortsbezeichnung weckt der Begriff «Meech» sowohl in MEECHCITY, UNTITLED (TENT) (2001) unsere Aufmerksamkeit als auch in zahlreichen Vorträgen im Rahmen von Bocks Projekt für das Museum of Modern Art in New York im Jahr 2000, darunter auch in MEECHFEVERLUMP SCHMEARS THE ARTWELFAREELASTICITY, wo er sich eingehend mit dem «Meechmodell» auseinander setzt.

Das Meechmodell ist approximativ. Es liegt ein Modell bei Unsicherheit vor. Vorher Silagedruck – dann Meechproduktion. Der Computer produziert Meech. Meech ist der Informationsfliesser. Der optimale RezipientenMensch kann Meech über Codes lesen. Meech vereinigt sich mit dem RezipientenMensch über den Bauch.

MeechRezipientenMenschFunktion. Ziel: Der MeechRezipientenMensch transformiert zur transzendenten immateriellen Mechinformationssimulation. (…) Der Meechcomputer ist der Meechinformationssimulations-Bildhauer, der Meechgott. Kollektive Meechinformationssimulationen füttern den Meechgott. Einswerden, kollektives Meechuniversum werden. Meechgott werden. Auferstehung aus der DingSeinMaterie. Sie ist die Gebärmutter, die Meechinformationssimulation ist die Brut-Gott-Werdung.[1]

Es stellt sich die Frage: Kann man Bock beim Wort nehmen? Bock ist ein Poet, der gern den Finger auf die heiklen Stellen unserer Alltagsexistenz legt: Ob es um Kunst oder Landarbeit geht, um Beziehungen oder die absolute Wahrheit, seine Beobachtungen sind ziemlich scharf. Zwar belässt er alles in einem losen, flüssigen Zustand, bringt aber gleichzeitig holistische Prinzipien und Totalität zum Ausdruck. Er provoziert uns fortwährend mit Ungeheuerlichkeiten und lässt sich als Künstler keine Schranken setzen. Aber egal, wohin ihn seine Untersuchungen oder seine Lust am Theater führen, im Rahmen des Werks muss die Frage erlaubt sein: «Wer ist John Bock?»

Zunächst einmal ist er ein Hyperkollektiv. Im Lauf seiner Vorträge und Stücke und im Umfeld der sie bevölkernden Protagonisten werden unvermittelt unzählige Personen zum Leben erweckt. Zu Bocks «aus dem Leben gegriffenen» Imitationen gehören Alice Cooper, Bauern, Ökonomen, und historische Gestalten aller Art – einschliesslich Mr. Hornblower und Mr. Kinski. Ein anderer Bezugsrahmen ist nie weit entfernt: Joseph Beuys, Martin Kippenberger, Paul McCarthy, Jason Rhoades und Matthew Barney. Bock fordert uns aber nicht nur zu formalen Vergleichen mit anderen Künstlern heraus, sondern wichtiger noch: Er liefert uns eine Fülle von Anknüpfungspunkten zu Ideen und historischen Figuren beidseits des Atlantiks, etwa Madame de Pompadour, George Mallory, Rasputin, Raymond Roussel, John Maynard Keynes, Karl-Joris Huysmans und Kaspar Hauser. Diese Anknüpfungspunkte stellen – einmal abgesehen von der Herausforderung für Künstler und Kunsthistoriker, eine Verbindung zwischen den einzelnen Punkten herzustellen – eine gebrauchsfertige Legitimationshilfe aus ausgewählten Ähnlichkeiten und Differenzen dar, so gegeneinander abgewogen, dass Substanzielles erkennbar wird. Etwas soll Wirklichkeit werden (als Mittel, die Vergangenheit zurückzugewinnen, überall zugleich zu sein) – sei es durch Vorträge, Aktionen, Happenings, Stegreiftheater, Puppenspiel, Freakshow, Vaudeville, Starauftritte oder Tiernummern. Bock antwortet auf das Verlangen, jede nur denkbare aus der Mode gekommene, aufgegebene, vergessene oder anderweitig unter die Räder geratene Form von Kunst und Entertainment wieder zu beleben. Sein pauschaler Eklektizismus verschreibt uns das pure Chaos und bringt nebenbei ein paar ziemlich krause Verbündete ins Spiel. So ist es eine merkwürdige Laune des Schicksals, die Beuys und Bock zusammenführt: der eine mit einem Hasen, der andere mit einer Schildkröte; der eine doziert über den Fluss des Kapitals und die Schaffung selbstregulierender sozialer Systeme; der andere über abtrünnige Quantengalaxien, schwer vom Luststaub im Innern des MolkeMeMind-Universums. Einfluss, Imitation, Hommage, Simulation, Originalität, Nonsens, Wahrheit, Humbug, Realität oder nicht? Ist man erst einmal tief genug in Bocks Welt vorgedrungen, lässt sich das nicht mehr ausmachen; eine Situation, die bestens zu den approximativen Quasi-Ichs und MeechRezipienten-Unsicherheiten passt – und zu sagenhaften Ungeheuern ebenfalls.

(Übersetzung: Suzanne Schmidt)

1) Transkribiert in: *John Bock: Gribbohm*, Hatje Cantz, Ostfildern-Ruit, 2001, unpaginiert.

Edition for Parkett

JOHN BOCK

GEOMETRISCHER ORT DER 2 MIO. $ KNÖDELKNICKER-BOCKERMIGRÄNEHITSHITBITSSOUFFLÉVISAGE, DRIN STROHMULMIGE ISOQUANTE TOUCHIERT GOLDENE BILANZREGEL + INSOLVENZSNOB, 2003

Unikat-Unterhose, Strickmaterial, Goldpailletten, Strohhalm

Silikon, Hasenkötel, Migränetablette

Auflage: 60, signiertes und nummeriertes Zertifikat

Unique underpants, knitted fabric, gold sequins, straw, silicone,

bunny droppings, migraine pill

Edition of 60, signed and numbered certificate

(PHOTO: MANCIA/BODMER, FBM STUDIO, ZÜRICH)

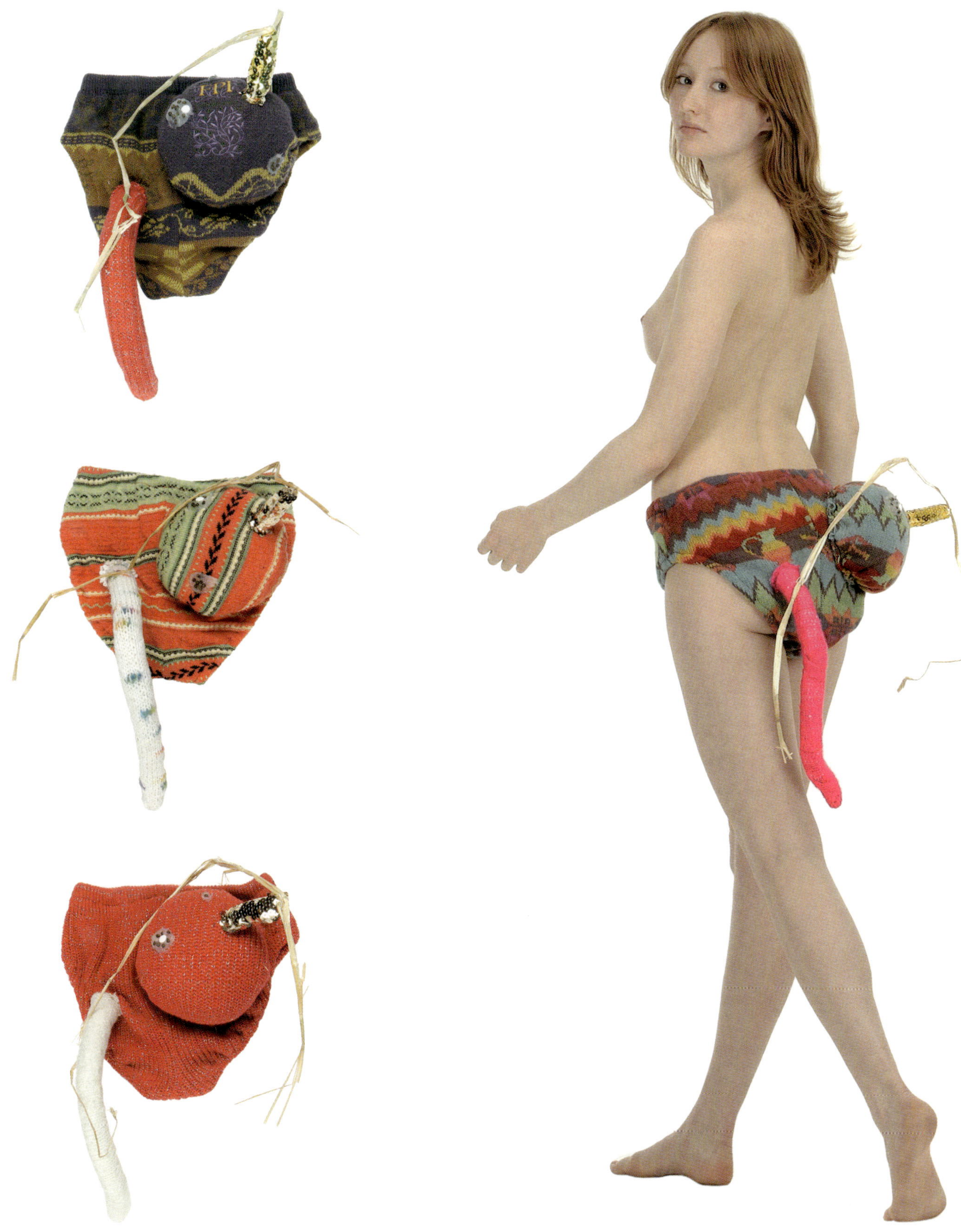

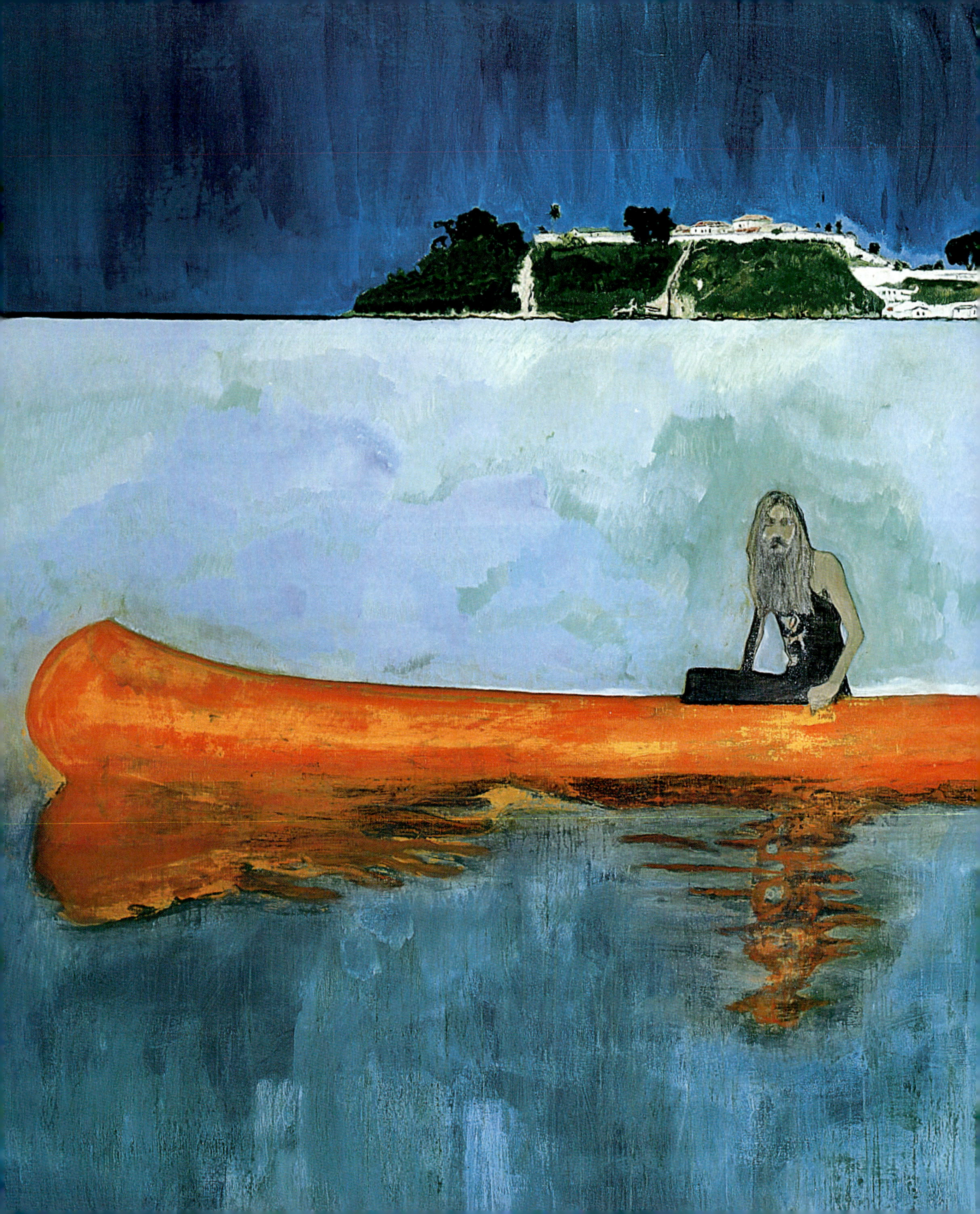

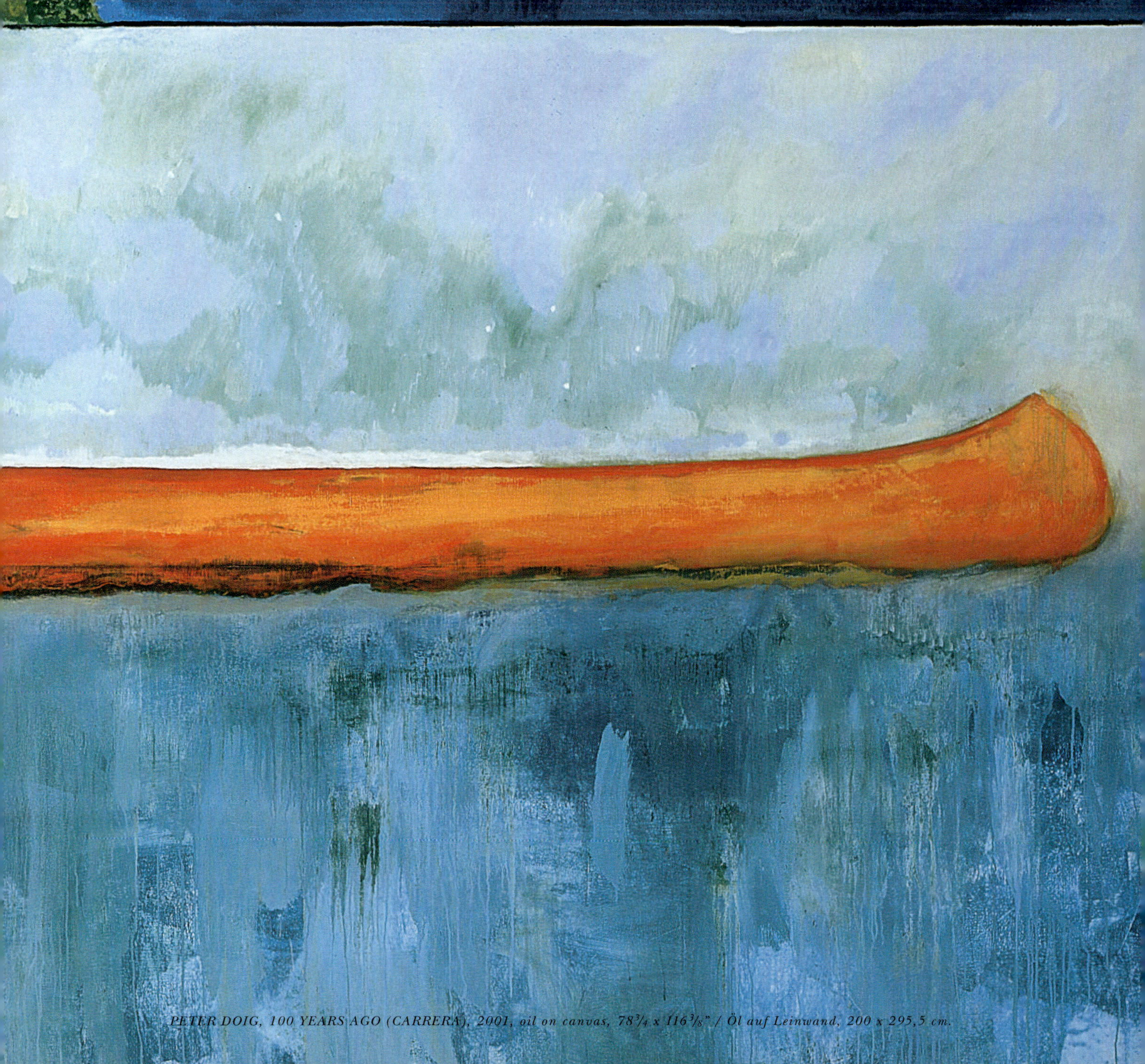

PETER DOIG, 100 YEARS AGO (CARRERA), 2001, oil on canvas, 78³/₄ x 116³/₈" / Öl auf Leinwand, 200 x 295,5 cm.

PETER DOIG:

A Partial Record

PAUL BONAVENTURA

NOVEMBER 8

As the Philadelphia Museum of Art cowers under a lowering afternoon sky, Susan conducts me into the basement, a never-ending labyrinth of passageways and storerooms. We turn a corner and come face-to-face with a strangely unsettling expanse of pink and green paint. It's Peter's FIGURE IN MOUNTAIN LAND-SCAPE II (1998–1999).

Susan mentions Peter's mastery of staining and posits a connection with Morris Louis. There is a connection in their work—something to do with staining and scale and things floating in space—and the similarities are made all the more palpable when I search out Louis's BETH (1960) in the galleries upstairs. For Doig's hooded personage read Louis's polychromatic mandala.

Heading home to New York on a stuffy commuter train, I recall a conversation I once had with Peter in London when he confessed that he's nearly always torn between retaining the motif and undermining

it. I start wondering how far he could push the issue of likeness before his paintings begin to fall apart entirely and whether one day he might produce something wholly abstract. FIGURE IN MOUNTAIN LANDSCAPE II certainly seems to be leaning in that direction.

NOVEMBER 12

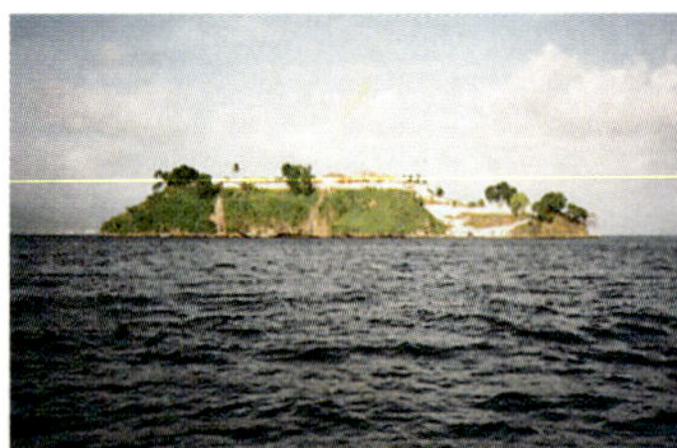

FIGURE IN MOUNTAIN LAND-SCAPE II has been preying on my mind these past few days and I've decided that I want to talk to Peter about his work in more detail. In order to do that I'll need to fly to Trinidad. Peter relocated there about two months ago, renting a house with his family in Port of Spain and setting up a studio in the same building as Caribbean Contemporary Arts.

The move, after 23 years of living and working in central London, is a bit of an experiment. Peter spent much of his infancy in Trinidad and returned in 2000 for a one-month residency at the CCA. Now he's gone back again, this time for an indefinite period.

PAUL BONAVENTURA is the Senior Research Fellow in Fine Art Studies at the University of Oxford and a Visiting Scholar at the New York Academy of Art.

PETER DOIG, FIGURE IN MOUNTAIN LANDSCAPE II, 1998–99, oil on canvas, 90⅛ x 141⅜" / Öl auf Leinwand, 229 x 359 cm.

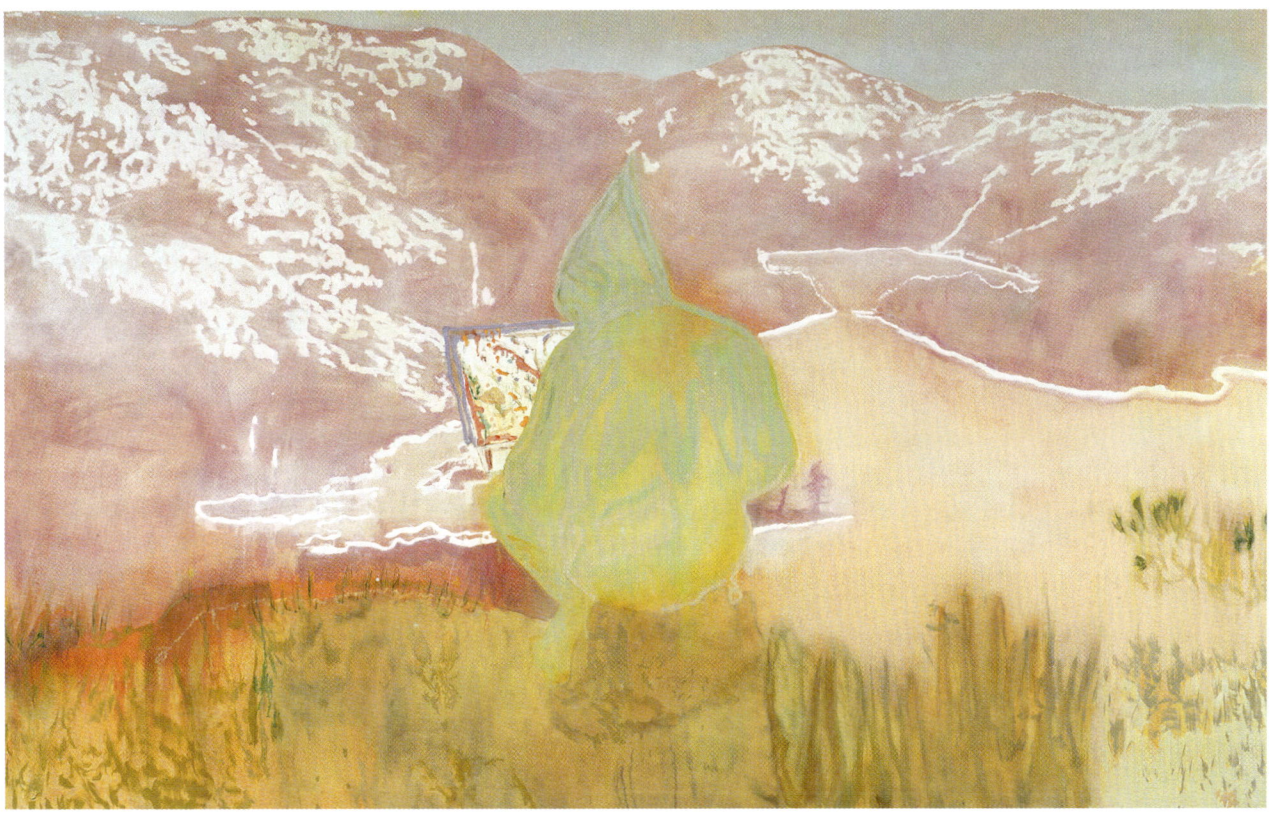

PETER DOIG, FIGURE IN MOUNTAIN LANDSCAPE II, 1998–99, oil on canvas, 90⅛ x 141⅜" / Öl auf Leinwand, 229 x 359 cm.

NOVEMBER 17

Day one in Trinidad and the seven of us cram into Peter's car and set off for Maracas. The afternoon goes by in a haze of body surfing, bake and shark,[1] stray kittens, and *soca*. DJs have erected massive, totem-like sound systems at either end of the bay and the local youth are wining.[2] The US seems an awfully long way off.

Peter admits that Trinidad is just too daunting to deal with right now. Also, it's too early for him to say exactly why he's come back here to live. Recent paintings such as DRIFTWOOD (2001–2002), GRANDE RIVIERE (2001–2002) and 100 YEARS AGO (CARRERA) (2001), with their locally-inspired subject matter, relate to photographs that Peter took during his residency two years ago, but emerged from his London studio. I may be wrong, but I've got a hunch that Trinidad won't properly recur in his work until he gets some distance on it by moving elsewhere.

NOVEMBER 18

It's a soggy morning and we're lounging by the sea at Macqueripe, talking about photography. Peter began using photography as an aid around 1980, partly as a means of apprehending his subject matter, and partly in order to establish some distance between himself and his chosen motif. His canvases tend to derive from more than one photographic source. A few, like DRIFTWOOD, can trace their pedigree to a unique image, but generally that isn't the case.

Peter chooses to work with certain photographs because they contain information that he can build on rather than duplicate. Sometimes he'll have a photograph pinned up next to the canvas as a guide, but more often than not, it has to be discarded for the good of the painting. At which point, he explains, the canvas takes on a life of its own.

This is clearly what happened with DRIFTWOOD. The two figures are distantly there in the original

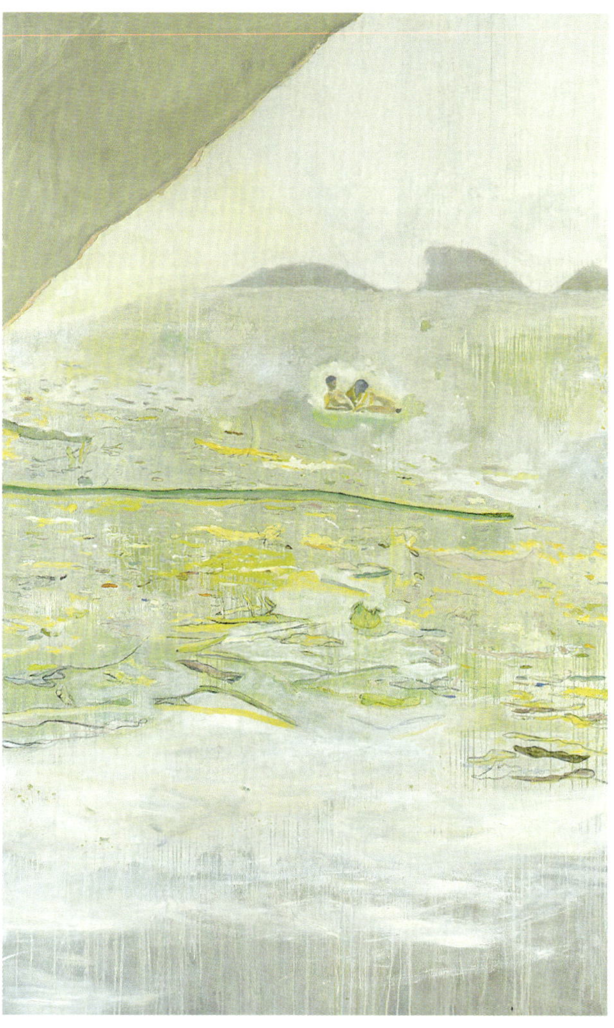

PETER DOIG, DRIFTWOOD, 2001–2002, oil on canvas,
130 x 78¾" / Öl auf Leinwand, 330 x 200 cm.

snapshot of Yarra Beach, but in the painting Peter has re-positioned them and made their relationship more ambiguous. In the process, they've become almost spectral.

NOVEMBER 19

Being on an island, surrounded by water, makes me want to talk to Peter about canoeing. Canoes appear in any number of his paintings, sometimes as a linking device between two sections of a canvas, and I'm shocked to learn that he knows little about them. Peter hasn't done much canoeing. Nonetheless, he loves the simplicity of canoes, the way they float. For Peter, canoes come with none of the psychological baggage of boats. They're provisional things, just like cabins.

The first painting to feature a canoe was GIRL IN CANOE (1987). That painting took its lead from photographs that Peter took when Sean Cunningham's cult movie *Friday the 13th* appeared on Canadian television, but he says that if the photographs didn't have the atmosphere they did then he wouldn't have used them. Peter didn't watch the film with the intention of making a painting. It was when his snapshots came back from the processors that he suddenly saw their potential.

With MILKY WAY (1989–1990) and SWAMPED (1990), both of which incorporate canoes, Peter's work started to become much more expansive. The impetus for that transformation came when Peter returned to college in the late eighties and found himself amongst a lot of other painters. Someone at Chelsea School of Art pointed out that a certain painting of Peter's was very internalized and he says that this was one of the most important things anyone ever said about his work as a student; that everything he did was self-contained. There wasn't room for the viewer to bring anything to the painting because the narrative was too strong. MILKY WAY and SWAMPED were attempts to break out of that mold. They were about seeing how far you could spin a narrative painting and still end up with something coherent.

NOVEMBER 20

On the way from Blanchisseuse to Yarra, Peter tells me that he doesn't know what's going to happen when he embarks on a new work, but that he does want his paintings to have a life that extends beyond figuration. For him that's what makes them resonate. Maybe that's why he's interested in other painters whose output isn't exclusively figurative. Peter is fascinated by how other painters go about creating atmosphere and believes it's pretty difficult to achieve if you're only drawing on life. His work is very much about how a painting evolves on the surface of the canvas. It's not about having an idea of what it's going to be like when he starts out. Peter's paintings have to make progress on their own terms.

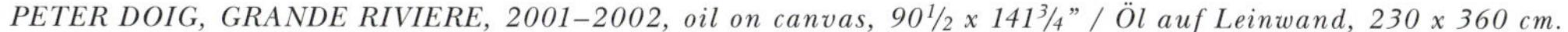

PETER DOIG, GRANDE RIVIERE, 2001–2002, oil on canvas, 90½ x 141¾" / Öl auf Leinwand, 230 x 360 cm.

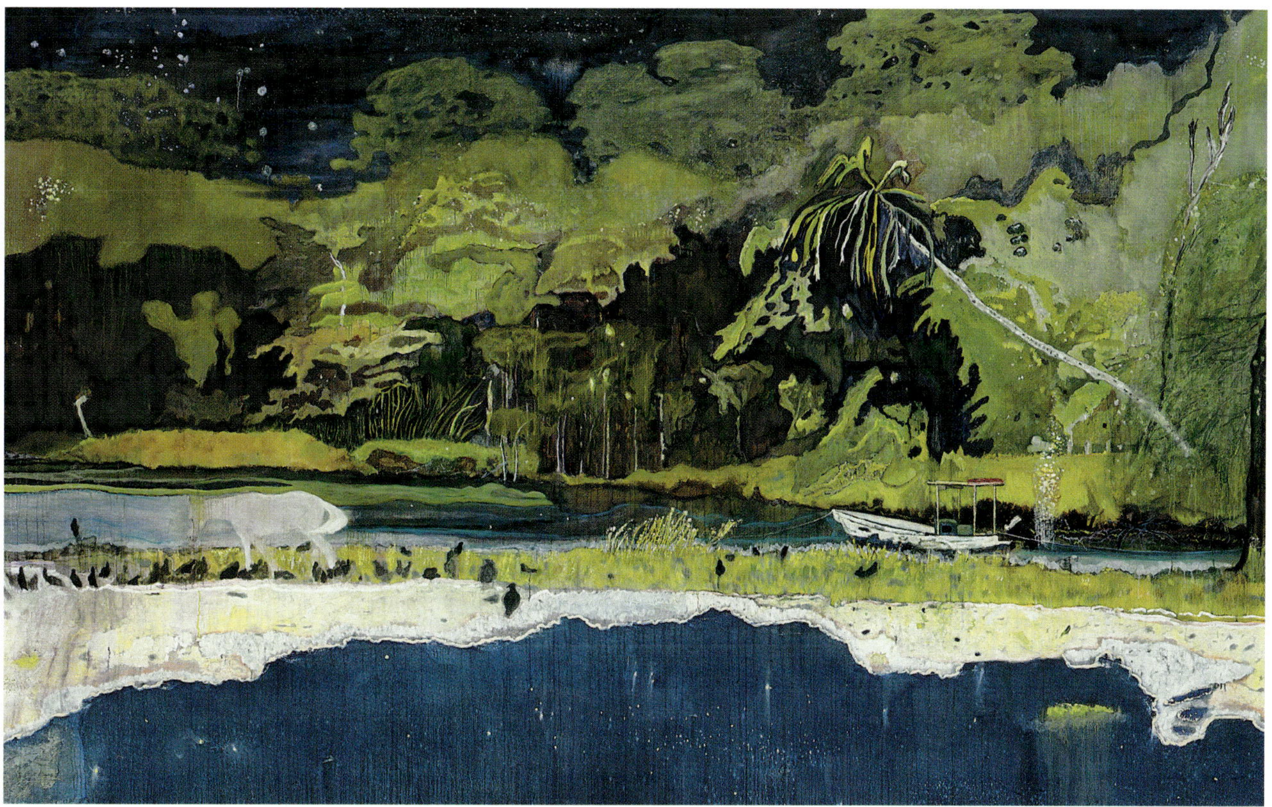

November 21

We're in the studio when Peter says that he never consciously took photographs in London in order to turn them into paintings, and that originally he didn't do that in Canada either, but then came BLOTTER (1993). BLOTTER was made in reaction to POND LIFE (1993), and POND LIFE was made from a photograph which wasn't taken to make a painting. Peter explains that the photograph that led to POND LIFE was just a beautiful image with these three figures walking across the ice, three figures with a dog, but that he got rid of the dog because it looked too corny. And then there was this cabin and some woods

and that was about it. It wasn't until he'd been painting POND LIFE for about three months that he reflected the figure group. The painting wasn't working so he generated this completely fake reflection and got very excited because the mirroring opened up another world. It went from being something like a recognizable reality to something more magical.

When he next went back to Canada, Peter thought he'd do another painting of reflections, but instead of faking it he'd set it up. He and his brother were flooding a pond to skate on it. They made a hole in the ice and were pumping water onto the ice to get a

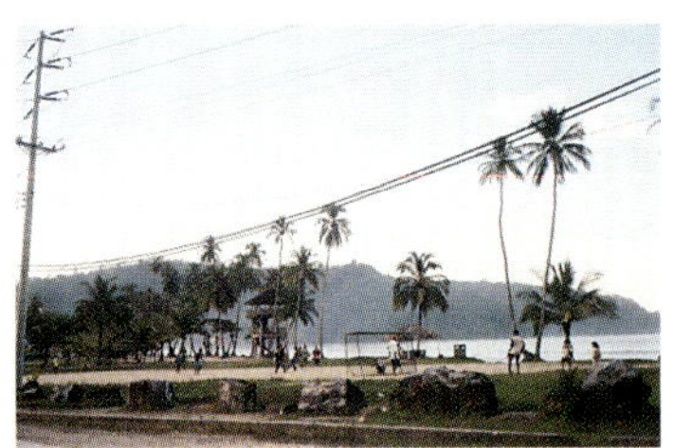

(PHOTO: PETER DOIG)

smooth surface when Peter noticed this incredible reflection of his brother, so he took some photographs with a painting in mind. That painting turned out to be BLOTTER.

NOVEMBER 22

Peter proposes that we stop by the panyard[3] in the village. A steel band is practicing hard for Carnival and the tightly orchestrated tune is hugely infectious.

I've never really thought that there might be any direct relationship between the music Peter listens to and his work, even with a painting like 100 YEARS AGO (CARRERA). That painting isn't about the Allman Brothers Band—Peter adapted the figure in the canoe from one of their album covers. It's about the fact that that figure works in that canoe against that backdrop of Carrera.

Peter loves the vacuity on the face of the figure, the way he looks straight through you, and tells me that the inspiration for his canvas came from Matisse's BATHERS WITH A TURTLE (1908). He's got a book with him which is all about the making of that painting, a painting he saw when he had a show at the Saint Louis Art Museum in 2000. Peter declares that BATHERS WITH A TURTLE is one of the most extraordinary paintings he's ever seen. He says it's so unspecific it seems to defy time.

I suggest to Peter, and he agrees, that the tripartite structure of 100 YEARS AGO (CARRERA) is not so very different from the tripartite arrangements of some of his work from the early nineties, like THE HITCH-HIKER (1990) and THE HOUSE THAT JACQUES BUILT (1992), and that the division of the painting into zones gives him the opportunity to negotiate neighboring areas of the same composition quite separately. This is also something that Matisse did in his BATHERS WITH A TURTLE.

NOVEMBER 23

We're back at Macqueripe. I ask Peter about his daughters and he tells me that they do feed into his work, but that it's not an active collaboration. He says that in some ways having children has made him think more about his own past. His children have given him permission to think back on memories and images from the selfsame period in his own life.

I half-suspect that the wraith-like girl in GIRL IN WHITE IN TREES (2001–2002) might be one of Peter's daughters, but I never find out whether or not I'm right. By the time I get 'round to formulating the question I'm on a plane heading back to New York.

1) Bake and shark: a fried dough pocket filled with shark nuggets.
2) "Wining" is an extremely erotic dance, but it is not necessarily about sex. For instance, dancers will "wine" with one partner and then move on to the next partner, without the previous one feeling at all jilted. The dance involves rotating the waist and hips in a suggestive manner. In Trinidad, local youths "wine" with each other in groups.
3) A "panyard" is an open-air enclosure where a steel band practices and plays—they are usually in local communities within the cities and countryside of Trinidad. "Pan" is another word for steel drum.

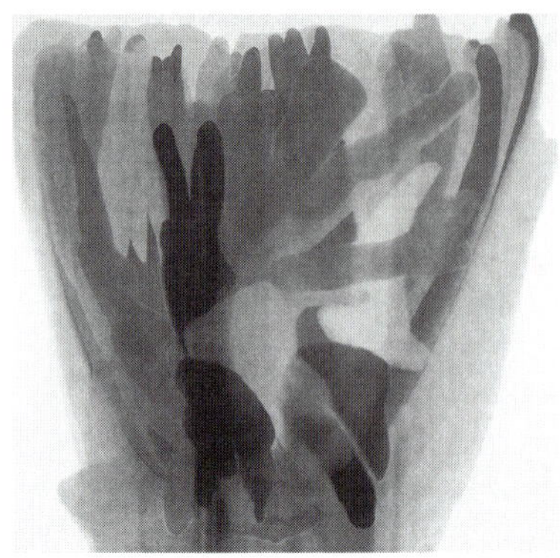

MORRIS LOUIS, BETH, 1960, acrylic resin on canvas,
105 x 106¼" / Acrylharz auf Leinwand, 267 x 270 cm.
(PHOTO: GRAYDON WOOD / PHILADELPHIA MUSEUM OF ART)

PETER DOIG, SWAMPED, 1990, oil on canvas, $77^1/_2$ x $94^7/_8$" / Öl auf Leinwand, 197 x 241 cm.

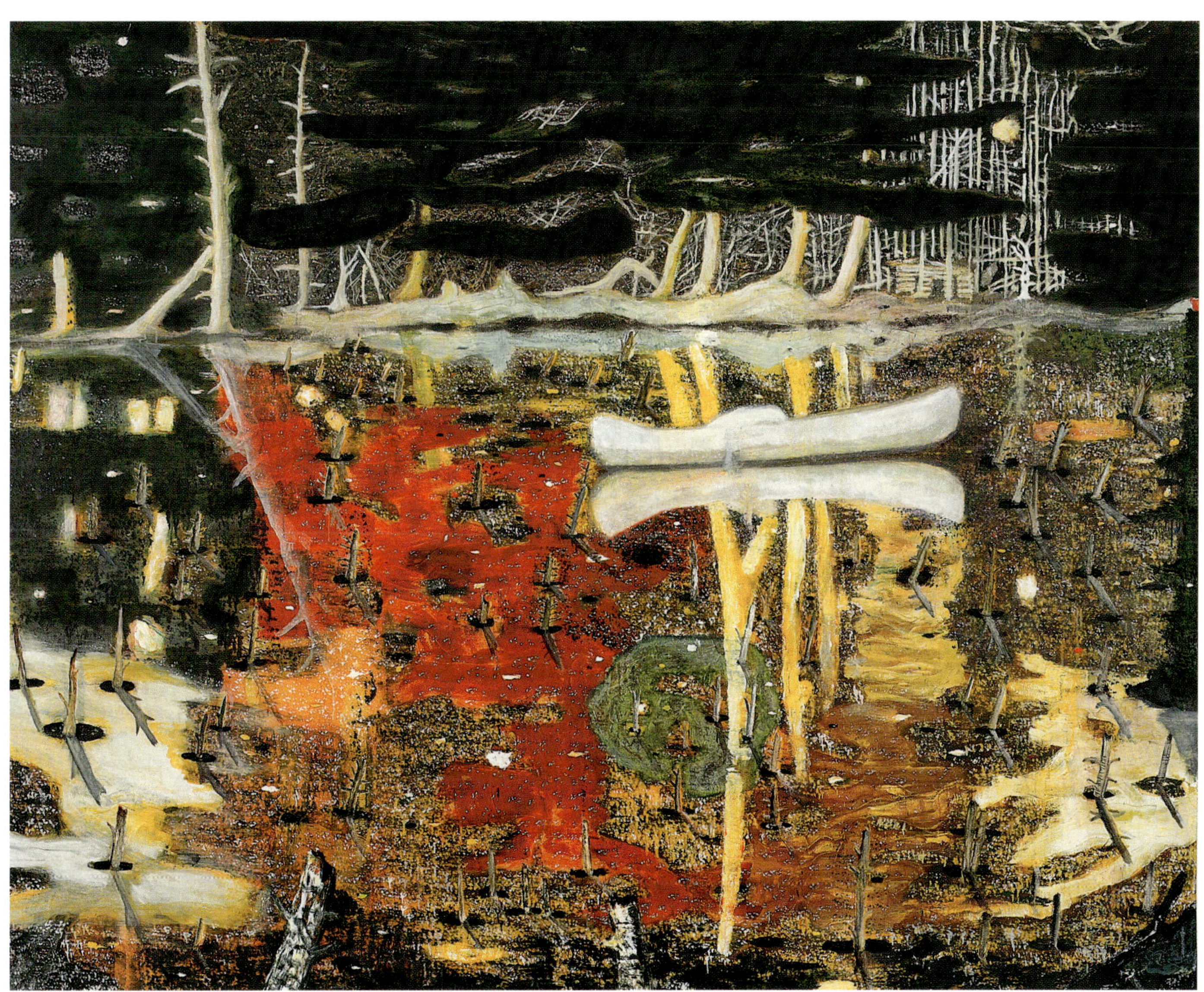

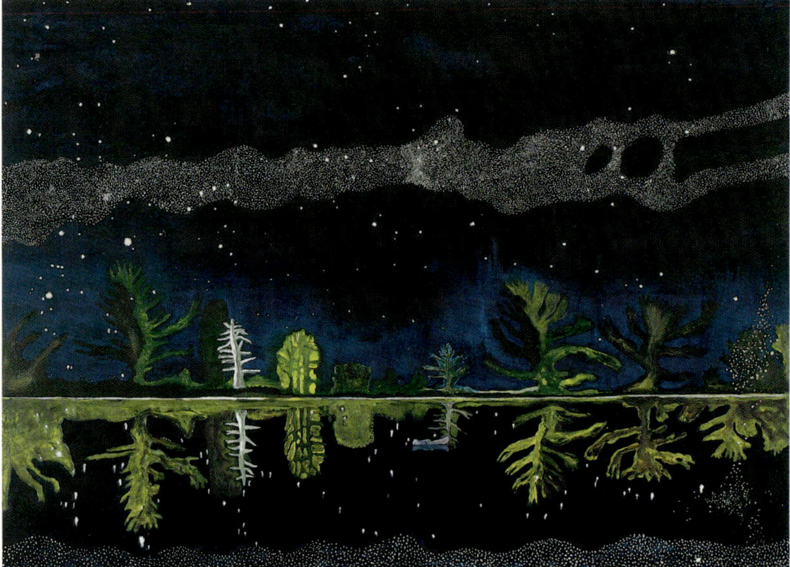

PETER DOIG:

Erinnerungssplitter

PAUL BONAVENTURA

8. NOVEMBER

Das Philadelphia Museum of Art duckt sich unter einem finsteren Nachmittagshimmel, als Susan mich ins Kellergeschoss hinunterführt, in ein endloses Labyrinth von Gängen und Lagerräumen. Wir gehen um eine Ecke und sehen uns plötzlich einer seltsam beunruhigenden Fläche in Rosa und Grün gegenüber. Es handelt sich um Peter Doigs FIGURE IN MOUNTAIN LANDSCAPE II (Figur in Berglandschaft II, 1998–99).

Susan spricht von Peters Meisterschaft im Setzen von Farbakzenten und stellt eine Verbindung mit Morris Louis her. Tatsächlich haben die Werke der beiden etwas Verwandtes – es hängt mit Farbgebung, Grössenverhältnissen und mit dem Schweben der Dinge im Raum zusammen. Und die Ähnlichkeiten sind geradezu mit Händen zu greifen, als ich mir Louis' BETH (1960) in den Ausstellungsräumen im oberen Stock anschaue. An die Stelle der verhüllten Personen bei Doig tritt bei Louis das polychrome Mandala.

In einem stickigen Pendlerzug auf dem Heimweg nach New York erinnere ich mich an ein Gespräch mit Peter in London, in dem er gestand, dass er fast immer zwischen dem Beibehalten und Unterlaufen eines Motivs hin und her gerissen sei. Ich beginne mich zu fragen, wie weit er es mit der Ähnlichkeit

PAUL BONAVENTURA ist Senior Research Fellow in Fine Art Studies an der Universität Oxford und Gastdozent an der New York Academy of Art.

treiben könnte, bis seine Bilder sich völlig aufzulösen begännen, und ob er wohl eines Tages etwas ganz und gar Abstraktes hervorbringen würde. Zweifellos weist FIGURE IN MOUNTAIN LANDSCAPE II in diese Richtung.

12. NOVEMBER

In den letzten Tagen hat mir FIGURE IN MOUNTAIN LANDSCAPE II keine Ruhe gelassen und so beschloss ich, mit Peter etwas ausführlicher über dieses Bild zu sprechen. Zu diesem Zweck werde ich nach Trinidad fliegen müssen. Peter ist vor etwa zwei Monaten dorthin gezogen, er hat für sich und seine Familie in Port of Spain ein Haus gemietet und sich im selben Gebäude wie Caribbean Contemporary Arts (CCA) ein Atelier eingerichtet.

Dieser Umzug nach 23 Jahren Leben und Arbeiten im Zentrum Londons ist ein gewagtes Experiment. Peter verbrachte einen guten Teil seiner Kindheit in Trinidad und kehrte im Jahr 2000 für einen einmonatigen Stipendienaufenthalt am CCA dorthin zurück. Jetzt ist er erneut zurückgekehrt, diesmal auf unbestimmte Zeit.

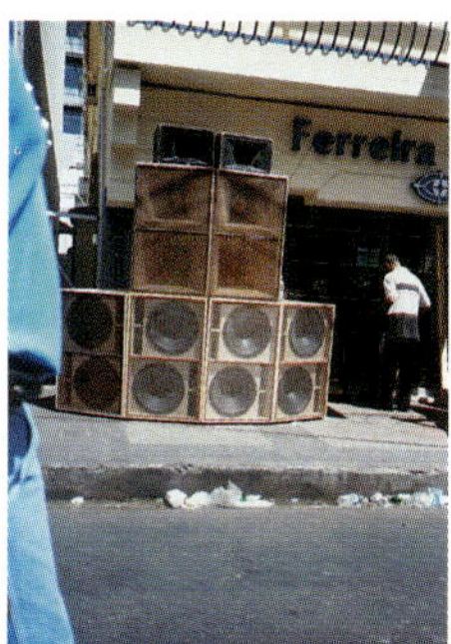

(PHOTO: PETER DOIG)

17. NOVEMBER

Der erste Tag in Trinidad und wir sieben quetschen uns in Peters Auto und brechen nach Maracas auf. Der Nachmittag verstreicht in einem flimmernden Tagtraum aus Wellenreiten, Bake & Shark (Teigtasche mit Haiklösschen), streunenden Kätzchen und *Soca*-Rhythmen. DJs haben an beiden Enden der Bucht riesige, totemartige Lautsprechertürme aufgebaut und die einheimische Jugend wiegt sich im Wine.[1] Die USA scheinen in weite Ferne gerückt.

Peter gibt zu, dass Trinidad schlicht zu überwältigend ist um sich gleich ernsthaft damit zu befassen. Es ist für ihn auch noch zu früh, um sagen zu können, weshalb er hierher zurückgekehrt ist. Neuere Bilder wie DRIFTWOOD (Treibholz, 2001–2002), GRANDE RIVIERE (2001–2002) oder 100 YEARS AGO (CARRERA) – Vor 100 Jahren (Carrera), 2001 – beziehen sich in ihrer lokal inspirierten Thematik auf Photos, welche Peter zwar während seines Aufenthalts vor zwei Jahren hier gemacht hat, die jedoch aus seiner Londoner Atelierarbeit heraus entstanden sind. Vielleicht liege ich falsch, aber ich vermute, dass Trinidad in seinem Werk nicht direkt auftauchen wird, bevor er nicht etwas Distanz dazu gewonnen hat und woanders hingezogen sein wird.

18. NOVEMBER

Es ist ein feuchter Morgen und wir schlendern in Macqueripe dem Meer entlang und reden über Photographie. Peter begann um 1980 mithilfe von Photographien zu arbeiten, zum Teil um sich damit an sein Thema heranzutasten, zum Teil auch um eine gewisse Distanz zwischen sich und dem gewählten Motiv zu schaffen. Seine Gemälde gehen in der Regel auf mehr als ein photographisches Vorbild zurück. Bei einigen, etwa bei DRIFTWOOD, lässt sich die Herkunft bis zu einem einzigen Bild zurückverfolgen, gewöhnlich ist dies aber nicht der Fall.

Peter arbeitet mit Photographien, weil sie Informationen enthalten, auf denen er aufbauen kann, und nicht um sie abzubilden. Manchmal hängt er ein Photo als Orientierungshilfe neben seine Leinwand, aber meistens muss er es zugunsten des entstehenden Bildes aufgeben. An diesem Punkt, erklärt er, gewinne die Leinwand ein Eigenleben.

Genau dies ist bei DRIFTWOOD offensichtlich geschehen. Die beiden Figuren sind auf dem ursprünglichen Schnappschuss von Yarra Beach in der Ferne zu sehen, aber auf der Leinwand hat Peter sie anders positioniert und lässt ihre Beziehung zwiespältiger wirken. Dadurch haben sie einen beinah gespenstischen Charakter erhalten.

19. NOVEMBER

Da wir uns auf einer Insel befinden, rundum von Wasser umgeben, möchte ich mit Peter übers Kanufahren sprechen. Kanus tauchen in zahllosen seiner Bilder auf, manchmal als Bindeglied zwischen verschiedenen Bildzonen, und ich bin verblüfft zu hören, wie wenig er über sie weiss. Peter war nicht oft im Kanu unterwegs. Nichtsdestotrotz liebt er das Einfache des Kanus, die Art wie es dahintreibt. Für Peter sind Kanus frei vom psychologischen Deutungsballast, den man allgemein mit Schiffen verbindet. Sie haben provisorischen Charakter, genau wie Hütten.

Das erste Bild, in dem ein Kanu vorkam, war GIRL IN CANOE (Mädchen im Kanu, 1987). Dieses Bild entstand anhand von Photos, die Peter machte, als Sean Cunninghams Kultfilm *Freitag, der dreizehnte* im kanadischen Fernsehen lief, aber er sagt, wenn die Photographien nicht diese gewisse Atmosphäre gehabt hätten, hätte er sie nicht verwendet. Peter hat den Film nicht in der Absicht angeschaut, daraus ein Bild zu machen. Erst als die Schnappschüsse aus dem Labor kamen, erkannte er plötzlich ihr Potenzial.

Mit MILKY WAY (Milchstrasse, 1989–1990) und SWAMPED (Überschwemmt, 1990), in denen Kanus dargestellt sind, wurde Peters Arbeit expansiver. Der Anstoss für diese Veränderung kam, als Peter Ende der 80er Jahre ins College zurückkehrte und sich unter vielen anderen Malern wiederfand. Jemand an der Chelsea School of Art bemerkte, dass ein bestimmtes Bild von Peter stark in sich gekehrt wirke, und er meint, das sei etwas vom Wichtigsten gewesen, was in seiner Studienzeit je über seine Arbeit gesagt wurde; alles, was er machte, war in sich geschlossen. Da blieb kein Platz für den Betrachter irgendetwas zum Bild beizusteuern, weil der innere Bildzusammenhang zu stark war. MILKY WAY und SWAMPED waren Versuche, dieses Muster zu durchbrechen. Sie handeln davon, wie weit man einen Bildinhalt ausfransen lassen kann, ohne die Kohärenz ganz zu verlieren.

20. NOVEMBER

Auf dem Weg von Blanchisseuse nach Yarra erzählt mir Peter, dass er jeweils nicht weiss, was geschehen

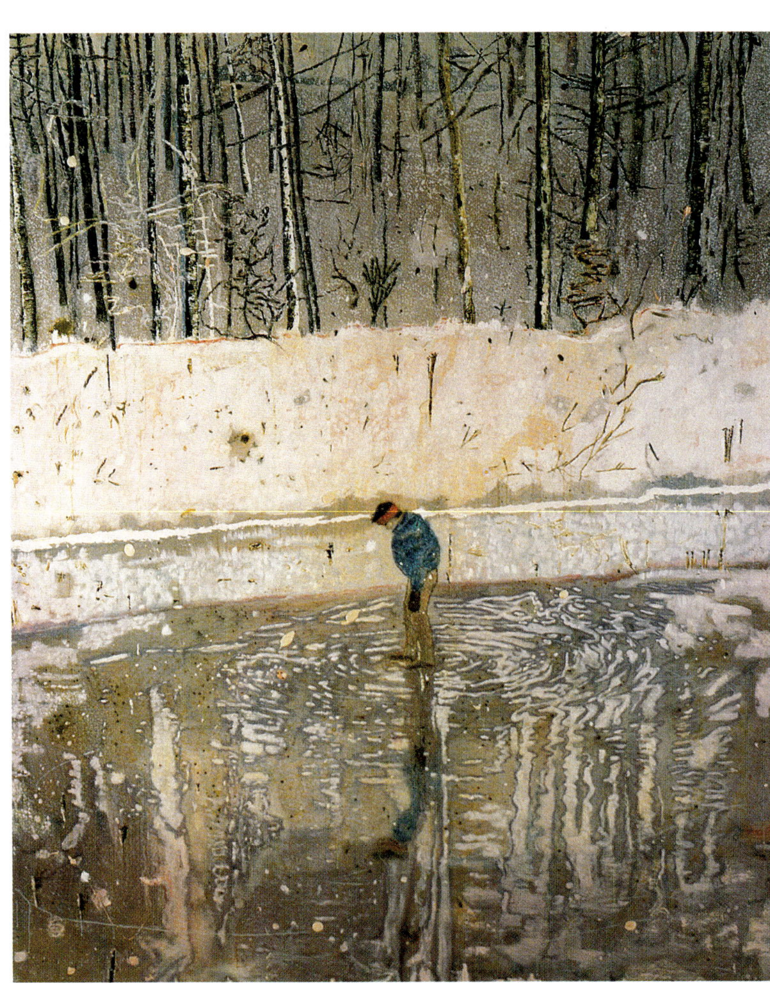

PETER DOIG, BLOTTER, 1993,
oil on canvas, 98 x 78³/₈" /
Öl auf Leinwand, 249 x 199 cm.

PETER DOIG, POND LIFE, 1993, oil on canvas, 72 $^{13}/_{16}$ x 94 $^{1}/_{2}$" / Öl auf Leinwand, 185 x 240 cm.

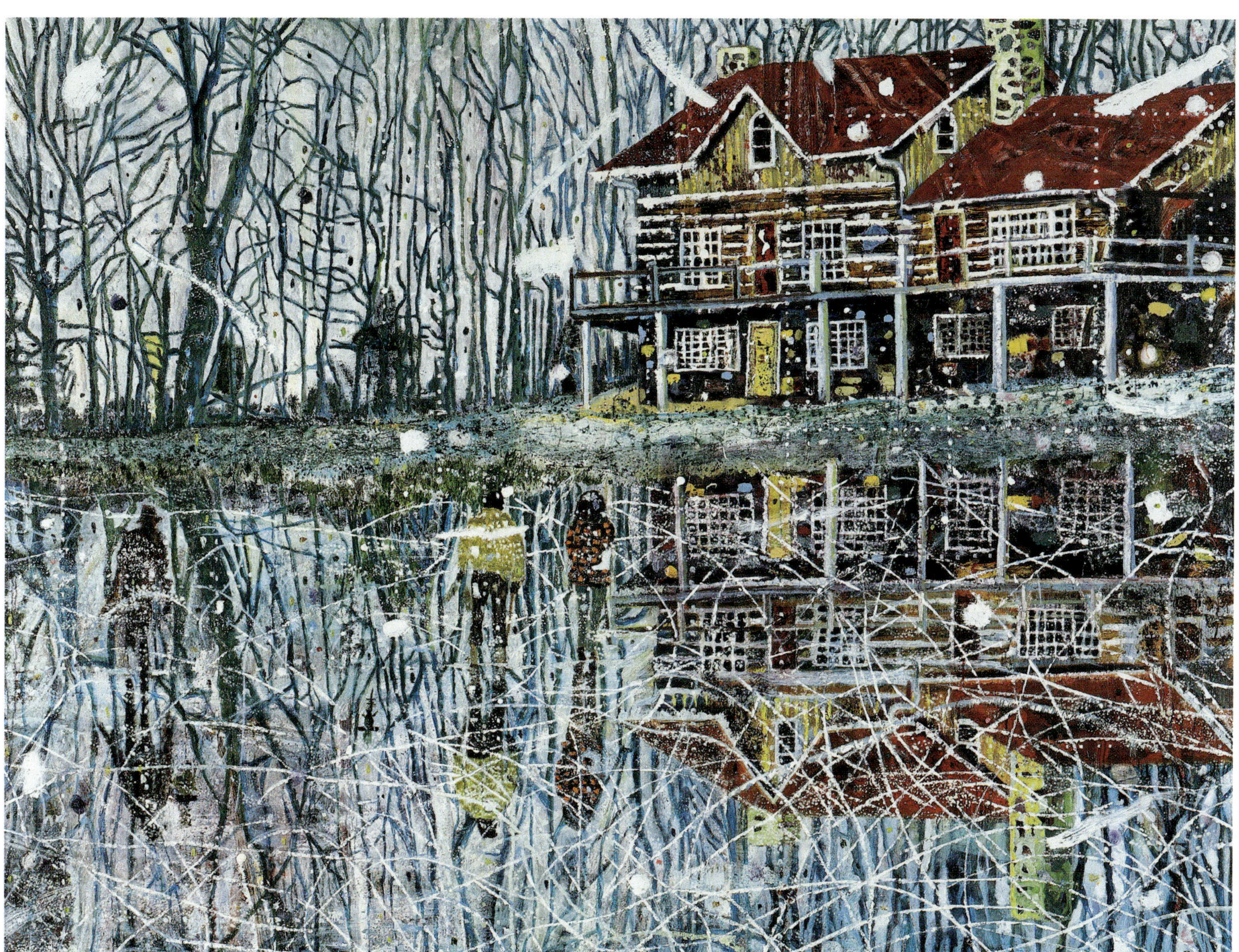

wird, wenn er eine neue Arbeit beginnt, dass er jedoch will, dass seine Bilder ein Leben jenseits des Figurativen haben. Für ihn ist es dies, was ihnen Resonanz verleiht. Vielleicht interessiert er sich deshalb für Maler, deren Produktion nicht ausschliesslich figurativ ist. Peter ist fasziniert davon, wie Maler Atmosphäre zu erzeugen versuchen, und er glaubt, dass das sehr schwierig ist, wenn man allein vom lebenden Motiv oder Modell ausgeht. Sein Werk handelt

im Wesentlichen davon, wie sich ein Bild auf der Leinwandfläche entwickelt. Es geht nicht um die Idee, die er hat, wenn er mit seiner Arbeit beginnt. Peters Bilder müssen sich im Rahmen ihrer eigenen Voraussetzungen entwickeln.

21. NOVEMBER

Wir befinden uns im Atelier, als Peter sagt, dass er in London nie bewusst Aufnahmen gemacht habe, um

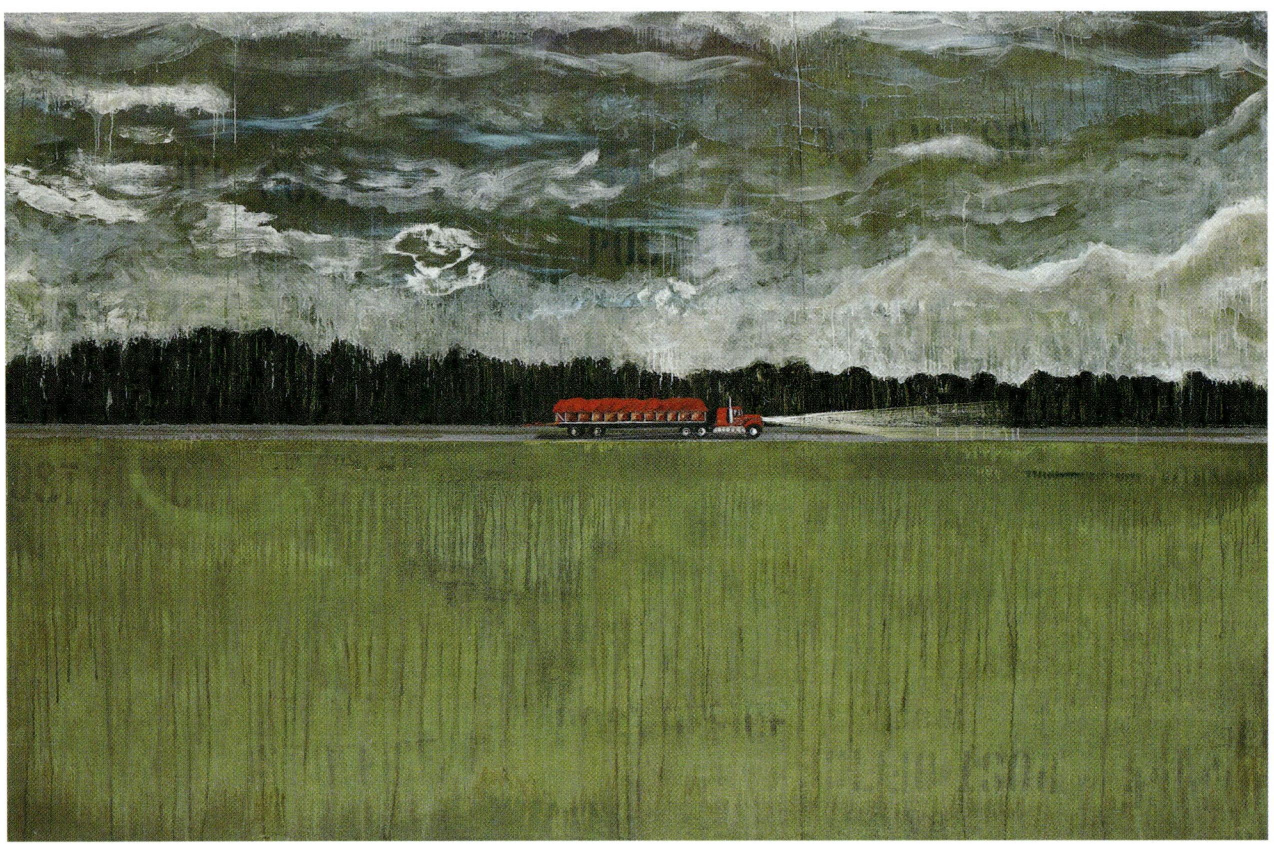

PETER DOIG, THE HITCH-HIKER, 1989–90, oil on sack cloth, 59¹³/₁₆ x 89" / Öl auf Sackleinen, 152 x 226 cm.

sie in Bilder zu verwandeln, und dass er das in Kanada zunächst auch nicht gemacht habe, aber dann sei BLOTTER (Schutzschicht, 1993) entstanden. BLOTTER war eine Reaktion auf POND LIFE (Teichleben, 1993) und POND LIFE entstand anhand einer Photographie, die nicht gemacht wurde, um daraus ein Gemälde zu entwickeln. Peter erklärt, dass das Photo, das POND LIFE zugrunde liegt, einfach ein schönes Bild gewesen sei mit diesen drei Gestalten, die übers Eis gingen, eigentlich drei Gestalten und ein Hund, aber den Hund habe er weggelassen, weil das zu abgedroschen wirkte. Dann waren da noch diese Hütte und einige Sträucher, voilà. Er hatte bereits drei Monate an POND LIFE gearbeitet, bevor er darauf kam,

die Figurengruppe sich spiegeln zu lassen. Das Bild funktionierte nicht, deshalb schuf er das falsche Spiegelbild und geriet in grösste Aufregung, weil sich durch diese Spiegelung eine völlig neue Welt auftat. Statt nur der Wirklichkeit zu gleichen hatte es plötzlich etwas Magisches hinzugewonnen.

Als er das nächste Mal nach Kanada zurückging, trug sich Peter mit dem Gedanken, ein weiteres Bild mit Reflexionen zu machen, aber statt sie bloss nachträglich hinzuzufügen, wollte er sie diesmal richtig inszenieren. Er und sein Bruder richteten einen Teich her, um darauf Eislaufen zu können. Sie bohrten ein Loch ins Eis und pumpten Wasser auf die Oberfläche um ein schön glattes Eisfeld zu erhalten, da bemerkte Peter dieses unglaubliche Spiegelbild seines Bruders: Also machte er ein paar Photos im Hinblick auf ein späteres Bild. Daraus entstand dann BLOTTER.

22. NOVEMBER

Peter schlägt vor im Panyard[2] des Dorfes vorbeizuschauen. Eine Steelband übt gerade eifrig für den Karneval und die komplex orchestrierte Melodie wirkt höchst ansteckend.

Ich habe nie ernsthaft geglaubt, dass eine direkte Verbindung zwischen der Musik, die Peter hört, und seiner Arbeit existiert, auch nicht bei einem Bild wie 100 YEARS AGO (CARRERA). In diesem Bild geht es nicht etwa um die Allman Brothers Band – Peter hat die Gestalt im Kanu einer ihrer Plattenhüllen entnommen –, sondern es geht darum, dass diese Figur im Kanu auf dem Hintergrund von Carrera funktioniert.

Peter mag das Geistesabwesende im Gesicht der Figur, die Art wie sie direkt durch einen hindurchschaut, und er verrät mir, dass die Inspiration zu diesem Bild von Matisse' BADENDEN MIT SCHILDKRÖTE (1908) stammt. Er hat ein Buch dabei, das die Entstehung dieses Bildes schildert, welches er zu Gesicht bekam, als er im Jahr 2000 seine Ausstellung im Saint Louis Art Museum hatte. Peter behauptet, dass BADENDE MIT SCHILDKRÖTE das bemerkenswerteste Stück Malerei sei, das er je gesehen habe. Er sagt, es sei so unbestimmt, dass es über die Zeit zu triumphieren scheine.

Ich meine, und Peter stimmt mir zu, dass die dreiteilige Struktur von 100 YEARS AGO (CARRERA) sich nicht so sehr unterscheide von der Dreiteiligkeit anderer Arbeiten aus den frühen 90er Jahren, etwa THE HITCH-HIKER (Der Anhalter, 1990) oder THE HOUSE THAT JACQUES BUILT (Das Haus, das Jacques gebaut hat, 1992), und dass die Unterteilung des Bildes in verschiedene Zonen ihm Gelegenheit gebe, benachbarte Bereiche innerhalb derselben Komposition ganz unterschiedlich zu behandeln. Das hat übrigens auch Matisse in seinem Bild BADENDE MIT SCHILDKRÖTE getan.

23. NOVEMBER

Wir sind zurück in Macqueripe. Ich frage Peter nach seinen Töchtern und er erzählt mir, dass auch sie in seinem Werk eine Rolle spielten, dass es aber keine aktive Zusammenarbeit sei. Er meint, dass die Tatsache Kinder zu haben ihn mehr über seine eigene Vergangenheit nachdenken lasse. Seine Kinder haben es ihm erlaubt, sich an Gedanken und Bilder aus seiner eigenen Kinderzeit zu erinnern.

Ich hege den Verdacht, dass die geisterhafte Erscheinung in GIRL IN WHITE IN TREES (Mädchen in Weiss in Bäumen, 2001–2002) eine von Peters Töchtern sein könnte, aber ich habe nie herausgefunden, ob ich Recht habe oder nicht. Als ich es endlich schaffe, diese Frage zu formulieren, sitze ich bereits wieder im Flugzeug zurück nach New York.

(Übersetzung: Suzanne Schmidt)

1) «Wining» ist ein extrem erotischer Tanz, bei dem es nicht unbedingt um Sex geht. So tanzt man mit einem Partner und wechselt dann zum nächsten, ohne dass sich der erste sitzen gelassen fühlt. Der Tanz besteht aus einer anzüglichen Drehbewegung von Taille und Hüften. In Trinidad tanzt die einheimische Jugend den Wine gruppenweise (nicht paarweise).
2) Ein «Panyard» ist ein Platz im Freien, wo eine Steelband übt und spielt. Gewöhnlich gehören sie lokalen Vereinen in Trinidads Stadt- und Landgemeinden. «Pan» ist ein anderes Wort für Steeldrum.

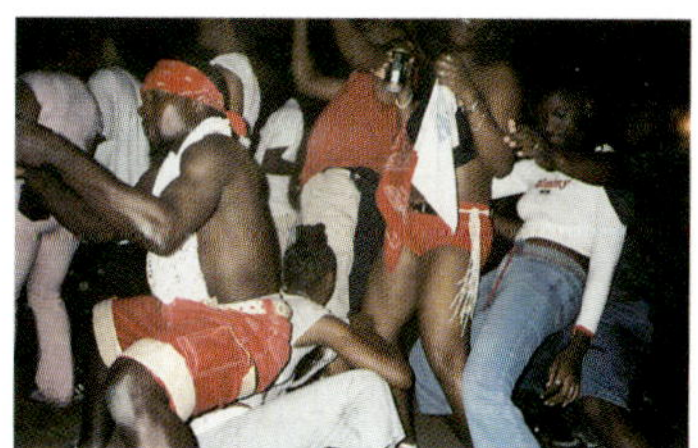

(PHOTO: PETER DOIG)

Contemporary Fragility

RUDI FUCHS

The first impression of Peter Doig's work leaves me with a sense of strange fragility in form as well as handling, or even a seductive fragility that can be as dangerous in art as sweet melodies that enchant beyond reason, the Sirens' song. The beauty of the small paintings is obvious and satisfying and confusing. In attempting to decipher and describe what happens, I will draw an analogy with certain poetry. In order to get closer to the intimate details of sentiment (as close as lying on one's belly in the grass and looking at flowers of different colors), poets had to get around traditionally high-minded classical verse with its patterned, regulated meter and rhyme, as in the evocative and epic outcry of John Milton in *Paradise Lost*. That is poetry of grand design and allegory, composed from a lofty, distant viewpoint, for, ideally, it is noble perception that encompasses all the world. Poetry is not about things seen in all their varied distinctness and individuality. In the sonorous baroque paintings of, say, Rubens, figures, plot and the general *mise-en-scène* are rendered in stiff, theatrical formality. The grand scale of the design tends to make details unimportant and even invisible, such as the "dappled things" for which the poet Gerard Manley Hopkins gave praise to God: *For skies of couple-colour as a brinded cow, / For rose-moles all in stipple upon trout that swim; / Fresh-firecoal chestnut-falls; finches' wings; / Landscape plotted and pieced, fold, fallow and plough, / And all trades, their gear and tackle and trim.* Such detail, and hence the differentiation it implies, was useless to Milton because he had no place for it in his purpose and style. With painters, this works differently. When Rubens puts figures in a landscape, for whatever reason, he has to paint trees and clouds and shrubs and flowers, as well as postures and movements of hands and the glance of an eye. These can be observed from a distance and then drawn as in shorthand, but only after he has seen them in detail; Rubens' drawings and sketches after nature document his keen sensitivity to the details of the world. In the finished pictures, however, such detail fades.

PETER DOIG, GIRL IN TREE, 2001, oil on paper, 22 x 15⅜" / Öl auf Papier, 56 x 39 cm.

RUDI FUCHS is a guest lecturer in Art Practice at Amsterdam University. He was the Artistic Director of the Stedelijk Museum, Amsterdam, for ten years (until December, 2002).

The fragment from Hopkins demonstrates that his poetry, focused on the refined, visual qualities of "dappled" things, invests each word with a distinct and precise individuality. A wonderful love, a devotion and attention to small details makes us look at things again: at their color, shade, and shape. The entire poem is an accumulation of detailed observation. It is in the closeness to things that the poem's precision is located, in its small, intimate, and precise words. Once this closeness has been discovered as an attitude, words become very important, not in what they suggest but in what they actually say. All words are real, not just the lofty and noble ones. This reminds me of early snapshot photography introduced at about the same time that Hopkins wrote his poems. It is often said that photography began to flower when people became interested in the detail and the reality and the sentiment conveyed by photographs. The words of Hopkins and the intimacy of photographic snapshots (and, for that matter, the minute narrative of nineteenth-century novels) share a common interest: the wish to desist from heroic fantasies and return to the comfortable reality of the every-day world, to things that can be touched and understood.

I look at Peter Doig's small paintings and, after the long interlude of abstract, geometrically oriented art, I see a renewed desire to employ narrative as an artistic plot, which has led, in Doig's case, to a fragile, loose, and lyrical pictorial practice. I believe we have happily reached a point of return: the various positions that have defined the practice of painting for decades past are now bearing fruit. As different as these positions are in the hands of Robert Ryman or Georg Baselitz or Robert Mangold or Sigmar Polke or Arnulf Rainer or Gerhard Richter, they are all brilliant and outstanding; and there are many more, such as Per Kirkeby or the young Günther Förg. Despite their differences, they have one thing in common: they began life in a time of great artistic debate—the debate about the right and the wrong picture, about change and tradition, abstraction and figuration, Europe and America. The conflict was further complicated by the rise of new media that made painting look antique and obsolete. Without elaborating on the intelligence or the motives of that *Bilderstreit,* I would like to suggest that painting then was largely argumentative in nature. Acutely aware that their particular painting could be seen as lending momentum to the ongoing debate, the above-mentioned artists, and others as well, put great emphasis on style and the need to proclaim that style. Their paintings, with few exceptions, were correspondingly large in scale, and the urgency of their statement left little room for such qualities as intimacy and fragility. The argumentative style of the fathers was strict, stern, and hence a potential obstacle; it did not allow tentative detours to lyrical and sentimental territory.

A favorite picture of mine is Antoine Watteau's A LADY AT HER TOILET (ca. 1716–19) in the Wallace Collection in London. Measuring approximately 18x15", it is a small piece. The subject is of little account, a perfectly traditional anecdote, an erotic *galanterie,* such as those churned out by the thousands in France. We see a young lady on her bed putting on (or taking off?) her white chemise. Behind her, among red curtains, is her maid with a robe in her hands. There is also a small lapdog. What makes the vignette so exceptional is not only the way in which Watteau uses the young lady's movement to great advantage in displaying her seductive nudity, but also the physical handling. In many paintings, the ordinary subject matter is but an excuse for painters to express their intense artistic and pictorial concerns. Here it is the areas of white: the bed sheets, the chemise, and the maid's cap. They are painted quite loosely as Watteau allows tender brushstrokes to swirl about, constituting fragile patterns of paint that make me think of Robert Ryman. This is surely a personal lyricism that Watteau discovered while painting his tiny picture in the wake of the grandiloquent baroque style of his predecessors and imbuing it with a poetry that could only be realized on a small scale. Similarly, Peter Doig sought a new lyricism of his own after the fiercely argumentative painting of recent decades. He began by making his painting fragile. That's different from loose. Impressionism cultivated loose painting, which lingered on with bravura. The Impressionist practice arose from the need to paint fast in order to finish the painting in daylight. But Peter Doig's pictures are tentative. They are painted slowly. Doig takes a motif, usually a personal snapshot, and explores it slowly and contemplatively until he fixes on certain details that then become the picture's focal point—its fragile, lyrical center—just as Gerard Manley Hopkins hangs on certain words to maintain the discrete microcosm of his observation. This method allows the artist to appropriate aspects of the work and beauty of other artists, from Watteau to Ryman and Richter, while preserving the privacy of his own self-contained world. Contemporary fragility takes a lyrical turn to find out how far it may go in discovering the unknown and as yet unseen.

PETER DOIG, HAUS DER BILDER, 2000–2002,
oil on canvas, 76³/₄ x 116¹/₈" / Öl auf Leinwand, 195 x 295 cm.

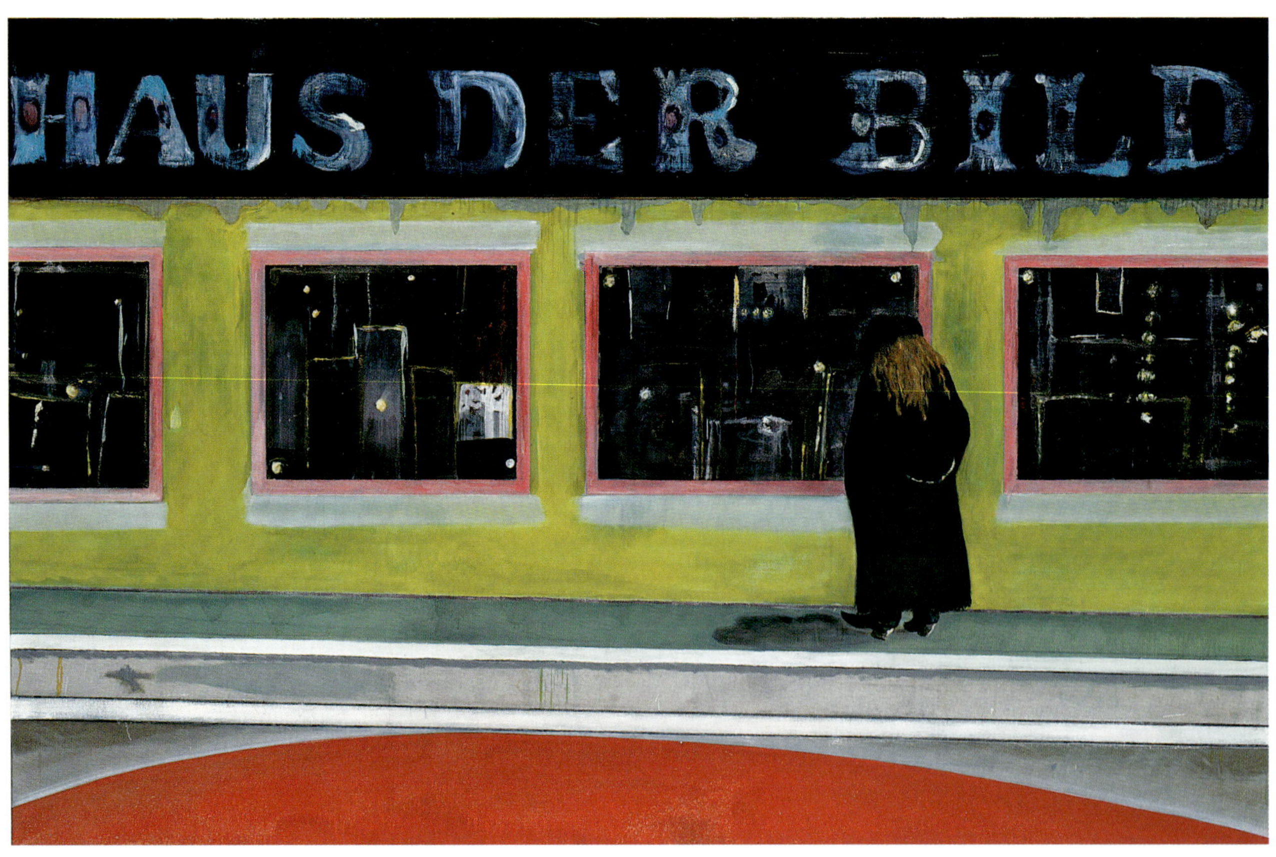

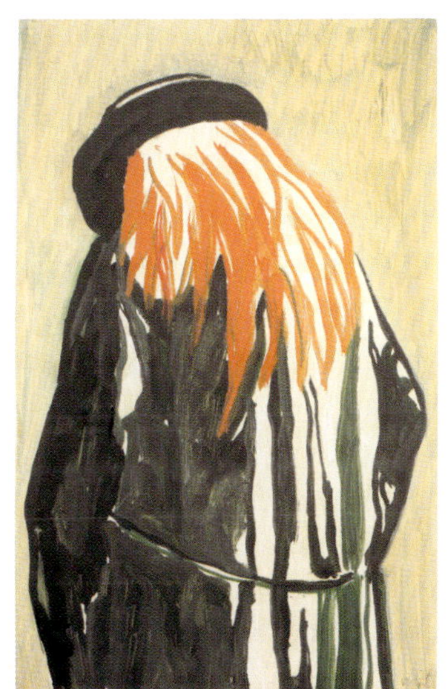

Zeitgenössische Fragilität

RUDI FUCHS

Der erste Eindruck, den Peter Doigs Werk in mir hervorruft, ist der einer seltsamen Fragilität in Form und Durchführung, vielleicht sogar einer verführerischen Fragilität, die in der Kunst so gefährlich sein kann wie süsse Melodien, die uns wie Sirenengesang so sehr bezaubern, dass wir den Verstand verlieren. Die Schönheit der kleinen Bilder ist offensichtlich und befriedigt und verwirrt zugleich. Für meinen Versuch, zu entziffern und zu beschreiben, was hier passiert, will ich bestimmte Gedichte zum Vergleich heranziehen. Um an intime Gefühlsregungen heranzukommen (so nah, wie wenn man auf dem Bauch im Gras liegend verschiedenfarbige Blumen betrachtet), mussten die Dichter den traditionell eher steifen, klassischen Vers mit seinem streng geregelten Versmass und Reim umgehen, wie er etwa im bedeutungsschweren epischen Aufschrei von John Miltons *Paradise Lost* zu finden ist. Das ist hohe Dichtung, sowohl was die Form wie was die allegorische Bedeutung angeht, geschrieben von einer hohen, fernen Warte aus, denn dem Ideal zufolge ist es ein vornehm erhabener Blick, der die ganze Welt umfasst. Die klassische Dichtung behandelt die Dinge nicht in ihrer ganzen Vielfalt und Individualität. In den sonoren Barockgemälden, sagen wir eines

RUDI FUCHS ist heute Gastdozent an der Universität Amsterdam, nachdem er zehn Jahre lang (bis Dezember 2002) Künstlerischer Direktor des Stedelijk Museum Amsterdam war.

Rubens, sind Figuren, Handlung und allgemeine *Mis en scène* eher auf steife, theatralisch formelle Art wiedergegeben. Der grosse Massstab der Zeichnung bewirkt, dass Einzelheiten eher unwichtig, ja sogar unsichtbar werden wie die «gesprenkelten» Dinge, für die Gerard Manley Hopkins Gott lobte: *Für Himmel, vielfarbig, wie Vieh gefleckt; / Für schwimmende Forellen mit rosigen Stellen übersät; / Finkenflügel; Kastanienfall wie Funkenflug; / Pferch und Flug – Flur in Flicken gestreckt; / Und alle Gewerbe, ihr Gewand und Geschirr und Gerät.*[1] Solche Genauigkeit und die damit verbundene Differenzierung waren Milton nicht dienlich, sie passten weder zu seinem Vorhaben noch seinem Stil. In der Malerei ist das anders. Wenn Rubens Figuren in eine Landschaft setzt, egal warum, muss er Bäume malen und Wolken und Büsche und Blumen, und auch Haltungen, Handbewegungen und den Blick eines Auges. Diese können aus der Ferne gesehen oder flüchtig hingeworfen sein, aber erst, nachdem er sie genau betrachtet hat; Rubens' Zeichnungen und Skizzen nach der Natur belegen seine feine Wahrnehmung der Einzelheiten dieser Welt. Im fertigen Bild dagegen verblassen solche Details.

Der Auszug aus dem Gedicht von Hopkins zeigt, dass seine Dichtkunst, die auf die feineren sichtbaren Qualitäten der «gesprenkelten» Dinge gerichtet ist, jedem Wort eine klare und präzise Individualität verleiht. Eine wunderbare Zuneigung, eine Hingabe und Aufmerksamkeit für das kleine Detail lässt uns die Dinge wieder anschauen in all ihren Farben, Tonwerten und Formen. Das ganze Gedicht ist eine Anhäufung genauer Beobachtungen. Die Präzision des Gedichts liegt in seiner Nähe zu den Dingen, in seinen kleinen, vertrauten und genauen Worten. Sobald diese Nähe als Haltung erst einmal entdeckt war, wurden Worte ungeheuer wichtig, nicht durch das, was sie andeuteten, sondern durch das, was sie wirklich aussagten. Alle Worte waren real, nicht nur die erhabenen und edlen. Das erinnert mich an die frühe Schnappschuss-Photographie, die ungefähr zu der Zeit aufkam, als Hopkins seine Gedichte schrieb. Es wird oft gesagt, dass die Photographie aufzublühen begann, als die Menschen sich für das Detail und die Realität zu interessieren begannen sowie für die Gefühle, die Photographien vermitteln. Die Worte von Hopkins und die Vertraulichkeit photographischer Schnappschüsse (und natürlich auch die minutiöse Erzählweise der Romane des neunzehnten Jahrhunderts) haben ein gemeinsames Ziel: Sie wollen weg von heroischen Phantasiewelten, zurück in die bequemere Realität der Alltagswelt, zu Dingen, die man berühren und verstehen kann.

Ich schaue mir Peter Doigs relativ kleine Bilder an und erkenne nach einem längeren Zeitraum abstrakter, geometrisch orientierter Kunst erneut den Wunsch, das Narrative als künstlerische Strategie einzusetzen; das hat im Fall von Doig zu einer fragilen, zwanglosen und lyrischen Malerei geführt. Ich glaube, wir sind glücklich an einem Wendepunkt angelangt: Die unterschiedlichen Positionen, welche die Malerei der letzten Jahrzehnte bestimmt haben, beginnen Früchte zu tragen. So verschieden diese Positionen auch aussehen mögen in den Händen eines Robert Ryman oder Georg Baselitz oder Robert Mangold oder Sigmar Polke oder Arnulf Rainer oder Gerhard Richter, sie sind allesamt brillant und von hervorragender Qualität; natürlich gibt es noch viele andere, etwa Per Kirkeby oder den jungen Günther Förg. Trotz aller Unterschiede haben sie eines gemeinsam: Sie haben ihr Leben in einer Zeit grosser künstlerischer Auseinandersetzungen begonnen – zur Zeit der Debatte um das richtige und das falsche Bild, um Wandel und Tradition, Abstraktion und Figuration, Europa und Amerika. Dieser Konflikt wurde noch komplizierter durch das Aufkommen der neuen Medien, die die Malerei antiquiert und obsolet erscheinen liessen. Ohne mich über die Intelligenz oder die Motive dieses Bilderstreits auslassen zu wollen möchte ich doch behaupten, dass die Malerei damals weitgehend argumentativen Charakter hatte. Im deutlichen Bewusstsein, dass ihre spezifische Malerei als Beitrag zur laufenden Debatte verstanden werden könnte, legten die Künstler grossen Wert auf den Stil und die Notwendigkeit eben diesen Stil zu vertreten. Ihre Bilder waren mit wenigen Ausnahmen von entsprechender Grösse, und die Dringlichkeit ihrer Aussage liess wenig Raum für Eigenschaften wie Intimität und Fragilität. Der argumentative Stil der Väter war rigoros, streng und daher potenziell ein Hindernis; er erlaubte keine experimentellen Ausflüge in lyrische und sentimentale Gefilde.

Eines meiner Lieblingsbilder ist Antoine Watteaus LA TOILETTE (ca. 1716–19) in der Wallace Collection in London. Mit seinen 45,2 x 37,8 cm ist es ein eher kleines Werk. Das Motiv ist nicht weiter von Belang, vollkommen traditionell und anekdotisch, eine erotische Galanterie, wie sie in Frankreich zu Tausenden produziert wurden. Man sieht eine junge Dame auf ihrem Bett sitzend, wie sie ihr weisses Hemd überstreift (oder abstreift?). Hinter ihr, zwischen den roten Vorhängen steht ihre Magd mit einem Kleid in den Händen. Dann ist da auch noch ein kleines Schosshündchen. Was die Vignette so aussergewöhnlich macht, ist nicht nur die Art, wie Watteau die Bewegung der jungen Frau geschickt nützt, um ihren verführerischen nackten Körper zu zeigen, sondern auch die physische Ausführung. Es gibt viele Bilder, in denen ein unspektakuläres Motiv dem Künstler lediglich als Vorwand dient, um seine dringenden künstlerischen und malerischen Anliegen auszudrücken. In diesem Fall sind es die weissen Flächen: die Bettlaken, das Hemd und die Haube der Magd. Sie sind ziemlich zwanglos gemalt, Watteau lässt die zarten Pinselstriche wirbeln, so dass sich feine Muster innerhalb der Farbe ergeben, die mich an Robert Ryman erinnern. Das ist mit Sicherheit ein ganz persönlicher lyrischer Zug, den Watteau – noch im Kielwasser des grossspurigen barocken Stils seiner Vorgänger – beim Malen dieses kleinen Bildes entdeckte, ein lyrischer Zug, der dem Bild eine Poesie verlieh, die nur in diesem kleinen Format möglich war. Ähnlich war wohl auch Peter Doig nach der heftigen argumentativen Malerei der letzten Jahrzehnte auf der Suche nach einer neuen, eigenen lyrischen Qualität. Er begann damit, seine Bilder fragil werden zu lassen. Das ist etwas anderes als zwanglos. Der Impressionismus kultivierte eine Zwanglosigkeit der malerischen Praxis, die sich tapfer gehalten hat. Die impressionistische Technik entstand aus der Notwendigkeit schnell zu malen, um das Bild noch bei Tageslicht zu vollenden. Peter Doigs Bilder dagegen haben Versuchscharakter. Sie sind langsam gemalt. Doig wählt ein Motiv, gewöhnlich einen privaten Schnappschuss, und untersucht ihn langsam und kontemplativ, bis er sich auf bestimmte Details festlegt, die dann zum Brennpunkt des Bildes werden – zu seinem fragilen, lyrischen Zentrum –, genau wie Gerard Manley Hopkins sich auf bestimmte Worte verlässt, um den diskreten Mikrokosmos seiner Beobachtung aufrechtzuerhalten. Dieses Vorgehen erlaubt es dem Künstler, sich Aspekte der Werke und der Schönheit anderer Künstler anzueignen, von Watteau bis Ryman und Richter, während er zugleich die Privatsphäre seiner eigenen in sich geschlossenen Welt bewahrt. Die zeitgenössische Fragilität nimmt eine lyrische Wendung um herauszufinden, wie weit sie gehen kann in ihrer Erforschung und Entdeckung des Unbekannten und bisher nicht Gesehenen.

(Übersetzung: Suzanne Schmidt)

1) Aus dem Gedicht von Gerard Manley Hopkins «Pied Beauty / Gescheckte Schönheit», in der Übersetzung von Henryk Halender im gleichnamigen (zweisprachigen) Gedichtband, Edition Qwert Zui Opü, Galrev, Berlin 1995 (im Internet unter: www.galrev.com/material/seiten/hopkins.html).

PETER DOIG, GASTHOF, 2002, oil on paper, 25 x 19" / Öl auf Papier, 65,5 x 50,5 cm.

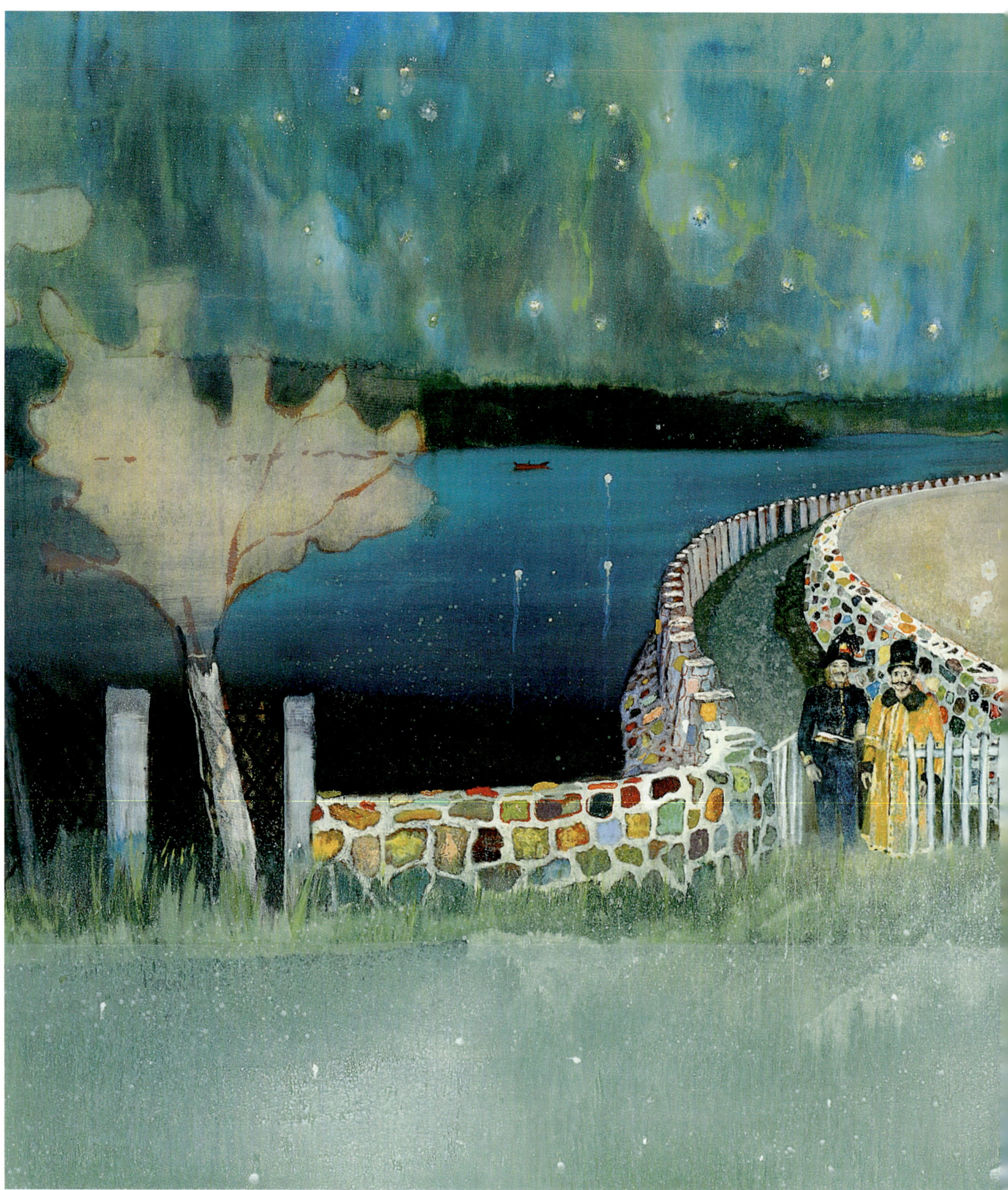

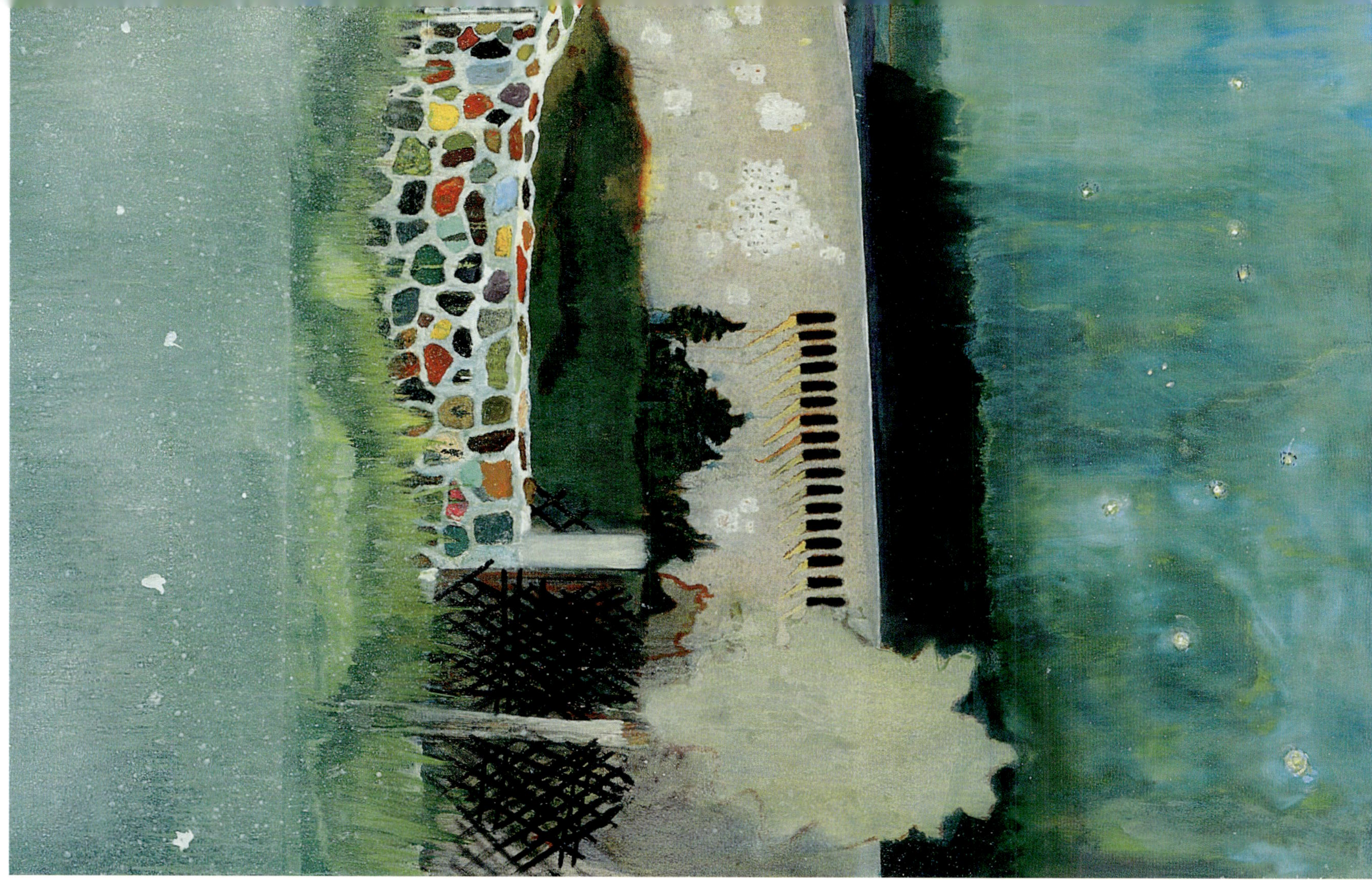

PETER DOIG, GASTHOF ZUR MULDENTALSPERRE, 2000, oil on canvas, 77⅛ x 116½" / Öl auf Leinwand, 196 x 296 cm.

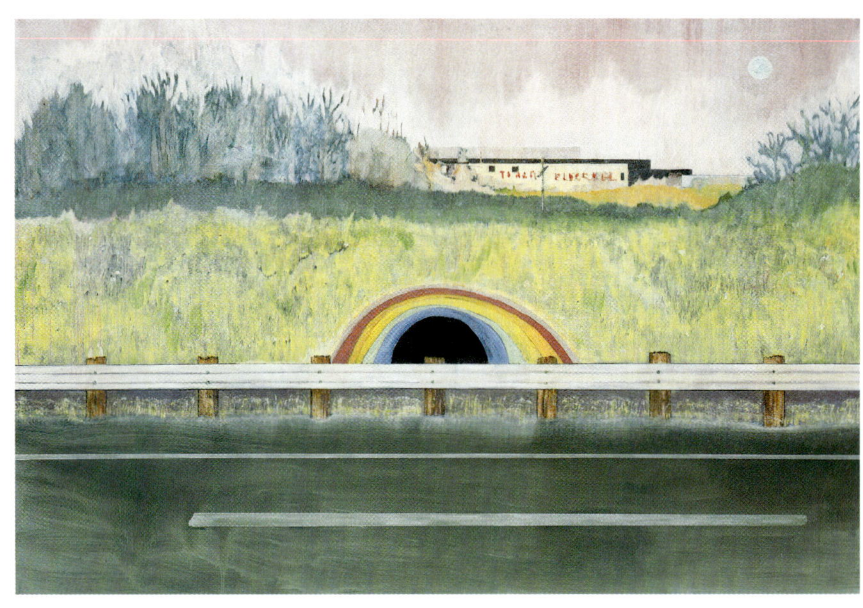

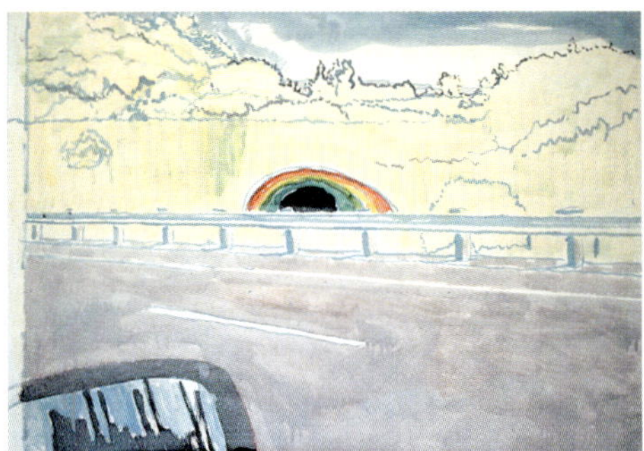

PETER DOIG, UNTITLED (HIGH WAY 2), 1999,
oil on paper, 20^1/$_2$ x 23^1/$_2$" / Öl auf Papier,
42 x 59,5 cm.

COUNTRY ROCK VERSION, 2001–2002, oil on canvas,
74^{13}/$_{16}$ x 108^1/$_4$" / Öl auf Leinwand, 190 x 275 cm.

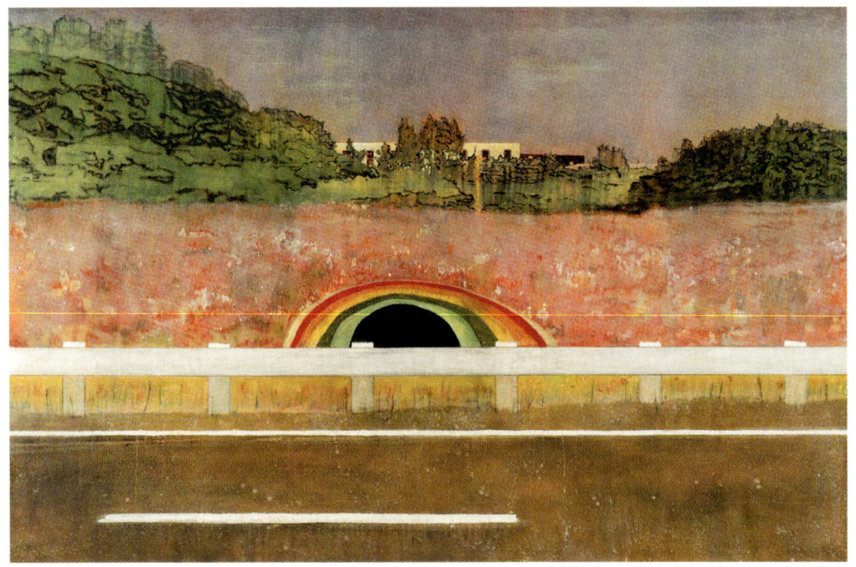

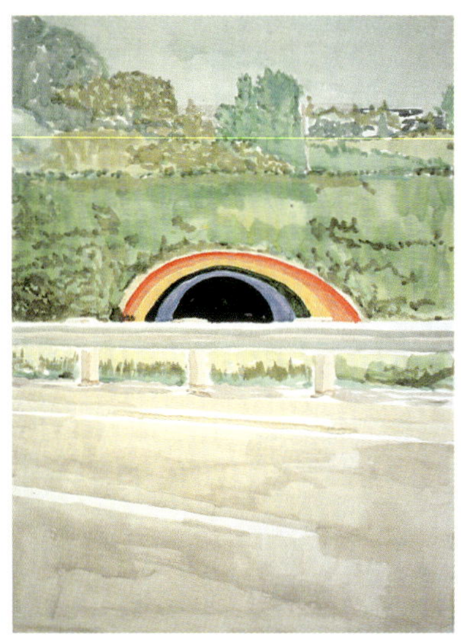

UNTITLED (HIGH WAY), 1999,
watercolor on paper, 16^1/$_8$ x 23^1/$_2$" /
Aquarell auf Papier, 41 x 59,5 cm.

COUNTRY ROCK, 1998–99, oil on canvas,
78^3/$_4$ x 118^1/$_8$" / Öl auf Leinwand, 200 x 300 cm.

Peter Doigs JETZT

BEATRIX RUF

Peter Doigs Gemälde können zugleich faszinieren und irritieren, wie es der Blick in eine Schachtel oder ins Archiv eines unbekannten aber begnadeten, weil mit einer individuellen Bildauffassung agierenden Amateurphotographen auslösen kann: Warum wurde gerade dieses Bildmotiv gewählt? Was ist vor diesem Bild, was danach passiert? Was zeigt die Szene, was verbirgt sie? Wer sind die Menschen, welche Architekturen, Landschaften sind dies? Eine Nervosität stellt sich ein, man möchte den Ausschnitt zurechtrücken, die die Sicht versperrenden Vordergrundmotive wegschieben, etwas aus dem Hintergrund heranzoomen oder die Präsenz eines Details aus dem Blickwinkel schieben, um mehr zu erfahren. Und regelmässig stellt sich eine Bewegung, weg vom Motiv und der Unruhe, hin zu einer nicht weniger aufregenden, aber im Bild bleibenden Betrachtung und Begegnung mit Formen und Farben und den davon ausgelösten Stimmungen ein, die eine ausschliessliche Begegnung mit der Präsenz von Malerei ist.

Diese «Bewegung», das Variieren des Blickwinkels, das Verschieben von Vorder- und Hintergrund oder das Ins-Zentrum-Rücken eines anderen Details, einer anderen Stimmung des Bildmotivs, findet sich auch im Werk des Künstlers selbst. In Peter Doigs Ausstellungen begegnet man regelmässig alten Bekannten, Bildsujets und Bildern, denen man in früheren Ausstellungen oder Katalogen des Künstlers bereits begegnet ist, aber auch Bildern, die man zu kennen meint oder die zumindest den Geschmack erinnerbarer Bilder aus dem eigenen Archiv an Bildern und Vorstellungen tragen. Diese wiederkehren-

den Bildmotive im Werk des Künstlers sind Variationen, so wie wir sie aus der Geschichte des gemalten Bildes, der Kunst allgemein kennen, aber auch aus der Musik, der Literatur oder den Remakes der Filmgeschichte: Varianten, jeweils anders gestimmte und aktualisierte Interpretationen. Sie sind nie gleich; Farben, Blickwinkel, Maltechniken und Bildanlagen wechseln: Dies hat mit der Anlage von Doigs Bildern generell zu tun, welche die Gleichzeitigkeit unseres kollektiven Bildarchivs als eine Kontinuität von Themen, ein Wiederaufnehmen des Gleichen in einem anderen Sinne, einer anderen Stimmung, einer anderen Erinnerungsversion, als grundlegende Erfahrungen unserer Gegenwart formulieren. In seinen Gemälden überlagern sie sich und generieren Gegenwart als Zusammenführung von Orten, Zeiten, Vorstellungen und Stilen.

Das Initialmaterial für Peter Doigs Gemälde besteht – das wurde im Zusammenhang mit seinem Werk immer wieder beschrieben – aus einem grossen Archiv oder Arsenal gefundener oder von ihm selbst photographierter Bilder. Es speist sich aus der Musik und Musikgeschichte inklusive deren visuellen Beigaben, wie Schallplattencover und der bebilderten Geschichte des Pop; es gründet in der Kenntnis des Kinos sowie der Kultur- und Kunstgeschichte und ist sowohl von der medial vermittelten wie, man wagt es kaum zu sagen weil so banal, von der menschlichen Erfahrung von Natur und Kultur «informiert». All dies dient ihm nicht als Vorlage, sondern als immer wieder neu kombinier- und sampelbarer Auslöser oder Reisekick einer malerischen Praxis, die eindeutig und erkennbar die Praxis eines zeitgenössischen Künstlers und einer Person ist, deren Identität sich

---

BEATRIX RUF ist Direktorin der Kunsthalle Zürich.

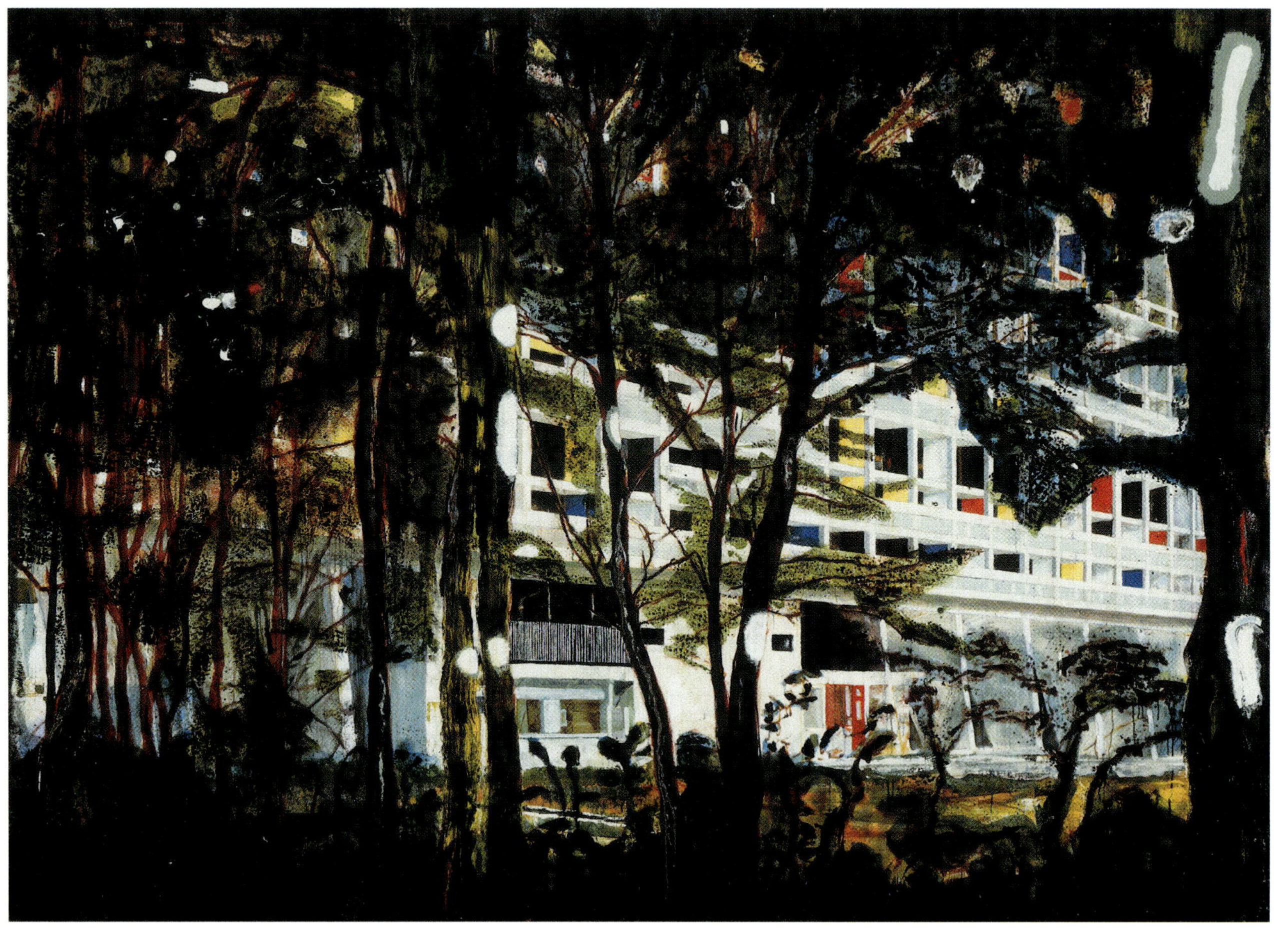

PETER DOIG, CONCRETE CABIN (WEST SIDE), 1993, oil on canvas, 78³/₄ x 108¹/₄" / Öl auf Leinwand, 200 x 275 cm.

in den letzten Dekaden des zwanzigsten Jahrhunderts gebildet hat.

Auf der Ebene der Komposition der Gemälde von Peter Doig sind alle Bilderzeugungsmethoden aus Photographie, Film, Malerei und den Reproduktionstechniken der Malerei mit einbezogen: Perspektiven, Grössenverhältnisse, Ausschnitte sind von den Verfremdungseffekten der optischen und technischen Medien «informiert»; die Maltechnik benutzt sämtliche Kunstgriffe der Geschichte der Malerei. Die unterschiedlichen malerischen Darstellungstechniken und Stile lässt Doig in einem Bild gleichzeitig

anwesend sein. Es geht dabei aber nicht um eine kunsthistorische oder gar konzeptuell strategische Diskussion postmoderner Stilvielfalt oder neuerer künstlerischer Retro-Stil-Strategien, sondern um die Variation von Wahrnehmungsebenen und -zuständen, so wie unsere Erinnerung und die unterschiedlichen Ebenen unserer Erinnerungen in je verschiedener Weise von einem Geruch, von Stimmen, die wir in Gesprächen hören, von einer Musik, der Ähnlichkeit bekannter Orte mit Orten, die wir zum ersten Mal sehen, sowie von Bildern, Photographien oder Filmen dazu angeregt wird, gegenwärtige Stimmungen, Gefühle, Geschichten und damit auch Wirklichkeiten zu realisieren. Auch die gesamte Breite abstrakter und figürlicher Darstellungsarten – formale Aspekte, die Doig in seinen Bildern zum Tragen kommen lässt – bewirken Ähnliches: Sie zielen nicht auf einen kunsthistorischen Strategienstreit oder etwa die Auseinandersetzung der Malerei mit der Photographie, sondern «leeren» die Gemälde von den Irritationen, die diese Diskussionen vor die Wahrnehmung des Bildes und seine eigentliche Präsenz stellen könnten.

In COUNTRY ROCK (2000–2002) blickt man von einer Landstrasse aus auf entfernt im Hintergrund liegende, modernistisch aussehende Industriegebäude. Dazwischen sind Wiesen, Gebüsch und Bäume sowie ein auffälliger Regenbogen, der eigenartig und unangemessen ein Emblem in die Landschaft setzt – er erinnert an Pop-Art, aber auch an romantische Landschaftsgemälde, in denen der Regenbogen als verheissungsvolles Element die Präsenz gottgegebener Schönheit der Natur transportiert; er erinnert an subkulturelle Aktivitäten, die Homosexuellenkultur, an Schallplattencover der 60er und 70er Jahre und vieles andere mehr. COUNTRY ROCK geht von einer Photographie aus, die Peter Doig in Kanada gemacht hat, und den Regenbogen gibt es tatsächlich als reale Bemalung eines Tunnels in einer ebenso realen Landschaft. Im Gemälde geht es nicht um diesen präzisen Ort oder das Wiedererkennen einer realen Szene, aber sicherlich um das Zusammenspiel kompositorischer und dargestellter Elemente zu einem Bild, das uns sowohl in der Geschichte des Reisens durch Landschaften, des Kontakts von Natur und Zivilisation, der gleichzeitigen Vertrautheit und Beunruhigung dieser Begegnung wie der individuellen Filme, die wir mit unserer eigenen Erinnerung verknüpfen, innehalten lässt. Die Leitplanken und Sicherheitslinien der Strasse sind ebenso wie der Regenbogen beinahe «unkünstlerisch» direkt gemalt: Wiesen, Bäume und Architektur, in Öl ausgeführt, erinnern an Aquarelltechnik, impressionistische Stimmungen und eine durch Hitze, Träume oder Phantasien veränderte Farbigkeit. Auch das Bildmotiv von COUNTRY ROCK kommt bei Peter Doig in zahlreichen Variationen vor. Zuweilen heissen die Bilder auch UNTITLED (HIGH WAY). Sie haben unterschiedliche Regenbogenfarbenverläufe, divers aus-

geführte Farbigkeiten der Landschaft und der Architektur, sie zeigen unterschiedliche Blickwinkel von der Strasse aus auf die Szene – zentralperspektivisch, diagonal angeschnitten, mit oder ohne Blick in den Seitenspiegel des an der Szene verweilenden oder vorbeirauschenden Autos –, aber immer mit dem dunklen, leeren Sog des Tunnels, der im Bild durch reines Schwarz dargestellt ist, das den Blick und die Assoziationen in einen nicht dargestellten Raum in, unter oder hinter der Szene zieht. COUNTRY ROCK und HIGH WAY sind angesiedelt an einer im Werk des Künstlers immer wieder thematisierten, heimlich-unheimlichen Schnittstelle der Begegnung von Mensch und Natur beziehungsweise Kultur und Natur, die uns in seinen Waldstücken, See- und Berglandschaften, Freizeit- und Sportszenen sowie in den Bildern von Wohngegenden und Strassenszenen entgegentritt. In CONCRETE CABIN WEST SIDE (Betonpferch Westside, 1994), BRIEY (1994) oder auch ALMOST GROWN (2000) blickt man verstellt durch Natur auf modernistische Architekturen und Architekturelemente. In den COUNTRY ROCK- und Architekturbildern des Künstlers ist die menschliche Figur als abwesende Referenz in den Bildern zentral. Die Serie der Kanu-Bilder operiert dagegen mit einem komplexen Spiel von An- und Abwesenheit des Menschen in der Natur, durchgespielt am Motiv des einsamen Bootes auf einer Wasserfläche oder in einer Seelandschaft: In CANOE LAKE (Kanu-See, 1997–1998) treibt eine traurig-versunkene Figur in einem giftfarbigen Boot auf einer ebenso giftfarbigen Wasserfläche in einer bedrohlich anmutenden, leeren Stimmungslage entlang einer Uferböschung. In weiteren Versionen sehen wir die Szene als farbdichte Sumpfversion (SWAMPED, 1990), als nächtliche Fischerei-Szene (NIGHT FISHING, 1993) oder aber in mehreren Versionen mit der Figur des zwischen Hippie, Alt-Rockstar und eigenbrötlerischem Outcast angesiedelten, bärtigen Langhaars in 100 YEARS AGO (Vor 100 Jahren, 2000) oder 100 YEARS AGO (CARRERA) (2001), wo uns die Figur gelassen und abwartend aus der Bildmitte entgegenblickt, einsam auf einem See treibend, in der Ferne eine Insel, von der wir nicht wissen, ob sie Ziel oder Fluchtort sein soll. Mehrere Versionen von Kanu-Bildern hat Peter Doig auch in Drucken umgesetzt. In der Druckversion der bärtigen Figur im Boot – 100 YEARS AGO (2000–2001) – hat er die Szene rechts und links extrem beschnitten, so dass beinahe nur noch die aufrecht sitzende Figur zu sehen ist: Sie schaut uns aus dem Zentrum des Bildes unvermittelt an, während das Boot schon leicht nach rechts aus dem Bild zu treiben scheint. Auch die Schattenwürfe des Kanus drohen demnächst zu verschwinden, und dennoch hält sich die Ausrichtung des Bildes wie auch die im Bild erzählte Zeit des Geschehens im Zentrum des Blickes der Figur und auch im Zentrum unseres Blickens auf das Bild, das durch die gleichzeitig vertikalen wie horizontalen Richtungsgebungen im Bild eine Beruhigung erfährt.

Die Strukturierung der Bilder durch horizontale Streifen oder Bereiche in der horizontalen Dimension oder auch tiefendimensionale Ebenen scheint bei Peter Doig immer wieder als formale wie inhaltliche Dimension auf. Die Gemälde sind visuell entwe-

der in horizontalen Streifen oder Balken organisiert oder legen inhaltliche und formale Schichten in die Tiefe des Bildes oder kombinieren die beiden Bewegungsrichtungen. THE HOUSE THAT JACQUES BUILT (Das Haus, das Jacques gebaut hat, 1992) besteht aus drei horizontalen Bändern, die unterschiedliche Fern- und Nahansichten und zeitliche Wahrnehmungsebenen des gleichen Bildes parallel setzen: Eine im Close-Up herangeholte gemauerte Hauswand (die Wand des Landhauses?); das Landhaus in nächtlicher Landschaft, umgrenzt von Lichterketten; ein abstrakt anmutender Streifen impressionistischer Lichteindrücke, der auch ein Close-Up der zwischen den Bäumen aufgespannten Lichterketten sein könnte...

Häufig operieren die Bilder mit drei Bereichen oder Strukturfeldern. (Mit drei beginnt die Serie, also können auch unendlich viele weitere gemeint sein.) Sehr häufig sind sie horizontal angelegt, als

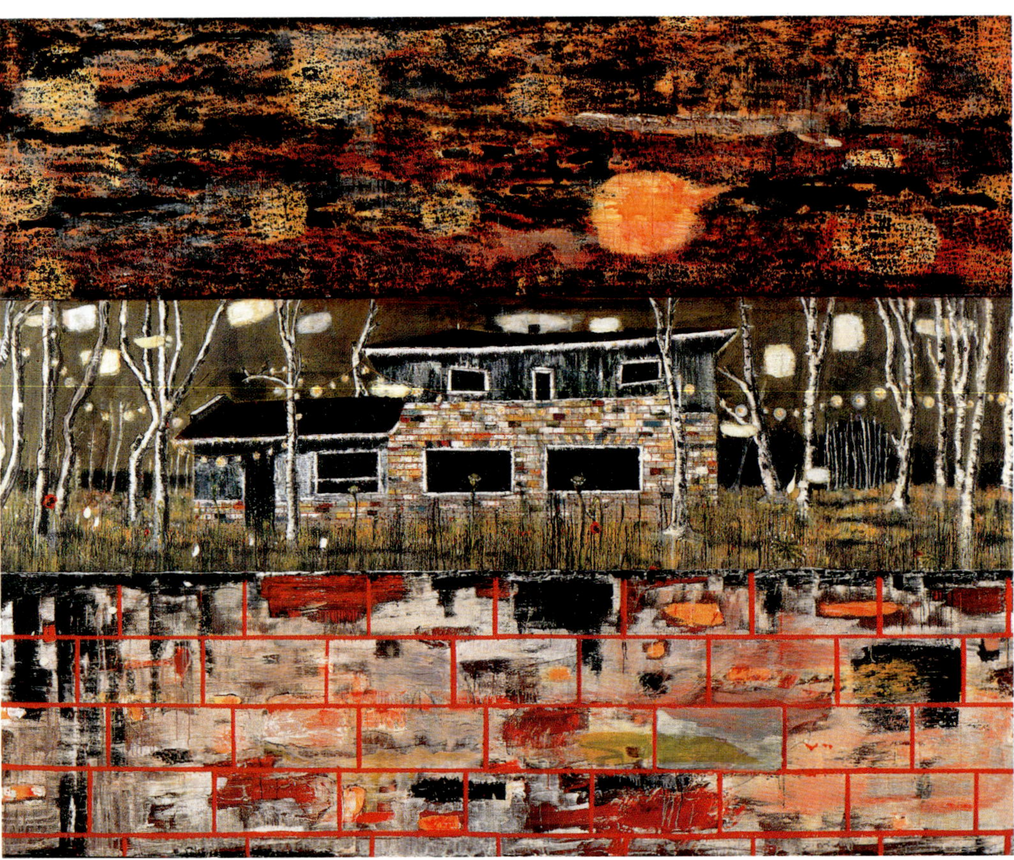

PETER DOIG, THE HOUSE THAT JACQUES BUILT, 1992, oil on canvas, 78³/₄ x 98⁷/₁₆" / Öl auf Leinwand, 200 x 250 cm.

Streifen, die wie parallele Ebenen oder Erzählungen auftreten und so auch parallele Geschwindigkeiten, Lesarten, Entwicklungen in Gang setzen, womit sie vor allem als lineare zeitliche Bewegungen wirken. In anderen Bildern sind die Schichtungen so angelegt, dass sie eine räumliche Gleichzeitigkeit von Lesarten zwischen Vorder-, Mittel- und Hintergrund des Bildes herstellen und zeitliche Erfahrung als Tiefenbewegung «an Ort» initiieren. In beiden Versionen aktualisiert sich in der statischen Materialisierung der Malerei eine filmische Bewegung von Bildern, die eine Bewegung der Erinnerung ist und die individuellen Assoziationen und Geschichten der Betrachter in Gang setzt.

Die zeitliche Bewegung, die die Bilder evozieren, aber ebenso die Zeit, die sie für den Betrachter realisieren, scheint auch für das Verhältnis von Realzeit und Übersetzung ins Bild sowie die Erfahrung und Produktion des Künstlers wichtig zu sein. Peter Doig hat in einem Interview einmal gesagt, dass man die Gegenwart nicht malen muss, weil sie ja da ist. In die Gegenwart gebracht werden in seinen Bildern aber immer wieder die Eigenschaften der Malerei selbst und die Räume, die das Verhältnis von Bildern, Realität und Imagination für Künstler und Betrachter erzeugen können. So wie es Peter Doig in seiner Praxis angelegt hat, als Überlagerung, Ein- und Umschichtung von Zeiten, Orten und damit einer Re-Aktualisierung der Beziehung zu den Orten unserer Imagination und Erfahrung: «Ich male mehrere Versionen, weil ich glaube, dass die besten noch nicht gemacht sind – man will noch einmal zurück und will mehr, wie in vielen anderen Lebensbereichen… mehr. Man will mehr sehen, mehr hören, mehr erfahren und hofft bei alledem auch wieder auf dieselben Empfindungen…»[1]

1) Peter Doig am 8. März 2003 in einer E-Mail an die Autorin.

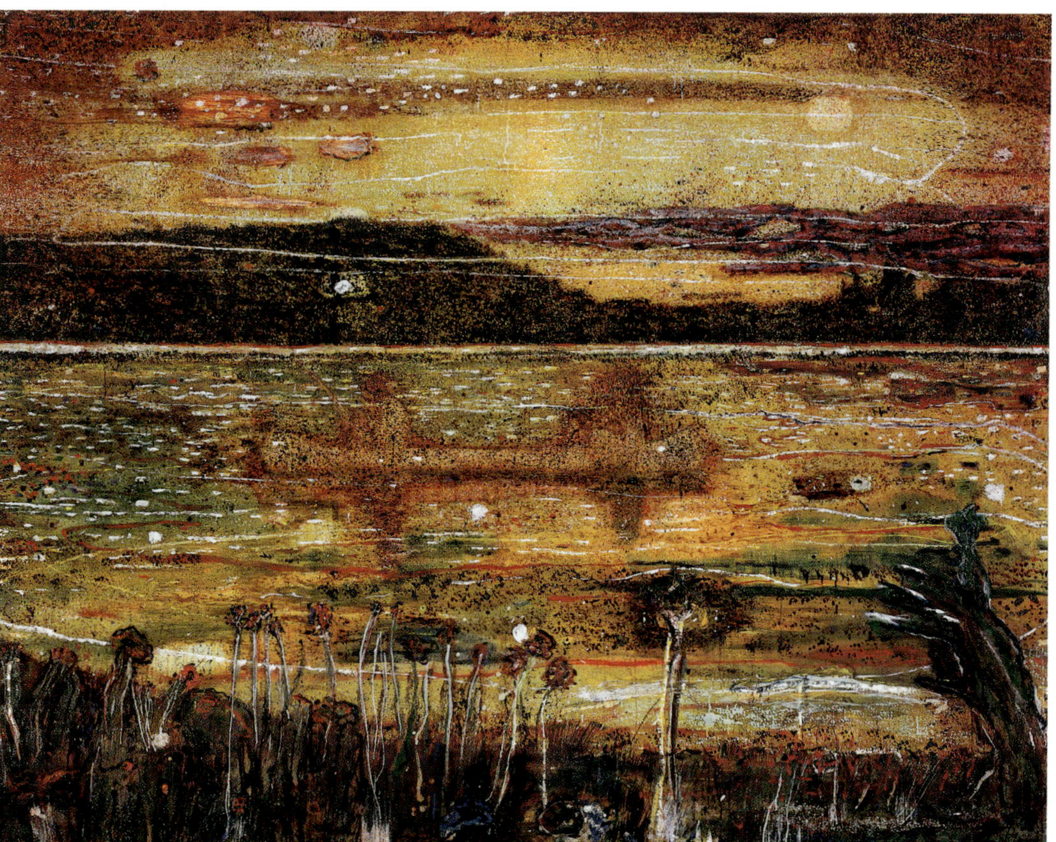

PETER DOIG, NIGHT FISHING, 1993, oil on canvas, 78³/₄ x 98” / Öl auf Leinwand, 200 x 249 cm.

Peter Doig's NOW

BEATRIX RUF

Peter Doig's paintings can be both fascinating and mildly aggravating, not unlike the contents of a box of photographs or archives of some unknown amateur photographer who has the advantage of operating with a completely individual pictorial concept. Why was this motif chosen? What happened just before this picture, what happened afterwards? What does this scene show, what is it hiding? Who are the people, what are those buildings, landscapes? A nervous reaction sets in, it is as though we would like to adjust the angle of the shot, push aside foreground motifs blocking our view, zoom in on something in the background or get rid of a detail obstructing our line of vision, so that we can find out more. But then we regularly find ourselves moving away from the motif and the accompanying sense of unease to a no less engaging mode of observation rooted in the image, an encounter with forms and colors and the moods that these induce, which is in fact an undiluted encounter with the presence of painting.

These "movements," varying the angle, adjusting foregrounds and backgrounds or centralizing a different detail, a different aspect of the pictorial motif—all these occur in the artist's own work, too. In Peter Doig's exhibitions, we often meet old acquaintances, pictorial subjects and images that we already know from earlier exhibitions and catalogues of his work, but we also come across images that we think we recognize or which at least have the flavor of images we can remember from our own fund of pictures and ideas. These recurrent pictorial motifs in

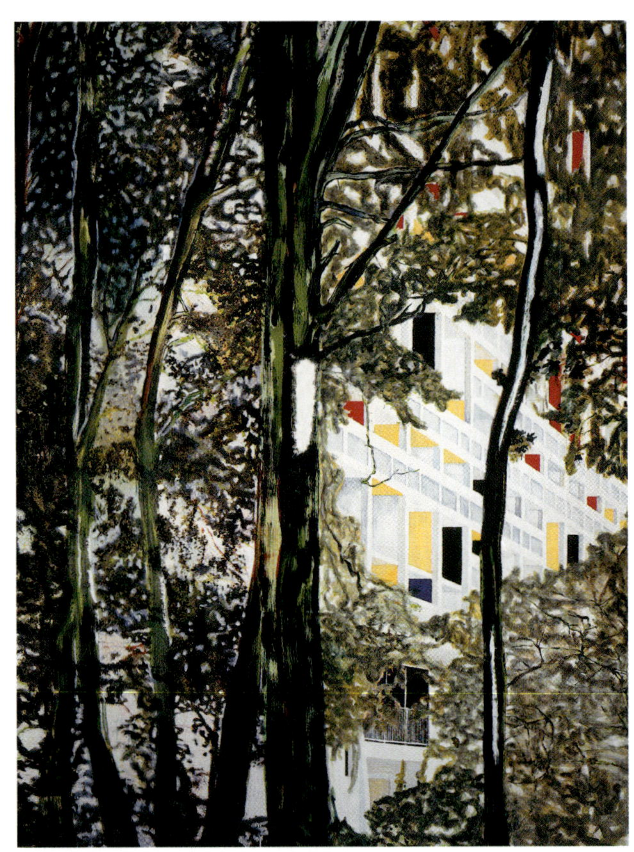

PETER DOIG, BRIEY, 1994–1996, oil on canvas,
107¼ x 78¾ / Öl auf Leinwand, 272 x 200 cm.

BEATRIX RUF is Director of the Kunsthalle Zürich.

Doig's works are variations on themes we know from the history of painted pictures and art in general, but also from music, literature and remakes from the history of film: variations, each with its own atmosphere and interpreted anew. They are never the same—colors, angles, paint techniques, pictorial approach. This has to do on a more general level with Doig's basic approach: his pictures articulate the simultaneity of our collective pictorial archive as a continuity of themes, a reappraisal of the "same" in a different light, in a different mood, in a different remembered version as experiences that are fundamental to our present existence. Such experiences pile up on top of each other in his paintings generating a presence that conflates places, times, ideas, and styles.

The initial material for Peter Doig's paintings, as has often been said in connection with his work, is drawn from a vast archive, an arsenal of photographs either found or taken by himself. This archive is also fed by music and the history of music, including all the visual trappings like record sleeves and illustrations charting the history of pop music; his archive is founded on his knowledge of the cinema, cultural history, and the history of art, and is additionally informed both by medially transmitted images of nature and culture and—although one hardly dare make such a banal statement—by our human experience of the same phenomena. All these are not merely sources for his work, but serve instead as touch papers that can be constantly combined and sampled anew or serve as a kick-start for his praxis as a painter—which is very recognizably the praxis of a contemporary artist and of a person whose identity formed in the closing decades of the twentieth century.

As compositions, Peter Doig's paintings incorporate the full range of image-creation methods from photography, film, and cinema as well as the reproduction techniques used for painting: perspectives, proportions, and frames are informed by the alienation effects of various optical and technical media; as a painter he draws on all the technical tricks developed during the history of painting. He combines different painterly techniques and styles in a single painting. But Doig's work is not out to kindle an art-historical or even a conceptual discussion of postmodern stylistic variety or of more recent retro-

styles as artistic strategies, instead it is about the various levels and states our perception is capable of, in just the same way that our memories and the different strata of our memories receive different impulses from smells, from voices heard in conversation, from music, from the similarity of familiar places to others seen for the first time, from pictures, photographs or films, and are jogged into creating new moods, feelings, stories, and—hence—realities. The full range of abstract and figurative modes of representation, the formal features of the work, which come fully into their own in Doig's work, have a similar effect. Their purpose is not to initiate a debate on art-historical strategies or on the contest between painting and photography; instead they "empty" the paintings of any irritants, which discussions of that kind might put in the way of the perception of the picture and its actual presence.

In COUNTRY ROCK (2000–2002), we look from a country road towards seemingly modernist industrial structures in the distant background. In the middle ground there are meadows, bushes and trees, and a striking rainbow, which strangely and inappropriately looks like an emblem set in the landscape—it calls to mind thoughts of Pop Art, but also of Romantic landscape paintings where the rainbow, redolent with promise, conveys the presence of the God-given beauty of nature. The rainbow also has echoes of subculture activities, the culture of homosexuals, record sleeves from the sixties and seventies, and much more. The starting point for COUNTRY ROCK was a photograph taken by Peter Doig in Canada, and the rainbow existed in reality as the design painted on a tunnel in an equally real landscape. The painting is not about a precise location or about recognizing a real scene, but rather about the interplay of compositional and depicted elements, creating a picture that allows us to linger in the history of traveling through landscapes, in the contact between nature and civilization and the simultaneous familiarity and unease of this encounter, in the individual films that we associate with our own memories. Like the rainbow, the crash barriers and the road markings are painted with almost inartistic directness—meadows, trees, and architecture, executed in oils, recall watercolor techniques, Impressionist moods and colors that mutate with the heat, with dreams and fantasies. In fact, the pictorial motif of COUNTRY ROCK occurs in numerous variations in the work of Peter Doig. Sometimes they are called UNTITLED (HIGH WAY). The color sequences in the rainbows are different, landscapes and buildings are colored in various ways, the view from the road over the scene as a whole is set at different angles—with a central perspective, cut across diagonally, with or without a glimpse into the wing mirror of the car either idling in the landscape or rushing by—but always with the dark, empty vortex of the tunnel, represented in the painting by pure black, drawing our gaze and our associations into a space somewhere out of sight in, beneath or behind the scene. COUNTRY ROCK and HIGH WAY occupy a position—which itself has frequently preoccupied the artist—on the canny-uncanny interface of the encounter between humankind and nature, that is between human culture and nature as we see it in his woodland scenes, lake lands and mountain landscapes, in his depictions of sports and leisure pursuits, of residential areas and street scenes. In CONCRETE CABIN WEST SIDE (1993), BRIEY (1994–1996) or even ALMOST GROWN (2000), our view of modernist buildings and architectural elements is distorted by nature. In his COUNTRY ROCK and architectural paintings, the human figure plays a central role as an absent reference point. By contrast, his series of canoe pictures instigates a complex game of human presence and absence in nature, played out with the motif of a single boat, alone on a stretch of water or in a lake-land setting. In CANOE LAKE (1997/1998), a melancholy figure drifts along a sloping shoreline in a poisonous-colored boat on an equally poisonous-colored stretch of water in a seemingly foreboding, empty landscape. In other versions of the same subject, we see it as intensely colored swampland (SWAMPED, 1990), as a nocturnal fishing scene (NIGHT FISHING, 1993), or in several versions with the figure long-haired and bearded, somewhere between a hippie, an old rock star, and a reclusive outcast, as in 100 YEARS AGO (2000) or in 100 YEARS AGO (CARRERA) (2001), where the figure looks calmly out at us from the center of the painting, just waiting, drifting alone on a lake, with an island in the distance that we are unable to identify as either his goal or the place he has fled. Peter Doig has also made several versions of his canoe pictures as prints. In the printed version of the bearded figure in a boat—100 YEARS AGO (2000–2001)—he cropped the scene to right and to left so severely that the upright, seated figure is almost all there is to be seen: the man gazes directly out of the center of the image, while the boat already seems to be floating gently left to right, out of the picture. The shadows cast by the canoe are also threatening to disappear any minute now, and yet the underlying thrust of the picture—like the narrative time of the events depicted—maintains its position in the center of the figure's gaze and also in the center of our gazing at the image, which is itself calmed by the vertical and horizontal pointers in the picture itself.

Peter Doig's use of structural horizontal bands or predominantly horizontal areas, and also of depth-creating layers, frequently adds a dimension that is concerned both with form and with content. Certain paintings are organized, on an optical level, into horizontal bands or beams; others situate formal layers and layers of meaning in the depths of the picture, or combine movements in both directions. THE HOUSE THAT JACQUES BUILT (1992) consists of three horizontal renditions of the same subject matter perceived in different depths and at different times. The bottom shows a close-up of a masonry wall (the wall of the country house?); the middle, the country house in a nocturnal landscape with strings of lights; and the top, an almost abstract, Impressionist panorama of lights, which could also be a close-up of the lights strung between the trees…

Often Doig's pictures operate with three realms or structural fields. (The series begins with three, so infinitely more could be intended.) Often they are arranged horizontally, as bands, which appear like parallel levels or narratives, consequently setting in motion parallel speeds, modes of reading and other developments, although above all they create the effect of linear temporal movements. In other pictures, the layers are so arranged that they induce a spatial simultaneity in our reading of the foreground, the middle ground and the background, and generate a sense of time as an "on site" movement into the depth. In both versions, the static materialization of painting gives rise to a filmic flow of images, which is in fact the memory in motion, starting up individual associations and narratives in the viewer's mind.

The temporal movement that the pictures evoke, but also the time that they realize for the viewer, also seem to be of importance for the relationship of real time and its translation into an image, as well as for the artist's experience and subsequent production of the image. In an interview, Peter Doig once said that one doesn't have to paint the present simply because it's there. Instead, again and again his pictures depict the characteristics of painting itself and the spaces that can establish a relationship between pictures, reality and imagination for the artist and the viewer—just as he has presented it in practice, as multiple layers, as interlocking, shifting times and places, thereby re-actualizing our own connection to the places of our imagination and experience. "I paint versions because I think that the best ones are never done—one desires to go back for more, like in lots of other areas of life… more. One wants to see more, hear more, experience more and also hope for the same sensations again in all of the above…"[1]

(Translation: Fiona Elliott)

1) Peter Doig in an E-mail to the author, sent on March 8, 2003.

PETER DOIG, CANOE LAKE, 1997–98, oil on canvas, 78³/₄ x 118¹/₈" / Öl auf Leinwand, 200 x 300 cm.

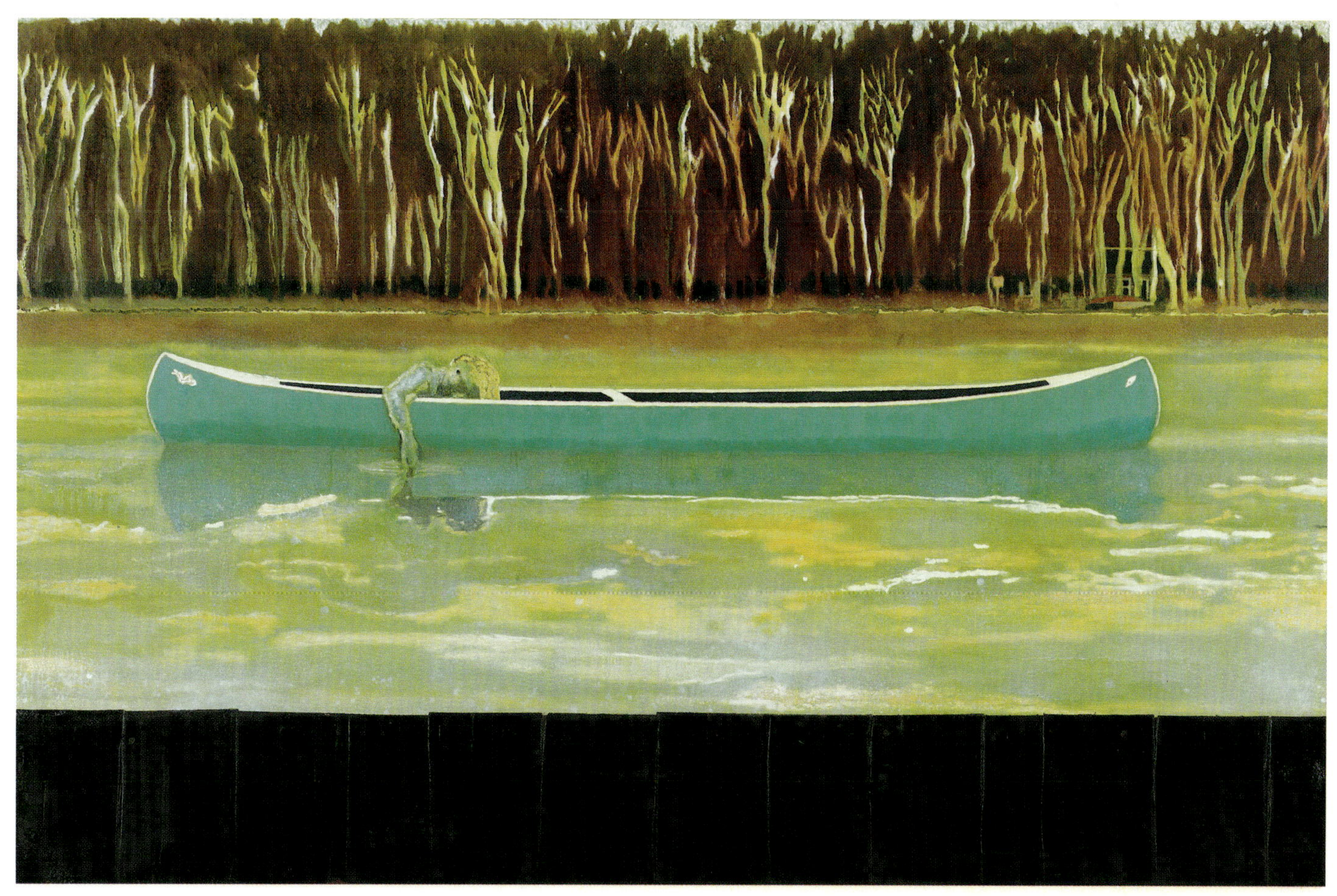

Edition for Parkett

PETER DOIG

GASTHOF, 2003

7-color etching with aquatint, 26 x 22", on Hahnemühle 300 gm^2

natural white, 31 x 26"

Printed by Hope Sufferance Press, London

Edition of 70, signed and numbered

Radierung und Aquatinta (7 Farben), 66 x 55,5 cm

auf Hahnemühle 300 gm^2, naturweiss, 73 x 63 cm

Gedruckt bei Hope Sufferance Press, London

Auflage: 70, signiert und nummeriert

(PHOTO: MANCIA/BODMER, FBM STUDIO, ZÜRICH)

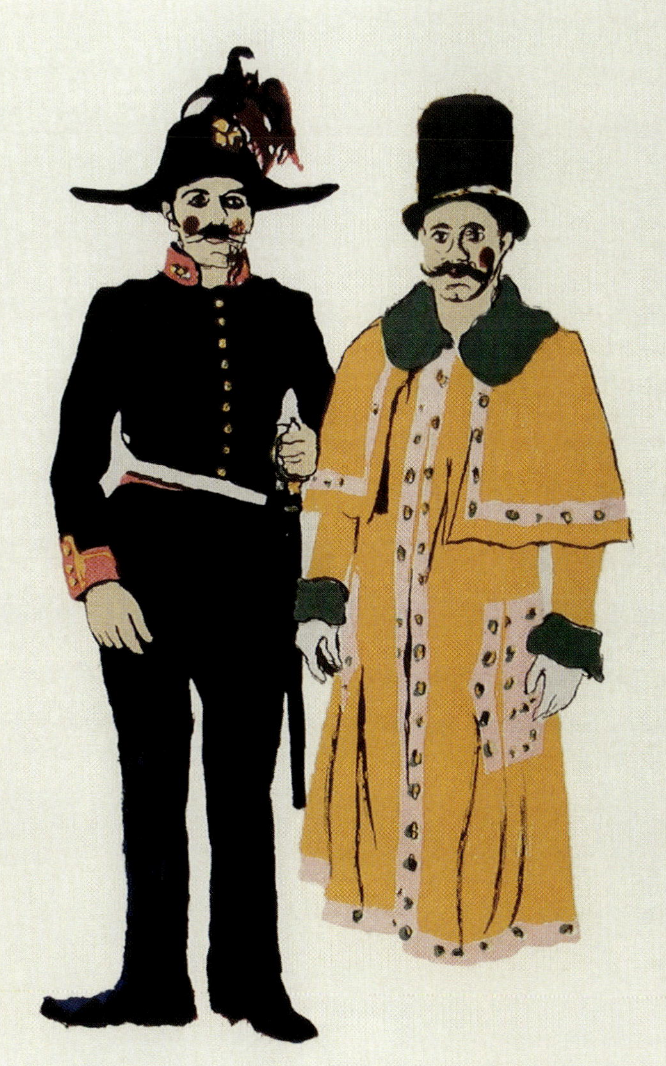

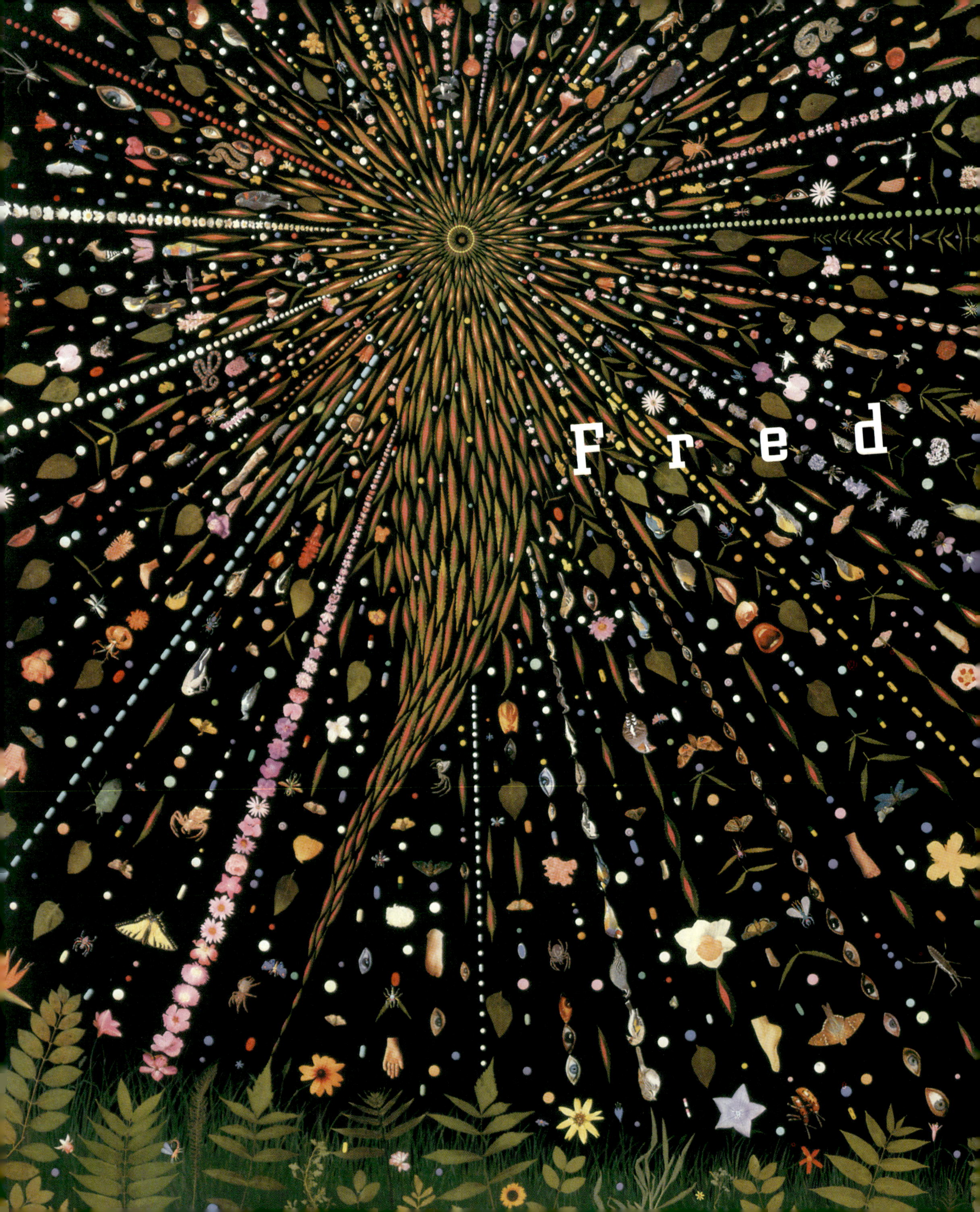
Fred

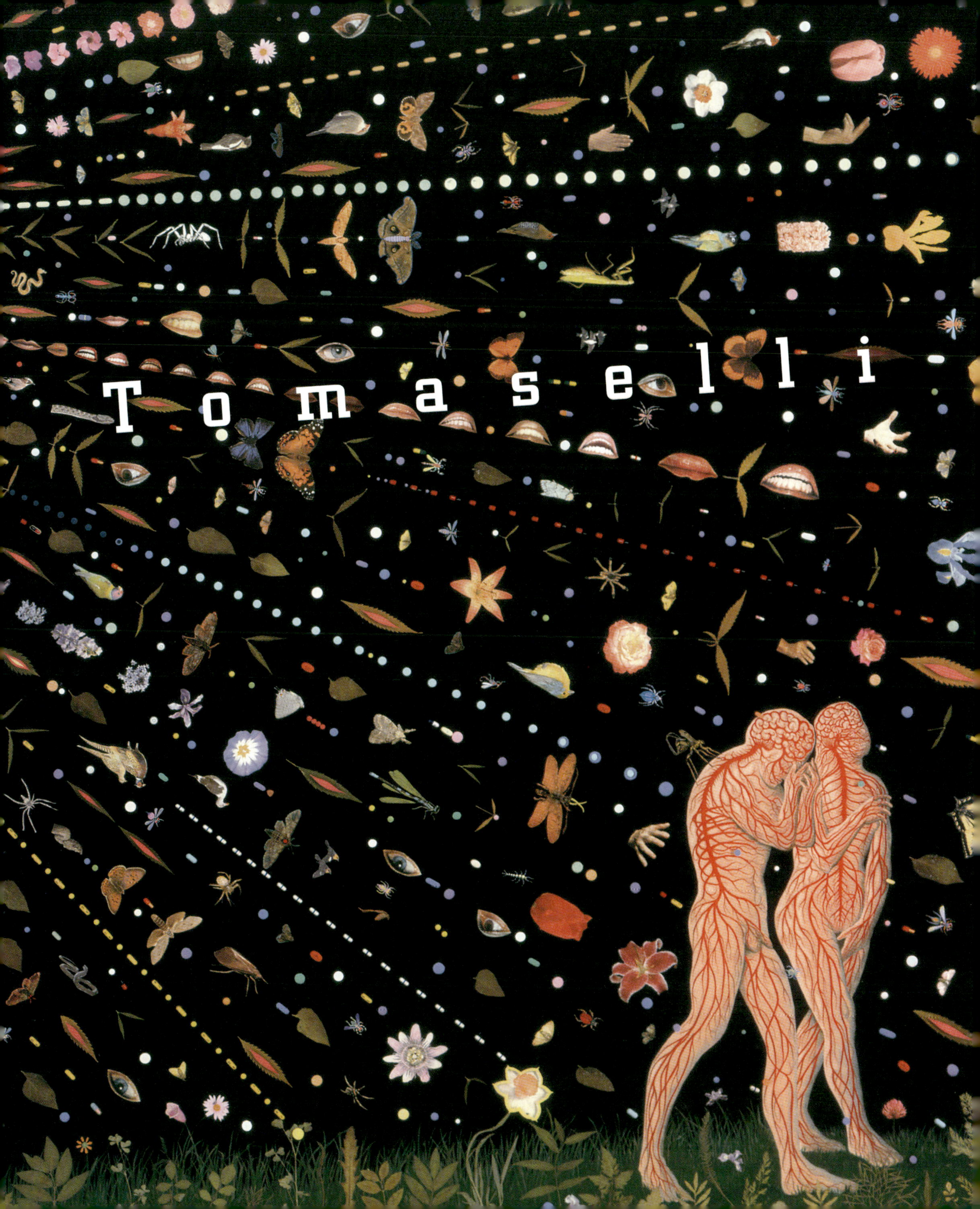

Tomaselli

Through a Window, *Darkly*

DAN CAMERON

One of the most persistent challenges in the history of human society has been the struggle to determine our proper place in the natural order of things. Starting with the Romantic movement in art and poetry in the eighteenth century, the association of creative expression with the unbridled forces of nature became a convenient metaphor, but one that explained very little about the ultimate separation that has befallen humankind since the expulsion from paradise. Throughout the art of the twentieth century, nature is perhaps most conspicuous in her absence, since the most significant artistic movements, such as Cubism and Abstract Expressionism, unfolded in a way that made the outer world seem entirely barren and/or hostile. At the present moment, with the suburban mode of contemporary life now surpassing that of both urban and rural existence, it sometimes seems that all of our scientific and technological achievements have been attained at the cost of transforming our experience of the natural world into a kind of well-behaved topiary display of trimmed hedges and electrocuted mosquitoes. For those whose contact with nature is somewhat more direct or at least regulated, the challenge still exists of reconciling everything we know (or don't know) in the postmodern universe with the knowledge that nature is still out there somewhere, and that we are, for better or worse, a part of it.

A painting by Fred Tomaselli usually requires a form of examination that is part aesthetic appreciation and part scavenger hunt. Quite often, the initial encounter involves a purely retinal response to a composition that is easily grasped in a single glance, and heightened by an equally direct approach to color and form. The clarity of his images also seems to point to an engagement with the viewer that sets aside the need for specialization, preferring to communicate across generational and class divisions like few other artists working today. His use of black as background color for virtually all of his paintings also enhances the tendency of his colors and forms to pop out of the background quite vividly. Not until this first impression of total clarity has passed does the necessity of examining the painting more closely present itself, at which point the highly unusual choice and application of materials in Tomaselli's work begin to set out the parameters for a second level of interaction.

While Tomaselli is unquestionably an artist driven by the populist desire to present imagery in its most

---

DAN CAMERON has been Senior Curator at the New Museum of Contemporary Art, New York, since 1995, and is a frequent contributor to exhibition catalogues and art publications. He is also Artistic Director of the 8th Istanbul Biennial, which opens in September 2003.

88

Preceding double page / Vorangehende Doppelseite: FRED TOMASELLI, UNTITLED (EXPULSION), 2000, photocollage, leaves, pills, insects, acrylic, and resin on wood panel, 84 x 120" / OHNE TITEL (VERTREIBUNG), Photocollage, Blätter, Pillen, Insekten, Acryl und Harz auf Holzpaneel, 213,4 x 304,8 cm. (PHOTO: ERMA ESTWICK)

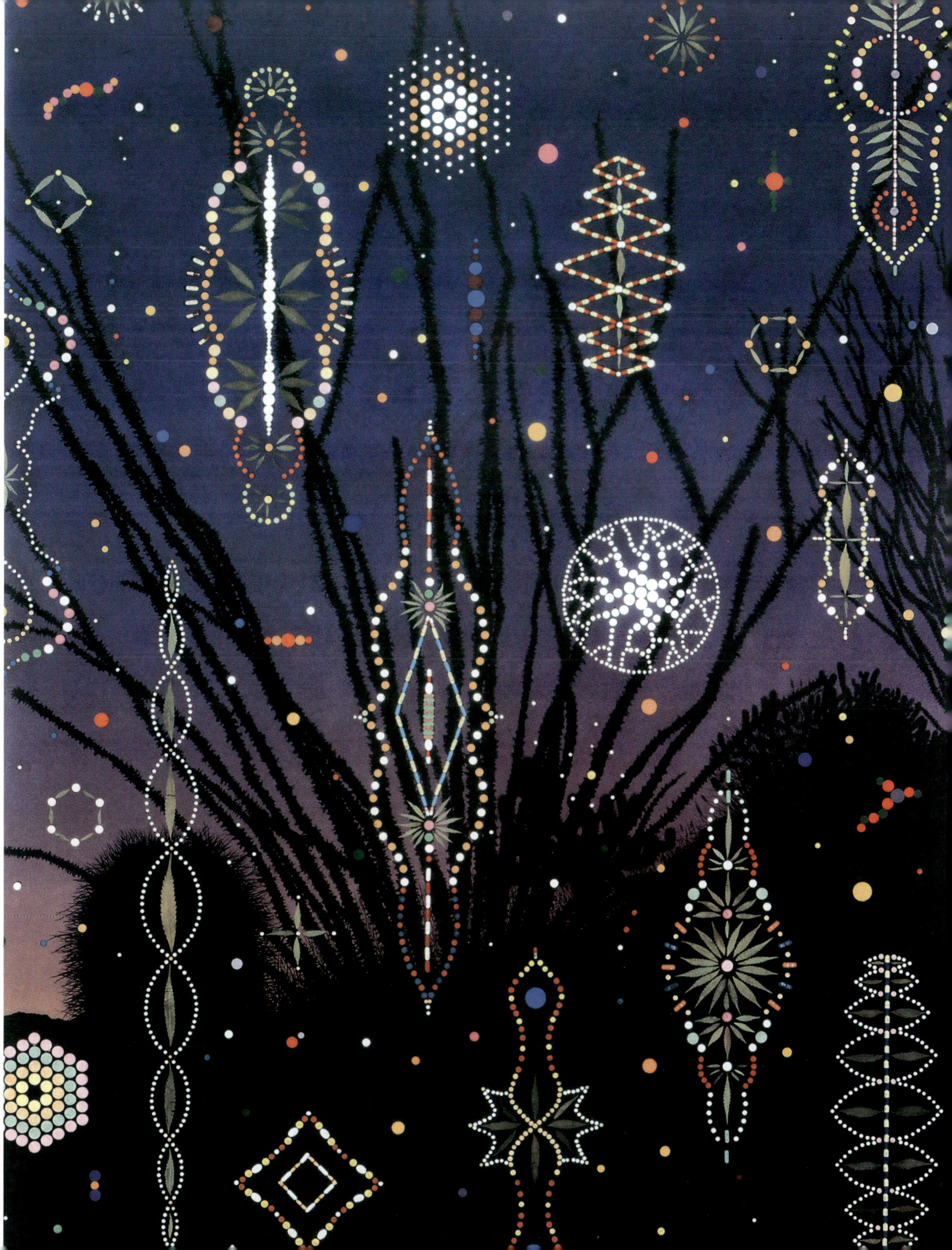

FRED TOMASELLI, OCOTILLO NOCTURNE, 1993, leaves, pills, acrylic, and resin on wood panel, 72 x 54" / Blätter, Pillen, Acryl und Harz auf Holzpaneel, 182,9 x 137,2 cm. (PHOTO: JOHN BERENS)

recognizable form, he is also at heart an assemblagist, one who eschews the invention of form in favor of its laborious construction from pre-existing parts. He is generally referred to as a painter in the traditional sense of the word, but it is difficult to reconcile historically sanctioned notions of studio practice with Tomaselli's laborious method of developing form, since, generally speaking, he does not usually paint the imagery that populates his pictures. Instead, the works are created through an elaborate technique involving the painstaking arrangement of hundreds (sometimes thousands) of individual elements within the picture plane, then holding them permanently in place through an adroit combination of acrylic and resin. It may be closer to collage or furniture inlay than to easel painting as it is generally understood, but Tomaselli's combination of ephemeral and highly durable materials, including a sturdy wood armature, lends them a durable physical presence.

Being embedded seems to be the first material condition of Fred Tomaselli's paintings. The sinuous lines that play themselves out into graceful arrangements of color and texture could not exist without the picture's physical depth, which enables the myriad individual elements in each picture to float in what is subliminally experienced as a kind of amber, where they may be seen but not touched. In the transparent grip of these bonding forces, they resemble nothing so much as the miniscule treasures of a particularly impassioned collector of natural artifacts, one who cannot resist the impulse to duplicate nature's infinite abundance through a kind of deliberate iconographic overkill. Yet Tomaselli's tendency to lock inanimate forms into a frozen transparency is also a direct reference to nature's own methods of preserving forms over time, so that one cannot help but think of fossils pressed into rocks or specimens frozen into glaciers, where they may remain undisturbed for centuries.

Through choice of subject matter alone, Fred Tomaselli can be readily identified as one of the more recent incarnations of a spirit in American painting that has long been closely engaged with the furthest reaches of geographical and spiritual exploration. Born and raised in southern California,

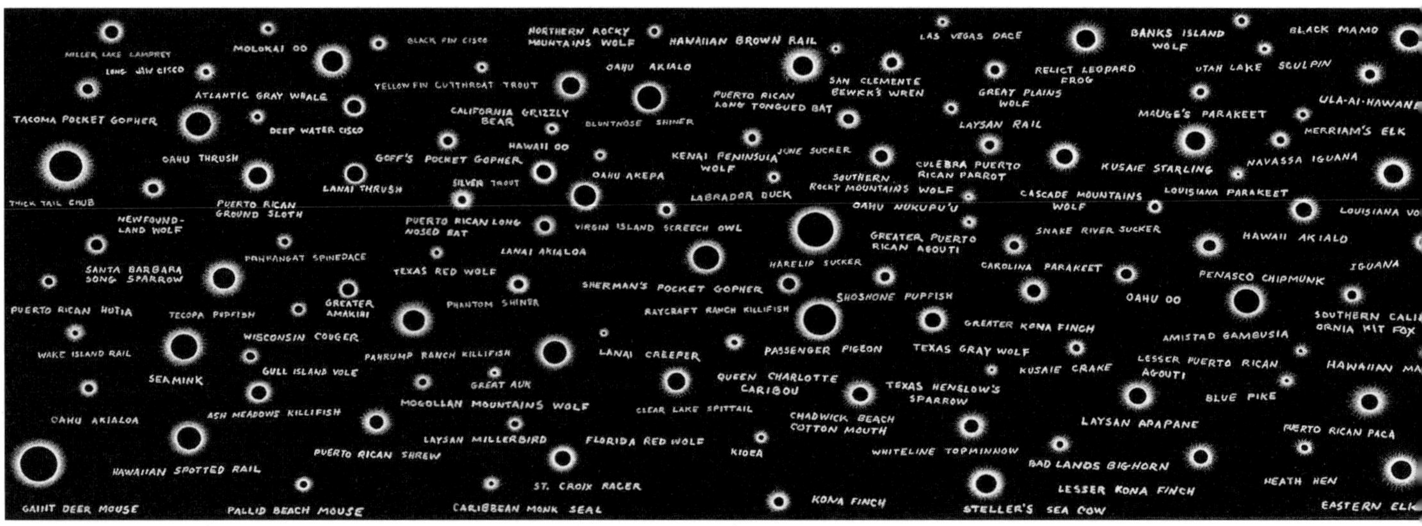

Tomaselli's art developed in large part out of the post-adolescent urge to derive cosmic meanings from the direct experience of nature. In one sense, all of his works function as landscape, but an early Surrealist influence deflected his powers of observation away from the need to objectively describe the landscape, and inspired him to try to reconstruct the experience of being part of the landscape in pictorial form. This challenge does not differ significantly from those faced by maverick artists like Gordon Onslow Ford and Lee Mullican, Surrealists of the desert landscape who, from the late thirties through the fifties, carried André Breton's legacy into the phantasmagorical territory pioneered in the twenties by Georgia O'Keeffe. Seeking to render the powerful impressions of the desert into tangible artistic forms, they created new forms of abstraction that blended primitivist iconography with intricately patterned fields of blinding color. Like them, Tomaselli's appropriation of the Southwest landscape as a reference point that reappears in various guises signals a desire to present the familiar in a completely surprising way.

Most of Tomaselli's best-known works are immediately recognizable as emerging directly from a first-hand experience of nature. However, some of his paintings from the early nineties are probably better described as landscapes of memory, in which he sets out to render experiences like rock concerts or psychotropic drug use in the form of a cosmic map, linking apparently unrelated events and substances into a celestial manifold of names. These may at first seem unrelated to the more recognizable landscapes, except insofar as they specify Tomaselli's rightful subject as the experience of the individual consciousness, whether verifiable or not. In addition, Tomaselli has rendered these works as celestial maps, so that the act of searching the nighttime sky for recognizable points becomes a metaphor for a spiritual voyage of self-discovery. This strong emphasis on subjectivity sheds light on the degree to which the later paintings, however easily identifiable, are nonetheless bound by an imperative to represent nature not as it exists, but as it appears to be.

One of the most reliable aspects of Tomaselli's art has been the incorporation of actual drugs into the

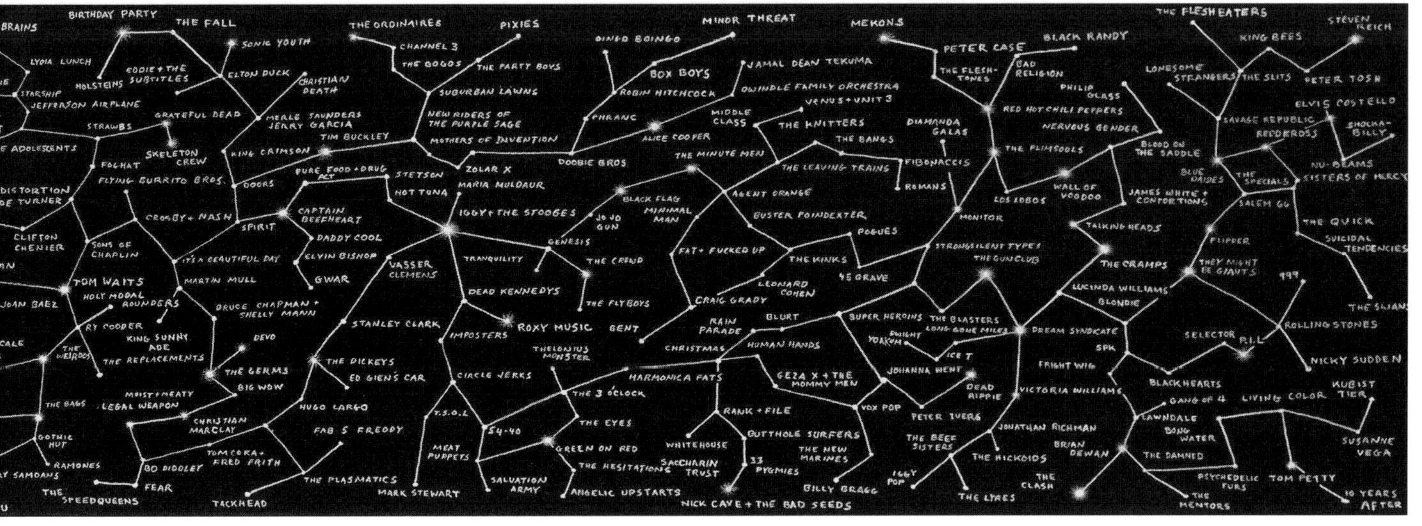

FRED TOMASELLI, EVERY ROCK BAND I CAN REMEMBER SEEING, EVERY VERTEBRATE THAT HAS BECOME EXTINCT SINCE 1492, 1990, Prismacolor pencil on Canson paper, 9¾ x 50" / JEDE ROCKBAND, DIE ICH MICH ERINNERE GESEHEN ZU HABEN, JEDES WIRBELTIER, DAS SEIT 1492 AUSGESTORBEN IST, Prismacolor-Farbstift auf Canson-Papier, 24,8 x 127 cm. (PHOTO: ERMA ESTWICK)

physical matter of the painting itself. In many works from the mid nineties, this gesture takes the form of an accumulation of marijuana leaves, arranged to suggest everything from brain waves to flocking birds. Equally prominent in the work up through the present has been a numbing variety of pharmaceutical drugs, deployed as much for their size and color as for their medical attributes. However, these pills and capsules, which are generally arranged to describe sweeping arcs or dense clusters of form, also emphasize the direct link between the viewer's state of mind and the landscape experience. While at first seeming to promote the recreational use of mind-altering substances, the pot and pill references have a more innocent aspect as well, which is to remind viewers that the only obstacle between them and a transcendental experience of nature is their state of mind. We literally peer through our state of mind to perceive the nature outside ourselves, and the greater our understanding of the role played by this filtering process, the richer our interchange becomes. One can even extrapolate a bit further, to propose that since the call to nature is in effect an expression of the desire for a type of mind-altering experience, the goal of feeling unified with one's

natural environment is itself a form of mental construction, one that in fact requires neither drugs nor landscape to be realized.

Fred Tomaselli's ability to simultaneously transform our expectations of both landscape and abstraction has placed his work at the forefront of contemporary painting. To the degree that it deliberately embodies the confusion and anxiety surrounding our role within nature, his art seems to address a particularly troubled aspect of our age. Does our tendency to conceptualize our perceptions, to habitually transform the most sublime moments into episodes of language, indicate that we have drifted further from our origins than anticipated, or that we are still, somehow, occupants of that same natural order that we have repeatedly tried to escape and/or dominate with our apparently insurmountable will? By raising such questions not in order to answer them, but to benefit from their asking, Tomaselli probes our deepest spiritual yearnings in a direct and unabashed way. In a sense, he seems to understand that a painting is nothing more than a stand-in for that same nighttime sky that he stood beneath as a child, filled with wonderment at the inexplicable miracle of perception.

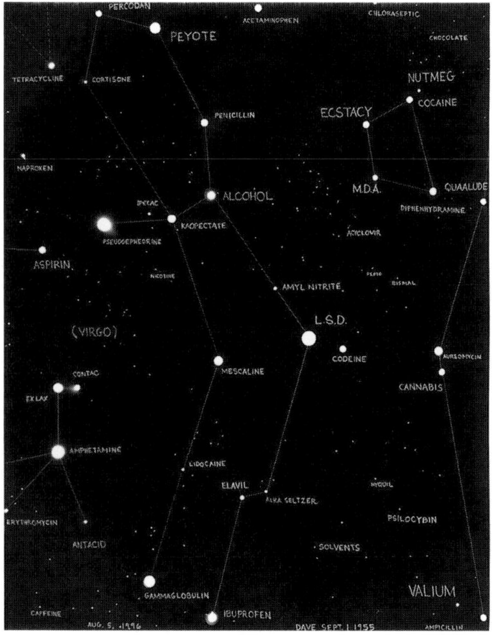

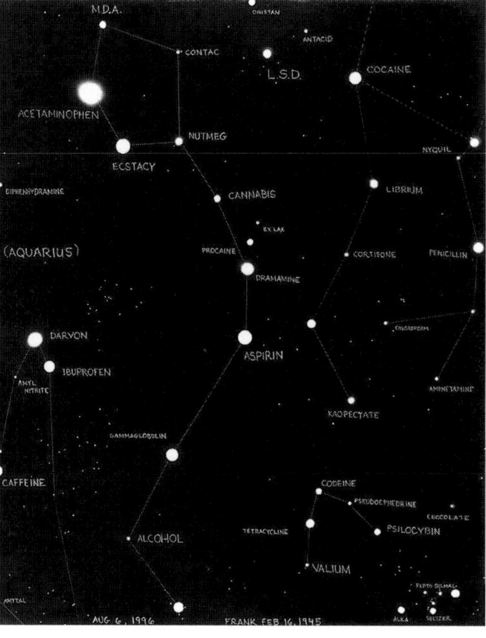

Durch ein Fenster,
ein dunkles Bild...

DAN CAMERON

Das Ringen darum, unseren eigenen Platz in der natürlichen Ordnung der Dinge zu bestimmen, ist eines der hartnäckigsten Probleme in der Geschichte der menschlichen Gesellschaft. Seit der romantischen Kunst und Dichtung des achtzehnten Jahrhunderts ist die Assoziation des künstlerischen Ausdrucks mit den ungezähmten Kräften der Natur zur bequemen Metapher geworden, einer Metapher allerdings, die kaum etwas zur Erklärung jener endgültigen Entfremdung beiträgt, die mit der Vertreibung aus dem Paradies über die Menschheit gekommen ist. In der Kunst des zwanzigsten Jahrhunderts fällt die Natur am ehesten durch ihre Abwesenheit auf, gerade auch weil die wichtigsten Strömungen, wie Kubismus und abstrakter Expressionismus, sich in einer Weise entwickelten, welche die Aussenwelt völlig verödet und/oder feindselig erscheinen liess. Zum gegenwärtigen Zeitpunkt, wo das Leben in der Agglomeration gegenüber der urbanen oder ländlichen Lebensweise sehr viel häufiger, ja eigentlich zum Normalfall geworden ist, scheint es manchmal, dass unser ganzer wissenschaftlicher und technologischer Fortschritt auf Kosten unserer Erfahrung der natürlichen Welt geht und uns zu einer

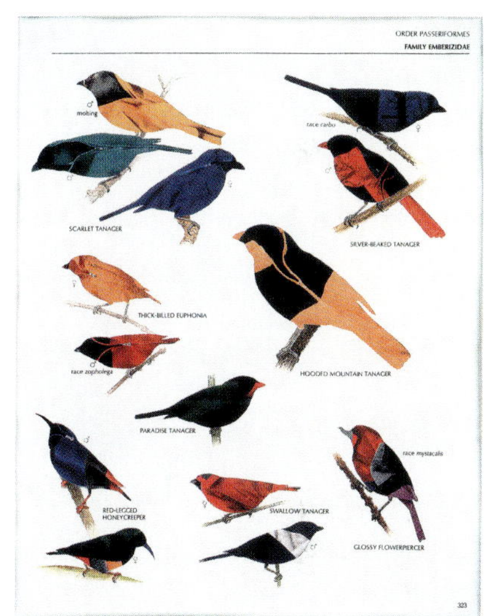

FRED TOMASELLI, FAMILY EMBERIZIDAE, 1999, paper and glue, 11 x 8½" / FAMILIE DER EMBERIZIDAE (AMMERN), Papier und Leim, 27,9 x 21,6 cm. (PHOTO: ERMA ESTWICK)

Art gepflegtem Ziergartendasein inmitten geschnittener Hecken und Elektrofallen für Moskitos geführt hat. Für jene, die noch in einem unmittelbareren oder geregelten Kontakt zur Natur stehen, bleibt die Herausforderung bestehen, alles, was wir wissen (oder nicht wissen), in einem postmodernen Universum mit dem Wissen darum zu vereinbaren, dass die Natur noch immer irgendwo da draussen ist und dass wir im Guten wie im Schlechten ein Teil von ihr sind.

Um einem Bild von Fred Tomaselli gerecht zu werden, braucht es einerseits Sinn für Ästhetik und andrerseits eine Lust am Aufstöbern von Kleinigkei-

DAN CAMERON ist seit 1995 Senior Curator am New Museum of Contemporary Art, New York, und schreibt regelmässig in Ausstellungskatalogen und Kunstzeitschriften. Ausserdem ist er Künstlerischer Leiter der 8. Biennale in Istanbul, die ihre Tore im September 2003 öffnet.

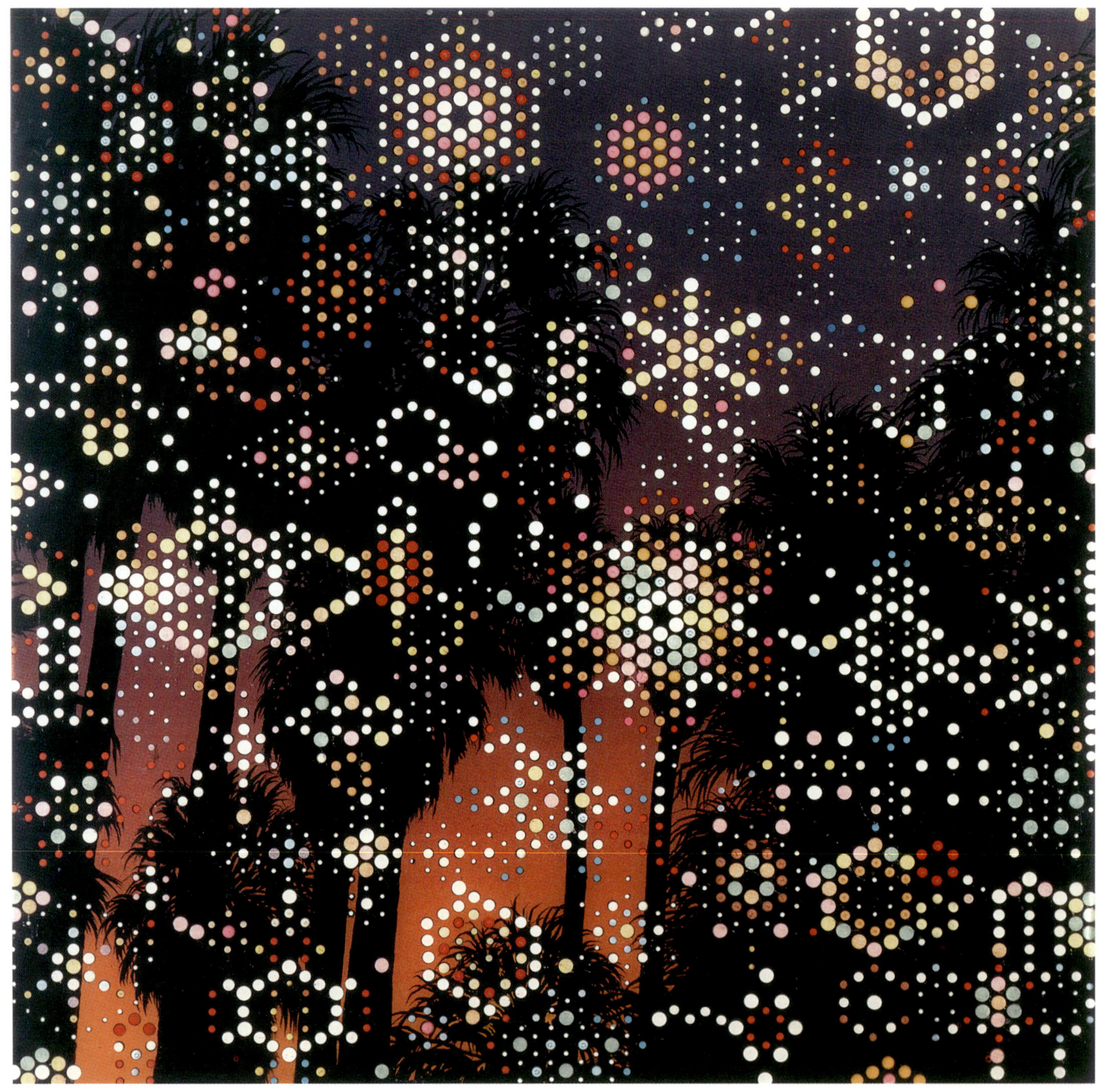

FRED TOMASELLI, 49 PALMS OASIS, 1994, pills, acrylic, and resin on wood panel, 48 x 48" /
49-PALMEN-OASE, Pillen, Acryl und Harz auf Holzpaneel, 122 x 122 cm. (PHOTO: JOHN BERENS)

ten wie auf dem Trödlermarkt. Häufig reagiert man bei der ersten Begegnung rein optisch auf eine in einem Blick erfassbare Komposition, welche auch durch den ebenso unkomplizierten Umgang mit Farbe und Form hervorsticht. Das Klare und Deutliche seiner Bilder scheint auch darauf hinzudeuten, dass er als Betrachter weniger den Spezialisten sucht, sondern – was heute nur wenige Künstler tun – lieber quer über alle Generationen- und Klassengrenzen hinweg kommuniziert. Seine Verwendung von Schwarz als Hintergrundfarbe in praktisch allen seinen Bildern unterstreicht noch die Wirkung, dass seine Farben und Formen sich plastisch vom Hintergrund abzuheben scheinen. Und erst nachdem dieser erste Eindruck völliger Klarheit verblasst ist, realisiert man, dass man das Bild genauer betrachten muss. Die höchst ungewöhnliche Wahl der Materialien und ihre Verwendung liefern dabei die Parameter für eine tiefer greifende Auseinandersetzung.

Zweifellos ist Tomaselli ein Künstler, der volksnah bleiben will und sich deshalb einer möglichst verständlichen Bildsprache bedient, aber gleichzeitig ist er auch ein genuiner Vertreter der Assemblage, einer, der Formen nicht neu erfinden will, sondern sie lieber mühsam aus bereits vorhandenen Elementen zusammensetzt. Er gilt allgemein als Maler im herkömmlichen Sinn, es fällt jedoch schwer, die traditionellen Vorstellungen künstlerischer Praxis mit Tomasellis aufwändiger Methode der Formentwicklung in Einklang zu bringen, denn gewöhnlich sind die Elemente, die seine Bilder bevölkern, nicht gemalt. Seine Arbeiten entstehen vielmehr in einem ausgeklügelten, aufwändigen Prozess, in dessen Verlauf hunderte (manchmal tausende) einzelner Elemente auf der Bildfläche angeordnet und dann mit einer geeigneten Mischung aus Acryl und Kunstharz an ihrem Platz fixiert werden. Vielleicht sind diese Arbeiten eher der Collage oder der Holzintarsientechnik verwandt als der Malerei im herkömmlichen Sinn, aber Tomasellis Verbindung von flüchtigen mit äusserst haltbaren Materialien – einschliesslich der jeweils robusten Fassung aus Holz – verleiht ihnen eine dauerhafte physische Präsenz.

Das Eingebettetsein scheint die materielle Grundvoraussetzung für Fred Tomasellis Bilder zu sein. Die geschwungenen Linien, die zu einem anmutigen Spiel der Farben und Texturen zusammenfinden, wären undenkbar ohne die physisch erfahrbare Tiefe des Bildes, die den Myriaden einzelner Elemente in jedem Bild erlaubt zu schweben in diesem Material, das man unbewusst als bernsteinartig empfindet, weil darin alles sichtbar ist, aber nicht berührt werden kann. Im transparenten Griff dieser bindenden Kräfte ähneln die einzelnen Elemente nichts so sehr wie den winzigen Schätzen eines besonders leidenschaftlichen Sammlers kleiner Naturwunder, der dem Impuls nicht widerstehen kann, den unendlichen Reichtum der Natur in einer Art bewusstem ikonographischem Overkill noch einmal abzubilden. Tomasellis Hang, unbelebte Formen in erstarrter Transparenz einzuschliessen, ist jedoch auch eine direkte Referenz an die Methoden, die die Natur selbst verwendet, um Formen über längere Zeit zu bewahren; deshalb fühlt man sich unweigerlich an in Fels gepresste Fossilien oder in Gletschern erstarrte Lebewesen erinnert, die dort jahrhundertelang ungestört ruhen.

Schon aufgrund der Wahl seiner Themen ist Fred Tomaselli leicht als jüngerer Vertreter eines Zweiges der amerikanischen Malerei identifizierbar, der sich lange mit Inbrunst den kühnsten Vorstössen geographischer und spiritueller Forschung widmete. In Kalifornien geboren und aufgewachsen entwickelte Tomaselli seine Kunst zu einem guten Teil aus dem postadoleszenten Drang heraus, kosmische Bedeutungen aus der unmittelbaren Naturerfahrung abzuleiten. In einem gewissen Sinn funktionieren alle seine Werke als Landschaften, aber ein früher surrealistischer Einfluss lenkte seine Beobachtungsgabe weg vom Wunsch nach objektiver Landschaftsbeschreibung und brachte ihn dazu, die Erfahrung selbst Teil der Landschaft zu sein mit den Mitteln der Malerei zu rekonstruieren. Diese Problemstellung unterscheidet sich nicht wesentlich von derjenigen, der sich künstlerische Aussenseiter wie Gordon Onslow Ford und Lee Mullican gegenübersahen, zwei Surrealisten der Wüstenlandschaft, die von den späten 30er Jahren bis Ende der 50er Jahre André Bretons Vermächtnis in jenes phantasmagorische Reich hineintrugen, das die Pionierin Georgia O'Keeffe schon in den 20er Jahren bearbeitet hatte. Durch ihre Versuche, die starken Eindrücke der

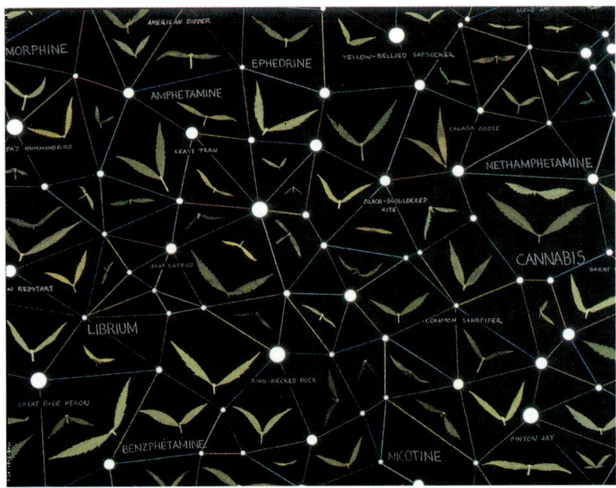

FRED TOMASELLI, ALL THE BIRDS I CAN REMEMBER SEEING,
ALL THE DRUGS I CAN REMEMBER TAKING, 1995, pills, leaves,
Prismacolor pencil, acrylic, and resin on wood panel, 54 x 72" /
ALLE VÖGEL, DIE ICH MICH ERINNERE GESEHEN ZU HABEN,
ALLE DROGEN, DIE ICH MICH ERINNERE EINGENOMMEN ZU
HABEN, Pillen, Blätter, Prismacolor-Farbstift, Acryl und Harz auf
Holzpaneel, 137,2 x 182,9 cm. (PHOTO: JOHN BERENS)

Wüste in fassbarer künstlerischer Form festzuhalten,
schufen sie neue Formen der Abstraktion, welche die
Bildsprache des Primitivismus mit kompliziert ge-
musterten, grell leuchtenden Farbfeldern verband.
Ähnlich signalisiert auch Tomasellis Appropriation
der Landschaft des Südwestens, die in unterschied-
lichster Form als Referenzpunkt auftritt, ein Bedürfnis, Vertrautes auf völlig überraschende Weise darzustellen.

Bei den meisten von Tomasellis bekannteren Werken erkennt man sofort, dass sie aus der direkten Naturerfahrung heraus entstanden sind. Allerdings lassen sich einige seiner Bilder aus den frühen 90er Jahren wohl zutreffender als Erinnerungslandschaften
bezeichnen, in denen er versucht Erlebnisse wie
Rockkonzerte oder Erfahrungen mit Psychodrogen
in Form einer kosmischen Karte wiederzugeben, wobei er scheinbar voneinander unabhängige Ereignisse und Substanzen zu einer himmlischen Namens-
vielfalt verbindet. Diese Arbeiten mögen zunächst
ohne Bezug zu den leichter durchschaubaren Land-

schaftsbildern erscheinen, abgesehen von der Tatsache, dass sie Tomasellis eigentliches Thema weiter
ausführen: die Erfahrung individuellen Bewusst-
seins, egal, ob verifizierbar oder nicht. Zudem hat
Tomaselli diese Arbeiten als Himmelskarten gestaltet, so dass der Akt des am Nachthimmel nach erkennbaren Punkten Suchens zur Metapher für eine
spirituelle Selbsterfahrungsreise wird. Diese Beto-
nung der Subjektivität wirft ebenfalls ein Licht darauf, in welchem Grad auch seine späteren Bilder,
selbst wenn sie leicht zu entziffern sind, unter dem
Imperativ stehen, Natur nicht darzustellen, wie sie
ist, sondern so, wie sie zu sein scheint.

Einer der sich zuverlässig durch Tomasellis Kunst
hindurchziehenden Aspekte ist der tatsächliche Einbezug von Drogen entweder im verwendeten Material oder im Bild selbst. In vielen Arbeiten aus den
mittleren 90er Jahren geschah das jeweils in Form einer Ansammlung von Marihuanablättern, so angeordnet, dass sie alles Mögliche andeuten, von Hirn-
strömen bis zu Vogelschwärmen. Genauso häufig
taucht bis heute regelmässig eine verblüffende Vielfalt pharmazeutischer Drogen auf, die ebenso ihrer
Grösse und Farbe wie ihrer medizinischen Eigenschaften wegen zum Einsatz kommen. Diese Pillen
und Kapseln, die im Allgemeinen so angeordnet
sind, dass sie schwungvolle Bögen oder dichte Form-
haufen bilden, unterstreichen jedoch auch die direkte Verbindung zwischen dem Geisteszustand des
Betrachters und der Landschaftserfahrung. Und obwohl die Hinweise auf Haschisch und Pillen auf den
ersten Blick den Gebrauch bewusstseinsverändernder Substanzen zur Entspannung zu propagieren
scheinen, haben sie auch einen unschuldigeren Aspekt, nämlich: den Betrachter daran zu erinnern,
dass das einzige Hindernis zwischen ihm und einer
transzendentalen Naturerfahrung sein eigener Be-
wusstseinszustand ist. Wir spähen buchstäblich durch
unser eigenes Bewusstsein hindurch, um die Natur
ausserhalb unserer selbst wahrzunehmen, und je besser wir die Rolle dieses Filterungsvorgangs verstehen,
desto reicher wird unser Austausch mit der Natur.
Man kann sogar noch einen Schritt weiter gehen
und sagen, dass, weil ja der Ruf nach der Natur im
Grunde Ausdruck des Wunsches nach einer bewusstseinsverändernden Erfahrung sei, das Ziel sich mit

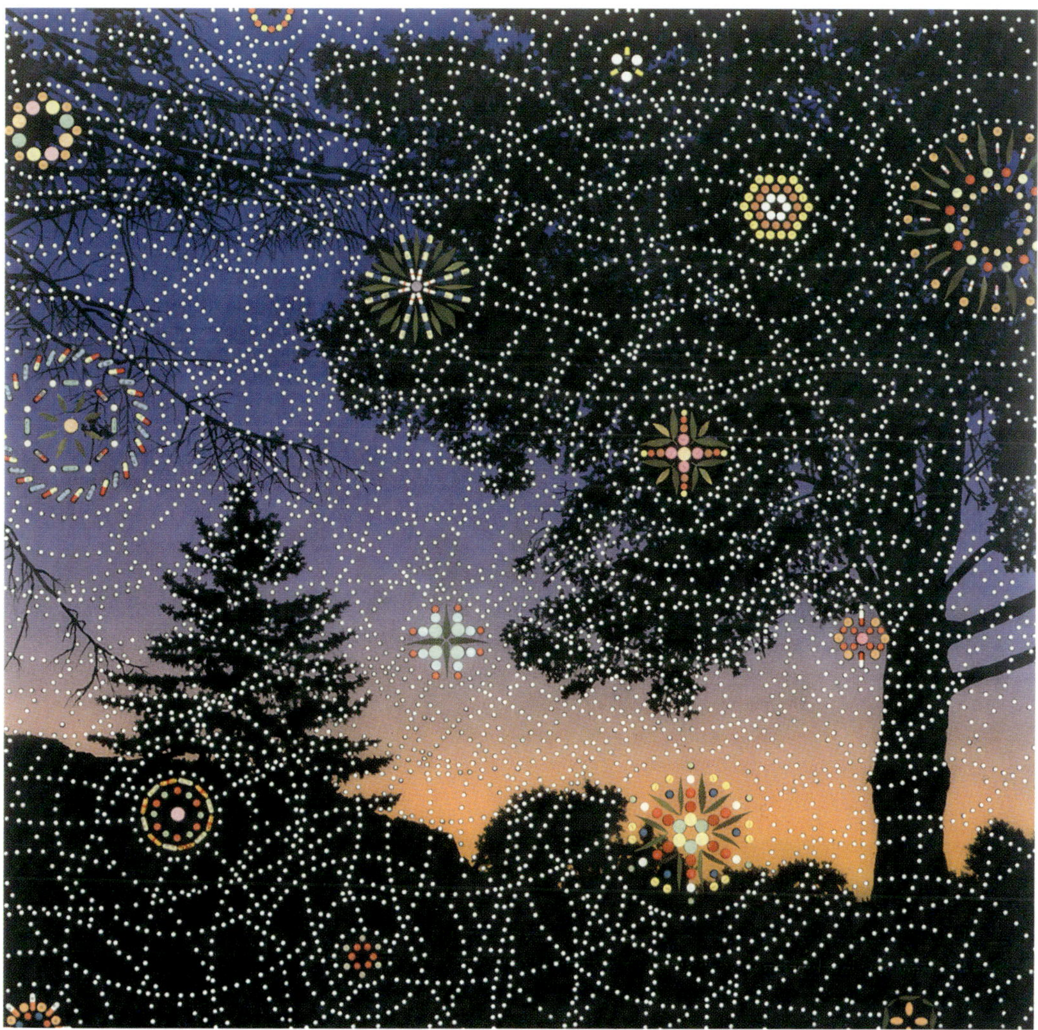

seiner natürlichen Umgebung eins zu fühlen, selbst eine Art geistiges Konstrukt sei, das zu seiner Realisierung tatsächlich weder Drogen noch Landschaften benötigt.

Dank seiner Fähigkeit, gleichzeitig unsere Erwartungen gegenüber der Landschaft und gegenüber der Abstraktion zu verändern, gehört Fred Tomaselli zur ersten Garde zeitgenössischer Maler. Insofern als seine Arbeit bewusst die Verwirrung und Angst hinsichtlich unserer Rolle innerhalb der Natur aufgreift, scheint sie einen besonders schwierigen Aspekt unserer Zeit anzusprechen. Deutet unser Hang, Wahrnehmungen in Begriffe zu fassen und die erhabensten Momente gewohnheitsmässig in Sprache zu verwandeln, vielleicht darauf hin, dass wir uns weiter von unseren Ursprüngen entfernt haben, als wir annehmen, oder dass wir uns nach wie vor innerhalb derselben natürlichen Ordnung bewegen, der wir mit unserem scheinbar so unbeugsamen Willen wiederholt zu entkommen beziehungsweise die wir zu beherrschen versucht haben? Indem Tomaselli solche Fragen stellt, nicht um sie zu beantworten, sondern um durch das Fragen selbst voranzukommen, geht er ganz direkt und unerschrocken unseren tiefsten spirituellen Sehnsüchten auf den Grund. Es ist, als wisse er, dass ein Bild nichts anderes ist, als ein Ersatz für jenen Nachthimmel, unter dem er als Kind stand, erfüllt von Staunen über das unerklärliche Wunder der Wahrnehmung.

(Übersetzung: Suzanne Schmidt)

TRANSCENDENCE IS POP

JAMES RONDEAU

Over the course of the last ten years, Fred Tomaselli has established an international reputation for his meticulously crafted, richly detailed, deliriously beautiful works of both abstract and figurative art. His signature pieces are compelling, hybrid objects: *ersatz,* or maybe surrogate paintings, or tapestries, or quilts, or mosaics. Their various components—both over-the-counter and controlled pharmaceuticals, street drugs, natural psychotropic substances and other organic matter, collaged elements from printed sources, and hand-painted ornament—are all suspended in gleaming layers of clear, polished, hard resin. Forms implode, explode, oscillate, buzz, loop, swirl, and spiral. Actual objects, photographic representations, and painted surfaces co-exist without hierarchy on and in a single picture plane. The combined effect, neither determinably real nor fully illusionistic, is at once electrifying and destabilizing.

At their best, these works are over-the-top decorative pile-ups—giddy, decadent, at times even embarrassing in their shameless embrace of once-taboo pleasures. Tomaselli's keen exploitation of the beautiful, however, is largely self-conscious and deeply critical. A formally intuitive artist, he is also an intelligent, intensely literate, articulate, and confident thinker whose knowledge, derived from multi-faceted experiences outside of the art world, is actual rather than theoretical. Considered together, Tomaselli's work can be understood as an extended meditation on artificial or hyper-mediated realities including,

JAMES RONDEAU is a curator of modern and contemporary art at The Art Institute of Chicago.

but by no means limited to, conditions associated with drug culture. Seemingly designed for the saturated, jaded spectator in all of us, his Op-inspired, potently visceral works respond to and satisfy a gluttonous, over-stimulated visual appetite. In his process, Tomaselli implicitly acknowledges that, as viewers, we require an exaggeration of the ocular, a hyperbole of the natural, and the short-cut shock of excess in order to gain access to notions of the sublime. The basic ingredients required to achieve such effects are, of course, readily available in the culture at large; they require only the assignation of use value, re-arrangement, and presentation. Tomaselli's work forces us to simply acknowledge that Transcendence is now Pop—or, at the very least, that all of the attendant signifiers of transcendence are now circumscribed by pop cultural idioms.

His explorations center around man's relationship to nature—at times depicted in archetypal forms or scenes, at other times suggested through materials, color, and pattern. With this overarching thematic concern, Tomaselli is very much connected to both the romance and weirdness of particular aspects of American artistic, literary, and philosophical history. Henry David Thoreau, Ralph Waldo Emerson, and other thinkers now associated with nineteenth-century American Transcendentalism argued for an approach to spirituality and personal transformation that was intimately connected to an immersion, whether communal or individual, in nature. Representational practices—most notably, the genre of landscape painting as defined by the Hudson River School artists, or, later, the Luminists—ad-

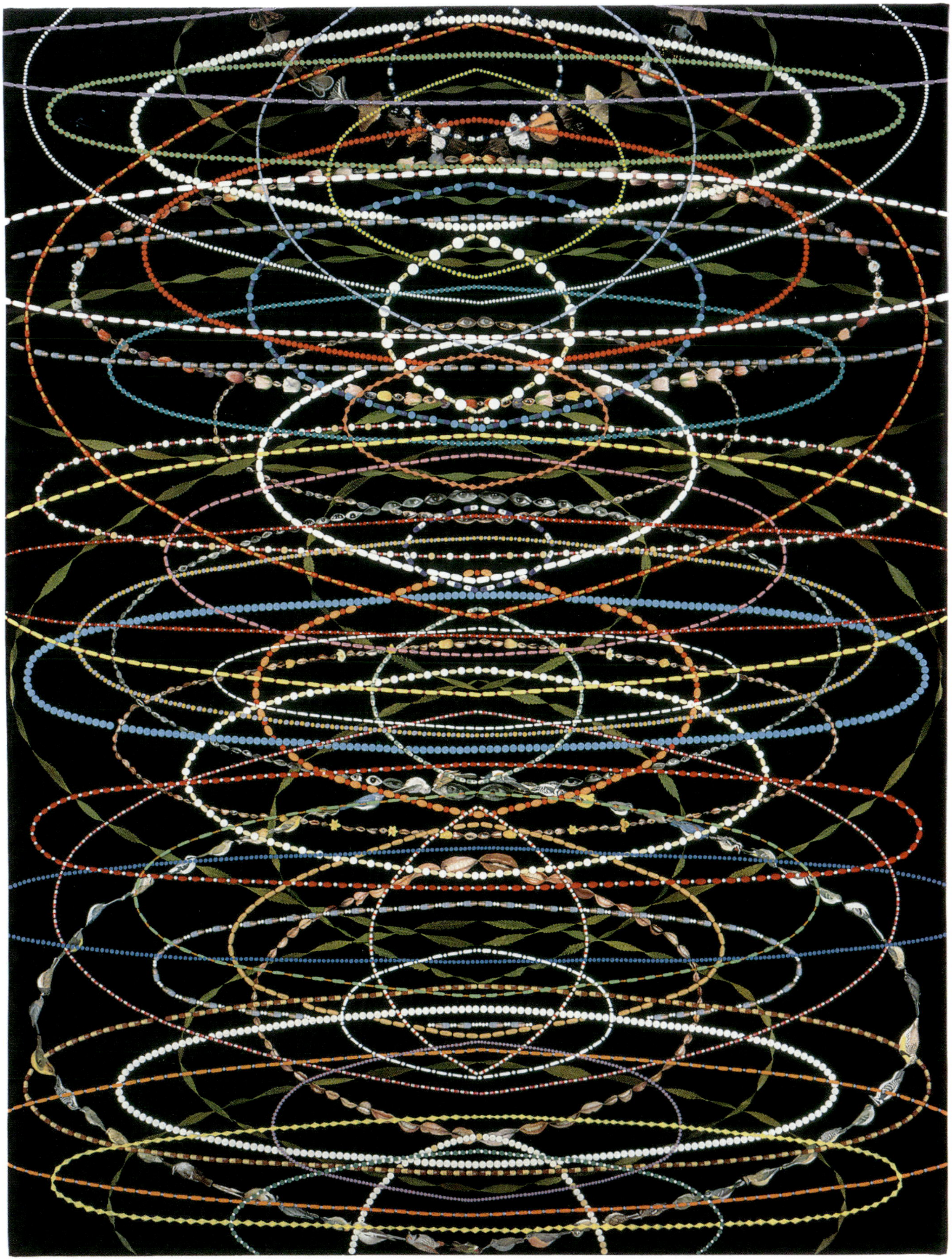

FRED TOMASELLI, ECHOLOCATION, 1998, pills, leaves, photocollage, acrylic, and resin on wood panel, 72 x 54" /
ECHOLOTUNG, Pillen, Blätter, Photocollage, Acryl und Harz auf Holzpaneel, 182,9 x 137,2 cm. (PHOTO: ERMA ESTWICK)

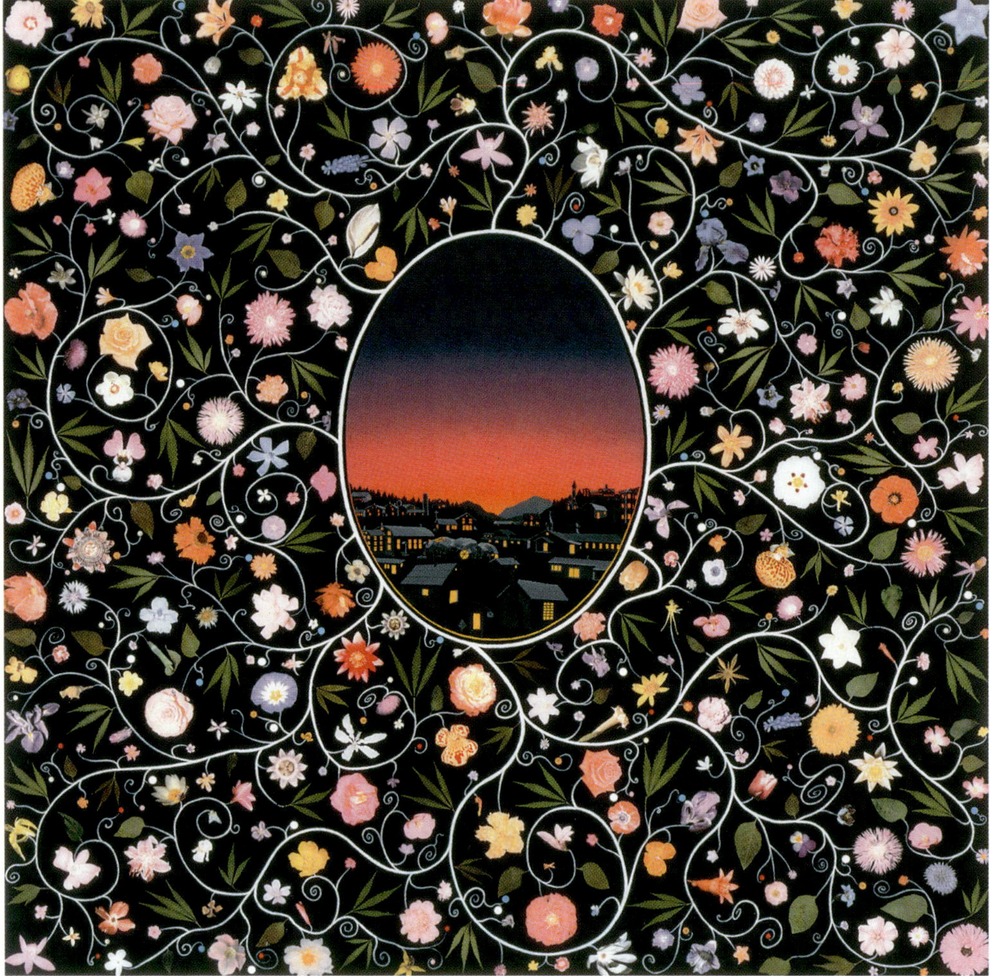

vanced this thinking and posited a portable, ultimately collectible, version of the same experience. Their pictorial essays, at once symbolic and veristic, grandiose and humble, aimed to reveal and create spiritual correspondences.

Fred Tomaselli has followed the same course. His ambition to stage a discourse around questions of nature vs. culture closely parallels that of his literary and artistic predecessors—their admired ranks including, for Tomaselli, both well-known figures and oddball outsiders. The results of his engagement with the subject, however, are unique, simply because the quality and experience of the American landscape has changed so very radically. Any naïve pre-industrial faith in utopian idylls has been emphatically precluded. The emblematic vision of our land—and with it, our collective center of cultural gravity—has moved from the east to the far west, from the green New England woods outside Concord to the suburban desert sprawl of southern California. The preserve of the real Walden Pond, recently the target of residential developers, is known in the twenty-first century as a celebrated cause for benefit concerts organized by Hollywood environmentalists, as well as the namesake for other, unopposed condominium developments from Westchester to Orange Counties. Today people who choose to leave society to live alone in the woods for ideological reasons are likely to be regarded as frightening or dangerous. Like many members of his generation, Tomaselli was raised with an ineluctable understanding not only of our changing perception of the natural landscape but also of the resultant, synthetic alterations in art and aesthetics across a wide, high/low spectrum of contemporary American life.

The artist has said, "I grew up in California, so near Disneyland that I could sit on my roof and watch Tinkerbell fly from a fabricated Swiss Mountain through the night sky amid bursting fireworks. Artificial, immersive theme park reality was such a normal part of my everyday life that when I saw my first natural waterfall I couldn't believe it didn't involve plumbing or electricity. My confusion over what was nature and what was culture—the smearing of the boundaries between the authentic and the artificial—was further compounded by my immersion in seventies stoner culture."[1] In spite of the potentially bleak ramifications of this quasi-revelation, Fred Tomaselli remains sincere, wryly optimistic, and remarkably uncynical in his approach to art and life experiences. Importantly, his work is not a lament for some vague, lost, romantic communion. Rather, it is an affirmative response to an essential, inherited disillusionment. Tomaselli grew up in a world —regardless of proximity to Disneyland—in which any experience of nature, aesthetics, or, by extension, art was mediated by artifice, conditioned by low expectations, or, if needed, chemically enhanced in order to create meaning.

Around 1985, Tomaselli—a post-punk, recently graduated art student, habitué of the L.A. underground music scene, and former recreational drug user—moved to New York and, almost inevitably, recognized the metaphoric connection between drug consumption and painting. Struck by a rhetoric common to both art and the drug culture—particularly with regard to a shared need for escapism, altered consciousness, pleasure, beauty, desire, and seduction—Tomaselli drew upon the full range of his previous experiences and embarked upon a serious exploration of the allegorical relationship between art and drugs. On the trajectory of his artistic development, Tomaselli recalls, "... My [installation] work kept getting flatter and flatter, and I started thinking about the pre-modernist ideal of painting as a window into an alternate reality. I started seeing lots of comparisons between utopian aspects of art and the utopian counter-culture and also seeing the dystopic

side as well... It's important to remember that I entered the art world as it was imploding into post-modernism and I was coming into the counter culture as it was collapsing into disco and cocaine. There was all this failure and loss of idealism and I was interested in digging through the rubble to see if there was anything worth saving."[2]

As Tomaselli explored New York City (or, more precisely, a still-rough Williamsburg, Brooklyn) in the mid-eighties, he met a ravaged cultural and political landscape and an art world dominated by a declining East Village scene, a nascent academic post-structuralism, and burgeoning albeit short-lived interest in neo-expressionist painting. The artist made his first work incorporating drugs in 1989; the primary point of reference was not, as is widely assumed, his own ecstatic post-hippie salad days in southern California. In fact, the immediate frame was darker, more dystopic, and scary. Speaking of this time, Tomaselli has frequently admitted his acceptance of a beauty riven with infection, pathology, pain, pollution. "It [the use of drugs in paintings] came out of my life experience [at that time]. My friends were dying of AIDS and taking masses of pills ... at the time I started making this work drugs had morphed from agents of enlightenment and pleasure to tools of survival. There was the rubble ... of Studio 54 while the terror ... of the crack epidemic raged through a crime-ridden city ... That's sort of what got me into doing it."[3] The promises of sixties counterculture and the romantic associations of drug consumption with personal exploration, mind expansion, and other utopian pursuits were distant, faded clichés—to be either abandoned, or resurrected in a new context. Tomaselli chose the latter and painting provided the vehicle for the attempt.

The language of the sublime has been attached to painting in Europe since the eighteenth century, and took on a particular American cadence in the nineteenth century. In a more immediate context, the flowering of Abstract Expressionist painting in the forties and fifties gave abstract painting a spiritually advanced standing. The notion of the abstract sublime has dogged conversations about painting, with skeptics and believers alike, ever since. Tomaselli's work with drugs simply offers to substitute the idea of a psy-

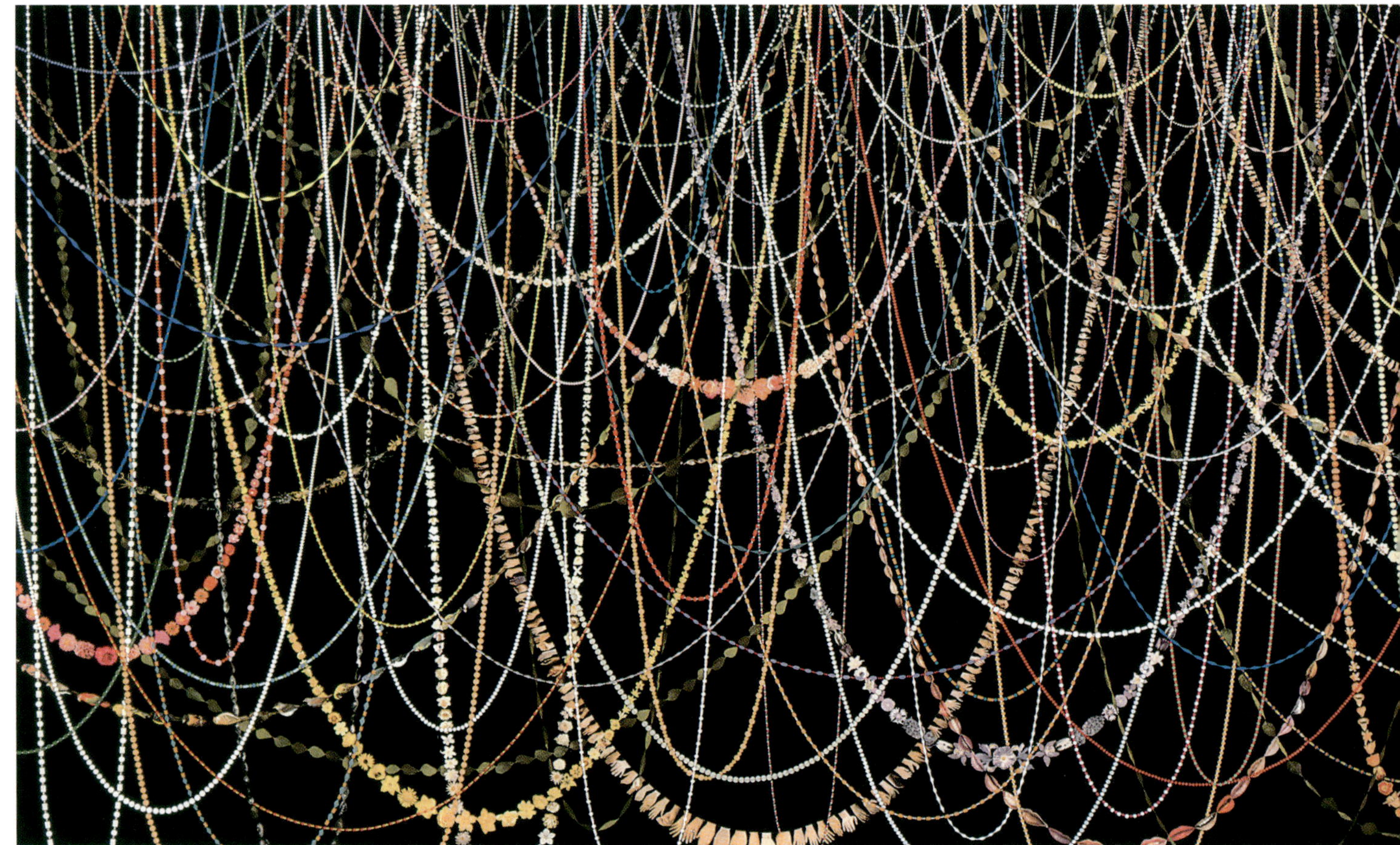

chotropic trip for the old-fashioned transcendental lift. As critic Peter Schjeldahl has stated, Tomaselli's work offers a "cartoonish vicariousness, a travesty of mythical rapture..."[4] Or as the artist himself has said, the works posit a "notion of reality modification inherent to the best drugs and the best art."[5]

The resulting works, however, were never intended as hip in-jokes or sardonic incentives to drug use; simply put, they contain drugs but are not about drugs. Tomaselli himself stopped ingesting psychedelics in 1980, nearly a full decade before reaching his mature statement as an artist. The various materials contained within his intensely decorative compositions are, after all, hermetically sealed—petrified like an archaeological find under durable layers of resin, visually present but totally inaccessible, if not destroyed. The artist offers these controlled substances as artifacts for purposes of retinal, not chemical, stimulation. To literally consume the painting would, indeed be foolishly anachronistic, or lethal, or both.

A broad, unavoidable irony notwithstanding, Tomaselli's early recognition as an artist also had an inevitably sensational aspect, connected as it was to 'the drug thing'. Although the effect was a dazzling, instantly recognizable style, the anxiety of the gimmick hung over some early criticism. (Peter Schjeldahl, in the same Village Voice review quoted earlier, perfunctorily writes, "Tomaselli is the guy who puts drugs in his paintings..."[6] And yet, the drug ques-

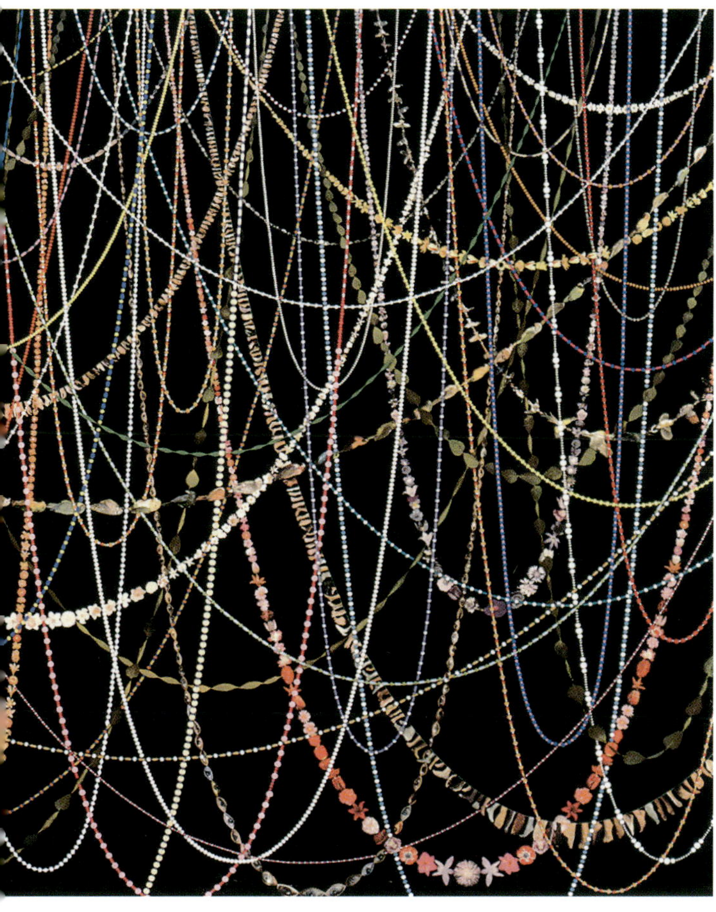

boldo, Dalí)—have overtaken, or over-written drugs as the constituent elements of the work. As objects productive of visionary, epiphanic wonder, they are as trippy as they have ever been. The bio-chemical metaphors are still applicable: Tomaselli's works continue to function as self-contained, self-sustaining nervous systems—anxious, wired, high-keyed, pulsing, freaked. Synapses of painterly form and collaged stimulants connect to other, myriad forms of cultural information. In fact, with the absence of drugs, the paintings evidence a new degree of confidence, freedom, and experimentation. In short, we are compelled to discard reductive formulations based upon biography or manufactured scandal and to recognize Tomaselli in broadly art historical terms as an eminently convincing craftsman and innovative artist.

To be sure, Tomaselli is indebted to a range of art historical sources, eastern and western, ancient and modern, decorative and fine. He can be imagined as much a contemporary disciple of the great conceptual innovator, Sol LeWitt, as he can be regarded a visionary folk artist of sorts. His work, although intellectual and serialized, also finds its meaning in the ways it is made. "My work starts out as a blank thing, a piece of wood, and through thousands and thousands of little micro-moves, this thing builds itself up like an organism out of cells."[7] One can imagine that simple incidents and complex accretions, organic and mechanical gestures—themselves sources of endless hybridity—ultimately offer Fred Tomaselli the most rewarding, generative potential.

tion, and its attendant issues of style and content, has always been something of a blind alley in terms of the critical reception of Tomaselli's art. As 2003 begins, he is preparing a body of work for his next major exhibition in which drugs are hardly present. In fact, most of them are, to borrow a phrase, "drug-free." The contraband may have evaporated, but the themes, the processes and subjects are completely consistent with the roots of the artist's project. In the last several years, a diverse range of sources—including printed, field-guide images (colorful bugs, butterflies, birds); pop culture clippings (smiling lips, shiny white teeth, and wide open eyes); journalistic allusions (the Una-bomber, Waco, and Ruby Ridge); and quotations from art history (Masaccio, Arcim-

1) In: James Rondeau, "Interview with Fred Tomaselli" in *Fred Tomaselli*, (Berlin: Galerie Gebauer, 1999), n.p.
2) Tomaselli in conversation with Chris Martin, *The Brooklyn Rail*, Winter 2003, p. 15.
3) Ibid.
4) Peter Schjeldahl "Street Value," *The Village Voice*, May 6, 1997, p. 97.
5) Tomaselli, in conversation with the author, 1999.
6) Schjeldahl, op. cit.
7) "Interview" in *The Heavenly Tree Grows Downward: Selected Works by Harry Smith, Philip Taaffe, Fred Tomaselli* (New York: James Cohan Gallery, 2002), p. 65.

TRANSZENDENZ ALS POP

JAMES RONDEAU

Mit seinen handwerklich perfekten, bis ins letzte Detail ausgearbeiteten, atemberaubend schönen abstrakten wie auch figurativen Arbeiten fand Fred Tomaselli im Lauf des letzten Jahrzehnts internationale Beachtung. Die Werke, die ihn berühmt machten, sind faszinierende, hybride Objekte: eine Art Ersatz- oder Surrogat-Bilder, -Tapisserien, -Quilts oder -Mosaike. Ihre diversen Bestandteile – rezeptfreie oder rezeptpflichtige Medikamente, auf der Strasse gekaufte Drogen, natürliche Psychopharmaka und andere organische Substanzen, Collage-Elemente aus Magazinen und handgemalte Ornamente – sind in glänzende Schichten aus klarem, poliertem Harz eingebettet. Formen implodieren, explodieren, oszillieren, vibrieren, legen sich in Schleifen, bilden Wirbel und Spiralen. Konkrete Gegenstände, photographische Abbildungen und gemalte Flächen koexistieren gleichberechtigt in und auf derselben Bildebene. Der Gesamteindruck – weder eindeutig realistisch noch wirklich illusionistisch – ist elektrisierend und verstörend zugleich.

Diese Arbeiten sind ein absurdes, dekoratives Durcheinander im besten Sinn: übermütig, dekadent und manchmal sogar peinlich, da sie schamlos in Vergnügungen schwelgen, die einmal tabu waren. Doch Tomasellis geschickte Ausbeutung des Schönen geschieht sehr bewusst und zutiefst kritisch. Der formal intuitive Künstler ist gleichzeitig ein scharfsinniger, literarisch gebildeter, verbal versierter und selbstsicherer Denker, der sein Wissen ausserhalb

der Kunstwelt gesammelten Erfahrungen verdankt, ein Wissen, das eher konkret denn theoretisch ist. Insgesamt kann man Tomasellis Kunst als erweiterte Meditation über künstliche oder übersinnlich vermittelte Wirklichkeiten betrachten, zu denen auch Zustände gehören, die wir mit Drogenkonsum assoziieren, aber eben nicht nur. Seine von der Op-Art inspirierten, aus dem Bauch heraus geschaffenen Werke, die anscheinend den übersättigten und blasierten Betrachter in uns ansprechen wollen, bestätigen und befriedigen einen masslos überreizten visuellen Appetit. Implizit bestätigt Tomaselli durch dieses Verfahren auch, dass wir als Betrachter eine Übertreibung des Visuellen wollen, eine Hyperbel des Natürlichen, den kurzen Schock des Exzessiven, um Zugang zu etwas Erhabenem zu gewinnen. Die für solche Effekte benötigten Ingredienzen sind natürlich in unserer Kultur leicht aufzutreiben, man muss sie nur umfunktionieren, neu anordnen und präsentieren. Tomasellis Werk zwingt uns zu dem Eingeständnis, dass Transzendenz inzwischen zu einem Pop-Phänomen geworden ist oder zumindest, dass alles, was auf Transzendenz hindeutet, inzwischen in der Sprache der Popkultur umschrieben wird.

Im Mittelpunkt von Tomasellis Erkundungen steht das Verhältnis von Mensch und Natur, das mal in archetypischen Formen oder Szenen, mal durch Materialien, Farben und Muster dargestellt wird. Dieses dominierende thematische Interesse rückt Tomaselli in die Nähe des Romantischen und Merkwürdigen eines Zweigs der amerikanischen Kunst-, Literatur- und Philosophiegeschichte. Henry David

JAMES RONDEAU ist Kurator für moderne und zeitgenössische Kunst am Art Institute of Chicago.

FRED TOMASELLI, BLACK AND WHITE ALLOVER, 1993, pills, acrylic, and resin on wood panel, 48 x 48" / DURCHGEHEND SCHWARZWEISS, Pillen, Acryl und Harz auf Holzpaneel, 122 x 122 cm. (PHOTO: JOHN BERENS)

Thoreau, Ralph Waldo Emerson und weitere Denker, die dem amerikanischen Transzendentalismus des neunzehnten Jahrhunderts zugeordnet werden, forderten eine Spiritualität und Erneuerung des Individuums, die durch gemeinsame oder individuelle Versenkung in die Natur erfolgen sollte. Bestimmte künstlerische Strömungen – vor allem im Genre der Landschaftsmalerei, wie sie von den Künstlern der Hudson-Schule oder später von den Luministen definiert wurde – haben diesen Gedanken weiterentwickelt und behauptet, diese Erfahrung festzuhalten, ja letztlich sammelbar zu machen. Ihre gleichzeitig symbolischen und veristischen, grossartigen und bescheidenen Essays zur Malerei wollten spirituelle Entsprechungen aufdecken und herstellen.

Fred Tomaselli verfolgte dasselbe Ziel. Sein Ehrgeiz, um das Thema «Natur versus Kultur» einen Diskurs zu entwickeln, ähnelt dem seiner literarischen und künstlerischen Vorgänger, in deren illustren Reihen für Tomaselli bekannte Persönlichkeiten und exzentrische Aussenseiter gleichermassen figurieren. Seine Auseinandersetzung mit diesem Gegenstand zeitigte jedoch ganz besondere Ergebnisse, weil sich Charakter und Wahrnehmung der amerikanischen Landschaft inzwischen grundlegend verändert haben. Jeder naive, vorindustrielle Glaube an utopische Idyllen ist bewusst ausgemerzt. Die symbolische Vision unseres Landes – und damit auch unser gemeinsames kulturelles Gravitationszentrum – hat sich vom Osten in den fernen Westen verlagert, von den grünen Wäldern Neuenglands ausserhalb von Concord zu den bis in die Wüste hineinwuchernden Vorstadtsiedlungen Südkaliforniens. Das Naturschutzgebiet des Waldensees – vor kurzem ins Visier einer Baugesellschaft geraten – wurde im einundzwanzigsten Jahrhundert als Anlass für Benefizkon-

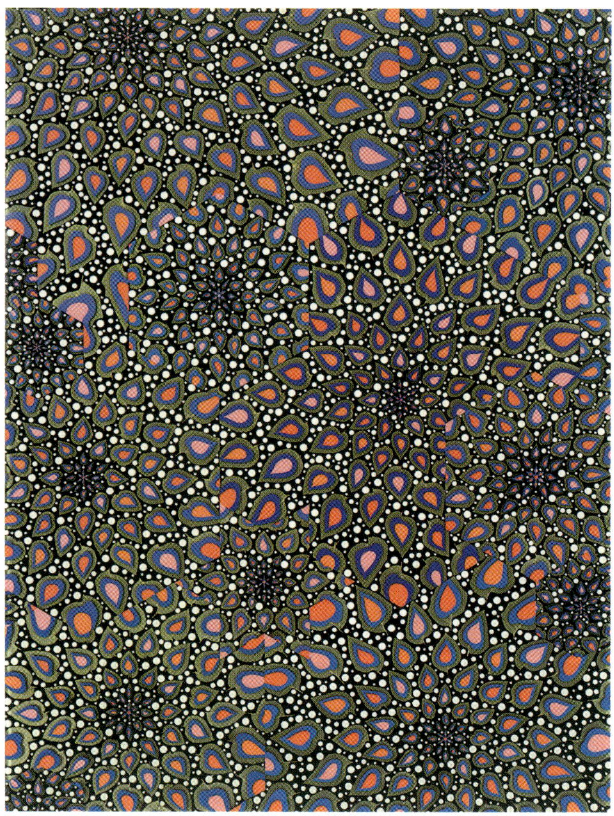

FRED TOMASELLI, UNTITLED (DATURA), 1999, leaves, pills,
acrylic, and resin on wood panel, 72 x 54" /
OHNE TITEL (STECHAPFEL), Blätter, Pillen, Acryl und Harz auf
Holzpaneel, 182,9 x 137,2. (PHOTO: ERMA ESTWICK)

Landschaft aufgewachsen, er kannte auch die daraus resultierenden synthetischen Veränderungen von Kunst und Ästhetik quer durch ein breites, alle Stufen umfassendes Spektrum zeitgenössischen Lebens in Amerika.

Der Künstler meinte: «Ich bin in Kalifornien aufgewachsen, in unmittelbarer Nähe von Disneyland: Ich konnte auf meinem Dach sitzend zuschauen, wie die Fee Tinkerbell inmitten krachender Feuerwerkskörper von einem künstlichen Schweizer Berg aus durch die Nacht segelte. Die unwiderstehliche künstliche Realität des Freizeitparks war so sehr Teil meines Alltags, dass ich mir angesichts eines natürlichen Wasserfalls nicht vorstellen konnte, dass er ohne Rohre oder Elektrizität auskommen könnte. Meine Unfähigkeit zwischen Natur und Kultur zu unterscheiden – die Verwischung der Grenzen zwischen Echtem und Künstlichem – verstärkte sich noch, als ich in die Kifferkultur der 70er Jahre eintauchte.»[1] Trotz der potenziell ziemlich trostlosen Konsequenzen dieser traurigen Wahrheit hat sich Fred Tomaselli seine Aufrichtigkeit wie auch seinen ironischen Optimismus und eine erstaunlich unzynische Haltung der Kunst und dem Leben gegenüber bewahrt. Wichtig ist, dass sein Werk keineswegs den Verlust einer vagen romantischen Naturverbundenheit beklagt. Es ist vielmehr eine positive Antwort auf eine ererbte grundlegende Desillusionierung. Tomaselli ist in einer Welt aufgewachsen, in der – ganz abgesehen von der Nähe zu Disneyland – jede Naturerfahrung, jedes ästhetische Erlebnis und im weiteren Sinn auch jede Kunsterfahrung künstlich vermittelt war; es waren von vornherein keine grossen Erwartungen damit verknüpft und bei Bedarf wurde chemisch nachgeholfen, um so etwas wie Bedeutung zu erzeugen.

Tomaselli, Post-Punk und graduierter Kunststudent, Kenner des musikalischen Undergrounds von L.A. und experimentierfreudiger Ex-Drogenkonsument, zog um 1985 nach New York und musste deshalb fast zwangsläufig die metaphorische Verbindung zwischen Drogen und Malerei entdecken. Da ihn die gemeinsame Rhetorik der Kunst- und Drogenszene verblüffte – vor allem auch gemeinsame Reizworte wie Eskapismus, Bewusstseinsveränderung, Lust, Schönheit, Begierde, Verführung –, aktivierte

zerte der Naturschützer Hollywoods bekannt und gleichzeitig auch als namhaftes Beispiel für andere, nicht verhinderte Eigenheimsiedlungen von Westchester bis Orange County. Gesellschaftliche Aussteiger, die sich aus ideologischen Gründen in die Wälder zurückziehen, werden heutzutage äusserst misstrauisch beobachtet, ja sogar als gefährlich eingestuft. Wie viele seiner Generation ist auch Tomaselli nicht nur mit dem selbstverständlichen Wissen um unsere veränderte Wahrnehmung der natürlichen

er die ganze Skala seiner früheren Erfahrungen
und erforschte mit grosser Ernsthaftigkeit die allegorische Beziehung zwischen Kunst und Drogen.
Tomaselli erinnert sich, dass im Verlauf seiner künstlerischen Entwicklung «meine Arbeiten [Installatio-
nen] immer flacher wurden. Ich fing an, über das
prämoderne Ideal der Malerei als Fenster auf eine
andere Wirklichkeit nachzudenken. Ich entdeckte
viele Gemeinsamkeiten zwischen den utopischen
Aspekten der Kunst und der utopischen Alternativ-
kultur, aber ich sah auch den Zusammenbruch der
Utopie… Man darf nicht vergessen, dass ich eine in
die Postmoderne implodierende Kunstszene und
eine in Discomusik und Kokain versinkende Alterna-
tivkultur vorfand. Mitten in all dem Scheitern und
dem Verlust von Idealen ging es mir darum, in den
Trümmern nach etwas zu graben, was sich zu retten
lohnte.»[2]

Als Tomaselli Mitte der 80er Jahre New York City
(genauer: ein noch sehr unwirtliches Williamsburg,
Brooklyn) erforschte, sah er sich einer kulturell und
politisch verwüsteten Landschaft und einer Kunstszene gegenüber, die von einem in Bedeutungslosig-
keit versinkenden East Village, einem aufkommen-
den akademischen Poststrukturalismus sowie einem
wenn auch nur kurzfristig aufflackernden Interesse
für neoexpressionistische Malerei dominiert wurde.
1989 schuf der Künstler das erste Werk, in welchem
er Pillen verarbeitete; entgegen der allgemeinen An-
nahme war die wichtigste Referenz nicht die eigene
Post-Hippie-Blütezeit in Südkalifornien. Vielmehr
war der unmittelbare Hintergrund wesentlich dunk-
ler, utopieloser und bedrohlicher. In Bezug auf diese
Zeit hat Tomaselli häufig sein Gefallen an einer von
Infektion, Krankheit, Schmerz und Korruption zer-
fressenen Schönheit zugegeben. «Sie [die Verwendung von Drogen in Bildern] entsprang meiner [da-
maligen] Lebenserfahrung. Meine Freunde starben
an AIDS und schluckten Unmengen von Pillen… Als
ich diese Arbeit in Angriff nahm, bedeuteten Drogen
nicht mehr Erleuchtung und Vergnügen, sondern
dienten nur noch dem Überleben. Da waren all diese
Trümmer… das Studio 54, während der Schrecken…
dieser Crack-Epidemie in einer vom Verbrechen
heimgesuchten Stadt wütete… Für mich war das der
Anstoss…»[3] Die Versprechungen der Alternativkul-

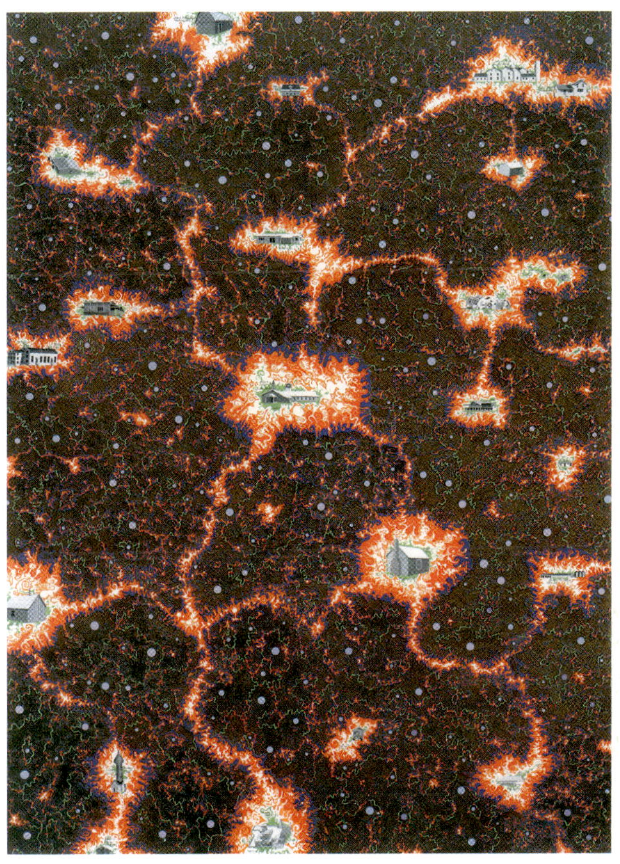

*FRED TOMASELLI, ESCAPE HATCH: SHACK, COMMUNE,
COMPOUND, 1998, crushed leaves, acrylic, and resin on wood
panel, 84 x 60" / FLUCHTLUKE: BARACKE, KOMMUNE,
VERBAND, zermalmte Blätter, Acryl und Harz auf Holzpaneel,
213,4 x 152,4 cm. (PHOTO: ERMA ESTWICK)*

tur der 60er Jahre und die romantische Verbindung
von Drogenkonsum mit persönlicher Sinnsuche, Be-
wusstseinserweiterung und anderen utopischen Zielen waren alte, längst verblasste Klischees – man musste sie entweder vergessen oder in einem neuen Kontext wieder zum Leben erwecken. Tomaselli ent-
schied sich für Letzteres und benützte die Malerei als
Vehikel dazu.

Der Begriff des Erhabenen war in Europa seit
dem achtzehnten Jahrhundert mit der Malerei ver-

knüpft und erhielt im neunzehnten dann eine spezifisch amerikanische Färbung. In einem unmittelbareren Zusammenhang schuf der Abstrakte Expressionismus der 40er und 50er Jahre eine spirituellere Ebene für die abstrakte Kunst. Seitdem ist der Begriff des abstrakten Erhabenen nicht mehr aus dem Kunstdiskurs wegzudenken, egal ob dieser von Skeptikern oder Anhängern geführt wird. Tomasellis Arbeiten mit Drogen sind ganz einfach ein Angebot, den altmodischen transzendenten Höhenflug durch einen psychotropischen Trip zu ersetzen. Wie der Kritiker Peter Schjeldahl bemerkte, sind Tomasellis Arbeiten ein «comicähnlicher Ersatz, eine Travestie mythischer Verzückung...».[4] Oder wie der Künstler selbst meint, postulieren die Arbeiten «einen Begriff von Realitätsveränderung, wie sie mit den besten Drogen und der besten Kunst einhergeht».[5]

Die daraus entstandenen Arbeiten sollten jedoch niemals Insider-Witze oder augenzwinkernde Aufforderungen zum Drogenkonsum sein; einfach ausgedrückt, sie enthalten zwar Drogen, handeln aber nicht von ihnen. Tomaselli selbst hörte mit dem Konsum bewusstseinsverändernder Substanzen schon 1980 auf, also ein volles Jahrzehnt bevor er als Künstler zur reifen Aussage gelangte. Die verschiedenen Materialien dieser äusserst dekorativen Kompositionen sind ja auch hermetisch versiegelt – wie archäologische Funde unter festen Harzschichten erstarrt, zwar sichtbar fürs Auge, aber völlig unerreichbar, wenn nicht zerstört. Der Künstler präsentiert diese kontrollierten Substanzen als Artefakte, die nicht chemisch, sondern über die Netzhaut stimulieren sollen. Würde man das Bild im wörtlichen Sinn konsumieren, so wäre das ebenso unsinnig wie anachronistisch oder tödlich oder beides.

Trotz seiner unweigerlich weitgehend ironischen Haltung spielte bei der künstlerischen Anerkennung Tomasellis natürlich auch der Aspekt des Sensationellen eine Rolle, da diese Kunst nun einmal eng mit dem «Drogenthema» verbunden war. Obwohl sich ein faszinierender, sofort erkennbarer Stil daraus entwickelt hatte, war einigen frühen Kritiken die Angst vor dem Gag anzumerken. (Peter Schjeldahl schreibt in seinem bereits zitierten, in *Village Voice* erschienenen Artikel nachlässig salopp: «Tomaselli ist der Typ, der Drogen in seine Bilder mischt...».)[6]

Doch Drogen und die damit verbundenen Fragen von Stil und Inhalt erwiesen sich bald als Sackgasse in der kritischen Aufarbeitung von Tomasellis Kunst. Anfang 2003 hat er für seine nächste grosse Ausstellung eine Serie von Arbeiten in Angriff genommen, in denen Drogen kaum eine Rolle spielen. Tatsächlich sind die meisten sozusagen völlig «drogenfrei». Das Illegale mag sich verflüchtigt haben, aber die Themen, die Prozesse und die Sujets sind völlig im Einklang mit den Ursprüngen seines künstlerischen Projekts. In den letzten Jahren haben ganz unterschiedliche Dinge die Drogen als zentrales Element der Arbeiten ersetzt oder überlagert – u.a. Abbildungen aus Naturkundebüchern (bunte Käfer, Schmetterlinge, Vögel), Ausschnitte aus Popmagazinen (lächelnde Lippen, strahlend weisse Zähne und weit aufgerissene Augen), Anspielungen auf journalistische Themen (der Una-Bomber, Waco und Ruby Ridge) sowie Zitate aus der Kunstgeschichte (Masaccio, Arcimboldo, Dalí). Als Auslöser für Visionen und Erscheinungen wirken sie so halluzinatorisch wie eh und je. Und auch die biochemischen Metaphern lassen sich nach wie vor anwenden. Tomasellis Arbeiten bilden noch immer in sich geschlossene, eigenständige Systeme – angstvoll, nervös, gespannt, pulsierend, ausgeflippt. Übergänge zwischen gemalten Formen und stimulierenden Collage-Elementen verbinden sich zu unzähligen weiteren Formen kultureller Information. Tatsächlich zeugen diese drogenfreien Bilder von einem neuen Selbstvertrauen, einer neuen Freiheit und Experimentierlust. Kurz, wir verzichten besser auf allzu einfache, biographische oder skandalumwitterte Erklärungen, betrachten Tomaselli stattdessen in einem grösseren kunsthistorischen Zusammenhang und lernen ihn als überzeugenden, handwerklich perfekten und innovativen Künstler begreifen.

Natürlich ist Tomaselli einer ganzen Reihe von kunsthistorischen Quellen verpflichtet, östlichen und westlichen, alten und modernen, dekorativen und künstlerischen. Man kann ihn sowohl als zeitgenössischen Schüler des grossen konzeptuellen Erneuerers Sol LeWitt sehen als auch als eine Art visionären Heimatkünstler. Auch wenn seine Arbeiten intellektuell und seriell konzipiert sind, entsteht ihre Bedeutung auch durch die Machart. «Meine Ar-

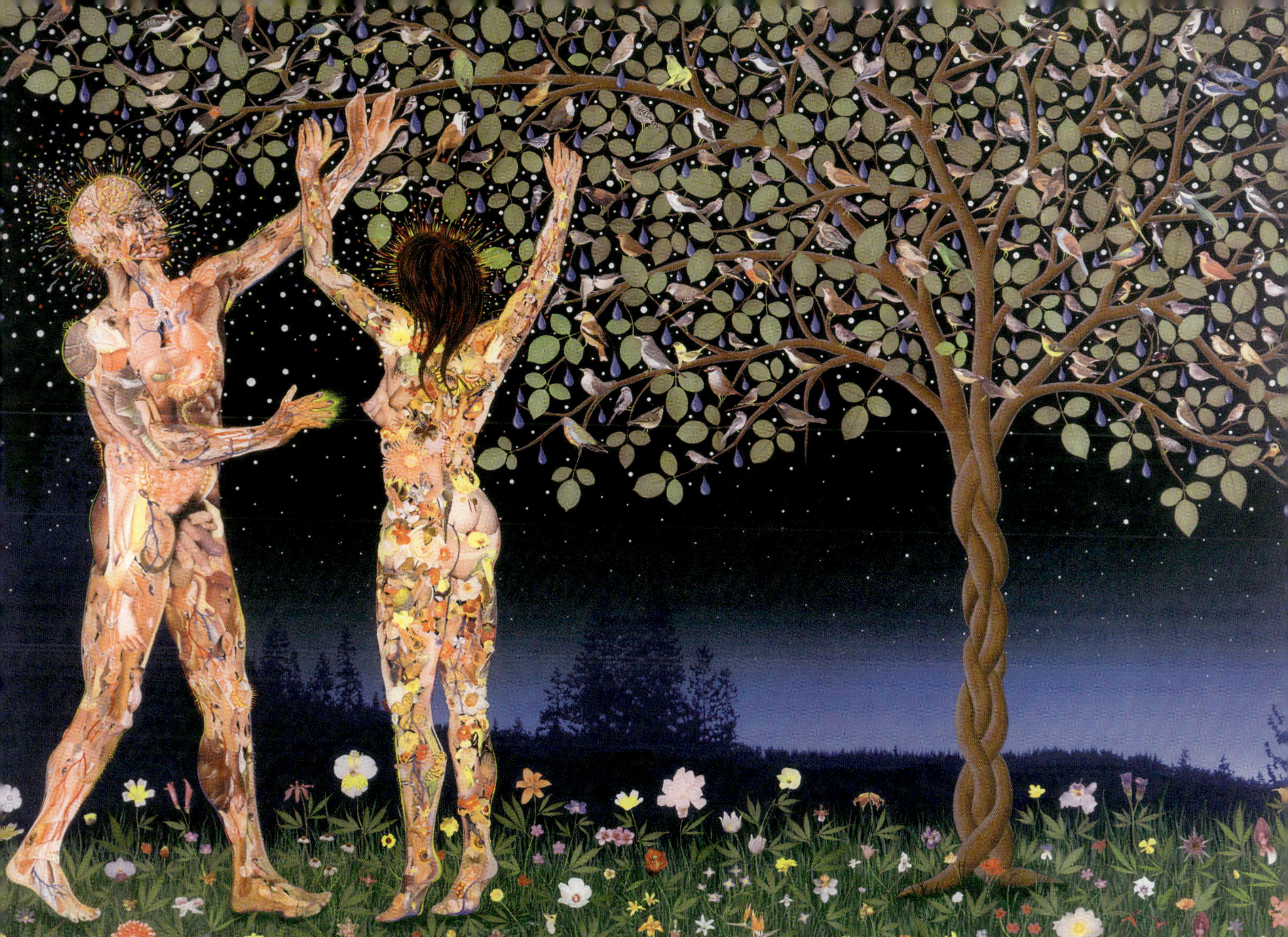

beiten sind anfangs völlig neutral, ein Stück Holz, und durch tausend und abertausend winzige Schritte entwickeln sie sich zu lebenden, aus einzelnen Zellen bestehenden Organismen.»[7] Man kann sich gut vorstellen, wie einfache Zufälle und komplexe Wachstumsprozesse, organische und mechanische Gesten, die selbst wiederum Quellen endloser Variationsmöglichkeiten sind, Fred Tomaselli ein unendlich reiches, schöpferisches Potenzial eröffnen.

(Übersetzung: Uta Goridis)

1) Fred Tomaselli, in: James Rondeau, «Interview with Fred Tomaselli», in: *Fred Tomaselli*, Galerie Gebauer, Berlin 1999, unpaginiert.
2) Tomaselli im Gespräch mit Chris Martin, *The Brooklyn Rail*, Winter 2003, S. 15.
3) Ebenda.
4) Peter Schjeldahl «Street Value», *The Village Voice*, 6. Mai 1977, S. 97.
5) Der Künstler im Gespräch mit dem Autor, 1999.
6) Schjeldahl, op. cit.
7) «Interview», in: *The Heavenly Tree Grows Downward: Selected Works by Harry Smith, Philip Taaffe, Fred Tomaselli*, James Cohan Gallery, New York 2002, p. 65.

Tomaselli's Postmodern Gnosticism

DANIEL PINCHBECK

Fred Tomaselli's paintings are saturated with cosmic space. The figures in many of his works stand amidst swirling blackness, the antique night of the solitary Romantic or Medieval melancholic. Engulfed by cosmic space, the collaged heroes and heroines in works like EX-PECTING TO FLY (2002) enjoy or endure their own implosion or atomization, as if every fragment of themselves simultaneously subdivides and seeks to flee from the collapsing entity trying to hold the structure together. In other works, like ECHO, WOW, AND FLUTTER (2001), there are no figures but only patterns or criss-crossing loops suggesting electromagnetic fields, the rephrasing of matter as informational bits, energy, or vibrating waveforms. These patterns remind me of the entoptic imagery I sometimes encounter when I awaken into a hypnagogic state to find swarms of sparks like fireworks swirling across the velvety night skies of my eyes-closed view screen. They also call to mind the "Zero Point Field," the startling discovery of contemporary physics that "empty" space is actually a crackling quantum sea containing vast amounts of energy.

Tomaselli is known for pressing pills and the leaves of psychoactive plants into the surfaces of his paintings. This humorously literal use of drugs reminds us that drugs—and the ferociously time-and-paradigm-smashing trips they sometimes engender—are really just symbols of that encounter with the Other that is the suppressed base of human existence. Tomaselli's work seduces us toward the edge of that nonhuman Otherness whose realms have always been explored by occultists and shamans and clairvoyants. It is the terrain that Rainer Maria Rilke indicated in *The Duino Elegies*, when he wrote, "Beauty is nothing / but the beginning of terror … and we are so awed because it serenely disdains / to annihilate us."[1]

But what is this Otherness that beckons and terrifies us while it serenely disdains to finish the job? How can we hope to define or even think about it? How can we allow its presence into the "rational" constructs of the contemporary world without collapsing these constructs? Part of the answer lies in art, which can shine like a flashlight beam, exposing ever-more of the glittering mica and towering stalagmites inside the vast, dark, unexplored cave of the self and the soul. Art can be the necessary prelude, the allusive introduction to the places where a future science, inconceivable to us now, will someday follow.

I am writing this in the wake of the Columbia Space Shuttle disaster, as the embittered nations of a ruined world seem to be pushing toward multiple Armageddons—nuclear, chemi-

---

DANIEL PINCHBECK is the author of *Breaking Open the Head: A Psychedelic Journey into the Heart of Contemporary Shamanism* (Broadway Books, 2002).

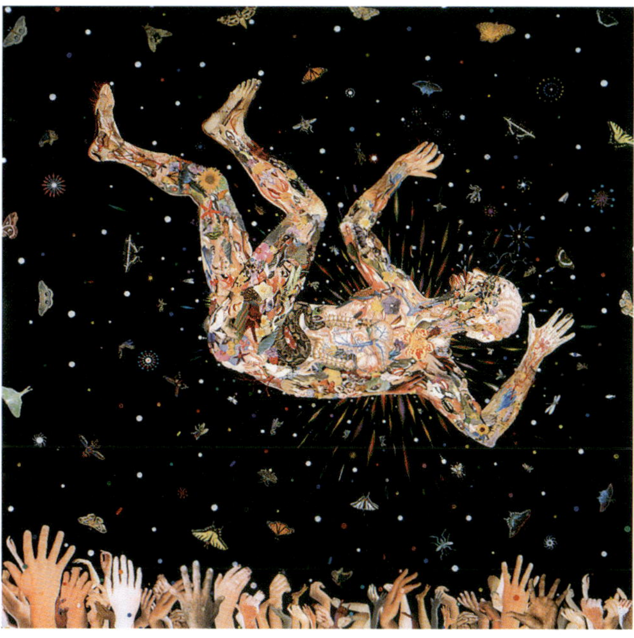

cal, ecological, and social. Is it possible that the violent contradictions of the present time have less to do with globalization, technology, greed, and racial enmity than with the titanic pressures building up as the old conceptual model collapses while a new one self-assembles? "If quantum theory were applied to biology on a larger scale, we would be viewed more as a complex network of energy fields in some sort of dynamic interplay with our chemical cellular systems," writes Lynne McTaggart in *The Field*, one journalistic effort to describe this new, nascent paradigm. "The world would exist as a matrix of indivisible interrelation."[2]

While only one cataclysm among many, the fall of Columbia seems particularly poignant because the space program symbolized our faith in the power of materialist science and technology. Coming at this time, when the once-glittering promises of modern civilization have lost their luster, the accident represents a bitter betrayal of that faith. Outer space seems to have slammed the door on our attempts to woo it through the metal machines and phallic rockets we are so proud of. I suspect we will only get off the planet by going deeper into the earth, which means, alchemically, deeper into the mysteries of the inner realms of consciousness.

Psychedelic drugs are one means of encountering the shocking Otherness that lurks within the interior of the earth and the self, and Tomaselli acknowledges their influence on his work. They are, as writer Ralph Metzner put it, "Gnostic catalysts." What follows the personal apocalypse of the psychedelic trip is the necessary restructuring of the Ego and, possibly, the uneasy awareness that the world is woven together by invisible forces and supersensible beings with different agendas from our own. No longer dismissible as superstitious residue, myth reveals itself as living reality.

After my own psychedelic apocalypse, I turned to the Western esoteric tradition for answers—or at least better questions—and eventually I found the works of the Austrian clairvoyant Rudolf Steiner, founder of Anthroposophy. An esoteric Christian, Steiner parses the Biblical devil into opposing forces striving to divert human development: Lucifer, the "lightbringer," who draws us up toward imagination, fantasy, and pride; and Ahriman, the dark earth spirit of the Zoroastrian faith, who pulls us down into the mineral world, materiality, material technology, and death. This modern age represents the temporary ascendance of

Ahriman, who wants to make the world into a machine. Lucifer, a dangerous but necessary spur to human evolution, dominated during the epoch of pre-historical civilizations, and we now need to seek his influence again to counteract the Ahrimanic impulse of our age.

For Steiner, reincarnation is a fact. Not only human beings, but the earth itself reincarnates—this is currently the fourth incarnation of the earth. In fact, humanity exists in order to transform this greater being, the earth (though we are doing a poor job of it at this time), and we keep coming back until we have completed the job. Each incarnation of

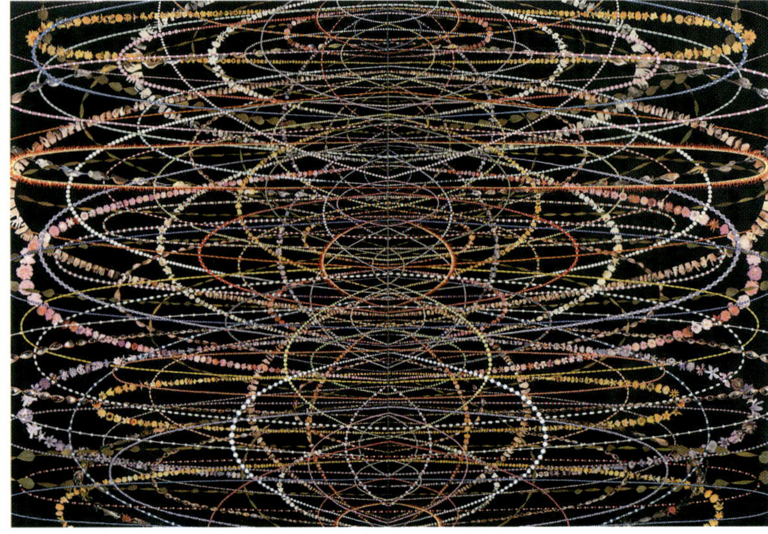

the earth represents an evolutionary step for humanity. We developed rational cognition and empiricism in the last centuries—which required temporarily cutting ourselves off from "supersensible" perception—so that we could cognize our way back into the lost spiritual realms as equals. "Just as there would be no life in the usual sense of the word if there was no death, there can be no real knowledge of the visible world without insight into the supersensible realm," he wrote in *An Outline of Esoteric Science*.[3] "All knowledge of the visible must immerse itself in the invisible again and again in order to be able to evolve."

In *Imaginary Landscapes*, William Irwin Thompson characterizes "the Steinerian vision" as "one that looks at the human as so completely embedded in the animal, vegetal, and mineral evolution of the solar system that it becomes nonsense to separate a fictive 'matter' from mind, and a mere three dimensions from ten.… All of the seemingly mystical perceptions of Steiner have a biological relevance that fits a new kind of science, and a new kind of culture."[4] The impulse of works such as Tomaselli's UNTITLED (EXPULSION) (2000) pushes beyond surrealism or postmodernism into a new realm that integrates science and mysticism. The Void expulses taxonomies of insects and flowers, while Adam and Eve are revealed as anatomical specimens.

In the new paradigm, mind and matter are not separate; therefore, articulation and understanding must be seen as actual forces that directly impact the physical world. For Steiner and other occultists, the physical world is a kind of symbolic alphabet or mirror of the spiritual realms. It is the art piece of the "higher hierarchies," representing levels of conscious and spiritual development far beyond our current state. Through our intellectual intuition and creative efforts, we can learn to read the world as an occult script. Steiner writes, "If you succeed in bringing about the metamorphosis of intellectualism into artistic perception, and are able to develop this artistic approach into an instrument of perception, you will find in the outer macrocosm the phenomenon that exists in the human being."[5] Tomaselli works intuitively in this arena. Paintings such as BREATHING HEAD (2002) suggest processes of transfiguration or transformation from the physical world into astral realms beyond our perceptual frame.

The clairvoyant Steiner described the relationships between macrocosm and microcosm with extraordinary—some would say absurd—precision. In his book, *Harmony of the Creative*

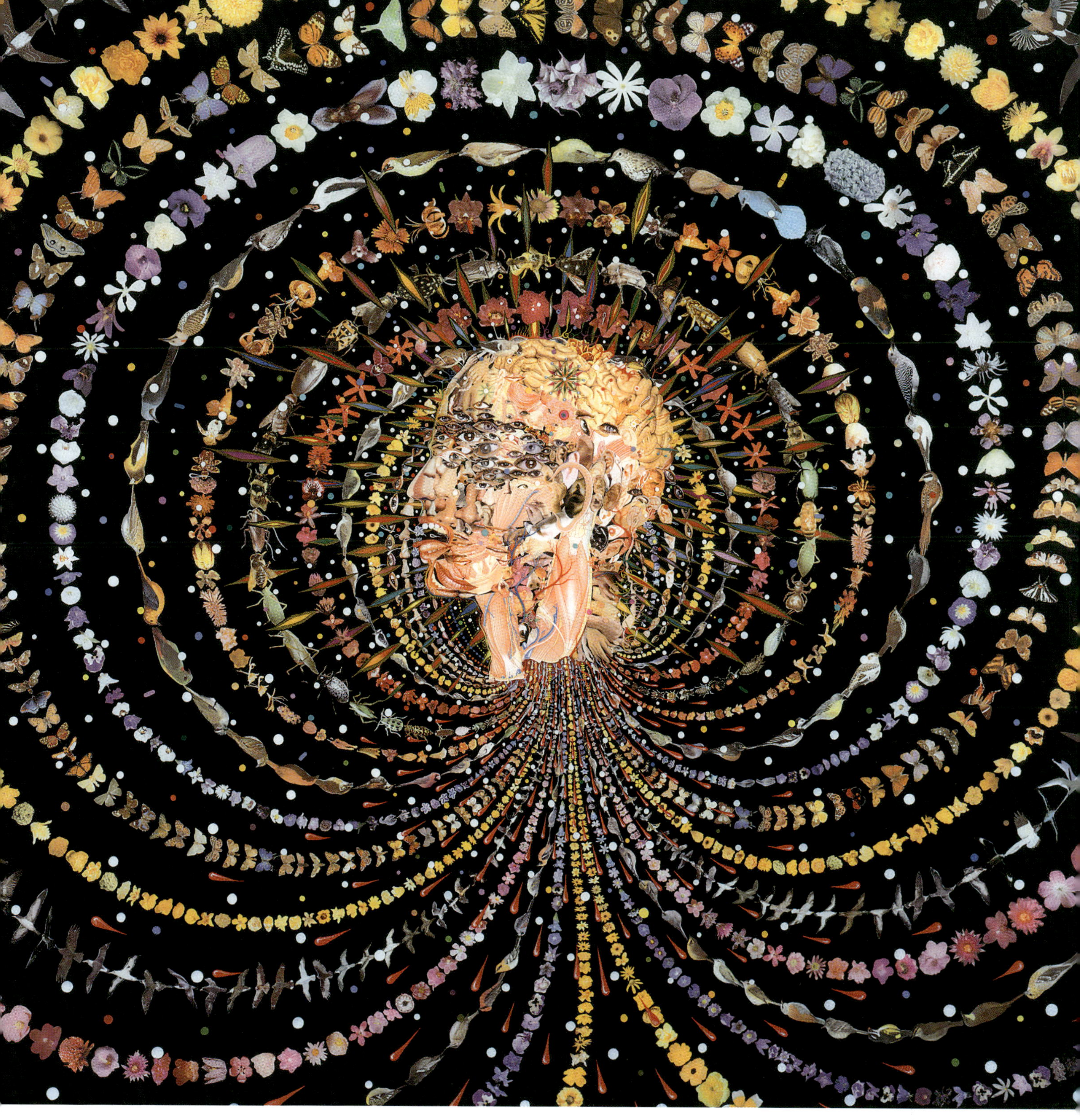

FRED TOMASELLI, BREATHING HEAD, 2002, *photocollage, leaves, acrylic, gouache, and resin on wood panel, 60 x 60" /*
ATMENDER KOPF, *Photocollage, Blätter, Acryl, Gouache und Harz auf Holzpaneel, 152,4 x 152,4 cm.*

Word, he showed how different animals relate to larger spiritual processes. He characterized the cow, for instance, as the animal of spiritual digestion. Through its constant grazing, the cow spiritualizes earthly matter, reversing the destructive processes of human existence, which constantly remove spiritual substance from the earth. According to Steiner, if the cow was not performing its function of spiritual digestion, the earth would soon become so hard and unyielding that we would be unable to walk upon it.

Steiner connects the creatures of the air to different aspects of our mental processes. Birds represent thought. We have our thoughts as the birds have their plumage: "Our thoughts flow from the brain in the same way as the feathers stream out from the eagle," he writes.[6] "The thoughts given to human beings are the astral aspect of the development of feathers ... A feather holds something tremendous: it holds the secret of how thoughts are formed." Butterflies, delicate beings of the "light ether," are connected to the process of memory: "It is memory-thoughts which live in the butterfly."[7] We create interior wombs for our memories, just as the caterpillar weaves its cocoon. And bats, for Steiner, are linked to dreams. In the same delicate, unreal way that bats flit through the twilight, dreams flit through the mind: "The earth is surrounded by fluttering butterflies—they are cosmic memory; by the kingdom of the birds—this is cosmic thinking; and by the bats—they are cosmic dream, cosmic dreaming. The flying dreams of the cosmos actually rush through space as bats. And as dreams love the twilight, so, too, does the cosmos love the twilight and send the bat through space."[8]

For Steiner, such correspondences are not just poetic or metaphoric; they are part of a higher order of perception that can be substantiated through inner work and esoteric development—what he called "spiritual science." To make room for a thinker like Steiner, we need to reevaluate our basic understanding of myth, "to move from a postmodernist sensibility in which myth is regarded as an absolute and authoritarian system of discourse to a planetary culture in which myth is regarded as isomorphic, but not identical, to scientific narratives," according to William Irwin Thompson.[9]

Tomaselli's paintings are like fables synthesizing contemporary concerns with the body and the deconstructed self with Gnostic concepts or mythic archetypes that he neither ironicizes nor trivializes. The figures in works such as FIELD GUIDES (2003) stand upon the earth like flayed saints, both terrified of and yearning for contact with that ineffable and infinite "Otherness" that our deluded culture desperately seeks to deny. His work points to the shocking but necessary moment when we recognize our current Ahrimanic civilization as a fragment of cosmic history and seek to escape the amnesiac underworld in which we lie entombed.

1) Rainer Maria Rilke, "The First Duino Elegy" in *The Selected Poetry of Rainer Maria Rilke,* ed. and trans. by Stephen Mitchell (New York: Vintage International, 1980).

2) Lynne McTaggart, *The Field: The Quest for the Secret Force of the Universe* (New York: Harper Collins, 2002), p. 12.

3) Rudolf Steiner, *An Outline of Esoteric Science* (Great Barrington, Massachusetts: Anthroposophic Press, 1997), p. 61.

4) William Irwin Thompson, *Imaginary Landscape: Making Worlds of Myth and Science* (New York: St. Martin's Press, 1989), p. 66.

5) Rudolf Steiner, *Harmony of the Creative Word* (Great Barrington, Massachusetts: Anthroposophic Press, 2001), p. 20.

6) Ibid., pp. 6–7.

7) Ibid., p. 83.

8) Ibid.

9) Thompson, op. cit. p. 63.

Tomasellis postmoderner Gnostizismus

DANIEL PINCHBECK

Fred Tomasellis Bilder sind randvoll kosmischer Tiefe. Die Figuren in vielen seiner Arbeiten stehen inmitten wirbelnder Schwärze, der uralten Nacht des einsamen Romantikers oder des mittelalterlichen Melancholikers. Umflutet vom kosmischen Raum geniessen oder erleiden die collagierten Heldinnen und Helden in Arbeiten wie EXPECTING TO FLY (In Erwartung zu fliegen, 2002) ihre eigene Implosion oder Atomisierung, als ob jedes Fragment ihrer selbst sich gleichzeitig wiederum zerteilte und der kollabierenden Entität zu entfliehen versuchte, um die übergeordnete Struktur aufrechtzuerhalten. In anderen Werken, wie in ECHO, WOW, AND FLUTTER (Echo, Jaulen und Flattern, 2001), gibt es keine Figuren, sondern nur Muster oder sich überkreuzende Schlingen, die an elektromagnetische Felder denken lassen, an eine neue Interpretation von Materie als Menge von Informationseinheiten, Energie oder vibrierenden Wellenformen. Diese Muster erinnern mich an die entoptischen Bilder, die ich manchmal beim Aufwachen noch im Halbschlaf wie Funkenregen oder Feuerwerk über den samtenen Nachthimmel meiner geschlossenen Augenlider flimmern sehe. Sie erinnern auch an die nulldimensionalen Punktteilchen und die aufwühlende Entdeckung der neueren Physik, dass der «leere» Raum eigentlich ein knisterndes Quantenmeer ist, das ungeheure Energiemengen birgt.

Tomaselli ist bekannt dafür, dass er Pillen und Blätter von bewusstseinsverändernden Pflanzen in die Oberfläche seiner Bilder einfügt. Dieser buchstäbliche Drogenkonsum erinnert uns augenzwinkernd daran, dass Drogen (samt den unsere Zeit- und Wahrnehmungsstrukturen gewaltsam aufbrechenden Trips, die sie auslösen können) eigentlich nur jene Begegnung mit dem Anderen symbolisieren, die jeder menschlichen Existenz zugrunde liegt, obwohl wir das nicht wahrhaben wollen. Tomasellis Kunst lockt uns an den Abgrund dieses nicht-menschlichen Anderen, dessen Reich schon immer von Okkultisten, Schamanen und Visionären erforscht wurde. Es ist die Region, die Rilke meinte, als er in der ersten seiner *Duineser Elegien* schrieb: «...das Schöne ist nichts / als des Schrecklichen Anfang, ... / und wir bewundern es so, weil es gelassen verschmäht, / uns zu zerstören.»

Aber was ist dieses Andere, das uns lockt und erschreckt, während es gelassen verschmäht, uns ein Ende zu machen? Wie können wir hoffen, es zu definieren oder auch nur daran zu denken? Wie können wir seine Gegenwart in den «rationalen» Konstrukten unserer modernen Welt zulassen, ohne diese Konstrukte zum Einsturz zu bringen? Ein Teil der Antwort liegt in der Kunst, die leuchten kann wie ein Blitzstrahl und dabei immer mehr glitzernde

---

DAVID PINCHBECK ist Autor des Buches *Breaking Open the Head: A Psychedelic Journey into the Heart of Contemporary Shamanism* (Broadway Books, New York 2002).

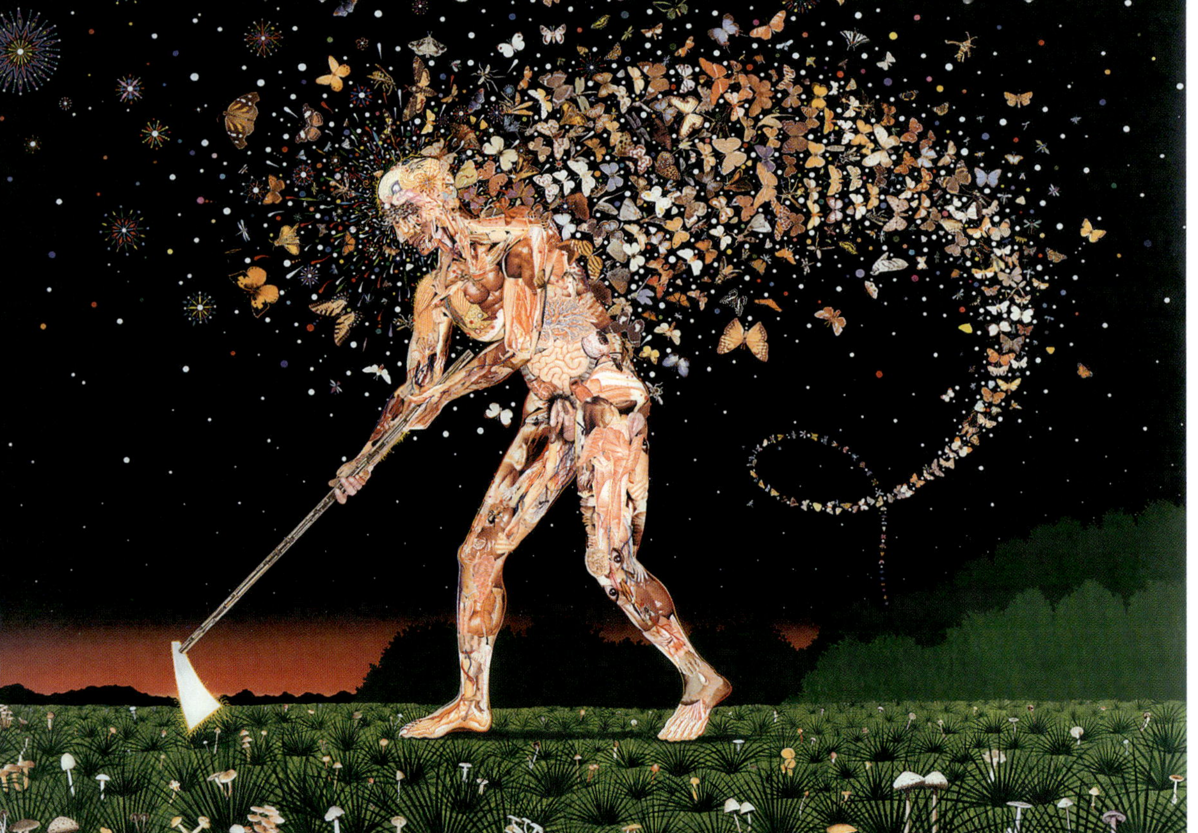

Glimmerpartikel und aufragende Stalagmiten im Innern der ungeheuren, dunklen, uner-
forschten Höhle des Selbst und der Seele sichtbar werden lässt. Die Kunst kann das notwendige Vorspiel sein, die anspielungsreiche Hinführung an Orte, an welche eine für uns noch
unvorstellbare, zukünftige Wissenschaft ihr eines Tages folgen wird.

Ich schreibe diese Zeilen noch unter dem Eindruck des Unglücks, das die Raumfähre Columbia getroffen hat, und während die erbitterten Nationen einer maroden Welt gleich auf
mehrere Armageddons nuklearer, chemischer, ökologischer und sozialer Art zuzusteuern
scheinen. Vielleicht haben die heftigen Widersprüche unserer Zeit weniger mit Globalisie-
rung, Technologie, Habsucht und Rassenhass zu tun als mit dem ungeheuren Druck, der
entsteht, weil alte Denkmodelle einstürzen und ein neues Denken im Entstehen begriffen
ist? «Würde man die Quantentheorie im grossen Stil auf die Biologie anwenden, so würde
man uns wohl als komplexes Netzwerk von Energiefeldern betrachten, das irgendwie dyna-
misch mit der Chemie unserer Zellsysteme interagiert», schreibt Lynne McTaggart in *The
Field*, einem journalistischen Versuch, dieses neue, im Entstehen begriffene Paradigma zu
beschreiben: «Die Welt wäre eine Matrix unteilbarer Verflechtungen und Bezüge.»[1]

Obwohl es nur eine Katastrophe unter vielen ist, scheint mir das Desaster der Columbia
besonders einschneidend zu sein, weil das Raumfahrtprogramm für unseren Glauben an die
Macht der Naturwissenschaft und Technik steht. Zum jetzigen Zeitpunkt, nachdem die einst
so glänzenden Versprechungen der modernen Zivilisation ihren Glanz eingebüsst haben,
stellt der Unfall eine bittere Enttäuschung dieses Glaubens dar. Der Weltraum scheint uns
die Tür vor der Nase zugeschlagen zu haben und damit all unseren stolzen Versuchen, ihn
mit Metallmaschinen und phallischen Raketen zu erobern. Ich habe den Verdacht, wir werden den Planeten nicht verlassen können, ohne zuvor tiefer in die Erde selbst einzudringen,

was so viel heisst wie auf alchemistische Weise tiefer in die Mysterien der inneren Bewusstseinsbezirke einzutauchen.

Bewusstseinserweiternde Drogen sind ein Mittel, um das Furcht erregende Andere kennen zu lernen, das im Innern der Erde und des Selbst lauert, und Tomaselli gesteht deren Einfluss auf sein Werk auch ein. Sie sind, wie der Schriftsteller Ralph Metzner es einmal formulierte, «gnostische Katalysatoren». Auf die persönliche Apokalypse des psychedelischen Trips muss allerdings eine Restrukturierung des Ich folgen und möglicherweise auch die unbehagliche Erkenntnis, dass die Welt von unsichtbaren Kräften und übersinnlichen Wesen zusammengehalten wird, deren Ziele sich von den unseren unterscheiden. Der Mythos lässt sich nicht länger als abergläubischer Überrest vergangener Zeiten abtun, sondern erweist sich als lebendige Realität.

Nach meiner ganz persönlichen psychedelischen Apokalypse begann ich in der esoterischen Tradition des Westens nach Antworten zu suchen – oder zumindest nach besseren Fragen – und stiess schliesslich auf den visionären Österreicher Rudolf Steiner, den Begründer der Anthroposophie. Als esoterischer Christ erkennt Steiner im biblischen Teufel zwei einander widerstreitende Mächte, welche die menschliche Entwicklung irrezuleiten versuchen: Luzifer, der Lichtbringer, der uns hinaufzieht zu Vorstellungskraft, Phantasie und Stolz, und Ahriman, der dunkle Erdgeist aus der alten Religion des Zarathustra, der uns hinunterzieht in die mineralische Welt, die Materialität, die materialistische Technologie und den Tod. Das moderne Zeitalter steht für den vorübergehenden Aufstieg von Ahriman, der die Welt zur Maschine machen will. Luzifer, ein zwar gefährlicher, aber notwendiger Ansporn für die menschliche Entwicklung, dominierte zur Zeit der prähistorischen Zivilisationen; heute müssen wir seinen Einfluss wieder suchen, um den Ahrimanischen Impulsen unserer Zeit entgegenzuwirken.

Für Steiner ist die Reinkarnation eine Realität. Nicht nur die Menschen, sondern auch die Erde selbst reinkarniert sich – gegenwärtig befindet sie sich in ihrer vierten Reinkarnation. Tatsächlich existiert die Menschheit, um dieses grössere Wesen, die Erde, umzuwandeln (auch wenn wir in dieser Hinsicht zurzeit miserable Arbeit leisten), und wir müssen immer wieder zurückkommen, bis diese Aufgabe vollendet ist. Jede Inkarnation der Erde steht für eine Evolutionsstufe der Menschheit. Im Lauf der letzten Jahrhunderte haben wir das rationale Denken und die empirische Wissenschaft entwickelt – was eine vorübergehende Abwendung von unserer «übersinnlichen» Wahrnehmung erforderlich machte –, damit wir als Gleichwertige unseren Weg zurück in die verlorenen spirituellen Sphären finden würden. «Wie es kein Leben im gewöhnlichen Sinne geben könnte ohne den Tod, so kann es keine wirkliche Erkenntnis der sichtbaren Welt geben ohne den Einblick in das Übersinnliche», schrieb Steiner, und: «Alles Erkennen des Sichtbaren muss immer wieder und wieder in das Unsichtbare untertauchen, um sich entwickeln zu können.»[2]

In seinem Buch *Imaginary Landscapes* charakterisiert William Irwin Thompson die Steinersche Vision als «eine, die den Menschen so sehr als in der animalischen, pflanzlichen und mineralischen Evolution des Sonnensystems eingebettet betrachtet, dass es unsinnig ist, sich eine vom Geist getrennte ‹Materie› vorzustellen oder blosse drei von zehn Dimensionen hervorzuheben… Alle scheinbar so mystischen Ideen Steiners haben eine biologische Relevanz, die zu einer neuen Art von Wissenschaft und einem neuen Kulturverständnis gehört.»[3] Der Impuls, der von Werken wie Tomasellis UNTITLED (EXPULSION) – Ohne Titel (Vertreibung) (2000) – ausgeht, reicht über den Surrealismus oder die Postmoderne hinaus in eine neue Sphäre, in welcher Wissenschaft und Mystik eins sind. Der leere Raum stösst ganze Taxonomien von Insekten und Blumen aus und Adam und Eva entpuppen sich als anatomische Probeexemplare.

In diesem neuen Denkmuster sind Geist und Materie nicht getrennt; deshalb müssen Sprechen und Verstehen als aktive Kräfte verstanden werden, die direkt auf die physische Welt einwirken. Für Steiner und andere Geheimwissenschaftler ist die physische Welt eine Art symbolisches Alphabet oder ein Spiegel der geistigen Sphären. Sie ist ein Kunst-Werk «höherer Ordnung», das für geistige und spirituelle Entwicklungsstufen weit jenseits unseres gegenwärtigen Zustandes steht. Durch geistige Intuition und schöpferische Anstrengungen können wir lernen, die Welt wie eine okkulte Schrift zu lesen. Steiner meinte: «Wenn Sie vom Intellektualistischen gewissermassen die Metamorphose vollziehen können ins künstlerische Erfassen und das Künstlerische als Erkenntnisprinzip ausbilden können, dann finden Sie das, was im Menschen auf eine menschliche Art, nicht auf eine naturhafte Art lebt, im Makrokosmos draussen, in der grossen Welt.»[4] Tomaselli bearbeitet intuitiv genau dieses Gebiet. Bilder wie BREATHING HEAD (Atmender Kopf, 2002) deuten Transfigurations- oder Transformationsprozesse an, die aus der physischen Welt in astrale Sphären jenseits unserer gewohnten Wahrnehmung führen.

Der Visionär Steiner beschrieb das Verhältnis von Makrokosmos und Mikrokosmos mit aussergewöhnlicher – manche würden sagen absurder – Präzision. In seinen im Buch *Der Mensch als Zusammenklang des schaffenden, bildenden und gestaltenden Weltenwortes* zusammengefassten Vorträgen zeigte er, wie anders das Verhältnis der Tiere zu umfassenderen spirituellen Prozessen ist. So beschreibt er etwa die Kuh als Tier, dessen Verdauungsprozess astralische Qualität hat. Mit ihrem unablässigen Grasen vergeistigt die Kuh irdische Materie in Umkehrung des destruktiven Prozesses der menschlichen Existenz, welche der Erde laufend geistige Substanz entnimmt. Laut Steiner würde die Erde ohne diese spirituelle Verdauungsleistung der Kuh bald so hart und starr, dass wir nicht mehr darauf gehen könnten.

Steiner bringt die Bewohner der Luft mit verschiedenen Aspekten unseres Geisteslebens in Verbindung. Die Vögel stehen für das Denken. Wir haben Gedanken, wie Vögel Federn haben: «Unsere Gedanken strömen von dem Gehirn so aus, wie ausfluten von dem Adler die Federn. (…) Dem Menschen geben sie die Gedanken; das ist der astralische Aspekt der Federnbildung. (…) eine Feder enthält (…) etwas Ungeheures: sie enthält das Geheimnis der Gedankenbildung.»[5] Die Schmetterlinge, verletzliche Wesen des «Lichtäthers», stehen mit dem Vorgang der Erinnerung in Verbindung: «Das sind die Erinnerungsgedanken, die im Schmetterling leben.»[6] Wir schaffen innere Schösse für unsere Erinnerungen, genau wie die Raupe ihre Puppe spinnt. Und die Fledermäuse haben bei Steiner mit den Träumen zu tun. Auf dieselbe zarte, unwirkliche Weise, wie Fledermäuse durch die Dämmerung flitzen, huschen die Träume durch unser Bewusstsein: «Die Erde ist umwoben von den Schmetterlingen: sie sind die kosmische Erinnerung; und von dem Vogelgeschlechte: es ist das kosmische Denken; und von der Fledermaus: sie ist der kosmische Traum, das kosmische Träumen. Es sind in der Tat die fliegenden Träume des Kosmos, die als Fledermäuse den Raum durchsausen. Wie der Traum das Dämmerlicht liebt, so liebt der Kosmos das Dämmerlicht, indem er die Fledermaus durch den Raum schickt.»[7]

Für Steiner sind diese Entsprechungen nicht bloss poetisch oder metaphorisch; sie sind Teil einer höheren Wahrnehmungsebene, die durch innere Arbeit und esoterische Entwicklung – er nennt es «Geistesforschung» – realisiert werden kann. Um für einen Philosophen wie Steiner Platz zu schaffen müssen wir unseren Umgang mit Mythen von Grund auf neu überdenken, oder wie William Irwin Thompson meint: «von einer postmodernen Auffas-

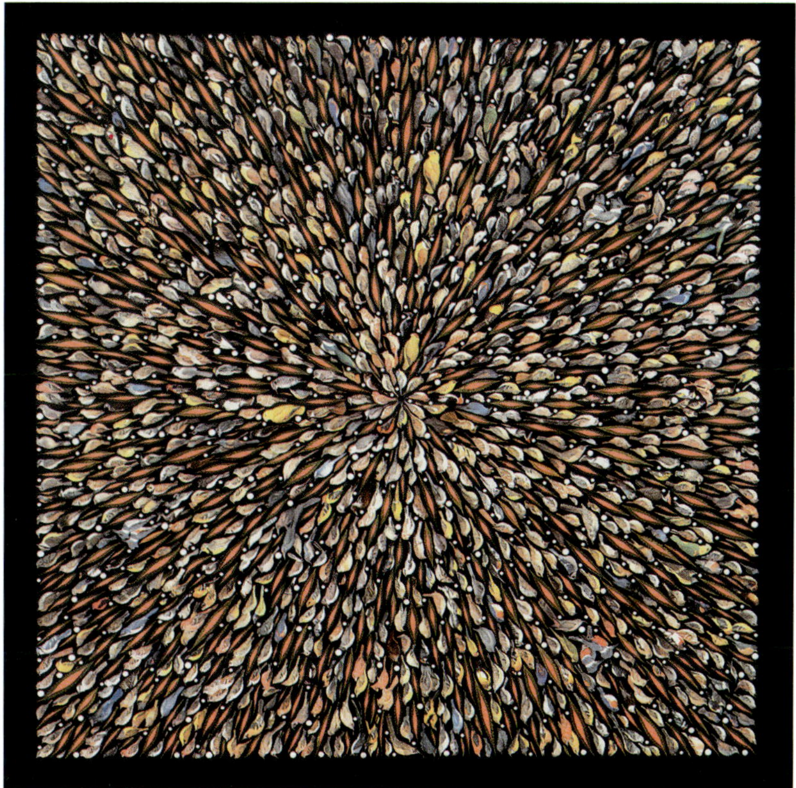

sung, derzufolge Mythen eine absolute und autoritäre Form des Diskurses sind, wegkommen, hin zu einer globalen Kultur, in der Mythen als isomorph, aber nicht identisch gelten, um schliesslich zu wissenschaftlichen Erzählungen zu gelangen».[8]

Tomasellis Bilder sind wie Fabeln, die zeitgenössische Fragen mit Körperlichem verschmelzen und das dekonstruierte Selbst mit gnostischen Ideen oder mythischen Archetypen, wobei diese weder ironisiert noch trivialisiert werden. Figuren in Werken wie FIELD GUIDES (Feldführer, 2003) stehen auf der Erde wie gerupfte Heilige, welche die Berührung mit diesem unbeschreiblichen und unendlichen Anderen, das unsere irregeleitete Kultur verzweifelt zu leugnen sucht, ebenso sehr fürchten wie ersehnen. Tomasellis Arbeit verweist auf den erschreckenden, aber notwendigen Moment, in dem wir unsere ahrimanische Zivilisation als blossen Teil innerhalb der Geschichte des Kosmos erkennen und der Unterwelt, in der wir erinnerungslos begraben liegen, zu entfliehen suchen.

(Übersetzung: Suzanne Schmidt)

1) Lynne McTaggart, *The Field*, Harper & Collins, New York 2002. (Zitat aus dem Engl. übers.)

2) Rudolf Steiner, *Die Geheimwissenschaft im Umriss*, Rudolf Steiner Verlag, Dornach 1977, S. 81–82.

3) William Irwin Thompson, *Imaginary Landscapes: making worlds of myth and science*, St. Martin's Press, New York 1989, S. 66. (Zitat aus dem Engl. übers.)

4) Rudolf Steiner, *Der Mensch als Zusammenklang des schaffenden bildenden und gestaltenden Weltenwortes* (12 Vorträge), Rudolf Steiner Verlag, Dornach 1978, S. 27.

5) Ebenda, S. 14–15.

6) Ebenda, S. 88.

7) Ebenda.

8) Thompson, op. cit., S. 63.

Edition for Parkett

FRED TOMASELLI

CYCLOPTICON, 2003

Surface-mounted pigment print on Plexiglas, 12 x 12"

Printed by David Adamson, Adamson Editions, Washington, D.C.

Edition of 60, signed and numbered

Pigmentdruck hinter Plexiglas aufgezogen, 30,5 x 30,5 cm

Gedruckt bei David Adamson, Adamson Editions, Washington, D.C.

Auflage: 60, signiert und nummeriert

(PHOTO: MANCIA/BODMER, FBM STUDIO, ZÜRICH)

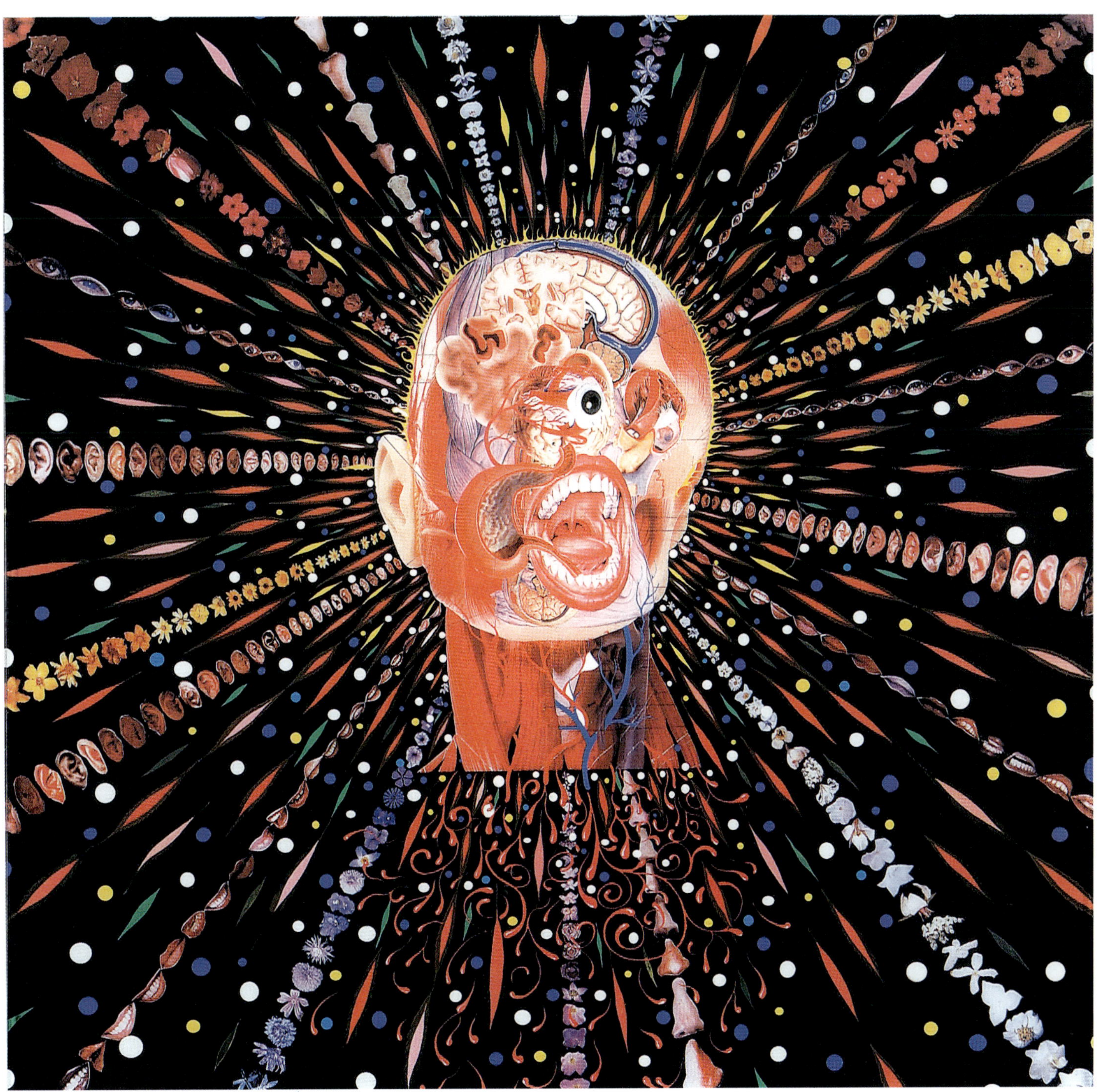

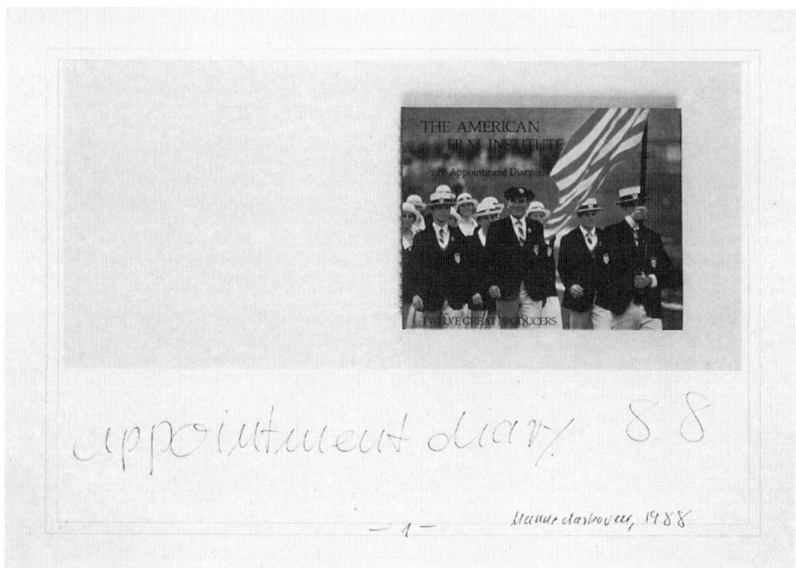

*HANNE DARBOVEN, APPOINTMENT
DIARY, 1988, cover page /
KALENDERBUCH 1988, Umschlagseite.*

Meine Arbeit endet in der Musik[1]

HANNE DARBOVENS NOTATIONEN ALS MUSIKALISCHE WERKE

SIBYLLE OMLIN

Hanne Darboven galt ein grosser Werküberblick anlässlich der «Documenta 11» in Kassel. Die Frage ist, ob ihr Werk eine der wichtigen Thesen der letzten «Documenta» zu vertreten vermochte, die These nämlich, dass das dokumentarische Arbeiten genauso zur Kunst gehört, wenn nicht gar selber zu Kunst wird. Gerade in Darbovens Musik, die in ihrem Werk immer wichtiger wird, greift die Kategorie des Dokumentarischen überhaupt nicht.

Bereits die Vorsicht, welche Hanne Darboven gegenüber dem Begriff Kunst hegt, ist auffallend. Sie sagt lieber, «Ich schreibe», «Ich mache ein Buch», «Ich mache Musik», als dass sie sich allein auf den Begriff Kunst festlegen würde. Ihr primäres Medium ist seit den 60er Jahren das Schreiben, das Notieren, das Sammeln von Bild- und Buchmaterial. Für den visuellen Ausdruck, der auf Kunst verweist, setzt sie Schrift- und Notationssysteme ein, die in andere künstlerische Systeme wie Literatur, Journal, Kalender, Stundenbuch, Notenblatt übergreifen. Somit wählt sie für ihre langzeitlich angelegten Schreibprojekte kulturelle Formen, welche die Dauer des Schreibens visuell und raumzeitlich erfahrbar machen wollen.

Manifest in ihrem Werk ist, dass es Formen sind, welche zwar die den Schriftmedien eigene Abstraktion in sich bergen, zugleich aber dauernd auf zeitliche und räumliche Auffaltung drängen. Das Journal und das Stundenbuch sind ohne das Blättern nicht zu begreifen, der Kalender wird an die Wand ge-

SIBYLLE OMLIN ist freie Kritikerin und seit 2001 Leiterin der Abteilung Bildende Kunst/Medienkunst der Hochschule für Gestaltung und Kunst in Basel.

hängt und das Notenblatt wird erst in der musikalischen Aufführung zum Kunstwerk. Gleichwohl ist das Schriftliche in Darbovens Arbeiten nicht dokumentarisch zu verstehen.

Betrachtet man das seit den 60er Jahren entstandene Werk, so scheint darin eine ständige Rebellion gegen die Tatsache stattzufinden, dass Kunst es primär mit statischen Bildträgern zu tun hat und dass Künstler, wenn sie nicht das Medium der Performance oder des Films wählen, auf die Erzeugung von realen Bewegungs- und Handlungsabläufen verzichten müssen. Hanne Darboven hat dies zu umgehen versucht, indem sie ihre künstlerischen Handlungen vor allem ins Schreiben und Notieren verlegte und so Tausende von Blättern beschrieben hat, deren Präsentationsform im musealen Raum einige Fragen offen lassen.[2] Auch wenn Hanne Darboven vor allem das Medium der zweidimensionalen Papierfläche und des Buches wählt, gibt sie sich bei weitem nicht einfach damit zufrieden, das Gesehene als Gelesenes in einen imaginären geistigen Raum zu bringen. Vielmehr versucht Hanne Darboven mit der Tatsache des Geschriebenen produktiv umzugehen, indem sie ihre Notationen zu Ausdehnungen im Raum drängt, sei es als aufgeblättertes Buch, sei es als musikalische Konstruktionen.

Anlass dazu bietet das Konzept des zeitlichen Raumes, das jeder Arbeit Hanne Darbovens zugrunde liegt. Die Faszination des lautlosen Wachsens einer nach festen Gesetzen sich entfaltenden Bewegung spiegelt sich bereits in den frühen Konstruktionszeichnungen der 60er Jahre wider. Ist es zunächst ein kontinuierliches Niederschreiben von bedeutungslosen Strichen, Kästchen oder u-förmig schwingenden Bögen, folgen kurze Zeit später Zahlen und Zahlenwerte, die ihrerseits auf Zeitvorstellungen und Wertigkeiten verweisen. Ganz deutlich tritt dieser Grundzug in den ab 1967 entstehenden Zahlenkonstruktionen in Erscheinung. Als adäquaten Rahmen entdeckt Hanne Darboven das System der Zeitrechnung. Sie benutzt fortan als Grundlage ihrer Werke Kalenderdaten: Tages-, Monats- und Jahresdaten. Basierend auf der Bildung von Quersummen dieser Daten [3] – nach bestimmten von ihr erdachten Regeln – ergeben sich Zahlenreihen und Summierungen, deren Nennwerte und Häufigkeiten an- oder absteigende Tendenz haben. So schreibt Hanne Darboven fortan in vielen Werken Zeitreihen. Sie arbeitet mit vorgestellter, fiktiver und realer, das heisst persönlich durchlebter und durchschriebener Zeit. Sie zählt Zeit, sie rafft Zeit, sie dehnt Zeit.

Zeitlichkeit manifestieren diese Arbeiten also nicht nur im Sinne ununterbrochenen Ab- und Aufschreibens, sondern auch im Sinne von Zeitgeschehen und Zeitgeschichte. Die Künstlerin verwendet ein System von Tagesrechnungen und Tagebüchern, das in EXISTENS, einem Werk, das sie seit 1966 durchgehend führt, kontinuierlich verfolgt wird. In den kleinen Agenden von EXISTENS werden die einzelnen Tage abgestrichen oder durchgestrichen.

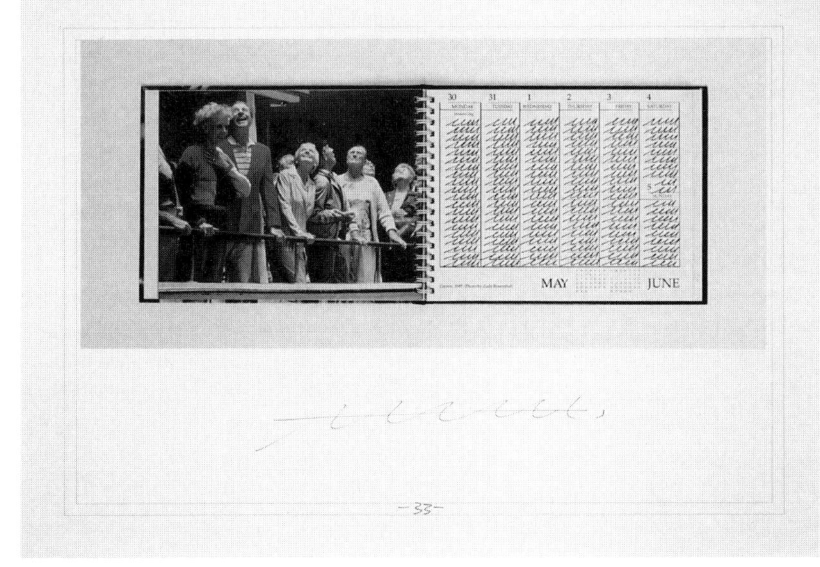

HANNE DARBOVEN, APPOINTMENT DIARY,
1988, entries for May and June / KALENDER-
BUCH 1988, Einträge zu Mai und Juni.
(PHOTOS: GALERIE ELISABETH KAUFMANN, ZURICH)

1976 erfindet Hanne Darboven den Stempel «etc.» und führt damit eine neue Zähl- und Schreibweise ein. 1+1=2 kann für sie sowohl eine mathematische Summe von 2 sein als auch das Resultat einer Serie, einer Aufzählung: 2=1,2. Dieser kleine runde Stempel veranschaulicht auf engstem Raum, wie Hanne Darboven Zahlen gleichzeitig als Serie und als Konstruktion verstanden haben will. Ihre Arbeiten sind somit als Abläufe zu begreifen. Sie haben zeitlichen Charakter und stehen den zeitlichen Künsten Musik und Literatur genauso nah wie der Visualität der bildenden Kunst, die alles auf einen Blick zu erfassen versucht.

Eine Ausnahme in diesem Verständnis macht das Musikalische. Bereits im Zusammenhang mit ihrem Frühwerk weist die Künstlerin auf einen grundlegenden musikalischen Aspekt ihrer Werke hin: «Meine Systeme sind numerische Konstrukte, die nach Gesetzen der Progression und/oder Reduktion arbeiten, in der Art eines musikalischen Themas mit Variationen.»[4] So kann die Berechnung eines Jahrhunderts Zehntausende von Blättern füllen wie das vierteilige Requiem (Opus 19–22) oder auch nur eine Seite.

Ihre visuellen Zeitrechnungen werden seit 1979 auch in Musik umgesetzt, nach Praktiken, die in der seriellen Musik und *minimal music* üblich sind. Die Zahlen der Zeitrechnungen werden von ihr in Tonhöhen und seriellen Patterns festgelegt. Die Quersummen der Tagesdaten erklingen als ganze Töne, wofür Hanne Darboven ein ebenso ausgeklügeltes wie einfaches Notensystem entwickelt hat. In ihrem Notensystem entspricht jede Ziffer einer bestimmten Tonhöhe. Die Zahl 0 steht für d, 1 für e, 2 für f, 3 für g usw., 9 schliesslich wiederum für f. Zusammengesetzte Zahlen werden in zwei Noten, also in ein Intervall, übertragen: 11 = e-e, 12 = e-f. Um die unkonventionellen Partituren in eine spielbare Notenschrift zu überführen, arbeitete sie für die erste Aufführung eines ihrer Werke – WENDE 80 (1980–81) – mit dem Organisten Friedrich Stoppa zusammen, der ihre Notate transkribierte, arrangierte und instrumentierte.

Mit WENDE 80 führte Hanne Darboven den musikalischen Klang in ihre Arbeit ein. Die Tonfolge – die Musik – ist wie kaum ein anderes Medium Inbegriff von Zeitlichkeit. Der Weg Hanne Darbovens über Zeichnungen und Zahlenkonstruktionen zur Musik ist ungewöhnlich, stellt sich aber rückblickend betrachtet zwingend und als innere Notwendigkeit dar.[5] Umso mehr als die ihren Zahlenkonstruktionen zugrunde liegenden Gesetzmässigkeiten ihre Musik eins zu eins bestimmen. Die Musik der Opera 19–22 in WENDE 80 ist die konsequente Umsetzung der Zahlen in Töne nach einem bestimmten Code. Sie basiert auf der exakten, ausnahmslosen Transkription der Zahlenkonstruktionen, so dass diese neu geschaffenen musikalischen Kompositionen äquivalente Ordnungen zu den beschriebenen Blättern sind.

Ich möchte diese Verfahrensweise anhand von Opus 42 (1993) erläutern, einem Bläserquintett, das im Herbst 2003 in Zürich uraufgeführt werden soll.[6] Das Quintett besteht aus vier Teilen – A, B, C, D –, die nach dem musikalischen Rechensystem von Hanne Darboven je zwanzig Jahre beinhalten. Zu jedem Teil besteht ein entsprechender Indexband, in dem die Instrumente und Rechenarten in komprimierter Form angezeigt sind. Die Notationen beruhen auf einer Variante der Quersummenberechnungen des Jahrhunderts ohne Trennung der Jahreszahlen (2K–142K) in einer viermaligen Reduktion von A bis D. Für den Teil A rechnete sie die Konstruktionsform 42, für den Teil B die Form 33, für Teil C jene von 15, für Teil D die Form 6. Was heisst Konstruktionsform 42? Die Konstruktion 42 ist das Ergebnis einer Quersummenberechnung, in der sie die Tage eines Jahres von 2K (1.1.00) bis 43K (31.12.00) durchrechnet. Beim Konstruktionsprinzip 33 wendet sie ein Reduktionsprinzip an, das die Monatszahlen separat rechnet (1.1.00=2K bis 31.12.00=34K). Das heisst, sie rechnet 1+1+0+0=2K und 31+1+2+0+0=34K. Beim Konstruktionsprinzip 15 werden die Tageszahlen getrennt verrechnet: 1.1.00 ergibt 2K und der 31.12.00 ergibt 3+1+12+0+0 ergibt 16K. Wenn es nach dem Konstruktionsprinzip 6 geht, werden sowohl die Tages- und Jahres- wie auch die Monatszahlen separat gerechnet: der 1.1.00 ergibt 2K, der 31.12.00 berechnet sich auf 7K (3+1+1+2+0+0). Für die einzelnen Teile A,B,C,D werden fünf verschiedene Rechenarten in den verschiedenen Dekaden vorgesehen, die auf Zählung oder Multiplikation bestehen können. Diese wiederum werden den einzelnen Instrumenten zugeordnet.

Einem mit diesen rechnerischen Operationen Darbovens Unvertrauten mögen diese Zahlenspiele eher als mathematische Magie erscheinen denn als Produkt einer Operation, die einen zeitlichen Sachverhalt darzustellen hat. Ein Blick in die Transkription und Instrumentierung des Opus 42 von Friedrich Stoppa, welche 721 Seiten Partiturnoten umfasst, zeigt, dass die Verschleierung des Berechneten eher zu- als abnimmt. Stoppa hat die Flötenstimme als alleiniges Melodie-Instrument bestimmt, während die anderen Instrumente die Intervalle der K-Systeme in ganzen Tönen wie ein *cantus firmus* begleiten. Doch die rechnerische Partitur von Hanne Darboven kann auch ganz anders umgesetzt werden. Der heute mit der Künstlerin zusammenarbeitende deutsche Musikwissenschaftler Wolfgang Marx betrachtet auch andere Möglichkeiten der Melodieführung als sinnvoll, zum Beispiel die Aufteilung der leitenden Stimme auf zwei melodieführende Instrumente. Bemerkenswert ist somit die grosse Offenheit in der musikalischen Realisation, die das Darbovensche Transkriptionssystem zulässt. Darboven macht nur Vorgaben bezüglich Tonhöhe, Intervallen und Anzahl Wiederholung der Töne oder Intervalle, zudem zur Besetzung, wobei sie auf die traditionellen Gattungen der abendländischen Musikgeschichte zurückgreift – Streichquartett, Symphonie, Bläserquintett – ohne die einzelnen Stimmen kompositionstechnisch festzulegen. Obwohl einzelne Werke bedeutungsvoll sprechende Titel tragen, etwa REQUIEM (Opera 19–22) oder VIER JAHRESZEITEN (Opus 7) oder LUDWIG VAN BEETHOVEN (Opus 25), wird damit nur eine kulturelle Referenz erwiesen, nie aber eine kompositorische. Somit eröffnen sich der Kreativität des aufführenden Ensembles ungeahnte Spielräume.

Diese Offenheit im Musikalischen zeichnet auch Darbovens visuelle Werke aus, die zwischen Schrift und Schriftbild, zwischen Text und Ornament pendeln und den Betrachter in eine Rolle zwischen Leser, Betrachter und Wanderer hineinmanövrieren. Da er diese Rollen nie gleichzeitig wahrnehmen kann, ist der Betrachter zu ständiger Beweglichkeit gezwungen, was ihm einiges an Kreativität und Stehvermögen abverlangt. Das ungemein vielschichtige und multimediale Werk von Hanne Darboven ist die Partitur einer epischen Symphonie.[7] Die visuelle Rezeption des Werkes – das Abschreiten einer endlos scheinenden Reihe von 880 Blättern entlang der Wände eines Ausstellungsraums – schärft das Bewusstsein erlebter Zeit mehr als das eigentliche Lesen dieser Blätter. Auch die akustische Rezeption der sich unaufhörlich repetierenden monotonen Musik, die beispielsweise für WENDE 80 auf elf Schallplatten fixiert wurde, braucht den Erlebnisraum des Visuellen, um die Dauer des Stückes zu verstehen, weil sich dem Rezipienten die Operationen des Darboveschen Systems nicht allein übers Gehör erschliessen. Was musikalisch gesagt wird, verbirgt sich hier zugleich in komplexen Operationen. So hat die Musik von Hanne Darboven die Tendenz, den Hörer an die Grenze des Erfahrbaren zu bringen. Die Strenge dieses Konzepts führt zu Monotonie und erzeugt sowohl Trancephänomene wie Langeweile.[8] Beide Elemente deuten auf extremste Erfahrungen in und mit der Zeit hin. Die relative Vernünftigkeit in Darbovens musikalischem Konzept entpuppt sich nicht als tonale Rhetorik, sondern als Ekstase.

1) Ingrid Burgbacher-Krupka, *Hanne Darboven: konstruiert – literarisch – musikalisch; the sculpting of time* (dt. und engl.), Cantz, Ostfildern 1994, S. 31–35.
2) Für die «Ausstellung mit 6 Filmprojektoren nach 6 Büchern über 1968» im Städtischen Museum Mönchengladbach von 1969 nahm Hanne Darboven ihre Aufzeichnungen, die für die Ausstellungsräume zu umfangreich waren, auf Film auf und projizierte sie über sechs Filmprojektoren. Vgl. Elke Bippus/Ortrud Westheider, *Hanne Darboven: Kommentiertes Werkverzeichnis der Bücher*, Walther König, Köln 2002, S. 33.
3) Konstruktion genannt oder abgekürzt K.
4) Franz Meyer, *Hanne Darboven. Ein Monat, ein Jahr, ein Jahrhundert. Arbeiten von 1968–1974*, Kunstmuseum Basel, 1974, S. 3–12.
5) Margarethe Jochimsen, «Hanne Darbovens Weg zur Musik», in: *Musikwerke Bildender Künstler I.*, Katalog zum Konzert mit Kompositionen von Hanne Darboven, 28.4.99 Berlin / 4.5.99 Bonn; Berlin 1999, S. 48.
6) Bippus/Westheider, op. cit., S. 141–143. Die Notenschrift von Friedrich Stoppa wurde mir freundlicherweise von Hanne Darboven zur Verfügung gestellt.
7) Jochimsen, op. cit., S. 55.
8) Stefan Fricke, «Eins, zwei drei, vier …. Die kalendarische Zahlen-Musik der Hanne Darboven», in: *Zeitschrift für neue Musik*, Nr. 1/2001, S. 33.

My Work Ends in Music[1)]

HANNE DARBOVEN'S NOTATIONS AS MUSICAL WORKS

SIBYLLE OMLIN

A major retrospective was devoted to Hanne Darboven at "Documenta 11" in Kassel. One may ask whether her oeuvre successfully represents one of the important theses of this last "Documenta," namely that documentary work is a legitimate factor in artistic endeavor, if not actually art itself. However, in Darboven's music, an increasingly important aspect of her work—the category of documentation—has no relevance whatsoever.

Hanne Darboven's reticence towards the concept of art is conspicuous. She prefers to say "I write," "I make books," or "I make music," rather than confining herself to the word "art." Her primary concerns since the sixties have been writing, making notes, and collecting visual and printed material. Visual expression that refers to art is implemented in her work through the use of systems of writing and notation found in other artistic orders like literature, diaries, calendars, books of hours, or music. For her long-term writing projects, she deliberately chooses cultural forms that make the duration of writing visible in time and space.

Her chosen forms obviously show the abstraction inherent in written media but they also necessarily insist on unfolding in a temporal and spatial context. A diary and a book of hours cannot be understood without leafing through them, a calendar is hung on the wall, a sheet of music only becomes a work of art when it is performed. Nonetheless, the use of writing in Hanne Darboven's works does not serve purposes of documentation.

Hanne Darboven's work since the sixties seems to be characterized by constant rebellion against the fact that art is by convention restricted primarily to a static support, meaning that artists cannot generate real sequences of movement and action unless, of course, they work in performance or film. Hanne Darboven has tried to circumvent this obstacle by shifting her artistic actions primarily to writing and notation; she has covered thousands of sheets of paper with writing, a procedure that poses a challenge for their presentation in museums and galleries.[2)] Although Hanne Darboven devotes herself largely to the two-dimensional medium of paper and books, she does not simply content herself with converting seeing into reading in an imaginary mental space. Instead she tries to deal productively with written matter by pursuing the spatial extension of her notations, for instance, as open-leaved books or as musical constructions.

These efforts are triggered by a concept of temporal space that underlies everything Hanne Darboven does. Fascination with the silent growth of movement that unfolds according to strict laws already characterized her early construction drawings of the sixties. Darboven began with the continuous written flow of meaningless lines, boxes or u-shaped, meandering curves, but soon incorporated numbers and numerical values which in turn refer to notions of time and valences. As of 1967, this basic trait became manifest

SIBYLLE OMLIN is a freelance art critic and director of the Abteilung Bildende Kunst/Medienkunst der Hochschule für Gestaltung und Kunst in Basel (since 2001).

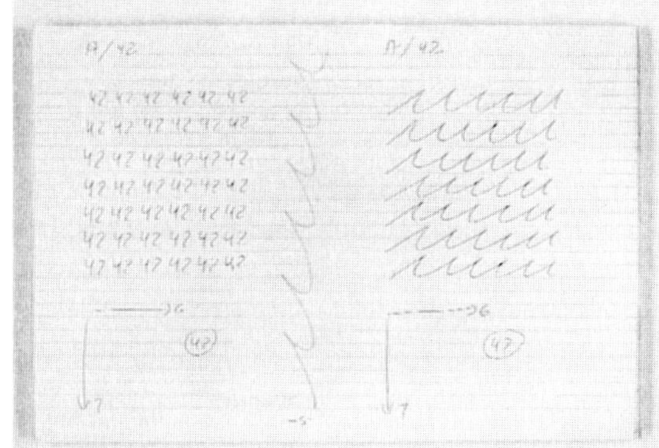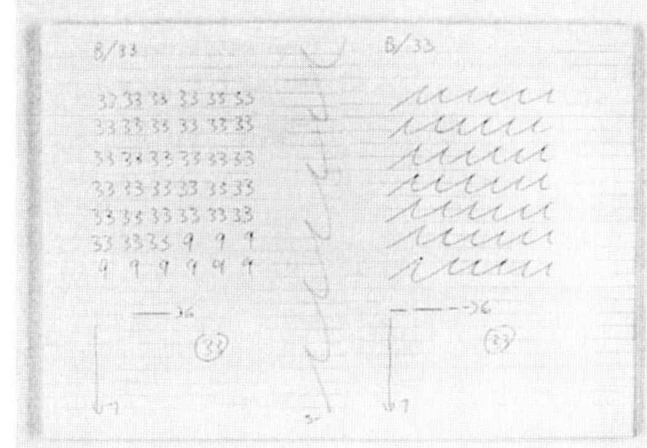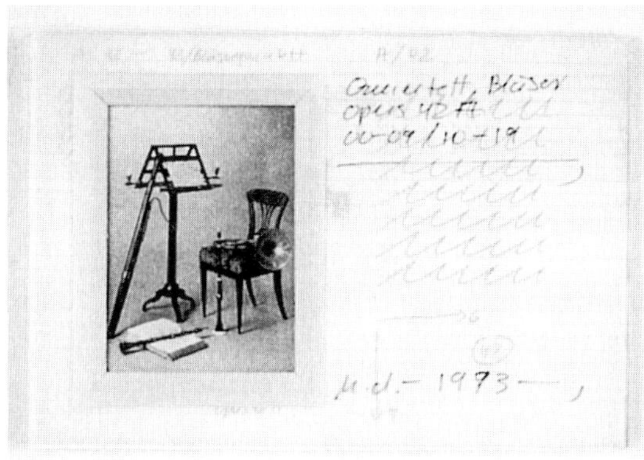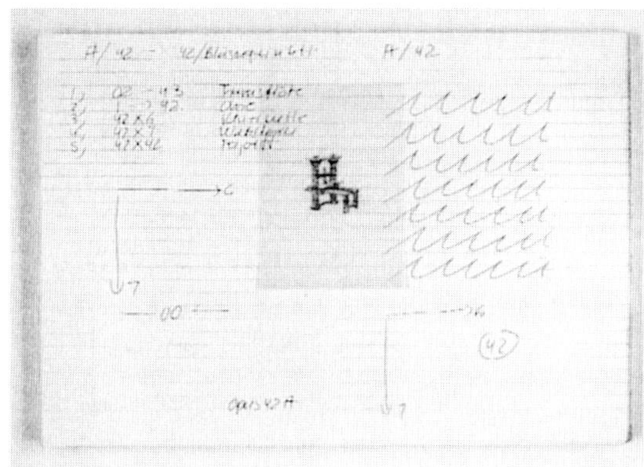

HANNE DARBOVEN, OPUS 42, 1993, 24 vols., 880 sheets; 4 parts, A,B,C,D of 5 vols. each, and 4 index vols. / 24 Bände, 880 Blätter; 4 Teile, A,B,C,D zu je 5 Bänden, und 4 Indexbände. 1) Multiplications from A / Multiplikationen aus A: 42 x 42. 2) Multiplications from B / Multiplikationen aus B: 33 x 33. 3) Cover page of main part A / Titelblatt, Hauptteil A. 4) Index page of main part A / Indexblatt, Hauptteil A. (PHOTO AUS: BIPPUS, WESTHEIDER, «HANNE DARBOVEN: KOMMENTIERTES WERKVERZEICHNIS DER BÜCHER», WALTHER KÖNIG, KÖLN 2002)

in the emergence of numerical constructions. Hanne Darboven discovered an adequate framework for her objectives in our system of recording time: the days, the months, and the years of calendrical time became the basis of her work. Calculating the cross sums of dates[3] according to rules of her own invention, she came up with series of numbers and sums whose nominal value and frequency have a rising or diminishing tendency. Since then, Hanne Darboven has produced sequences of time in many of her works. She works with imagined time, both fictional and real, time that she has personally experienced and personally spent writing. She counts time, she compresses time, she stretches time. Thus, these

works manifest time not only in the form of an uninterrupted act of writing out and writing down, but also as the temporal passage of current events and contemporary history. In EXISTENS, an ongoing work begun in 1966, Hanne Darboven uses a system of daily calculations. In small diaries, she checks off or crosses out each single day. In 1976 Hanne Darboven invented a stamp, "etc." introducing a new mode of numbering and counting. She reads $1+1=2$ as the mathematical sum of two but also as the result of a series, that is, of consecutive counting: $2=1,2$. This small round stamp quintessentially demonstrates Hanne Darboven's understanding of numbers as both progression and construction. She wants her

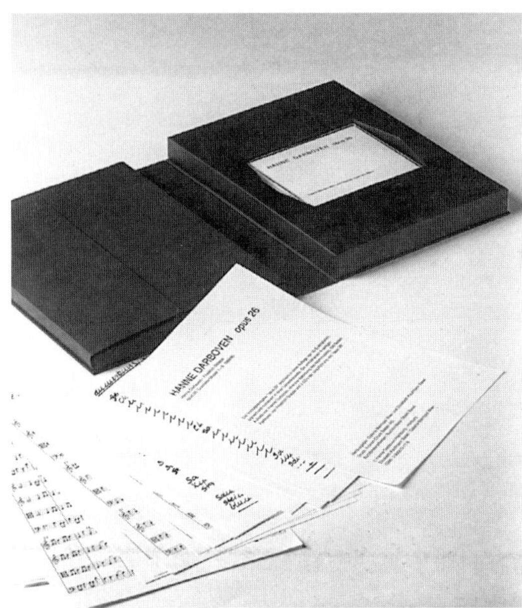

*HANNE DARBOVEN, OPUS 26, 1989–90, quartet, model
1–9; score of 106 pages, 2 CDs / Quartett, Modell 1–9,
106 Seiten Partitur, 2 CDs. (PHOTO: GALERIE ELISABETH
KAUFMANN, ZURICH)*

works to be read as sequences. They have a temporal character and show as much rapport with the temporal arts of music and literature as they do with the visuality of the pictorial arts, where everything can be taken in at a single glance.

Music is the exception in this context. In her early work, the artist already spoke about the musical aspect of her output, describing her systems as numerical constructs, governed by the laws of progression and/or reduction, and comparing them to a musical theme with variations.[4] Calculating a century may fill only a single page or thousands of sheets of paper, like the four-part REQUIEM (Opus 19–22).

Hanne Darboven first set her visual calculations of time to music in 1979, following the practice of serial and minimal music. A specific note and serial pattern is assigned to the numbers of her calendar calculations. The cross sums of the dates have one whole note, for which Hanne Darboven has devised an extremely sophisticated and surprisingly simple system. Every number corresponds to a specific note. The number 0 stands for d, 1 for e, 2 for f, 3 for g,

(...), and 9 for f again. Two notes are assigned to numbers with two digits, so that they represent an interval: 11=e-e, 12=e-f. In order to find a playable notation for her unconventional scores, she worked with organist Friedrich Stoppa on the first performance of one of her works, TURNING POINT 80 (1980/1). Stoppa transcribed, arranged, and orchestrated her notations.

TURNING POINT 80 marks the introduction of musical sounds in Hanne Darboven's work. Music, that is, a sequence of notes, is the most temporal of all mediums. Hanne Darboven's move from drawing and numerical construction to music is unusual but, in retrospect, it proves to be the consequence of a compelling inner necessity,[5] the more so since the laws that govern her numerical constructions are identical to those that govern her music. The music of Opera 19–22 in TURNING POINT 80 is the result of consistent transposition of numbers into sounds according to a predetermined code. It is based on the exact transcription of her numerical constructions, without exception, so that the newly created musical compositions represent orders equivalent to the written sheets of paper.

I would like to illustrate this procedure on the basis of Opus 42 (1993), a wind quintet that will be premiered in Zurich in the fall of 2003.[6] The piece consists of four parts A, B, C, D, each of which contains twenty years, according to Hanne Darboven's musical calculations. A volume of indices that accompanies each part provides compressed notations for the instruments and modes of computation. The notations are derived from a variation on the computation of the cross sums of the century without separating the digits of the years (2K–142K). The artist then reduced her computations four times from A to D. She calculated a construction form of 42 for part A, 33 for part B, 15 for part C, and 6 for part D. But what does "construction form 42" mean? It is the result of a cross sum computed on the basis of the days of a year from 2K (1.1.00) to 43K (31.12.00). For the construction principle 33, Darboven arrived at a reduction by separating the digits of the months in calculating the cross sum (1.1.00=2K to 31.12.00=34K). In other words, she added 1+1+0+0=2K and 31+1+2+0+0=34K. For the construction principle

15, she calculated the digits of the days separately: 1.1.00=2K and 31.12.00=3+1+12+0+0=16K. And finally for the construction principle 6, all of the digits—days, years, and months—are calculated separately so that 1.1.00=2K and 31.12.00=7K (3+1+1+2+0+0). For each part of Opus 42, five different modes of calculation are applied to the decades, consisting of addition or multiplication. These computations are in turn assigned to the individual instruments.

For those unfamiliar with Hanne Darboven's calculations, these number games look more like mathematical magic than the product of operations devised for the purpose of representing the subject matter of time. A look at Friedrich Stoppa's transcription and orchestration of Opus 42, a score of 721 pages, shows that the calculations become progressively less—and not more—transparent. The only melody instrument in Stoppa's composition, the flute, is accompanied by the other instruments playing the intervals of the K-systems in whole notes somewhat like a cantus firmus. However, Hanne Darboven's computed score could be interpreted quite differently. The German musicologist Wolfgang Marx, who is currently working with the artist, proposes other meaningful means of orchestrating melody, such as dividing the first voice between two melody instruments. Significantly, this shows that Darboven's system of transcription allows substantial room for interpretation. Hanne Darboven only specifies the note, the intervals, and how often notes or intervals are to be repeated; she also defines the ensemble in traditional terms such as string quartet, symphony, or woodwind quintet, but without assigning notes to the instruments. Some of the works have such eloquent titles as REQUIEM (Opera 19–22), THE FOUR SEASONS (Opus 7), or LUDWIG VAN BEETHOVEN (Opus 25), but these are only cultural references and never of significance in terms of composition. Musicians can therefore give free rein to their creative interpretation of Darboven's notations.

Such far-flung freedom of interpretation characterizes Hanne Darboven's visual works as well. The latter oscillate between lettering and the appearance of handwriting, between text and ornament, casting viewers in several roles: reader, beholder, or wanderer.

Since these roles can never be played simultaneously, the viewer must remain extremely flexible, mustering a maximum of creativity and perseverance. Hanne Darboven's incredibly complex, multimedia oeuvre is the score of an epic symphony.[7] The visual reception of her work—pacing off a seemingly endless progression of 880 sheets of paper along the walls of the gallery—sharpens our awareness of physically experienced time, more so than the actual reading of these pages would. Acoustic reception of the ceaselessly repetitive monotone music, for example TURNING POINT 80 recorded on eleven LPs, also requires the visual experience in order to understand the duration of the piece because the operations of the Darbovian system are not exclusively acoustic. What Darboven expresses in her music is also expressed in her complex operations. In her compositions, the artist pushes listeners to the limits of experience. The uncompromising rigor of her concept leads to the extremes of experience in and with time, a spectrum that ranges from trance-like states to sheer boredom.[8] The relatively reasonable guise of Darboven's musical concept does not lead to a rhetoric of tonality but to rapture.

(Translation: Catherine Schelbert)

1) Ingrid Burgbacher-Krupka, *Hanne Darboven: konstruiert – literarisch – musikalisch; the sculpting of time* (German & English), (Ostfildern: Cantz, 1994), pp. 31–35.
2) For the "Ausstellung mit 6 Filmprojektoren nach 6 Büchern über 1968" at the Städtische Museum Mönchengladbach in 1969, Hanne Darboven filmed her writings and screened them with six projectors since they were too voluminous for the galleries. See Elke Bippus, Ortrud Westheider, *Hanne Darboven. Kommentiertes Werkverzeichnis der Bücher* (Cologne: Walther König, 2002), p. 33.
3) These she calls "constructions" or "K" (abbreviation for German: Konstruktion).
4) Franz Meyer, *Hanne Darboven. Ein Monat, ein Jahr, ein Jahrhundert. Arbeiten von 1968–1974,* Kunstmuseum Basel, 1974, pp. 3–12.
5) Margarethe Jochimsen, "Hanne Darbovens Weg zur Musik" in: *Musikwerke Bildender Künstler I.* Catalogue for the concert with compositions by Hanne Darboven, 28 April 1999, Berlin / 4 May 1999, Bonn (Berlin: 1999), p. 48.
6) Bippus/Westheider, op. cit., pp. 141–143. Hanne Darboven kindly lent me Friedrich Stoppa's notations.
7) Jochimsen, op. cit., p. 55.
8) Stefan Fricke, "Eins, zwei drei, vier... Die kalendarische Zahlen-Musik der Hanne Darboven" in: *Zeitschrift für neue Musik,* No.1/2001, p. 33.

Die Erfindung des Schaulager®

Das neue Schaulager der Laurenz-Stiftung für die Sammlung der Emanuel Hoffmann-Stiftung in Basel – Gespräch mit THEODORA VISCHER, Direktorin des Schaulagers und JACQUES HERZOG, Architekt von Herzog & de Meuron.

PARKETT: Wie kam man auf die Idee des Schaulagers?

THEODORA VISCHER: Maja Oeri hatte die Grundidee. Sie ist Präsidentin der Emanuel Hoffmann-Stiftung und Gründerin der Laurenz-Stiftung, welche ihrerseits Trägerin des Schaulagers ist. Seit langem machte sie sich Gedanken darüber, wie die 70 Jahre alte, dauernd anwachsende Sammlung, die nur bruchstückhaft im Kunstmuseum und im Museum für Gegenwartskunst in Basel zu sehen ist, integral zugänglich sein könnte. Sie fand zum einen, es mache keinen Sinn, eine Erweiterung oder ein neues Museum zu bauen, denn das bestehende Museum für Gegenwartskunst habe eine gute, menschliche Grösse. Ein neues Museum wäre zudem in fünf Jahren bereits wieder zu klein. Sie erkannte zum anderen, dass der konservatorische Zustand der Sammlung mit besonderer Aufmerksamkeit zu beobachten sei, denn über die Haltbarkeit der Medien und Materialien vieler Werke zeitgenössischer Kunst weiss man relativ wenig. Bleiben Kunstwerke jahrelang unkontrolliert in Kisten verpackt, kann man böse Überraschungen erleben. So entstand die Idee des Schaulagers. Statt unter den für traditionelle Kunst üblichen Verhältnissen und verschlossen sollten die Werke jederzeit zugänglich und unter ihnen angemessenen Bedingungen aufbewahrt werden. Das Schaulager ist also in erster Linie ein Zuhause für die nicht im Museum ausgestellten Werke aus der Sammlung der Emanuel Hoffmann-Stiftung.

PARKETT: Die Raumaufteilung entspricht weder jener eines Museums noch der eines normalen Lagerhauses. Habt ihr zuerst die Raumaufteilung für die rund 600 Werke entwickelt und erst später allmählich gemerkt, welch grosses Potenzial in der Erfindung des Schaulagers liegt?

THV: Die primäre Vorgabe war, optimale konservatorische Bedingungen für die neuartige Aufbewahrung der Sammlung zu schaffen. Die Raumaufteilung wurde überhaupt erst Thema, nachdem eine Reihe anderer Fragen konzeptioneller und architektonischer Art gelöst waren.

JACQUES HERZOG: Ich finde «Raumaufteilung» ein unglückliches Wort. Es geht um ein Raumprogramm. Dieses musste erst entwickelt werden, weil dieser Typus eines Gebäudes absolut neuartig ist. Letztlich stand aber am An-

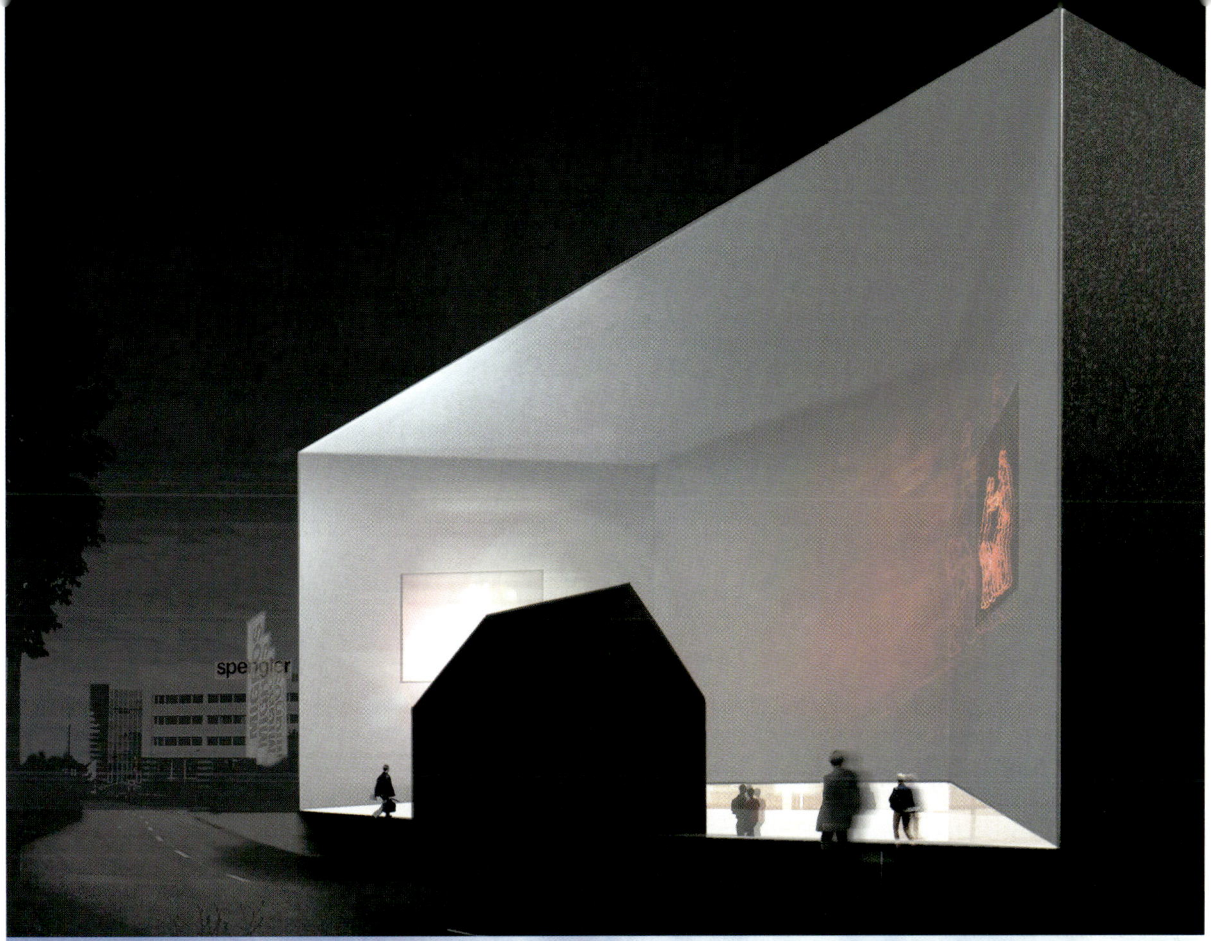

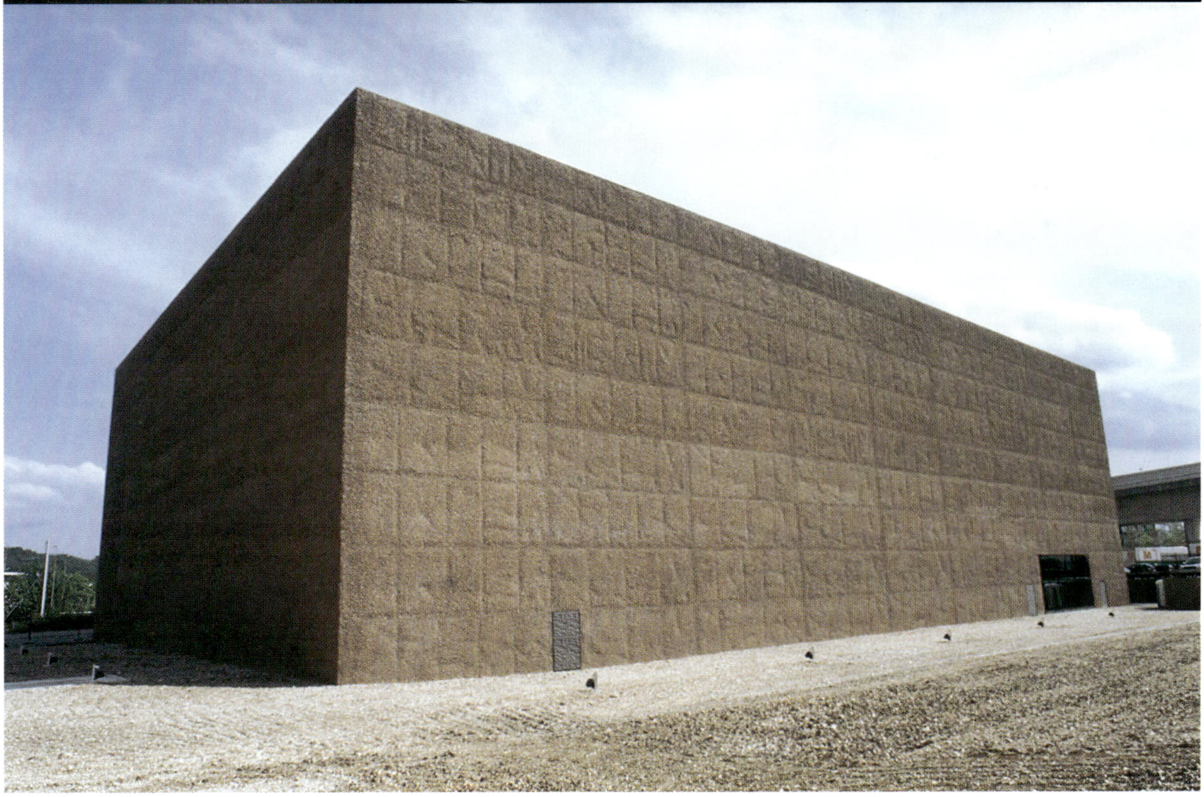

Oben / Top: Schaulager Basel, Bildmontage der Architekten, Vorderansicht mit weisser Stahlfassade, LED-Screens und Torhaus /
Composite image showing front view with white steel façade, LED screens, and gatehouse. (COMPOSITE IMAGE: HERZOG & DE MEURON)
Unten / Below: Schaulager Basel, Rückansicht Ende April 2003 / Back of building. (PHOTO: ADRIAN FRITSCHI, ZÜRICH)

fang die Frage nach dem Ort, dem Grundstück. Die Beantwortung dieser Frage war für die Grundidee und die Funktion dieses Gebäudes entscheidend.

THV: Maja Oeri suchte zuerst einen Ort in der Nähe des Museums, in der Stadt. Nach und nach kam sie dann zur Überzeugung, nicht eine weitere Institution schaffen zu wollen, die sich ins alte Zentrum drängt, sondern aus der Stadt hinauszugehen, in eine Situation mit einer ganz anderen Atmosphäre. Sie begann an der Peripherie zu suchen, bis ihr die Christoph Merian-Stiftung ein Gelände anbot, das den Vorstellungen genau entsprach. Ein Ort in einem Areal, das von diversen gewerblichen und kommerziellen Nutzbauten besetzt und dennoch nur 15 Minuten vom Stadtzentrum entfernt ist. Es ist keine Erholungspark-Situation, sondern dort herrscht Arbeitsatmosphäre.

JH: Genau genommen ist es noch extremer: Der Ort ist hässlich, ein Unort ohne eigene Identität an der Nahtstelle zwischen Kernstadt und anstossender Vorortgemeinde. Erst seit kürzester Zeit ist die dort ansässige industrielle und gewerbliche Nutzung im Umbruch. Es entwickelt sich ein bunt gemischtes Quartier, vergleichbar mit dem erst neulich rege belebten Zürich-West-Quartier. Dank grossflächiger Zonenaufteilung und industrieller Räume hat das

Gebiet ein grosses Potenzial. Für das Schaulager bietet die bevorstehende Urbanisation spannende Perspektiven: Es kann zum wichtigen Kristallisationspunkt werden und eine Vielfalt anderer Funktionen generieren.

Als Maja Oeri mit ihrer Idee auf uns zukam, fiel es uns wie Schuppen von den Augen: Nur in Paris, New York oder London macht das grossmassstäbliche Erweitern von Museen Sinn, denn nur in diesen Metropolen sind die Besucherzahlen hoch genug, um riesige Museen wie Tate, Centre Pompidou oder MoMA zu füllen. Alle anderen Städte sind zu klein. Basel lässt sich vom Niveau der bildenden Kunst her zwar durchaus mit diesen Metropolen vergleichen, nicht aber in Bezug auf Bevölkerungszahlen und Touristenfluss. Es wäre absurd, hier ein weiteres Museum bauen zu wollen. Tatsache ist aber, dass die vorhandene Sammlung einen Raum von beinahe der Grösse der Tate Modern bespielen kann. Deshalb ist die Erfindung des Schaulagers so spannend. Entscheidend für die Identität dieses Ortes ist die Frage, wie öffentlich das Schaulager sein soll. Es kann sich völlig abschotten, wie ein wissenschaftliches Forschungsinstitut, kann aber auch zum Publikumsmagnet werden.

PARKETT: Das Schaulager ist ein Hybrid: weder Museum noch traditionelles Lager. Es steht an einem Unort und ist dennoch ein spektakuläres, neues Gebäude wie etwa Frank Gehrys Guggenheim-Museum in Bilbao. Weder spielt es wie andere Publikumsmaschinen mit einem Anbiederungseffekt, noch befindet es sich an einer Kulturmeile. Hier betritt man Neuland, ein Labor, von dem man noch nicht weiss, wie es sich entwickeln wird. Die ungeahnten Möglichkeiten werden sich wohl erst zeigen, wenn es benutzt wird?

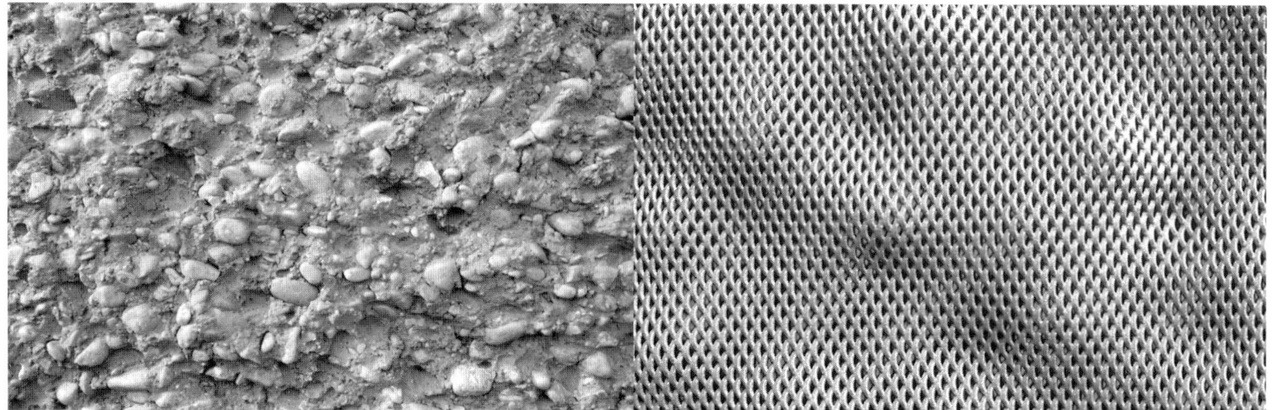

THV: Ja, so ist es. Das gilt für das Gebäude und den ungewöhnlichen Standort, insbesondere aber für das Konzept Schaulager, das im Grunde so nahe liegend und einfach ist, bisher aber in dieser autonomen Form nicht existiert hat. Wohl gibt es in einzelnen Museen zugängliche Lagerräume, dass aber eine Institution dafür gegründet wird, die ganz neue Funktionen übernehmen kann, ist bisher einmalig.

JH: Für uns stellte sich bei der Projektierung zunächst die Frage, wohin sich das Gebäude orientieren sollte. Schliesslich haben wir uns für eine fast lapidare, pragmatische Platzierung im Grundstück entschieden. Der Grundriss ist eine Folgeerscheinung der Parzellenform. Wir setzten den Eingang in die Ecke zur Tramhaltestelle hin, weil wir diese Seite als die öffentlichste ansahen. Wie das Goetheanum[1] schaut der Bau zum Birstal hin, das als eine Art «heilige» Landschaft der Schweiz gilt und zugleich ein Ausfalltal der Stadt Basel ist. Erst spät wurde uns klar, dass im Rücken des Schaulagers ein neues Quartier entsteht. Heute wäre deshalb zu überlegen, ob der Bau nicht vielleicht janusköpfig sein sollte.

PARKETT: Betrachtet man nur die Fassade, hat man den Eindruck, es sei eine Art Acker mit einer Furche in die Vertikale gekippt worden. Dann erkennt man aber das Hightech-Innere... Wie reagierst du, Jacques, auf ein Stichwort wie «das Rohe und das Gekochte»?

JH: Solch scheinbar unversöhnliche Gegensätze wie Acker und Hightech widerspiegeln das Hybride des Unternehmens Schaulager, das vorhin angesprochen wurde. In unseren Projekten finden sich aber auch sonst immer wieder derartige Konstellationen und Konfrontationen.

PARKETT: Ist dieser Grundriss, ein Pentagon, allein von der Parzelle her bestimmt oder gibt es da eine Anspielung auf die anthroposophischen Formen des Goetheanums?

JH: Das Goetheanum war kein formales Vorbild. Aber immerhin schauen sich die beiden Objekte an, und in beiden Fällen kann man von Monumentalbauten sprechen, jedenfalls für Schweizer Verhältnisse. Der fünfeckige Grundriss wurde pragmatisch gewählt, aber dennoch ein bisschen manipuliert – eine Strategie, die wir häufig anwenden. Es macht keinen Sinn, solche Formen symbolisch einzusetzen, aber wenn sie sich sozusagen von selbst ergeben, kann man sie manipulieren und auch verstärken.

PARKETT: Wir sind geprägt von den 70er Jahren – du, Theodora, hast eine Dissertation über Beuys geschrieben. In den 70er Jahren war zeitgenössische Kunst noch kein Massenereignis; man suchte elitäre Orte der Kunst auf, wo Differenzierung und Komplexität gepflegt wurden, die aber auch nach aussen in die Gesellschaft hineinwirken wollten. In Basel wird seit Jahrzehnten intensiv über zeitgenössisches Kunstgeschehen informiert und reflektiert. Seit 33 Jahren kommt ein grosses Publikum alljährlich hierher zur weltweit wichtigsten Kunstmesse, der ART. Auch an der ART herrscht in gewisser Weise eine «Schaulager-Situation», im Sinne von Verzicht auf stimmige Installationen oder geistige Verbindung der Kunstwerke. Vor kurzem haben Herzog & de Meuron das neue Fussballstadion gebaut[2], ein weiterer Ort des Massenerlebnisses *par excellence*. Vor diesem Hintergrund ergibt sich vielleicht eine Logik für die Entstehung des Schaulagers, nämlich, dass ihr euch zu sagen getraut habt: «Halt, wir machen etwas ganz langsam. Wir brauchen die Massen nicht um den Preis der Selbstaufgabe. Wir sind ihnen ohnehin nah.»

JH: Wir brauchen vor allem das Fussballstadion. *(Gelächter)*

THV: Mit der Idee des Schaulagers ist der Wunsch nach Verlangsamung von Anfang an engstens verbunden gewesen. Der Hinweis auf die Kunstmesse ist insofern anschaulich, als das Schaulager das pure Gegenteil darstellt. Hier ist die Kunst dem Marktgeschehen entzogen – auch in unseren Köpfen. Doch steht das Schaulager nicht für eine Anti-Haltung, sondern es will einen Ort für Kunst schaffen, an dem man Zeit hat, sich mit ihr zu beschäftigen.

PARKETT: Es gibt in Basel also viele «Eingeweihte» in Sachen zeitgenössischer Kunst oder sie kommen her, nicht zuletzt – wie gesagt – wegen der ART. Das Konzept Schaulager würde nicht in jedem gottverlassenen Städtchen funktionieren, denn es braucht dafür die hier glücklicherweise gegebenen Voraussetzungen: ein besonderes Klima in Sachen Kunst und Umgang damit.

THV: Dazu hat sicher auch die Emanuel Hoffmann-Stiftung beigetragen: Vor 70 Jahren wurde sie gegründet und es war der Wille der Gründerin, Maja Sacher, dass ausschliesslich zeitgenössische Kunst angekauft würde – dies wohlgemerkt 1933 – und dass diese immer zugänglich bliebe. Im Grunde genommen setzt das Schaulager diese Vorgabe unter Einbezug der gemachten Erfahrungen und der heutigen Gegebenheiten in innovativer Form um.

PARKETT: Dazu kommt auch noch die durch die Laurenz-Stiftung neu institutionalisierte Assistenzprofessur für zeitgenössische Kunst an der Universität Basel.

THV: Die kontinuierliche Verbindung mit der Universität ist ein wichtiger Aspekt des Schaulagers, der auch ein wenig Symbolcharakter hat. Die Erforschung und Vermittlung der zeitgenössischen Kunst und mit ihr verbundener Fragen ist ein zentrales Anliegen und ein langfristiges Projekt im Schaulager.

J H : Vielleicht sollten wir jetzt noch etwas ausführlicher auf das Raumprogramm zu sprechen kommen: Am Anfang gab es die Idee des Schaulagers ohne konkrete Raumvorstellung. Wir wollten uns zunächst auch möglichst frei und ohne Scheuklappen auf das Thema einlassen. So entstand eine erste radikale räumliche Vorstellung für ein Schaulager: Es sollte aus einem einzigen Boden und einer einzigen riesigen Wand bestehen, auf der man die Exponate wie bei einem Adventskalender öffnen oder wie auf dem Computerbildschirm hätte heranzoomen können. Das sah auf dem Papier natürlich verlockend aus, liess sich aber nicht umsetzen.

T H V : Es wäre nicht praktikabel gewesen.

J H : Ja, es war sozusagen eine endlose horizontale Fläche, auf der man alles auslegen kann, und eine theoretisch unbegrenzte Wandfläche. Auf einem Skyworker hätte man sich zum gewünschten Werk hinfahren lassen können, das wäre natürlich spektakulär gewesen.

T H V : Eben! Das ist ja genau das, was dem Gedanken des Schaulagers total widerspricht, das Spektakel…

J H : Wir werden das anderswo ausleben können! *(Gelächter)* Jedenfalls stellte sich die Frage, welcher Bautypus besonders geeignet wäre. Heutzutage ist ein Lagerhaus nur noch ein computergesteuertes Metallgestell mit einer Blechhülle. Wir haben uns vorgestellt, dass in dem Gebäude vielleicht in fünf Jahren Bananen lagern. Die Bauherrschaft hat immer betont, dass es einfach ein Lager sein sollte, etwas ganz Pragmatisches. Dieser Aspekt kam immer wieder knallhart rein.

P A R K E T T : Es schlichen sich dann allerdings doch all die wunderbaren Details ein. Da gibt es die knorrigen Handläufe mit ihren Gummiüberzügen, all diese Raffinessen wie die Verkleidung des Auditoriums mit Metallgeflecht usw. …

J H : Das ist eine andere Geschichte. Uns ist aufgefallen, dass man in einem Lagerhaus nie weiss, wo man ist. Deshalb haben wir entschieden, dass die Stockwerke treppenartig versetzt werden. Das bedeutet, dass man beim Eintreten einen vertikalen Raum vor sich hat, vergleichbar mit den haushohen Hotelfoyers in Atlanta. Das schafft eine gewisse Öffentlichkeit. Die Bauherrschaft betonte zu Beginn stets, dass es ausser dem Abwart mit dem Hund niemanden im Hause geben werde. Das war eine schon fast karikie-

rende Formulierung des Programms. Von dieser Vorstellung blieb das kleine Haus vor dem Bau übrig.

P A R K E T T : Ein kleines Wächterhaus?

J H : Ja, es steht da wie ein Wachhund. Uns hat der unterschiedliche Massstab interessiert inmitten dieser heterogenen Landschaft und die kristalline Form, die sozusagen fertig ausgebildet ist, während das grosse Haus des Lagers rudimentär bleibt, ein Stumpf. So gesehen sind das zwei Formen, die sich aufeinander beziehen.

P A R K E T T : Einerseits gibt es aussen auf vier Seiten eine robuste Kruste, die wie erwähnt die Vorstellung eines Ackers evoziert. Dann erscheint – wie ein Einschnitt in die Weichteile – die äusserst fragil wirkende, weisse Flanke mit den beiden LED-Screens, und es ist, als wolle das Wachhund-Pförtner-Häuschen diesen fragilen Einschnitt schützen.

J H : Ja, dieser Teil erscheint wie weggeschnitten. Irgendwann wurde auch diskutiert, ob das kleine Haus nicht zu sehr zur Anekdote werde, ob es nicht weggelassen werden könnte. Aber ohne dieses Häuschen hätte es nicht funktioniert. Die weisse Wand – übrigens eine lackierte Stahlwand – erschien so nackt, so ausgesetzt, es brauchte diesen «Stein» davor. Typologisch verwandt ist diese Seite auch mit einem Drive-in-Kino irgendwo in der Peripherie. Der grosse Screen evoziert eine gewisse Öffentlichkeit und eine Fremdartigkeit gegenüber der Banalität dieser typisch schweizerischen Peripherieästhetik. Ursprünglich sollte auf den LED-Screens gezeigt werden, was sich im Innern anbietet.

T H V : Die Bauherrschaft hat diese Idee schon sehr früh eingebracht, LED-Screens als virtuelle Fenster des sonst eher geschlossenen Gebäudes.

J H : Man wollte zwar möglichst wenig Öffentlichkeit, aber dennoch mit diesen Screens nach aussen treten. Der Bau hat wenige Fenster, nur diese horizontalen «Risse» in der Fassade, hinter denen sich die Fenster eigentlich verstecken. Fenster waren kein Thema, jedenfalls nicht wie bei einem Bürohaus. Stattdessen brachte die Bauherrschaft die Idee der LED-Screens ein, die wie Facettenaugen wirken. Dies umso mehr, als von den ursprünglich als Triptychon ausgebildeten drei Screens nur ein Paar übrig blieb. Allerdings sind es blinde Augen, die keinen realen Austausch anbieten, sondern vielmehr eine Information nach aussen tragen. Erst mit der Zeit ergab sich ihre fast ikonische Bedeutung für das Projekt.

P A R K E T T : Und welche Videos zeigt ihr darauf?

T H V : Es geht nicht darum, Videoprogramme zusammenzustellen und vorzuführen. Es ist die Idee des virtuellen

Fensters, welche die Wahl der gezeigten Bilder bestimmen
wird. Die Screens sind nicht nur Teil der Architektur, sondern auch Teil der Institution Schaulager. Jetzt, im Zusammenhang mit der Eröffnungsausstellung zu Dieter Roth,
zum Beispiel, werden die LED-Bilder sich auf diese Retro-
spektive beziehen. Wie so vieles im Schaulager stellen die
Screens ein Potenzial dar, das wir langfristig entwickeln
werden.

PARKETT: Im Schaulager wird das einzelne Werk relativ
isoliert gehängt. Vergegenwärtigt man sich hingegen die
Situation im Museum, hat man dort immer die kanoni-
schen Zusammenhänge, Museen sind grosse stilgeschicht-
liche Ordnungsmaschinen. Gegenüber diesen Ordnungen
hegt man mittlerweile gewisse Zweifel. Ihr hingegen ordnet
weder nach Epochen noch nach Stilrichtungen, sondern
aus praktischen Gründen nach Gattungen. Welches Potenzial birgt diese Praxis, bei der es keine Hängung im eigentlichen Sinne gibt?

THV: Man muss sich Folgendes vergegenwärtigen: Das
Schaulager entzieht nicht die Kunstwerke dem Museum,
sondern es befreit die Kunstwerke aus der Abgeschieden-
heit des Lagers. Es werden sich hier kaum neue Ordnungs-
modelle für Hängungen ergeben, die für das richtige
inhaltliche oder sinnliche Verstehen der Werke sinnvoll
wären. Oder dann wäre dies ein Zufall. Aber die neuartige
Präsentation der Werke im Schaulager, sozusagen hinter
den repräsentativen Kulissen des Museums, schafft natürlich unerwartete Möglichkeiten der Begegnung mit Kunst.

PARKETT: Weil hier viele Arbeiten aufbewahrt werden,
die sich nur aus ihrem Kontext heraus verstehen lassen,
werden die Besucher vorwiegend Sachverständige und
Kenner der Kontexte sein oder Studierende, die in diese
Kontexte eingeführt werden. In der Form der integralen
Hängung liegt aber auch das grosse Potenzial für die sorg-
fältige Erweiterung der Sammlung. Sammler verlieren ja
oft den Überblick über ihre Sammlung, und hier ist dieser
wie kaum anderswo gewährleistet.

THV: Ja, genau.

PARKETT: Es scheint uns wirklich der ideale Zeitpunkt
gekommen, um diese neue Form von Institution zu erfinden. Denn will man heute etwas über ein Bild oder einen
Künstler erfahren, holt man sich die Information am Computer über *Google* oder sonstwo. Vor 40 Jahren gab es diese
Informationsfülle nicht einmal ansatzweise. Wie lange hat
es doch gedauert, bis nach dem Krieg endlich das erste
Buch über den Surrealismus auf Deutsch erschien. Aber

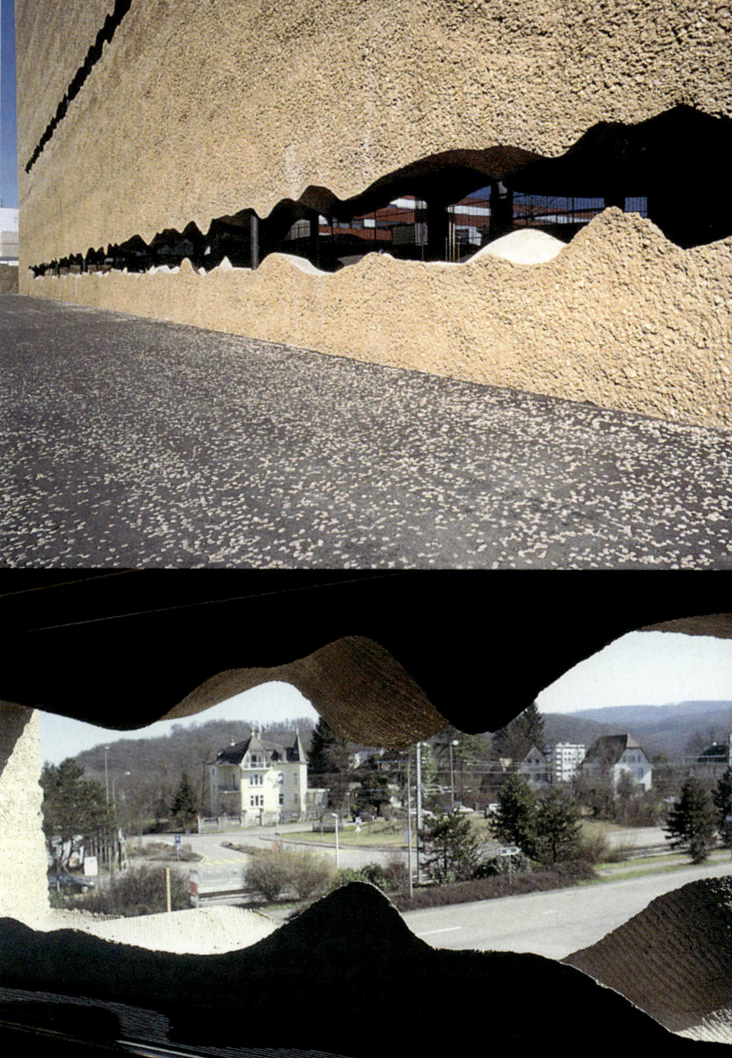

*Aussen- und Innenansicht der horizontalen «Risse», die als
Fenster dienen / Outside and inside view of horizontal
window "cracks." (PHOTOS: ADRIAN FRITSCHI, ZÜRICH)*

immer noch haben die Museen heute diesen Gestus des
Alles-erklären-Wollens: Das Bild muss unbedingt hier hän-
gen, sonst begreift man es nicht oder begreift die Stilepo-
che nicht. Dabei vergisst man, dass der Mensch heute ganz
anders konditioniert ist. Er kommt nicht mehr als Naivling
daher und wird dank einer bestimmten Hängung die
Kunstgeschichte mit einem Schlag begreifen.

Gibt es hier eine Datenbank zu den gelagerten Werken?

THV: Ja.

PARKETT: Und ist die zugänglich?

THV: Vorläufig noch nicht.

PARKETT: Damit sind wir wieder beim Raumprogramm
und bei der Frage, wie viel Raum gibt man den Werken, die

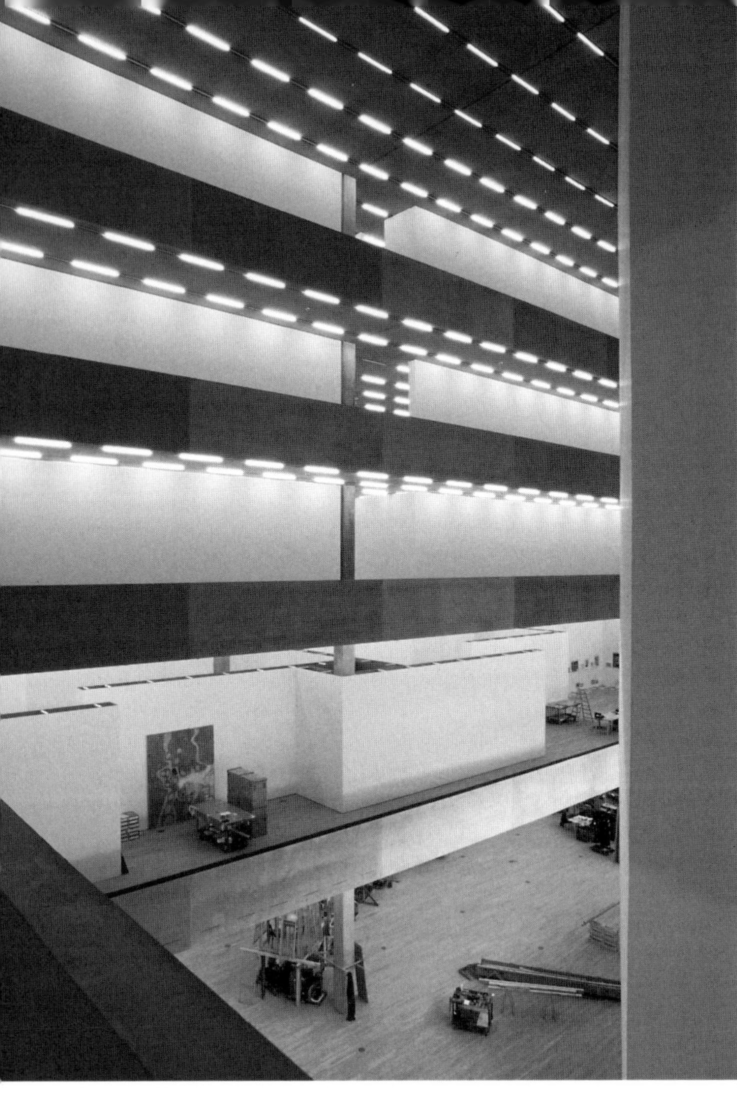

Räume sind dort höher, sechs Meter hoch, und haben eine Spannweite wie wohl in keinem der grösseren Museen der Schweiz. Hätten wir von Anfang an gewusst, dass diese Geschosse wie ein Museum bespielbar sein sollen, hätten wir es wohl kaum gewagt, das Licht so brutal direkt zu installieren.

T H V : Es sieht aber so aus, dass die Beleuchtung gerade in ihrer «Direktheit» eine gute Qualität erreichen wird.

J H : Ja, natürlich, wir haben sie dann ja auch angepasst. So gelang es, Lichtführung und Lichtfarbe auf die Farbe des Betons und die übrigen eingesetzten Materialien vor Ort abzustimmen. Wie in den meisten unserer Projekte testeten wir auch alle übrigen Schlüsseldetails in akribisch gebauten *Full-Scale*-Modellen. Vergleichbar mit der in der Industrie praktizierten Verfahrenstechnologie kann auf diese Weise nicht nur die Qualität des Produkts, sondern auch die einfachste Herstellungsweise erprobt werden.

Vieles in diesem Projekt entstand durch Ausprobieren mittels *trial and error*, oder vielmehr in einem intellektuellen Ping-Pong mit der Bauherrschaft. Ideen, Dinge zu vereinfachen oder unkonventionell anzugehen, wurden diskutiert und manchmal auch wieder verworfen. Zum Beispiel gab es mal die Idee, das Auditorium im gleichen Raum unterzubringen wie die Anlieferung. Wir stellten uns vor, dass man da einfach Stühle reinstellen und wieder rausnehmen könnte. Aber das liess sich dann doch nicht durchführen, weil das Auditorium schliesslich viel mehr Gewicht im Gesamtkonzept des Schaulagers erhielt.

T H V : Das war in der Anfangsphase, als wir glaubten, das Auditorium würde nur zwei, drei Mal im Jahr benützt.

J H : Eben, so hat sich das Raumprogramm erst im Lauf der Planung herauskristallisiert. Der Abwart fiel weg, aber sein Haus blieb wichtig. Zuerst dachte man, das wäre vielleicht ein Ort für Künstler, aber dann schien es absurd, Künstler in dieses Häuschen sperren zu wollen. So wurde es zu einer Art Eingangsgebäude mit einem Potenzial, sich für diese oder jene Ausstellung in unterschiedlichen Rollen anzubieten. Der Bauherrschaft war es auch wichtig, dass nicht jeder Quadratmeter vorbestimmt ist.

T H V : Maja Oeri hat auf das Ganze stark und auf gute Weise Einfluss genommen. Das Raumprogramm hat sich mit dem Konzept entwickelt und sollte immer möglichst offen bleiben.

ja wohl absoluten Vorrang haben? Wie seid ihr dieses Problem angegangen?

J H : Alles ist auf eine optimale Schau-Lagerung und nicht auf eine optimale museale Präsentation der Werke angelegt. Deckenhöhen und Raumgrössen mussten nicht museal sein. Wir haben aber festgestellt, dass es unterschiedliche Geschosshöhen braucht, weil es innerhalb des Gebäudes mehr oder weniger öffentliche Raumzonen gibt. Wir wollten keine Depotsituation schaffen wie in einem Museumslager mit Gestellen, sondern der offene Eingangsbereich sollte schon beim Eintritt Übersicht gewähren. Die drei obersten Geschosse sind tatsächlich als Schaulager-Schaulager mit einer stur linearen, repetitiven Zellenstruktur ausgebildet. Entsprechend sind auch die Leuchten an den Decken extrem linear angeordnet, so, dass sich auf den ersten Blick eine fast surreale Perspektive ergibt. Darunter befinden sich zwei riesige Geschosse, die für Ausstellungen sowie für temporäre Veranstaltungen genutzt werden. Die

PARKETT: Jacques, seid ihr auch ermuntert worden, die Designdetails und Raffinessen auszuarbeiten? Oder gehört das mittlerweile ganz einfach zu eurer Praxis?

JH: Wir haben ja schon früher für die gleiche Bauherrschaft gearbeitet, das heisst, beide Seiten wussten, was sie erwarten durften. Detailpflege ist da selbstverständlich; in einer üblichen Form jedoch für alle Beteiligten längst nicht ausreichend. Das Projekt war in seiner ganzen Fragestellung so neu und komplex, dass es nach einer weitgehenden Infragestellung des herkömmlichen Bauprozesses, der Raumprogramme, der Details sowie der Materialisierung verlangte. Wir wussten, dass wir in der Bauherrschaft einen präzisen und sehr anforderungsreichen Partner hatten, der uns den nötigen Freiraum gewährte, das Potenzial des Neuen zu erkunden und sinnvoll umzusetzen. Vieles wurde noch nie so gemacht, wurde neu erfunden: die Fensterrisse, die Stahlwand …

PARKETT: … und die Aussenmauer?

JH: Auch die ist so noch nirgendwo gemacht worden. Wir haben für den Bau der Mauern das Aushubmaterial wieder verwendet. Der ganze Bau ist sozusagen aus dem Boden extrudiert. Wir haben bei diesem Projekt Dinge gemacht, die zwar anderswo ähnlich erscheinen, zum Beispiel, in einer uralten traditionellen Architektur, aber nie mit solch radikal zeitgenössischen Mitteln und in dieser Ausformung. Es handelt sich um eine Art digitale Architektur, die zugleich archaisch ist. Der Entwurf stand auch in dieser Hinsicht nicht von Anfang an in aller Klarheit fest: Die Fenster etwa wollten wir zuerst rechteckig machen, merkten dann aber, dass sich diese traditionelle Form nicht mit dieser spezifischen Betonmauer verträgt. Wir wollten sie deshalb als Risse entwerfen, hatten aber keine Ahnung, wie wir die bauen sollten. Wir versuchten es zuerst auf ganz primitive Art, indem wir einfache Stahlrohre verbeulten und in die Schalung einlegten. So entstanden in der Betonmauer tatsächlich horizontale Schlitze, welche das menschliche Auge als Risse lesen konnte. Aber die entstandenen Rissformen waren «dumm» beziehungsweise mussten erst informiert werden, um den Erfordernissen von Fenstern – und nicht bloss skulptural – zu genügen. Also haben wir die Formen digital nachgerechnet. Daraus entstanden digitale Landschaften, das heisst: intelligente Formen, die wir manipulieren konnten, damit u.a. kein Regenwasser stehen bleibt. Wir haben die Form mehr und mehr rationalisiert. Es entstand ein Fenster, das sozusagen als Ersatz für die banale periurbane Landschaft draussen eine eigene Land-

schaft anbietet. So fanden wir schliesslich eine dem Bau angemessene Fensterform, die in enger Beziehung zur Mauer steht, welche selbst wiederum aus dem Kiesmaterial der im Fenster ausgedrückten Fensterlandschaft gebaut ist.

Die Fensterrisse verkörpern ausserdem eine ganz neue Fenstertypologie, welche das klassische Verhältnis von Innen- und Aussenraum in Frage stellt. Das Fenster ist wie ein eigener Raum oder eine eigene Welt, vergleichbar mit den Alpmodellen, die wir aus Vitrinen des neunzehnten Jahrhunderts kennen.

PARKETT: Man hat das Gefühl in einen gänzlich fremdartigen Baukörper einzutreten, der innen nicht wie ein fest ruhendes Gebäude erscheint. Die bewegte Zeichnung der Fensteröffnungen macht die Aussicht auf die an sich total banale Umgebung aufregend, man glaubt zu fahren oder gar zu schweben.

JH: Solche Lösungen waren Schlüsselmomente in der Entwicklung des Gebäudes. Das haben wir aber erst später durch die Konsequenzen gemerkt. Ein Riss in einer Steinmauer reflektiert immer die innere Struktur der Mauer. Ein Riss in einem Stück Butter, in Granit oder Kalkstein sieht jeweils ganz spezifisch anders aus. Er enthüllt die molekulare Struktur des Materials. Auch die digital manipulierte Landschaft der Fenster enthüllt die gegossene Masse der Mauer. Wie diese Risse gehören auch weitere Details im Innern, etwa die Frottagen – formal oder linguistisch – zur gleichen Familie; auch die weisse Tropfsteinhöhle, in die sich das Café einnistet. Sie gehören sozusagen in die gleiche Genealogie. Das sind Dinge, die wir noch nie so weit getrieben haben. Das kann man natürlich nur mit einer Bauherrschaft tun, die das sieht und unterstützt. Eine Bauherrschaft, die so radikal zeitgenössische Kunst sammelt und ausstellt, wie jetzt zur Eröffnung die von Dieter Roth, kann ja nicht plötzlich bei architektonischen Fragen in Biederkeit verfallen.

THV: Genau.

JH: All unsere gelungensten Lösungen sind jeweils aus einer Konstellation entstanden, wo die Bauherrschaft extrem bewusst und auch fordernd war. Ich denke, ein wichtiges Projekt kann man nur machen, wenn man den Wahnsinn mit der Bauherrschaft teilt. Programmatisch, inhaltlich, aber auch formal ist das Bauen immer mit extremem Widerstand verbunden. Das ist auch das Faszinierende daran. Die grosse Schwierigkeit ist, dass diese Operation mit so vielen Leuten verbunden ist und man buchstäblich Material bewegen muss.

PARKETT: Kommen wir nochmals auf die Materialien zurück: Da gibt es die Zeitreise vom Archaischen bis zu neusten Technologien. Es gibt aber auch das Spiel mit der Massstäblichkeit. Vor diesem Gebäude fühlt man sich wie ein Insekt, das in einen gigantischen Erdklotz eindringen will. Dann steht das Wachhundhäuschen da und lässt wiederum eine ganz andere Massstäblichkeit spüren.

JH: Das haben wir bei der Tate Modern lernen müssen, weil dort dieses gigantische Kraftwerk gegeben war. Man kann nicht solch ein Riesending bauen, ohne gleichzeitig auch ganz andere, der Monumentalität entgegenwirkende Räume anzubieten. Sonst entsteht ein Monumentalismus, an dem Herzog & de Meuron nie interessiert waren. Das Spannendste an der Architektur ist, all diese massstäblichen und sinnlichen Dinge in einem Projekt auszuloten und zur Entfaltung zu bringen. Jedes Projekt hat seine eigene Geschichte, sein eigenes Potenzial. Und jedes Projekt bietet die Chance, dieses Potenzial zu entfalten. Wird diese Chance nicht genutzt, entsteht Routine und Stil, Wiedererkennbarkeit und so genannte Handschrift, oder anders ausgedrückt: die totale Langeweile.

PARKETT: Du formulierst jetzt etwas, wovon wir im Zusammenhang mit dem isolierten Werk gesprochen haben, wo man sich auch auf das Einzelne, auf sein Dasein einlassen muss und nicht auf die ganzen Bezüge. In eurer Architektur feiert auch jedes einzelne Bauwerk sein eigenes Dasein und wird aus einer Idee entwickelt, das heisst nicht in Bezug auf irgendwelche übergeordneten Geschichten, sondern aus Erfahrungsmomenten heraus. So gesehen bildet ihr mentalitätsmässig wirklich ein ideales Gespann mit der Bauherrschaft und baut dieses Schaulager zum richtigen Zeitpunkt.

JH: Ob jetzt der richtige Zeitpunkt für ein Schaulager gekommen ist, kann ich weniger gut beurteilen als ein Kunsthistoriker. Aber ich glaube, dass dieses sehr reflektierte Modell in einem unglaublich spannenden Moment auftaucht, in einem schwierigen Moment am Anfang des einundzwanzigsten Jahrhunderts. Andere Modelle, teils Eitelkeitsmodelle wie Privatmuseen und Privatsammlungen, wirken fast abgestanden daneben. Wir haben diese verschiedenen Modelle im Lauf der Zeit zum Teil aktiv mit-

geprägt, darunter auch sehr schöne, gute Lösungen wie etwa die Sammlung von Ingvild Goetz. Dennoch könnte ich mir nicht vorstellen, dass heute jemand wie sie kommt und von uns einen Bau für seine Sammlung will. Dafür ist jetzt nicht der Moment. Es braucht etwas anderes. Und es war unheimlich schwierig, so etwas Neues zu machen. Deshalb ist das Entstehen dieser Institution so wichtig.

PARKETT: Noch eine Frage an dich, Theodora. Zwei grosse Installationen, eine von Katharina Fritsch und eine andere von Robert Gober, werden fest installiert bleiben. Das kann natürlich auch kunsthistorisch als ein klares Statement ausgelegt werden. Kannst du dazu was sagen?

THV: Der offensichtlichste Grund für die permanente Einrichtung der beiden Arbeiten ist ihre Grösse. Gober kann man gar nicht verschieben und woanders zeigen, es wäre unverhältnismässig aufwändig. Auch für den RATTENKÖNIG von Fritsch gibt es kaum einen anderen Raum in geeigneter Grösse. Beide Künstler bezeichnen aber auch innerhalb der Sammlung wichtige Positionen, und es ist kein Zufall, dass sie bei uns diesen Platz einnehmen. Fritsch und Gober sind auch eine wunderbare Kombination.

PARKETT: Irgendwann könnte doch aber der Augenblick kommen, wo neue Künstler ähnliche Positionen einnehmen. Was dann?

THV: Dafür ist nichts geplant.

PARKETT: Weshalb wird im Prospekt zum Schaulager die erste Ausstellung, die Dieter Roth gewidmet ist, als exemplarisch bezeichnet?

THV: Die Dieter Roth-Retrospektive ist exemplarisch, weil es sich hier um ein grandioses, dabei schwer zugängliches, noch weitgehend unbearbeitetes und konservatorisch nicht einfaches Werk handelt. Das Schaulager soll ein Ort sein, an dem derartige Schätze gehoben, gezeigt und gehegt werden können.

1) Das nach anthroposophischen Grundsätzen gebaute Goetheanum in Dornach ist der Stammsitz der von Rudolf Steiner (1861–1925) gegründeten Allgemeinen anthroposophischen Gesellschaft.
2) Herzog & de Meuron bauten in Basel das neue St. Jakob-Stadion; zudem hat ihr Entwurf für das grosse Olympiastadion in Peking dieses Frühjahr den ersten Preis gewonnen.

Das Schaulager Basel feiert seine Eröffnung mit einer "Dieter Roth-Retrospektive" (25. Mai bis 14. September 2003). Siehe auch im Internet unter: www.schaulager.org

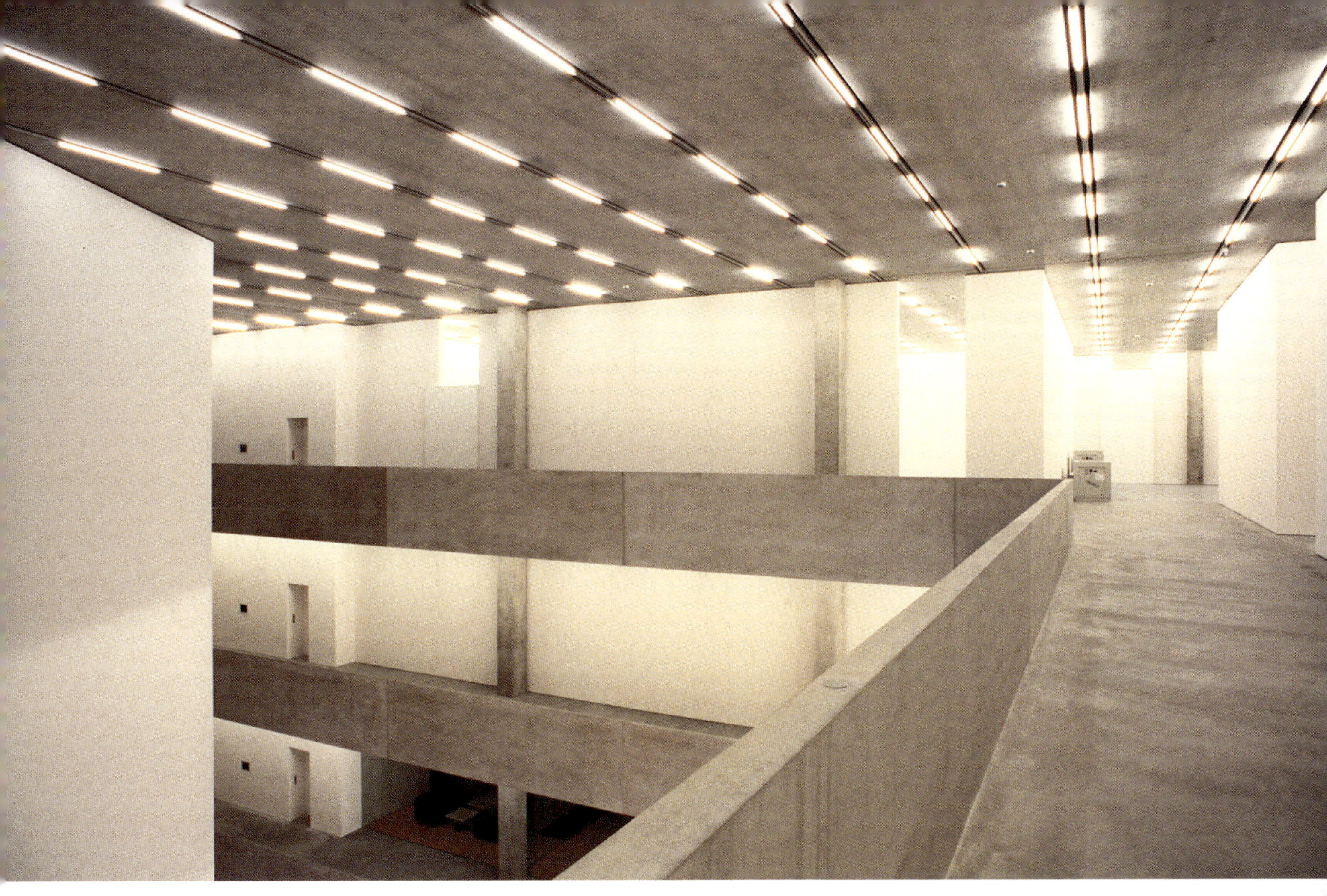

Obere drei Stockwerke mit den eigentlichen Schaulager-Lager- bzw. Schauräumen /
The three upper floors with the actual Schaulager for in-storage viewing.
(PHOTO: ADRIAN FRITSCHI, ZÜRICH)

139

The Invention of the SCHAULAGER®

The new Schaulager of the Laurenz Foundation for the collection of the Emanuel Hoffmann Foundation in Basel. A Conversation with THEODORA VISCHER, director of the Schaulager and JACQUES HERZOG, Architect of Herzog & de Meuron.

PARKETT: How did the idea of a Schaulager originate?
THEODORA VISCHER: Maja Oeri came up with the original idea. She is the president of the Emanuel Hoffmann Foundation and founder of the Laurenz Foundation, which in turn funds the Schaulager. The collection of the Emanuel Hoffmann Foundation is now 70 years old and still growing. It can only be seen piecemeal in Basel at the Kunstmuseum and the Museum für Gegenwartskunst. For years Maja Oeri has been thinking about how the collection could be made accessible in its entirety. She rejected the idea of building an extension or a new museum because the size of the existing Museum für Gegenwartskunst is so well proportioned for visitors. Besides, in five years a new museum would have already been too small again. On the other hand, she also realized that the conservation of the collection requires special attention because little is known so far about the durability of many media and materials used in contemporary art. If works of art remain packed in boxes for years, the results could be disastrous. That's what inspired the idea of a Schaulager. Instead of being stored away like traditional art, the works of the Emanuel Hoff-mann Foundation would be unpacked and preserved un-

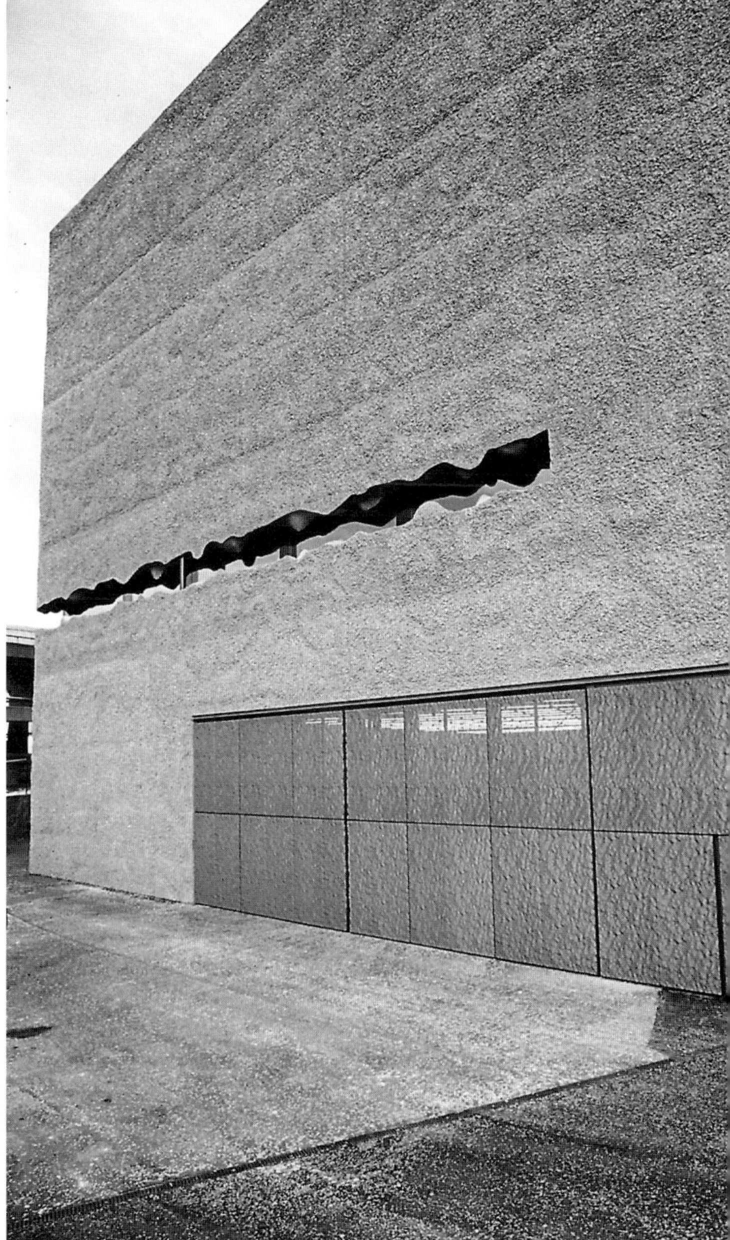

der adequate conditions. The Schaulager is therefore primarily the home of those works in the collection that are not on display in the museum.

PARKETT: The spatial arrangement is neither like that of a museum nor like that of an ordinary warehouse. The collection comprises about 600 works. Did you develop ideas on how to divide up the space for these works first and only later realize how much potential there was in the invention of a Schaulager?

THV: The primary objective was to create the best possible conservatorial conditions for this new way of keeping a collection. The question of how to divide the space was not addressed until a series of other questions regarding the concept and the architecture had been resolved.

JACQUES HERZOG: I don't think "dividing up the space" is the right phrase. Actually we also had to invent a spatial program because this type of building is entirely unprecedented. Ultimately, however, the very first question was the site, the piece of land. The answer to this question had a decisive effect on the basic idea and the function of this building.

THV: Maja Oeri originally tried to find a location near the museum. Gradually she came to the conclusion that she did not want to squeeze another institution into the old center of town but would prefer to move out of town into a situation with an entirely different atmosphere. She started looking for a sight on the outskirts of town until the Christoph Merian Foundation offered her a piece of land that exactly suited her requirements. The property was in a location occupied by diverse buildings used for small trades and commercial purposes. And it was only 15 minutes from the center of town. In addition, it is not a recre-

ational area but rather a location where a working atmosphere prevails.

JH: To be precise, it is even more extreme. It's an ugly place, a nonplace with no identity of its own, situated on the seam between the center of town and the adjoining suburbs. Only very recently has the region begun to shift away from industrial and trade use. It is becoming a colorful mixed-use neighborhood comparable to recent developments in Zürich-West, a neighborhood also once dominated by industry. Thanks to re-zoning and large industrial spaces, the area has great potential. Growing urbanization

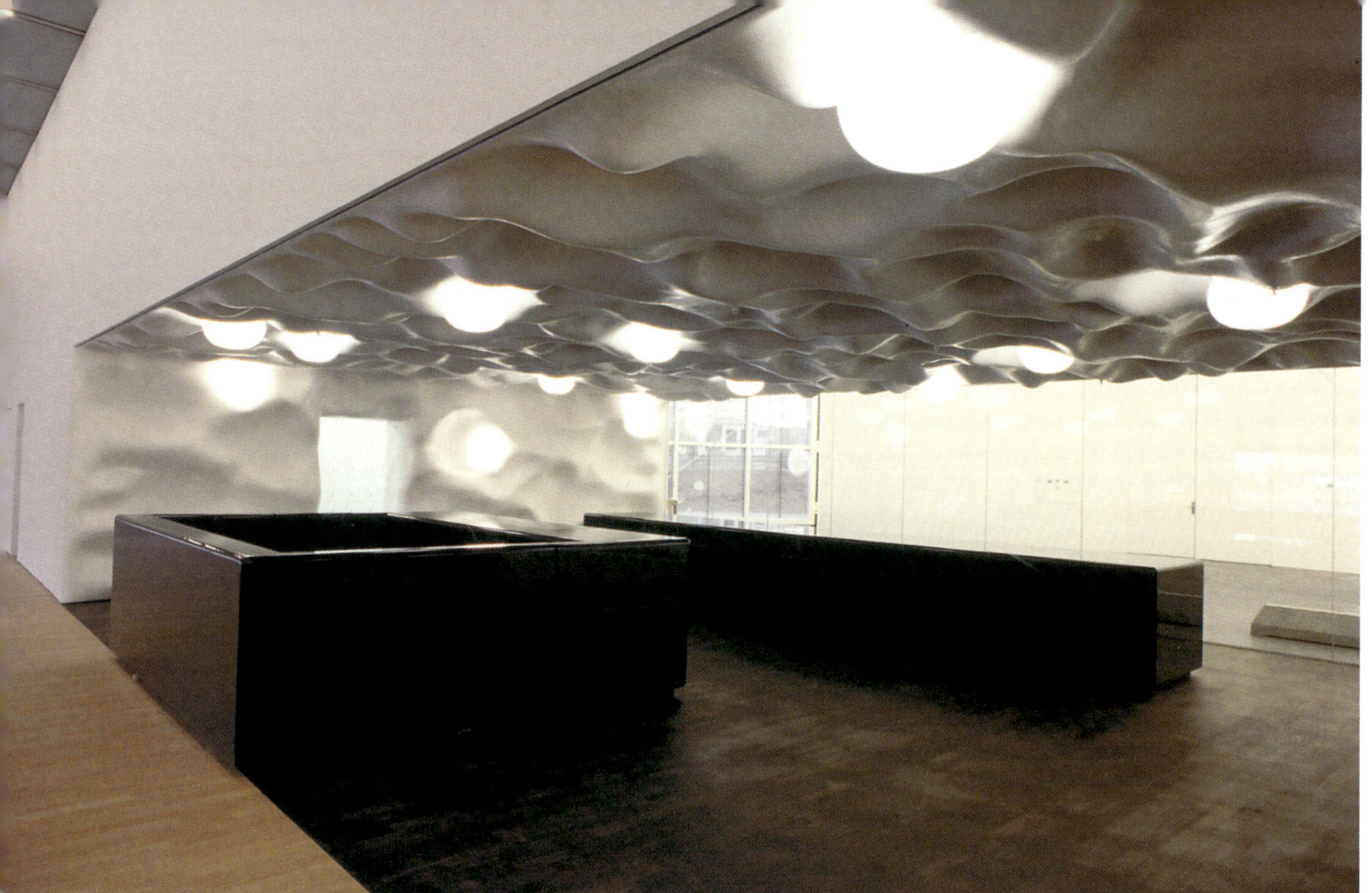

offers exciting prospects for the Schaulager. It could become an important point of crystallization and a host of different functions.

When Maja Oeri approached us with her idea, it dawned on us: only in Paris, New York, or London does the large-scale expansion of museums make sense because there are enough people visiting museums in cities of that size to fill giant venues like the Tate, the Pompidou, or MoMA. All other cities are too small. Basel can certainly vie with these places as far as the quality of the art is concerned, but not in terms of population and tourist flow. It would be absurd to build another museum here, but the fact is that the present collection could practically fill the Tate Modern. That makes the invention of a Schaulager so exciting. A decisive factor in generating the identity of this site is the question of how public the Schaulager is going to be. It can function as an insular academic research institute but it can also become a crowd puller.

PARKETT: The Schaulager is a hybrid, neither a museum nor a traditional warehouse. It is located in a nonplace, and yet it's a spectacular new building like Frank Gehry's Guggenheim Museum in Bilbao, for instance. It neither caters to a mass public, nor is it part of a "culture belt." It has ventured into uncharted territory, into a laboratory situation with an open-ended outcome. Only time and use will probably show where this potential will lead.

THV: Yes, that's right. That applies to the building and its unusual location but most of all to the concept of the Schaulager, which is basically obvious and simple although nothing of this kind has ever existed before. There are a few isolated museums whose storage space is accessible to the public but the idea of creating an autonomous institution that can fulfill entirely new functions is unique.

JH: In planning the project, one of the first questions we had to resolve was which direction the building should face. We finally settled on an almost mundane, pragmatic placement of the building with a ground plan based on the shape of the lot. We placed the entrance in the corner near the tram stop because we felt this was the most public side of the lot. Like the Goetheanum[1] the building faces the Birstal, which is something like a "sacred" landscape in Switzerland and also one of the valleys that leads into the city of Basel. Only later did we realize that a new neighborhood was emerging behind the Schaulager. Today it would be worth considering whether the building should perhaps be Janus-faced.

PARKETT: When you look at the façade, you get the impression that it's like a field with a furrow in it, but seen vertically. Then you discover the high-tech interior… Jacques, how do you react to the terms "raw" and "cooked"?

JH: Such supposedly irreconcilable opposites mirror the hybrid character of the Schaulager enterprise that you mentioned before. Combinations and confrontations of that kind have always characterized our projects.

PARKETT: Is the shape of the ground plan, a pentagon, determined only by the lot itself or does it also allude to the anthroposophical forms of the Goetheanum?

JH: The Goetheanum was not a formal model. But the two objects do face each other and they are both of monumental dimensions, at least by Swiss standards. The pentagonal ground plan was a pragmatic choice but it is also slightly manipulated, which is a strategy we often use. It makes no sense to exploit shapes like that symbolically but if they are more or less givens, they can be manipulated and also enhanced.

PARKETT: The seventies were seminal for us. You wrote your dissertation about Beuys, Theodora. In those days contemporary art was not yet a mass event; art venues were elite places that cultivated discernment and complexity but that also wanted to have an impact on society. Basel has been intensely involved in contemporary artistic developments for years. The city has hosted the world's most important art fair, ART, for 33 years, which attracts huge crowds. The fair might also be seen as a kind of Schaulager situation, where the form of presentation and the links among works of art do not have top priority. Recently Herzog & de Meuron built a new football stadium in Basel,[2] another site of mass experience *par excellence*. Maybe there is a logic and a coherence involved here that applies to the Schaulager as well, namely, that you had the courage to say, "Wait a minute, we're going to do something very slowly. We don't need to curry the favor of the masses, we're close to them anyway."

JH: Above all, we need a football stadium. *(Laughter)*

THV: The desire to slow things down has always been very much part of the idea behind the Schaulager. Reference to the art fair is illuminating inasmuch as the Schaulager represents the exact opposite. The art in the Schaulager has been withdrawn from the marketing context—in our minds as well, though not in the sense of taking an antagonistic stand. The objective is to establish a place for art that really gives people time to study it.

PARKETT: So there are a lot of "adepts" in contemporary art in Basel or, as mentioned, they go there, attracted, among other things, by the ART fair. The concept of the Schaulager could not work in any godforsaken little place because it needs what Basel fortunately has to offer, namely, a special climate and approach to artistic matters.

THV: And the Emanuel Hoffmann Foundation has contributed to that climate. When it was founded by Maja Sacher, she specifically stipulated that acquisitions should focus on contemporary art—and that was already back in 1933—and that the holdings should always be accessible to the public. Given the developments over the past 70 years and the current situation, the Schaulager does just that and in a highly innovative fashion.

PARKETT: In addition, there is the post of assistant professor for contemporary art at Basel University, which has recently been instituted by the Laurenz Foundation.

THV: Yes, ongoing contact with the University is an important feature of the Schaulager; it is also, to certain extent, of symbolic significance. The research and mediation of contemporary art and the issues it raises are central concerns of the Schaulager's long-term agenda.

JH: Maybe it's time to talk in greater detail about the spatial program; when the idea of a Schaulager first cropped up, there was no concrete spatial concept yet. We wanted to approach the question as freely as possible and without any preconceptions. The first extremely radical idea entailed one single floor and one gigantic wall, where windows would open on to the exhibits like an advent calendar or where one could zoom in on them on a computer screen. That looked extremely appealing on paper but it was not feasible.

THV: It wouldn't have worked in practice.

JH: Yes, it was an endless horizontal surface, so to speak, on which everything could be spread out, along with one single, theoretically unlimited wall. A skyworker would have transported visitors to the desired exhibit, which would have been spectacular, of course.

THV: That's the point! A spectacle is the exact opposite of what the Schaulager wants to achieve…

J H : We can act that out elsewhere! *(Laughter)* In any case, we had to determine which type of building best suits the requirements. Warehouses today consist only of a shell that contains nothing but computer-controlled metal shelves. We imagined that maybe bananas would be stored in the building in five years. The client always stressed that it should be only a warehouse, something extremely pragmatic. This aspect was an absolute must.

P A R K E T T : But a number of wonderful details crept into it anyway. For instance the gnarled, rubber-clad handrails and sophisticated things like cladding the auditorium with a metal grille…

J H : That's a different story. We noticed that you never know where you are in a warehouse. For this reason we decided to stagger the floors. That meant that when you walk in you're faced with a vertical space comparable to the hotel foyers in Atlanta that run the height of the building. That generates a kind of public atmosphere. At first the client consistently emphasized that there would be no one in the building except the superintendent with a dog. That was almost a caricaturing description of the program. The little gatehouse in front of the building is all that is left of that idea.

P A R K E T T : A little gatehouse?

J H : Yes, it sits there like a watchdog. We were interested in the difference in scale in the midst of this heterogeneous landscape and the crystalline shape, which is polished so to speak, in contrast to the rudimentary appearance of the large warehouse building—like a stump. In this respect they are like two shapes that refer to each other.

P A R K E T T : On one hand, there is a sturdy crust on four sides, which we've compared to the idea of a plowed field. And then cutting into it, as if into a body's soft parts, there is this extremely fragile, white flank with the two LED screens. So it almost looks as if the little watchdog gatehouse were protecting this fragile incision.

J H : Yes, that part looks as if it's been cut away. At some point there was also talk of eliminating the little house because it was too much like an anecdote, but the project wouldn't have worked without it. The white wall—made, incidentally, of lacquered steel—looked so naked, so exposed that it needed this "stone" in front of it. Typologically, this side of the building is also reminiscent of a drive-in movie. The large screen evokes a public atmosphere and a kind of strangeness in contrast to the banality of the aesthetic that typifies peripheral urban areas in Switzerland. Originally, the LED screens were going to show what people would see inside.

T H V : The client came up with the idea of the LED screens early on, as virtual windows in the basically monolithic building.

J H : The objective was a minimum of public contact while still being able to address the outside world with these screens. There are not very many windows in the building, only these horizontal "cracks" in the façade behind which the windows are essentially hidden. Windows were not an issue, or rather, not as they would have been in an office building. Instead the client came up with the idea of LED screens, which are like faceted eyes, especially since the originally planned triptych of three screens ended up as a pair. But the eyes are blind; they do not offer a real exchange but simply transmit information to the outside world. Only gradually did they acquire almost iconic significance for the project.

P A R K E T T : So what videos will you show there?

T H V : It's not a matter of selecting and presenting video programs. It's the idea of a virtual window that will define the choice of pictures to be shown. The screens are not only part of the architecture, they're also part of the Schaulager as an institution. To start with, the LED pictures will refer to our first exhibition, a Dieter Roth retrospective. Like so many other aspects of the Schaulager, the potential of the screens is a question of long-term development.

P A R K E T T : In the Schaulager, works will be hung in relative isolation. In museums, the situation is different because canonic relationships determine the way works are hung. Museums are great ordering machines of stylistic history. Recently certain doubts have been raised regarding this order. In your case, practical considerations take priority, which means arranging the works by genre rather than by epoch or style. Is there an unsuspected potential in this practice of not officially hanging the works?

T H V : There's one important aspect to keep in mind. The Schaulager does not withdraw works of art from the museum but rather releases them from the seclusion of the warehouse. It's unlikely that new models for classifying or hanging art will emerge and provide new insights on understanding the content or meaning of the works. That would be an accidental byproduct. But the new mode of presentation in the Schaulager, behind the scenes of the museum, so to speak, naturally generates unanticipated ways of approaching art.

PARKETT: Many of the works preserved in the Schaulager can only be understood within a specific context, so visitors are more likely to be professionals or students who are there to learn about the contextual ramifications. The integral hanging of the collection also facilitates acquisitions. Collectors sometimes lose track of their holdings, but that is brilliantly remedied in this unique situation.

THV: Exactly.

PARKETT: It really does seem to be the ideal moment for the invention of this new form of institution. Nowadays you go straight to the computer, to *Google* or to another search engine, if you want to find information about a picture or an artist. Forty years ago no one even dreamed of such a wealth of information. Just think how long it took for the first book on Surrealism to be published in German after the Second World War. But museums still tend to do too much explaining: a picture supposedly has to hang in a certain place in order to understand it or at least the period to which it belongs. We forget how differently people are conditioned today; they are not as naive anymore, nor are they suddenly going to grasp the history of art just because of the way the pictures are hung. Is there a database here of the works in storage?

THV: Yes.

PARKETT: Can it already be accessed?

THV: Not yet.

PARKETT: That takes us back to the use of the space, to the question of how much is allotted to the works, which are, of course, the first priority. How did you approach that issue?

JH: The entire project is geared towards optimizing the combination of storage and visibility rather than the museum-like presentation of the works, which also applies to the height and size of the rooms. But we realized that the floors have to vary in height to meet the needs of the more or less public nature of the zones within the building. Instead of the shelves ordinarily used for storage in a museum warehouse, an open foyer provides an overview as soon as one enters the building. The top three floors, with their strictly linear, repetitive structure of cells, contain the actual Schaulager for in-storage viewing. The lighting on the ceiling is also strictly linear in arrangement so that an almost surreal perspective is generated at first sight. Then there are two gigantic floors underneath that will be used for exhibitions and other temporary events. The rooms are higher there, six meters high in fact, and with a span that is

unlikely to be found in any major museum in Switzerland. Had we known from the beginning that these two floors would function like a museum, we would probably never have dared install such brutally direct lighting.

THV: But it looks as if the quality of the lighting is going to be more than adequate—maybe precisely because it's so direct.

JH: Of course, we did adapt the illumination. The distribution and coloring of the light is designed to suit the color of the concrete and the other building materials. As in most of our projects, we also tested all of the other key details in meticulously constructed full-scale models. In this way, as in industrial process technology, we can test not only the quality of the product but also the simplest modes of production.

This project developed largely by trying things out, by trial and error, or rather through a kind of intellectual Ping-Pong exchange with the client. Ways and means of simplifying things or taking an unconventional approach were discussed and sometimes discarded again, such as the idea of using the delivery bay as an auditorium. We imagined that one could simply set up seating and then take it down again. The idea did not pan out because the auditorium ended up carrying much more weight in the overall concept of the Schaulager.

THV: That was in the early phase when we still thought that the auditorium would be used only two or three times a year.

JH: Exactly. So the spatial program actually took concrete shape in the course of planning. The idea of a superintendent was discarded but not the gatehouse. First thoughts were that it might be a place to house artists but then it seemed absurd to lock artists up in such a small building. So it became a kind of introductory structure with a multi-functional potential, for example, it might play different roles in different exhibitions. It was also important to the client not to have every square meter rigidly predefined.

THV: Maja Oeri exerted a strong and extremely fruitful influence throughout. The allocation of the spaces evolved along with the concept and was always meant to be as flexible as possible.

PARKETT: Jacques, were you encouraged to work out all the details and intricacies of the design? Or has that simply become part of your standard procedure?

JH: We've worked for the same client before, so both sides knew what to expect. The cultivation of details is self-evident, but we all agreed that the conventional approach to them was totally inadequate. The project, the entire concept, and the goals were all so new and complex that conventional methods had to be reevaluated, specifically the building process, spatial program, details, and materialization. We knew that we were working with an extremely precise and exacting client, a partner who would give us the leeway required to chart new territory and exploit the potential of our shared findings. Much had never been done before, much was newly invented: the cracks for the windows, the steel wall…

PARKETT: … and the outside wall?

JH: That's never been done before either. We recycled the material excavated on site to build the walls. The entire building looks as if it had been extruded. We have done things in this project that may look familiar, resembling ancient traditional architecture, for example, but that have never been done with such radically contemporary means or with comparable results. You might describe it as a kind of archaic-digital or digital-archaic architecture. And in this respect the design was not a clear-cut given. Originally, we wanted to make rectangular windows but then we noticed that this traditional shape is not compatible with the specific quality of the concrete walls. That is why we wanted to design these cracks but we had no idea how to construct them. At first we tried a very rudimentary approach by simply bending steel pipes and placing them in the formwork. In that way we actually produced horizontal slits in the concrete wall that the human eye would be able to read as cracks. But the resulting cracks were "dumb," that is they had to be informed so they could satisfy the needs of windows and not just be purely sculptural. So we made a digital calculation of the shapes, which in turn led to digital landscapes, in other words, intelligent shapes that we could manipulate so that no rainwater would accumulate, for example. The shape became more and more efficient until we had a window that offered a landscape of its own, as a substitute you might say for the mundane periurban landscape outside. So we finally arrived at a shape for the windows that suits the building and is closely related to the wall, which is in turn constructed out of the gravel of the landscape expressed in windows.

In addition, the window cracks embody an entirely new type of window, which essentially undermines the classical relationship of inside and outside space. The window is like a space of its own or a world of its own, something like the display cases of the 19th century that contained models of the Alps.

PARKETT: You have the feeling that you are walking into a completely alien structure, and inside, the building does not seem to be resting firmly on the ground. The movement in the window openings makes the view of the utterly banal surroundings extremely exciting and makes you feel as if you're moving or even floating.

JH: Finding solutions of that kind were key moments in the development of the building, although we didn't realize it until later when we noticed the consequences. A crack in a stone wall always reflects the inner structure of the wall. A "crack" in a piece of butter, in granite or in limestone always has a specific and distinctly different appearance. It reveals the molecular structure of the material. But the digitally manipulated landscape in the windows also reveals the poured mass of the walls. Like these cracks, other details inside belong to the same family, formally or linguistically, for instance the frottage or the white stalactite cave, which houses the coffee shop. We've never gone that far before. You can only do that with a client who understands and supports what you're doing. A client who is such a radical collector of contemporary art and whose opening exhibition is devoted to Dieter Roth is not likely to suddenly withdraw into bourgeois respectability when it comes to architectural questions.

THV: Exactly.

JH: All of our most successful solutions have been the product of a situation in which the client was extremely aware and also demanding. I think you can only implement an important project if you and your client share the same madness. In terms of a program, in terms of both content and form, architecture always involves extreme opposition. That's what makes it so fascinating. The great difficulty is that this operation involves so many people and you literally have to move material.

PARKETT: Let's return to the materials. For one thing, there is the voyage through time, from archaic materials to the latest technologies. But there's also the treatment of scale. The building makes you feel like an insect that is trying to penetrate a gigantic clod of earth. And then there's the little watchdog gatehouse that generates an entirely different sense of scale.

JH: We had to learn how to deal with scale while doing the Tate Modern because there, a gigantic powerstation was an inescapable given. You can't build such a gigantic thing

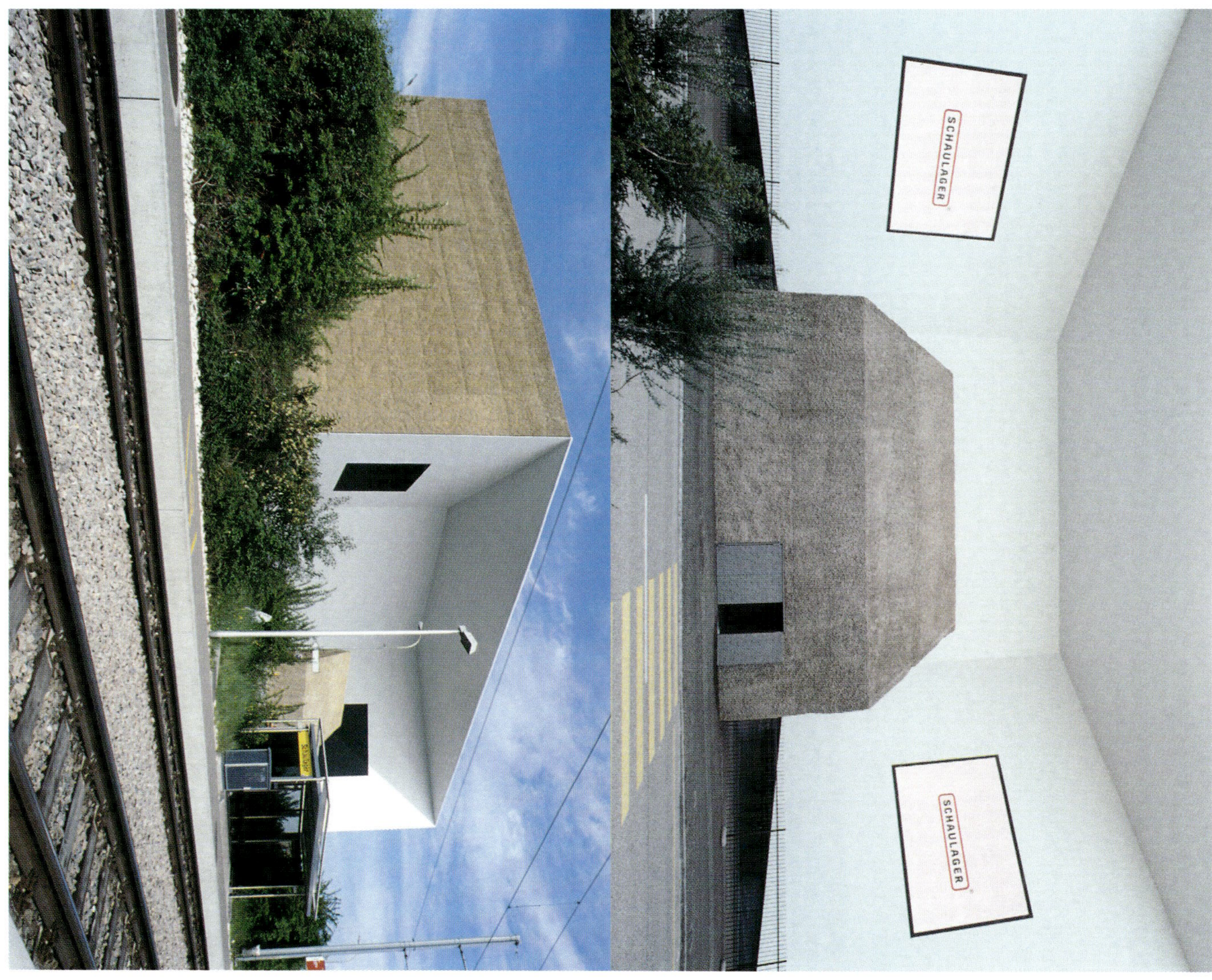

Blick auf den Eingangsbereich mit weiss lackierter Stahlfassade, LED-Screens und Torhaus /
View of entrance zone with white laquered steel façade, LED screens, and gatehouse. (PHOTOS: ADRIAN FRITSCHI, ZÜRICH)

Vorderseite mit LED-Screens, Torhaus und Tramhaltestelle /
Front of building with LED screens, gatehouse and tram stop.

without providing other spaces of an entirely different nature to counteract the monumentality. Otherwise you end up with a kind of monumentalism that has never appealed to Herzog & de Meuron. The most exciting thing about architecture is being able to explore all those questions of scale and sensuality in a single project and then to see them unfold. Every project has its own history, its own potential. Every project represents an opportunity to explore and exploit that potential. When you stop taking advantage of such opportunities, chances are you're in a rut, which means the utter boredom of recognizability and a so-called signature style.

PARKETT: What you are talking about is related to something we mentioned earlier in connection with the isolated work, where you have to deal with the existence of one single thing and not with all the contextual trappings. In your architecture, each individual project also celebrates its own existence and grows out of an idea, that is it does not develop in reference to any larger, overarching factors but rather in reference to the experience of the moment. In this respect you really have an ideal partnership with your client, and the timing of the Schaulager is ideal as well.

JH: An art historian is probably a better judge than I am of whether or not the time is right for a Schaulager, but I do believe that this extremely carefully deliberated model has emerged in an incredibly exciting and difficult period at the beginning of the twenty-first century. Other models, some of them vanity projects like private museums and private collections, almost seem stale by comparison. We have been actively involved in various models over the years including some very fine and beautiful solutions, for example, the collection of Ingvild Goetz. But I cannot imagine anyone like that coming to us today and asking us to design a building for their collection. This is not the moment for that. Something else is needed. And it was unbelievably difficult to come up with something new. That is why the emergence of this institution is so very important.

PARKETT: One more question for you, Theodora. Two large installations, one by Katharina Fritsch and the other by Robert Gober, will be permanently installed, which can, of course, be interpreted as an unequivocal statement in art historical terms. Can you comment on that?

THV: The most obvious reason for the permanent installation of these two works is their size. It would be much too complicated to move the Gober and present it elsewhere. And there is practically no space large enough for the adequate presentation of Fritsch's RAT KING. Both artists also represent important positions within the collection so it's not pure accident that they take up so much space. Fritsch and Gober are also a wonderful combination.

PARKETT: But at some point the time might come when new artists will occupy similar positions. What then?

THV: No provisions have been made for that.

PARKETT: Why is the first exhibition, which is devoted to Dieter Roth, described as exemplary in the brochure of the Schaulager?

THV: The Dieter Roth retrospective is exemplary because it is an extraordinary, imposing, but not easily accessible oeuvre. In addition, it has yet to be thoroughly studied and it is also a great conservatorial challenge. The Schaulager is meant to be a place where treasures of this kind can be preserved, shown, and prized.

(Translation: Catherine Schelbert)

1) The Goetheanum in Dornach, built in keeping with anthroposophic principles, is the headquarters of the General Anthroposophical Society founded by Rudolf Steiner (1861–1925).
2) Herzog & de Meuron recently completed the new St. Jakob Stadium in Basel and have just been awarded the first prize for their design of the Olympic Stadium in Beijing.

The Schaulager in Basel is celebrating its inauguration with a "Dieter Roth Retrospective" (May 24 to September 14, 2003). There is also a website: www.schaulager.org

INSERT MARCEL DZAMA

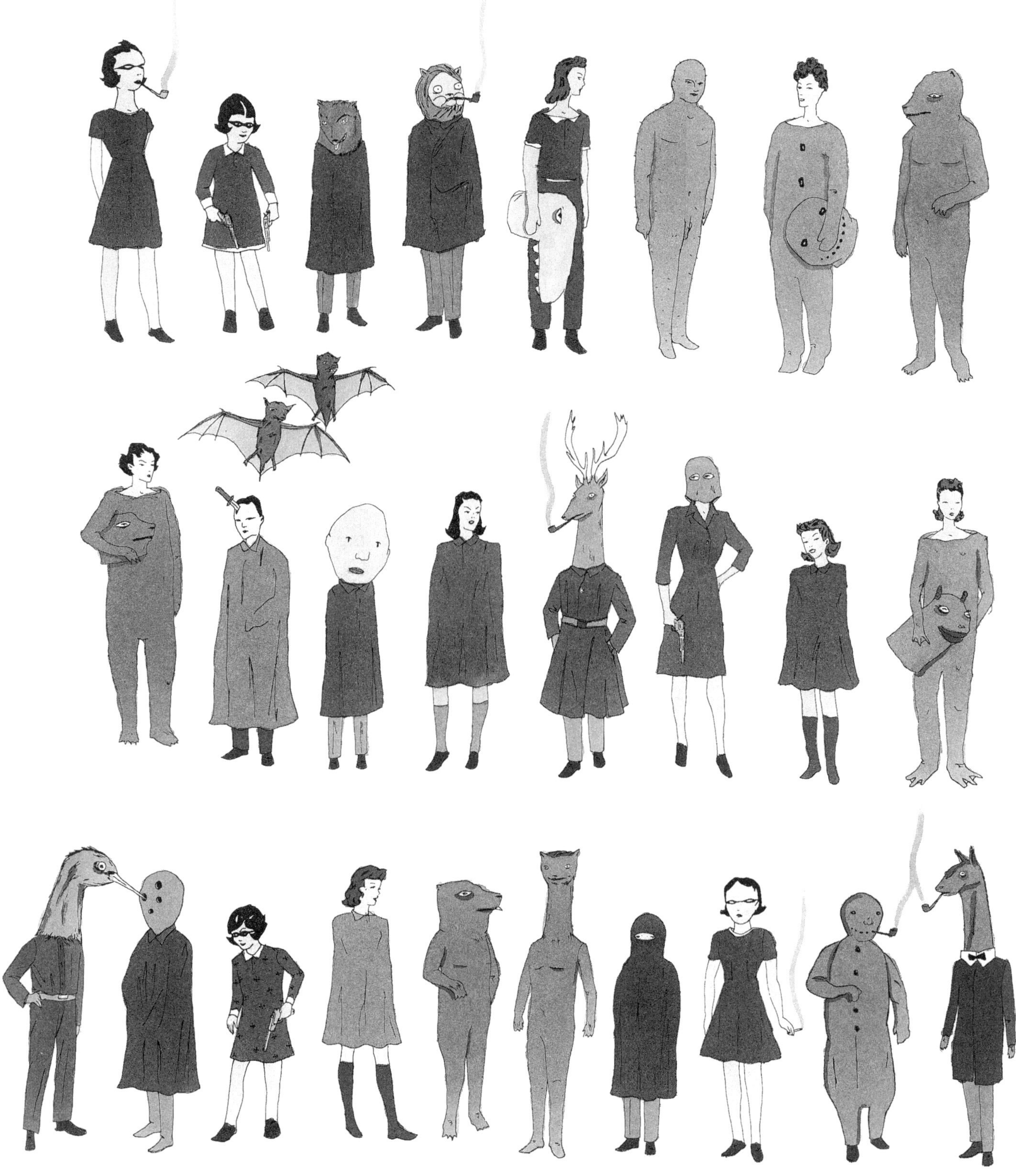

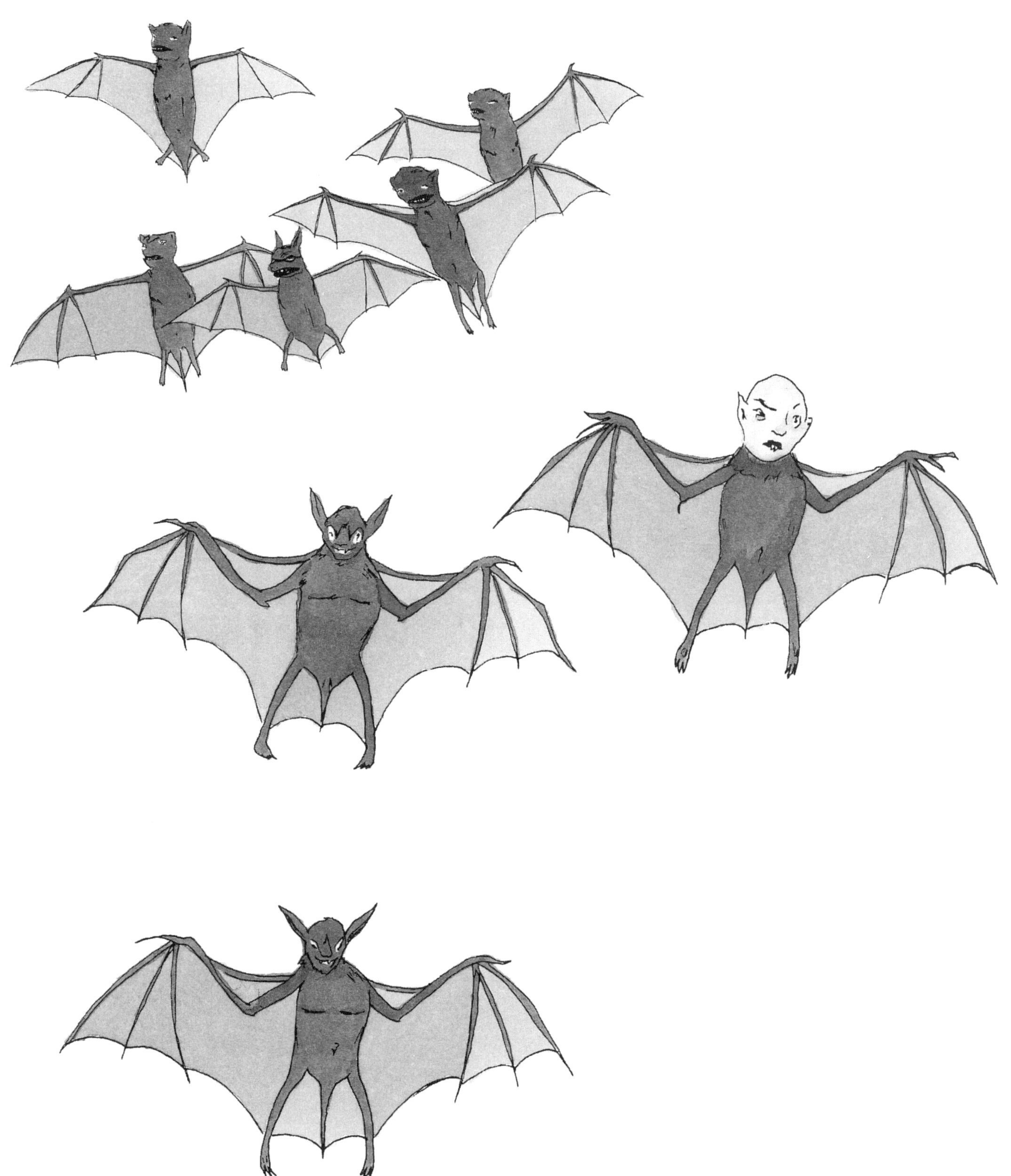

— the new fall fashion —

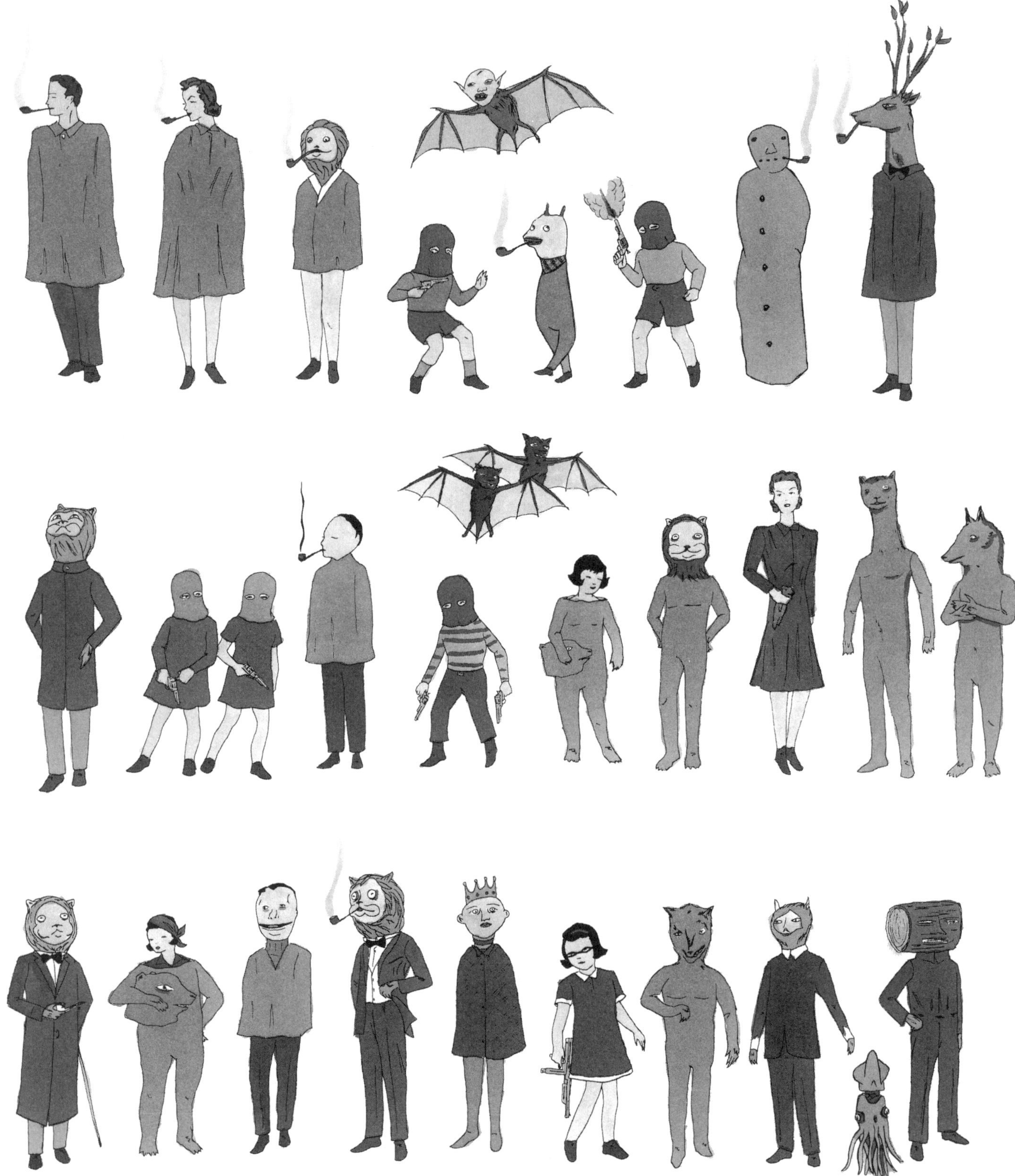

- the four seasons of trees -

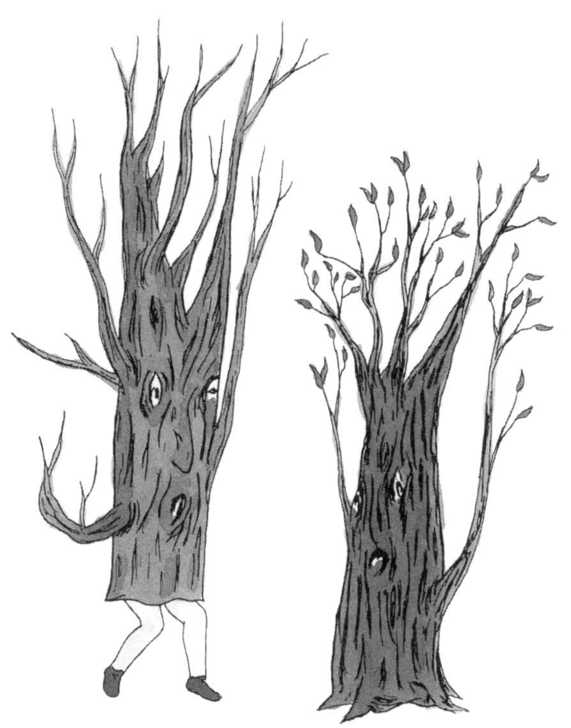
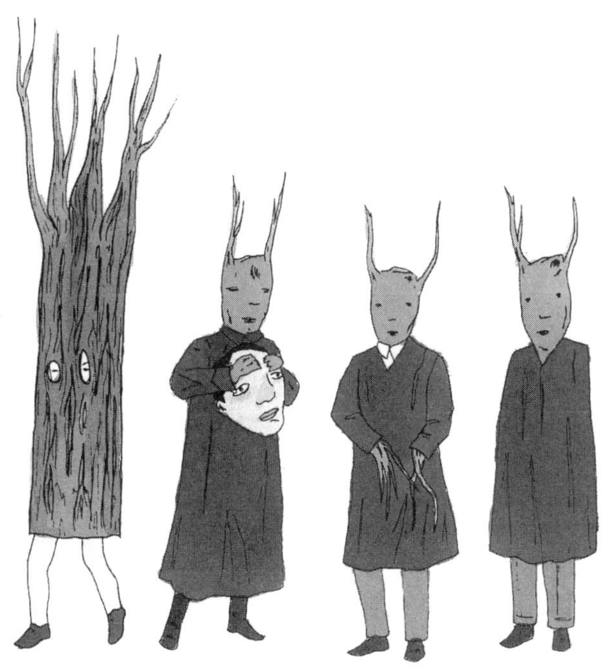
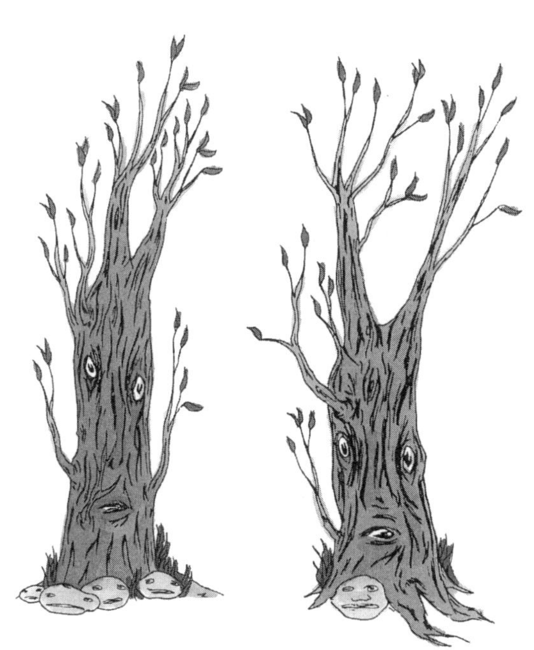
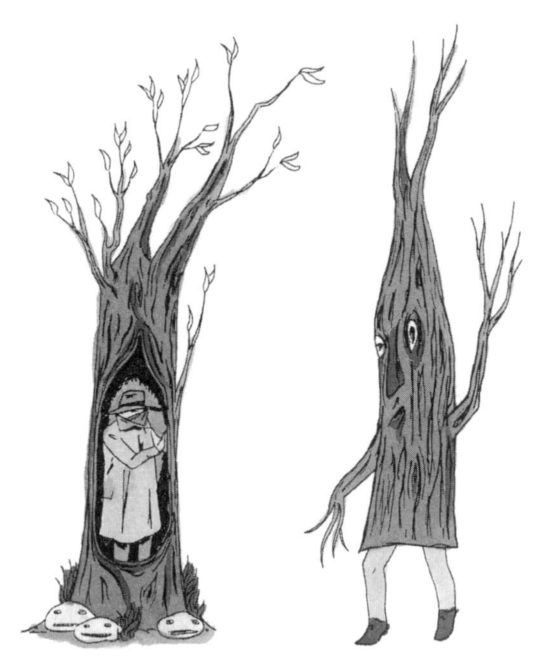

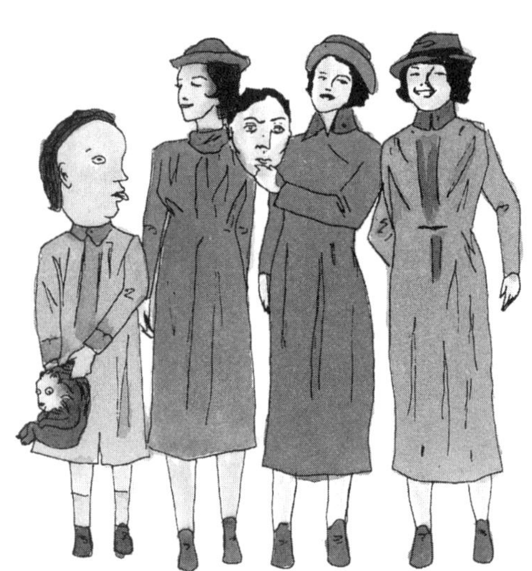

we never attached importance
to small matters

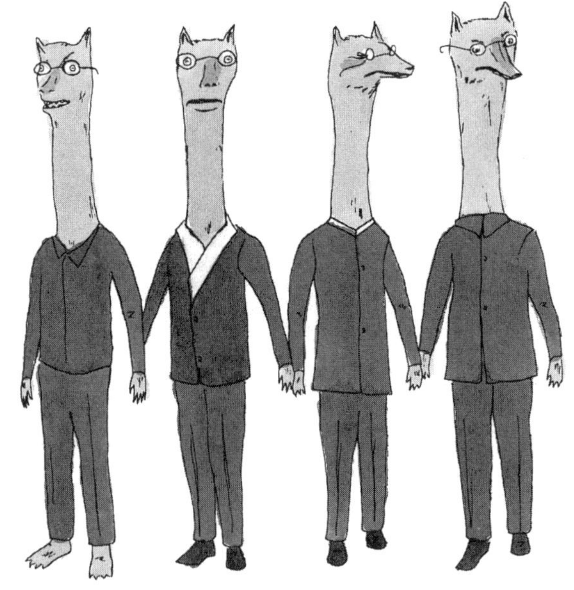

The old grievances had
furnished them with bitter thoughts

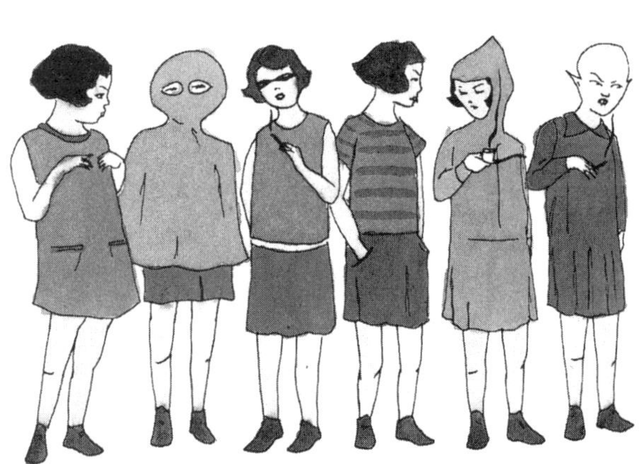

we have a lack of
understanding and purpose

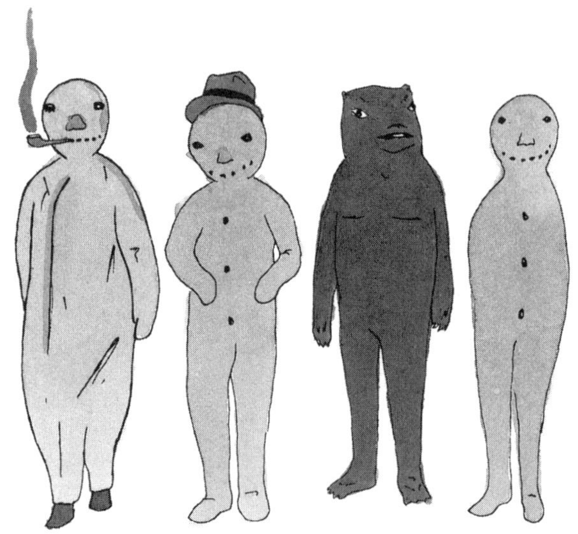

with the prospect of
work we moved to Winnipeg

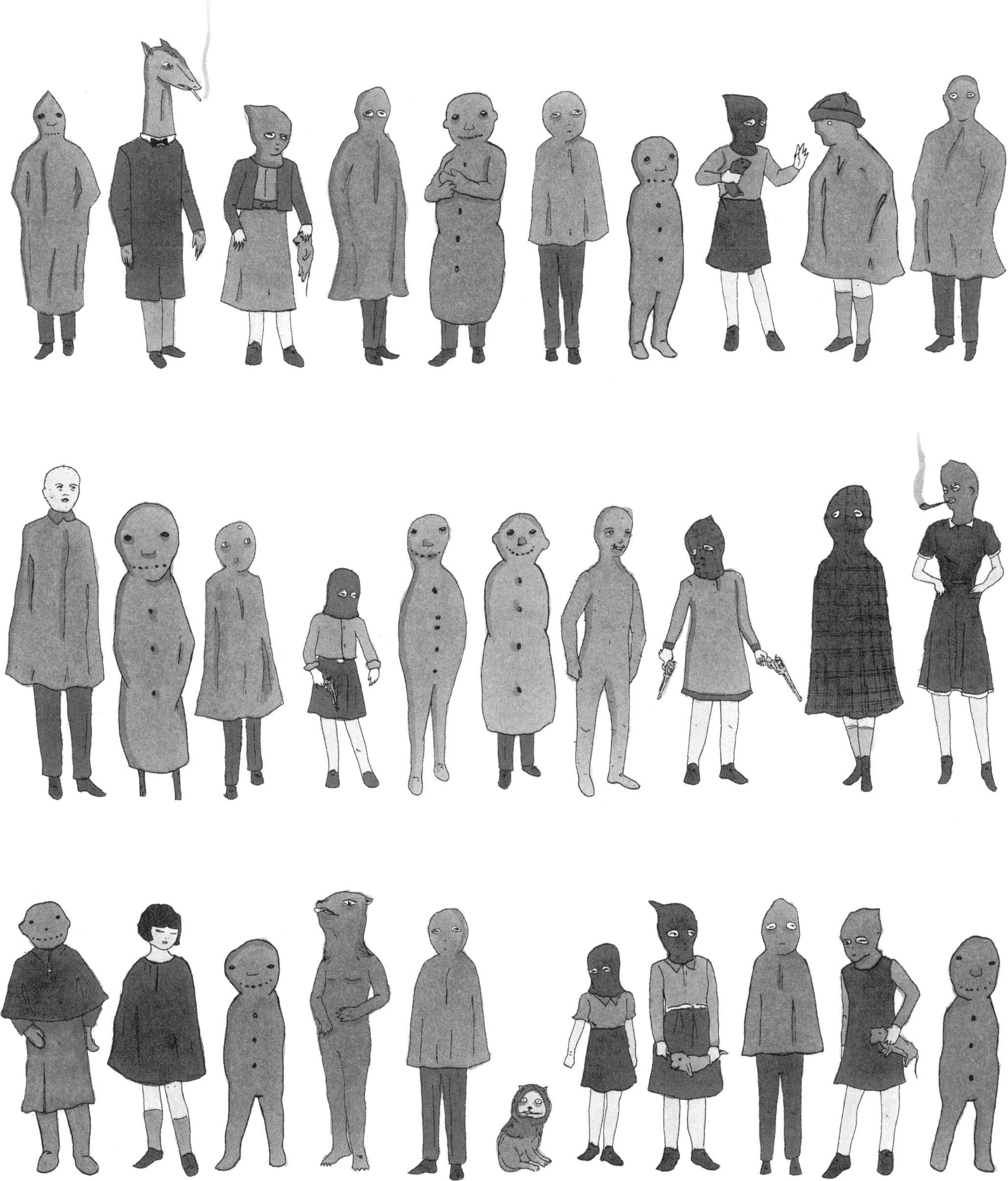

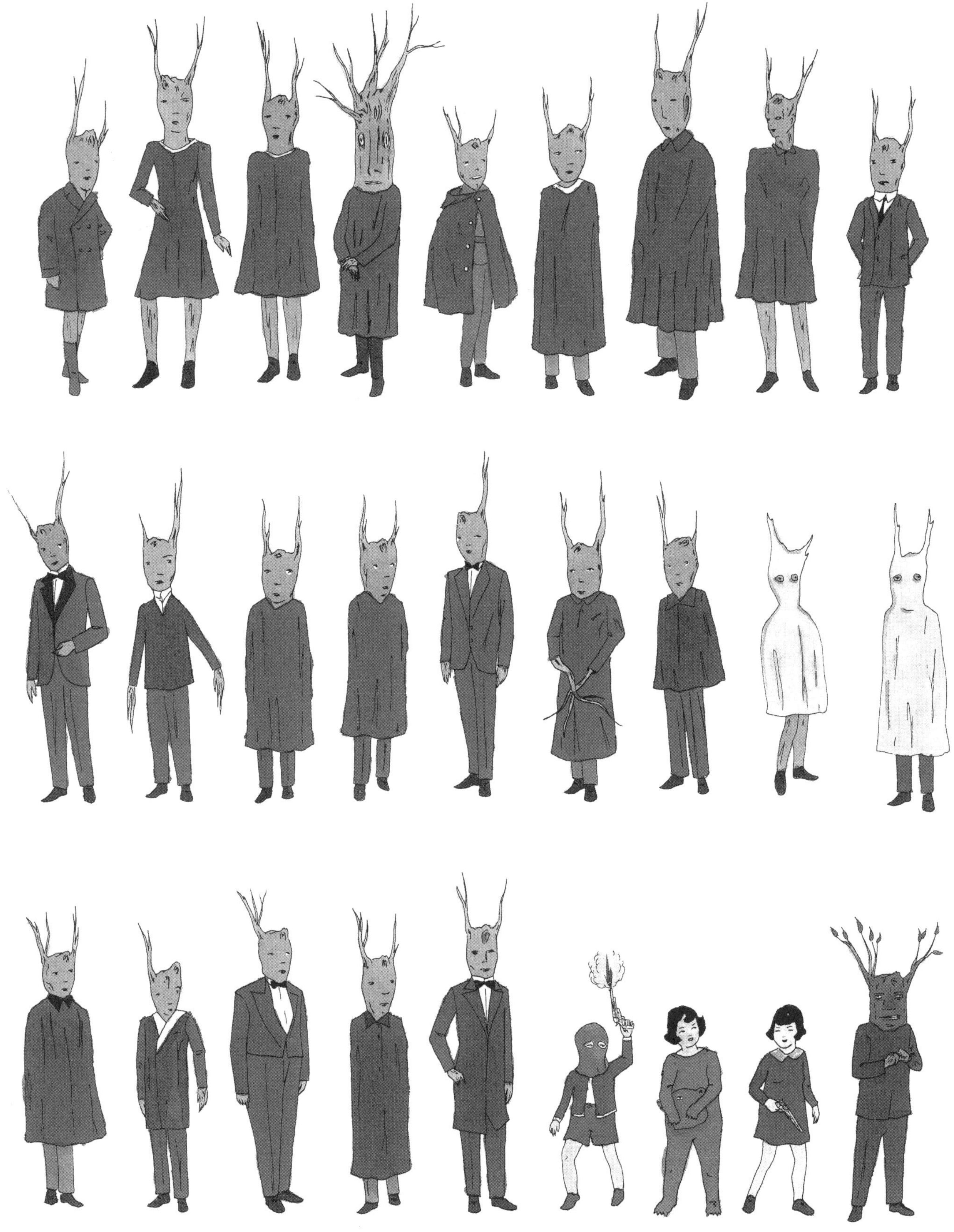

the   most remarkable new talent

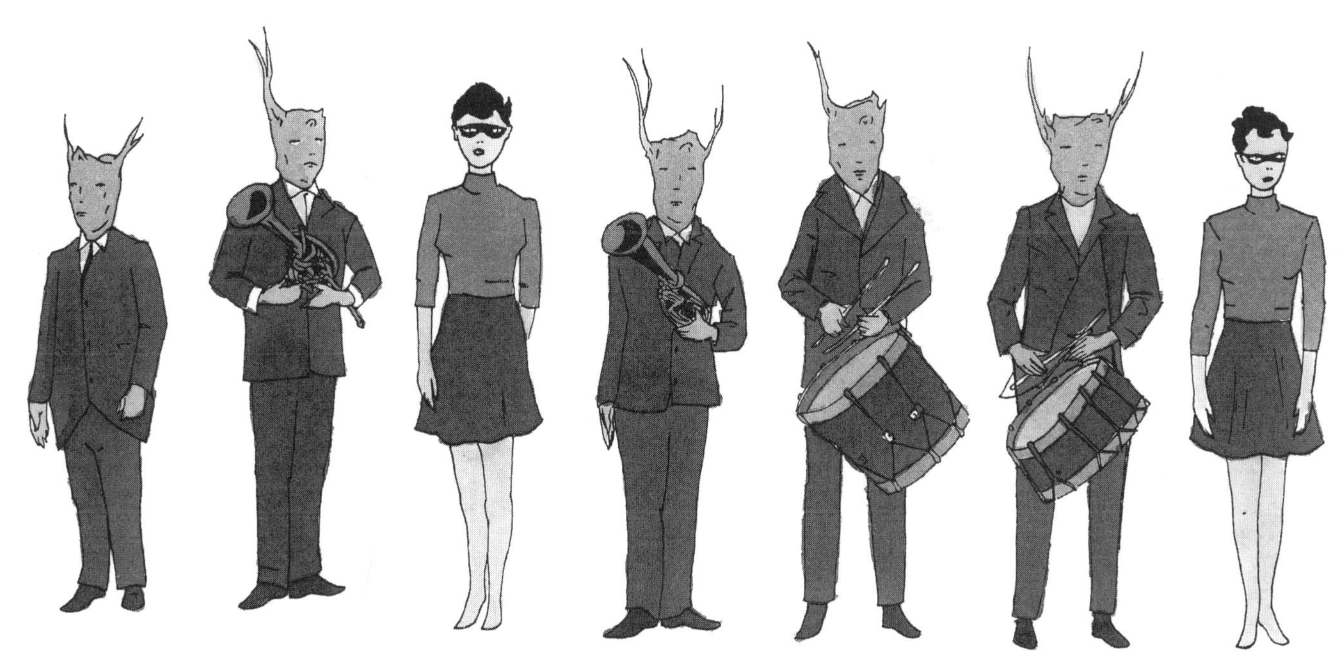

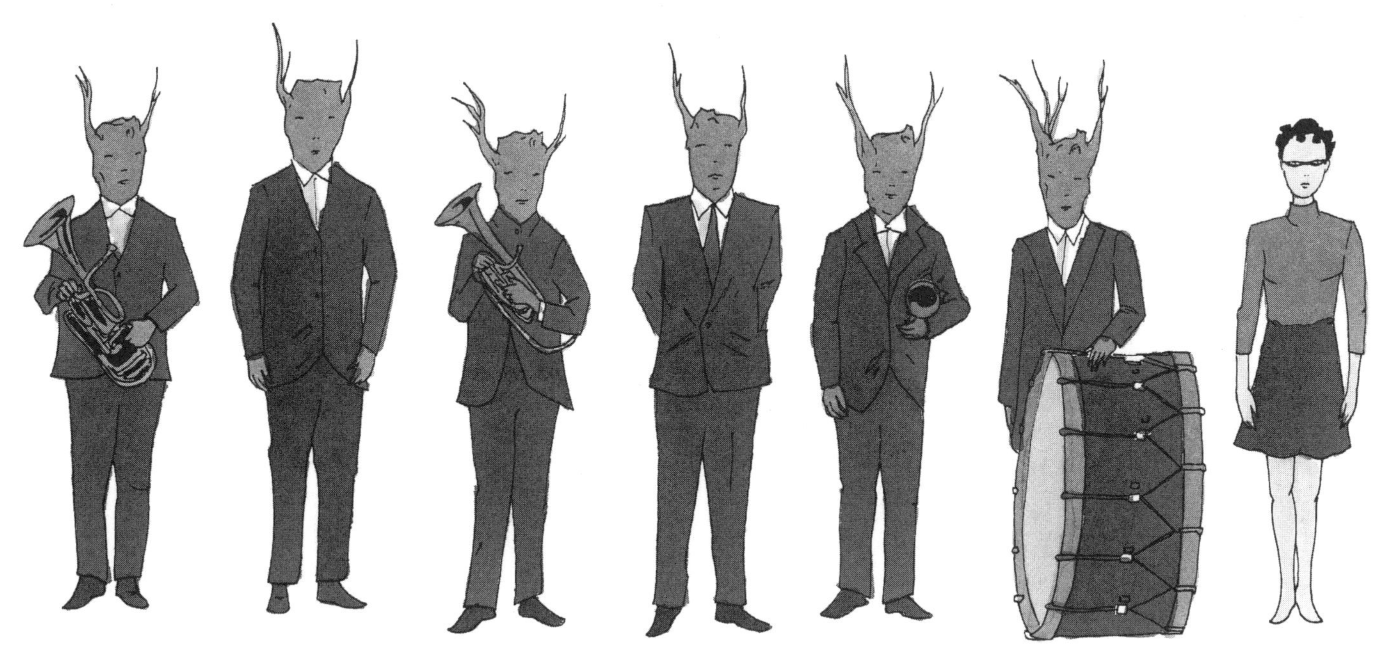

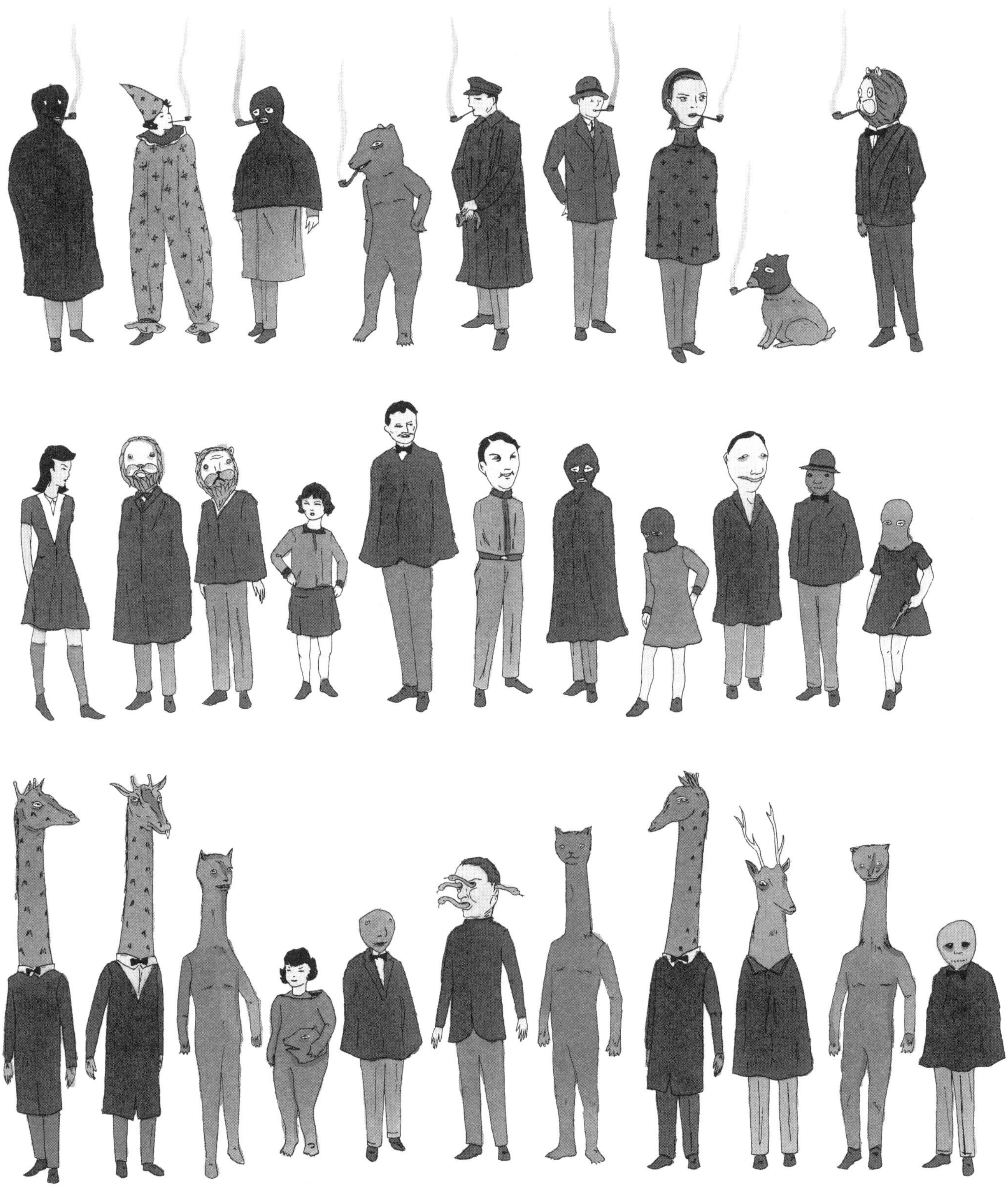

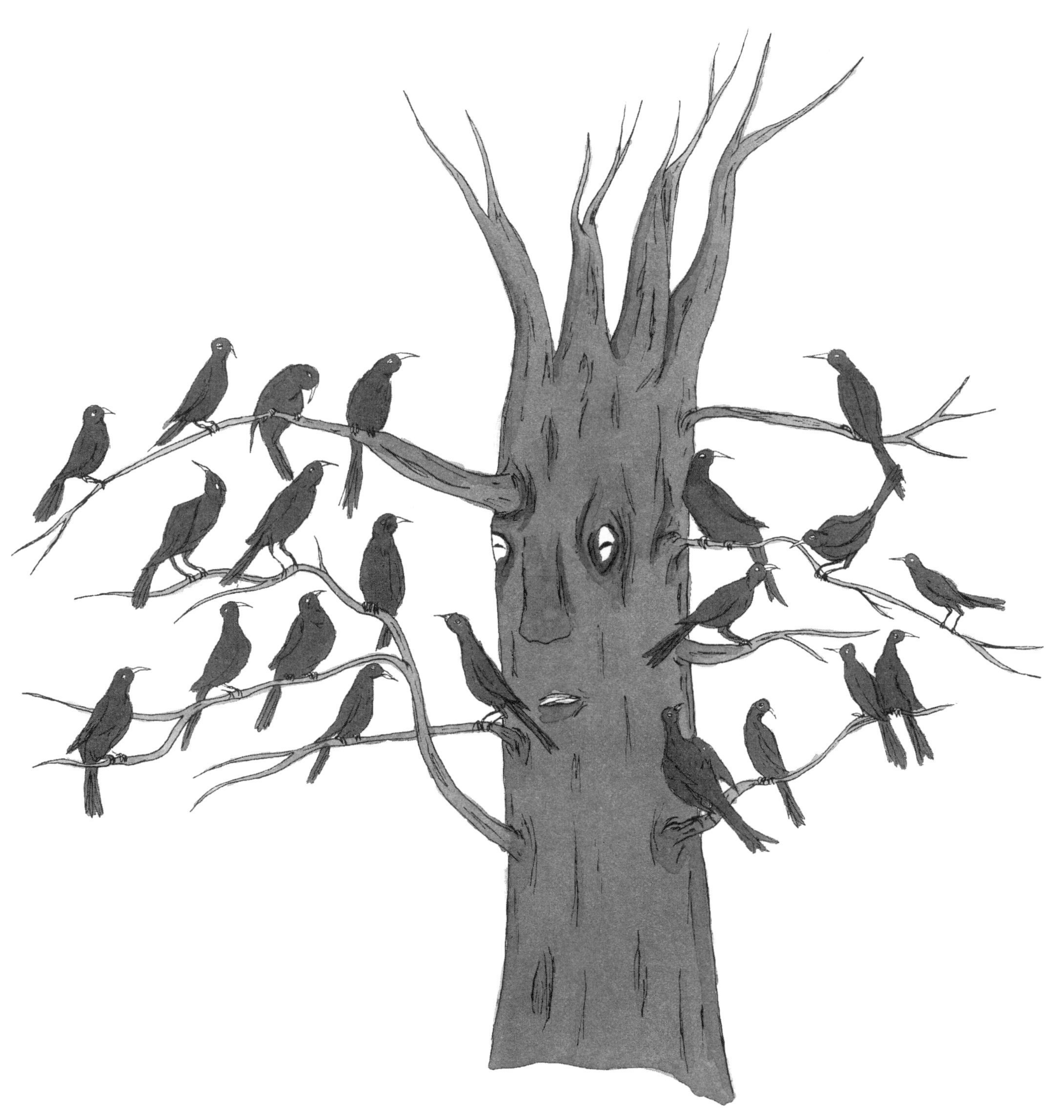

MARCEL DZAMA, INSERT FOR PARKETT 67, 2003.

Titles of single sheets / Titel der einzelnen Blätter:

1) *I WOULD BE MOST GRATEFUL IF SOMEONE WOULD HELP ME
TAKE THIS KNIFE OUT, OCT. 15, 2002, black ink /
ICH WÄRE WIRKLICH DANKBAR, WENN MIR JEMAND HELFEN
WÜRDE DIESES MESSER HERAUSZUZIEHEN, schwarze Tusche.*

2) *EUROPEAN BATS CANNOT SUCK YOUR BLOOD BUT THEY
CAN STEAL YOUR HEART, OCT. 12, 2002, black ink /
EUROPÄISCHE FLEDERMÄUSE KÖNNEN DIR NICHT DAS BLUT
AUSSAUGEN, ABER SIE KÖNNEN DIR DAS HERZ STEHLEN,
schwarze Tusche.*

3) *THE NEW FALL FASHION, OCT. 17, 2002, black ink /
DIE NEUE HERBSTMODE, schwarze Tusche.*

4) *THE FOUR SEASONS OF TREES, OCT. 17, 2002, black ink /
DIE VIER JAHRESZEITEN DER BÄUME, schwarze Tusche.*

5) *A MINUTE WITH THE MIDDLE CLASS, OCT. 12, 2002, black ink /
EINE MINUTE BEI DER MITTELKLASSE, schwarze Tusche.*

6) *IN THE LINE UP, OCT. 14, 2002, black ink /
IN AUFSTELLUNG, schwarze Tusche.*

7) *ONE MONTH WITH ALL MY FAMILY, OCT. 15, 2002, black ink /
EIN MONAT MIT MEINER GANZEN FAMILIE, schwarze Tusche.*

8) *REMARKABLE NEW TALENT, OCT. 14, 2002, black ink /
BEMERKENSWERTES NEUES TALENT, schwarze Tusche.*

9) *MYSELF WITH FRIENDS, OCT. 13, 2002, black ink /
ICH MIT FREUNDEN, schwarze Tusche.*

10) *THE TREE ASKED THE BIRDS TO GO HOME IN SPRING,
THE BIRDS REPLIED "NO", OCT. 18, 2002, black ink /
DER BAUM BAT DIE VÖGEL IM FRÜHLING NACH HAUSE ZU
GEHEN, DIE VÖGEL ANTWORTETEN: «NEIN», schwarze Tusche.*

Über den Zyklus
Prima Materia/Riots
von Wang Fu

HARTMUT BÖHME

Urformen der Kunst – gewiss. Was kann das aber anderes heissen als Urformen der Natur? — Walter Benjamin[1]

Der in Stuttgart lebende Künstler Wang Fu wurde 1960 in Shijazhong, China, geboren. Er studierte dort und in Peking Malerei, bevor er unter abenteuerlichen Umständen 1987 nach Europa gelangte und seine Studien bei K.R.H. Sonderborg und Joseph Kosuth fortsetzte. Seine jüngsten, mindestens 222 x 150 cm messenden, mal quer-, mal hochformatigen Gemälde benötigen eine weite Ausstellungshalle und einen verweilenden Betrachter, der sich einzulassen vermag auf das Geheimnis dieser Bilder. Wang Fu hat diese Serie von Gemälden im Jahre 2002 während seines Aufenthalts im Künstlerhaus Schloss Wiepersdorf gemalt, dem Land-

HARTMUT BÖHME ist Professor für Kulturtheorie und Mentalitätsgeschichte an der Humboldt-Universität Berlin.

sitz des romantischen Dichterpaares Bettina und Achim von Arnim. Seitlich der Dorfstrasse des winzigen Fleckens im brandenburgischen Landkreis Teltow-Fläming öffnet sich ein Park, in dem zurückgesetzt das klassizistische Schlösschen gelegen ist. An der Gartenseite führt von der Terrasse eine Freitreppe zum leicht barock stilisierten Parterre, das von antiken Götter-Statuen umstellt ist. Linker Hand eine geschwungene Orangerie, rechts ein kleiner Schlossteich mit obligatem Schwanenpaar. Eine Zentralachse führt auf die Zeus-Statue am Ende des kleinen Parks zu, der im Stil des englischen Landschaftsgartens ungleichmässig von alten Baumsolitären und Baumgruppen bestanden ist. In einem Seitenflügel des Schlosses sowie in den ehemaligen Stallungen finden jeweils etwa zwanzig Literaten und Künstler für einige Monate ihr Unterkommen. Den bildenden Künstlern stehen in einem gesonderten Atelierhaus gross-

zügige Arbeitsräume zur Verfügung. Über diesem Juwel der Stille und Weltferne, in der arbeitsame Zurückgezogenheit und geselliges Zusammentreffen aufs Schönste in der Balance sind, wölbt sich ein massloser Himmel, Schirm und Herausforderung zugleich der ästhetischen Inspirationen.

Im Anblick der Bilder Wang Fus steht man unwillkürlich still. Das dominante Schwarz und die amorphen Formen scheinen im ersten Anblick Düsternis und Beklommenheit zu verbreiten. Was geschieht einem?

Die Leinwandflächen sind unbehandelt weiss belassen. Mit chinesischer Tusche, wie sie auch für die Kalligraphie verwendet wird, und breitem Pinsel werden in bauschendem Schwarz wolkig quellende Formen mit ungleichmässig verlaufenden Randzonen herausgearbeitet. Die schwarzen Quellkörper verbinden sich zu Knäueln, gewebeartigen Clustern, zu zellularen Ketten oder kompakten Ballungen, zu

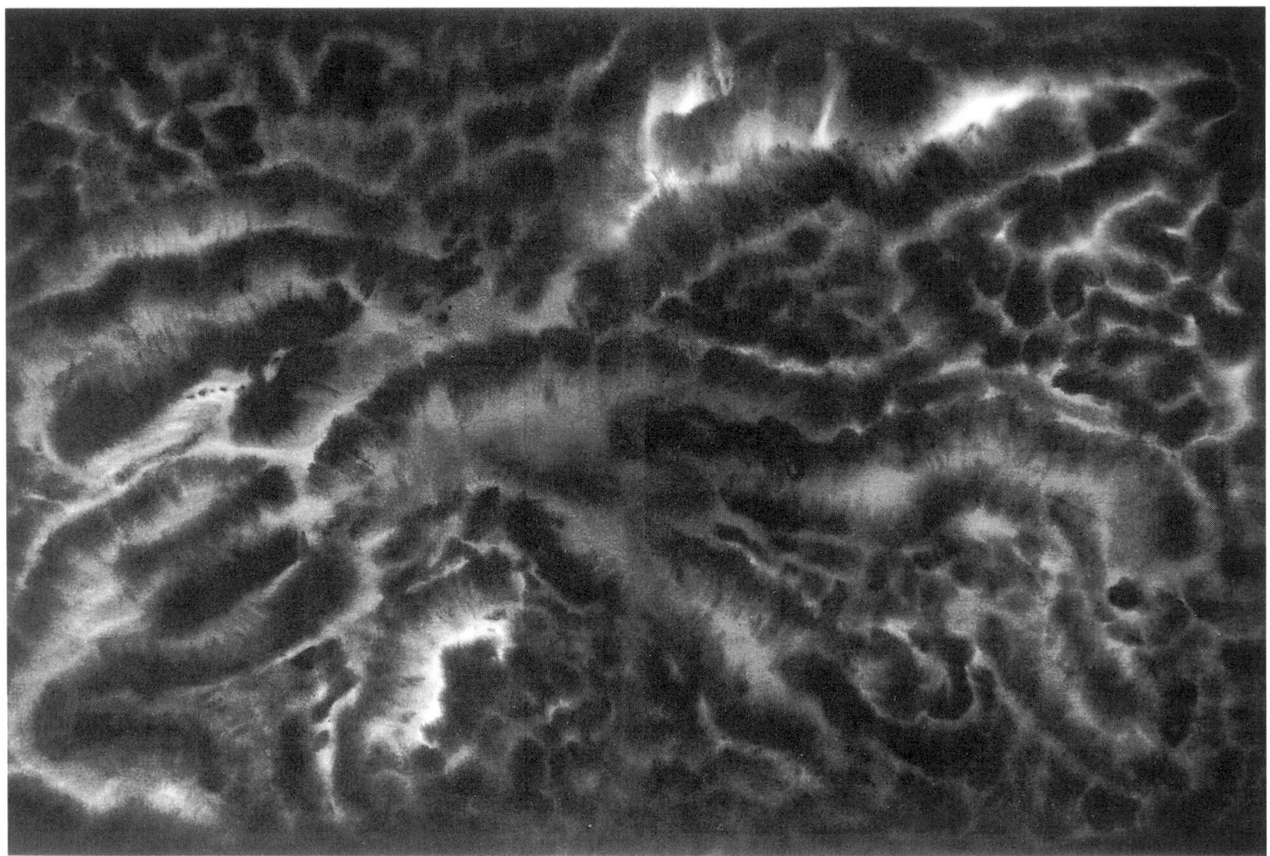

bebenden Fluids und brodelnden Wirbeln; sie bilden fedrige Spiralen, lose geschürzte Zentren, amorphe Texturen, flaumige Kissen, schwärmende Scharen oder hybride Figuren. Immer schweben sie auf der Grenze zwischen Formwerdung und Dekomposition. Sie erscheinen als zufällig festgehaltene Zustände eines Prozesses, dessen Sinn sich zunächst ganz entzieht. Zwischen den locker verknüpften, die ganze Bildebene füllenden schwarzen Quellmassen schimmert hier und leuchtet dort der helle Hintergrund, der den dominanten Schwarzfiguren Kontur und Körperlichkeit, Tiefe und Raum gibt. An einzelnen Stellen, unregelmässig auf die Gemälde verteilt, verdichtet sich das Hell des Hintergrunds zu gelb und orange glühenden Zonen. Was geschieht?

Wir wissen es nicht. Und so beginnen Augen und Denken des Betrachters Halt zu suchen am möglichen Déjà-vu der visuellen Gestalten oder an wieder erkennbaren Denkfiguren. Das setzt einen unabschliessbaren Prozess des Sehens und Deutens frei, unabschliessbar, weil die Serie der Bilder selbst infinit zu sein scheint. Jedes einzelne Bild setzt sich variierend und beinahe selbstschöpferisch in einem neuen fort. Und auch im Inneren der Bildkörper versinkt man und steigt auf vom Grossen ins Kleine, von der Oberfläche in die Tiefe, vom Ganzen ins Teil und vice versa – ähnlich, so meint man, wie bei den Visualisierungen der Mandelbrotmengen und dem fraktalen, sich selbst generierenden Formenspiel der Chaostheorie.

Nehmen wir diese Assoziation auf. Nicht ohne vorauszuschicken, dass diese Bilder jede Festlegung auf einen Sinn von vornherein verweigern. Erst im Durchlauf der vielen Deutungsvarianten mag man eine vage Ahnung des Formgewoges dieser Gemälde und ihres (vielleicht) möglichen Sinns gewinnen. Denn diese Bilder stehen nicht j e n s e i t s, sondern v o r jeder identifizierbaren Gestalt und v o r jedem eindeutigen Sinn. Sie weisen den Betrachter in seinem inständigen Begehren nach Bildexegese und Bedeutung ab. Sie stürzen ihn ins Abenteuer einer Vorstellungsreise, die vielleicht an den Anfang der Welt zurückführt. Doch hüte man sich, dies für den «Sinn» dieses ästhetischen Unternehmens zu halten, das uns das Inkommensurable und Geheimnishafte zumutet.

Das Lichte, Farbige und das Schwarze sind nicht Gegensatz, nicht wechselseitige Negation, sondern eine dynamische Polarität von Energien, die am primordialen Prozess der Formwerdung gemeinsam arbeiten. Nicht ohne Recht, doch ohne dabei das Wahre zu treffen, mag man an die Genesis der Welt aus einem chaotischen Materiemeer denken, in welchem die ersten, instabilen Formen emergieren. Man erinnert sich an den vorsokratischen Atomismus eines Demokrit und Leukipp. Sie liessen die Welt hervorgehen aus dem Zufallsspiel einer chaotischen Atommasse. Im zufälligen Wechsel des Vollen und Leeren fügen sich die flüchtigen Atome mal zu schwellenden Figuren, fedrigen Wolken, fluidalen Quellkörpern oder flockigen Verbänden, mal zu brodelnden Zentren, massigen Klumpen, verstrebten Verbänden, energischen Spiralnebeln und stabilen Mustern. Schaut man hier der Autopoiesis der Materie auf der Suche nach ihrer noch unbekannten Formenvielfalt zu? Darf man an das prästrukturelle Tohuwabohu denken, das den Ausgangspunkt für das kreative Handeln eines Gottes bot, der über Trennungsvorgänge erst die grossen Formenkreise des Weltalls und des Lebens schuf? Schöpfung als *opus disiunctionis,* als Trennung des bis dahin absolut Amorphen, das man auch das unendliche Schwarz nennen darf? Blitzt nicht zwischen das wogende, unbestimmt verfliessende Schwarz das Licht hinein:

trennend, formgebend, abgrenzend? Glüht nicht schon an manchen Stellen Feuriges auf, primäre Energie, die sich in den dunklen Formgebilden materialisiert wie in erkaltender Lava und Tuff? Werden die Weltkörper generiert durch *nigredo,* den Vorgang der Schwärzung – wie ihn die Alchemie dachte –, wodurch das Glutende sich erst zu stabiler Form verfestigt? Fühlt man sich etwa zu Unrecht erinnert an das intelligente Materiemeer (oh, doppelte Mutter!) in dem Film *Solaris* von Andrej Tarkowski, wo Raumfahrer die schöpferischen, doch flüchtigen Verkörperungen dieses formbegabten Ozeans erforschen sollen und nicht bemerken, dass sie dabei selbst von eben diesem Urmedium untersucht werden? Werden wir als Betrachter womöglich selbst von den Bildern Wang Fus einem Experiment unterzogen? Untersuchen sie unsere Wahrnehmungsformen, unser Denkvermögen, unsere Einbildungskraft?

Vielleicht. Dann nähmen wir angesichts der Gemälde Wang Fus teil an der Vision der Welt vor der Entstehung anorganischer und organischer Formen und zugleich an der Genesis des Ästhetischen, wenn Kunst denn die verkörpernde Darstellung des Wahrnehmbaren ist. Wir partizipieren am primären Zustand amorpher Energieverteilung, einer anfänglichen Station des Werdens, das voller Unruhe noch zu keiner definitiven Lösung seiner Gestalt gefunden hat. *Prima materia.* So nannten die Alten den primordialen Zustand energiegesättigter, dynamischer Materie. Das erregte, unruhige Chaos, das der Schoss allen Werdens ist (etwa bei Hesiod). Aus ihm geht auch der Aufruhr *(riot)* hervor.

Schon bei Hesiod bricht bald nach der Entstehung der Welt aus dem

Chaos und sofort mit der ersten göttlichen Ordnung der wüste Aufruhr hervor, die endlose Kette einer Gewalt, deren heisse Vitalität bis heute nicht zur Ruhe gekommen ist. Jetzt sind wir bei der beklemmenden Seite der Gemälde angelangt. Vergessen wir nicht: der Aufruhr *(riot)* in allen seinen Formen ist ein bleibendes Element der menschlichen Welt geworden. Der Mensch selbst ist bebende Unruhe, flüchtige Verkörperung, Aufstand und Aussatz: *homo destitutus.* Seit den Bürgerkriegen und Revolutionen des siebzehnten und achtzehnten Jahrhunderts sind die Bilder des brodelnden Aufstands eng mit der Metaphorik des Vulkanischen, des Erdbebens, des wilden Umsturzes, der kollabierenden Gleichgewichte, der eruptiven Entladung gärender Energien, mit entfesselten Feuerstürmen oder apokalyptischer Nacht verbunden. Die deregulierten Kriege heute, die mordrauschenden Pogrome der Bürgerkriege, der explosive Anschlag des Terrors bilden den düsteren Untergrund, ein amorphes Rhizom der Gewalt, die von keiner Ordnung gezähmt werden konnte. Das Chaos wächst mit der Zivilisation, deren archaischer Kontrapunkt es bleibt.

Auch wenn das *morphing* des Schwarzen dominant scheint, so zeigt die nähere Analyse der Bilder Wang Fus, dass Licht und Schwärze in einem komplementären Verhältnis stehen. Sie organisieren das ästhetische Verhältnis von Vorder- und Hintergrund. Die tradierte Konkurrenz von *pittura* und *disegno* wird von Wang Fu zugunsten des Malerischen entschieden. Doch in Umkehrung der klassischen Auffassung, dass das Malerische durch die Farbe agiere, ist es hier die «Farbe Schwarz» (Max Raphael), welche das Morphologische organisiert. Dennoch

WANG FU, PRIMA MATERIA / RIOTS SERIES, 2002, Tusche, Acryl und Bindemittel auf ungrundierter Leinwand, 278,5 x 175 cm / ink, acrylic, and binder on unprimed canvas, 109⅝ x 68⅞".

zeigen sich Lineamente, Vorstufen von Kontur und Gestalt, einerseits durch das Leuchtende des Hintergrunds, das durch das deckende und verrinnende Schwarz freigelassen wird. Andererseits erkennt man schwingende, gleichsam dereguläre Lineamente. Sie stellen die kompositorischen Führungen der zellularen, wuchernden, sich ballenden oder spiralig verkettenden Schwarzkörper dar.

Die völlige Absenz der Himmelsfarbe Blau und der Lebensfarben Grün und Braun mag anzeigen, dass hier Himmel und Erde noch nicht auseinander getreten sind und damit ein Zustand vor der Ausdifferenzierung des Blauen (der Luft), des Braunen (der Erde) und des Grünen (des Pflanzenkleids) dargestellt ist. Und dennoch hat man den Eindruck dem Werden lebendiger Formen beizuwohnen. Das hängt auch mit der Irritation des Raumsinns zusammen: Befinden wir uns eigentlich in einem mikroskopischen Raum des (Körper-)Inneren oder im Makrokosmischen brodelnder Urmaterie? Vieles lässt sich als präorganische Form, Ursuppe des Lebendigen lesen. Schon die Assoziation der Schwarzkörper mit Zellketten und Gewebeformen deutete dies an. Ist man gar im mikrobiologischen Raum? Beobachtet man Prozesse der Zellteilung, der hybriden Vermehrung und Selbstverdoppelungen, der Kopien und formalen Redundanzen, wie sie für den biologischen Prozess charakteristisch sind? Spielen sich auf dieser Ebene Prozesse ab, deren Dynamik und Formbildung nicht nur zu den Bausteinen des Lebens, sondern auch der Kunst gehören? Sind das Autopoietische und das Emergente, wie man sie in den Gemälden Wang Fus zu sehen glaubt, vielleicht Merkmale, die das Werden der Materie und des selbstorganisierten Lebens verbinden? Artikulieren diese Bilder Gestaltvorgänge, welche die Natur nicht als vollendetes und erstarrtes Produkt, sondern als Prozess zeigen? Also die *natura naturans* des romantischen Naturphilosophen Schelling, Prinzip des Selbstschöpferischen, das auch Natur und Kunst konvergieren lässt?

Selbstverständlich dürfen wir auch ans Erdinnere und die vulkanische Lebendigkeit denken. An den Grenzzonen des Glühens und des Erstarrens bilden sich die primären Formen, die jene Kruste hervorbringen, auf der wir leben. Wir dürfen denken ans Meerische, insbesondere an die dunklen Zonen der Tiefsee mit ihren rätselhaften Formspielen, ihren polypischen, medusenhaften und hybriden Morphologien, ihren uralten Bautypen des Lebens im fluidalen Medium. Poseidonisches, seismisches Reich. Wir dürfen ebenso denken an die Schwindel erregenden Tiefen des schwarzen Weltalls, das unzählige Sternennebel, aufblitzende Supernovas, kollabierende Systeme in sich birgt. Uranos. Wir erkennen schliesslich das Argushafte der Bilder, die uns mit ebenso vielen Augen ansehen, wie wir Blicke in sie versenken. Es handelt sich um proteische Labyrinthe, die uns einschliessen, ohne ihr Geheimnis herzugeben.

Ins Auge schliesslich fallen die gewebeartigen Grundformen. Sie sind die «Elementarteilchen», *semina rerum,* dieser Bilder. Gewebe – das ist *textura,* Text der Natur, Elementarschrift der Zellen und Aufbauform organischer Körper. Diese *textura* aber zeigt kein Alphabet, keine Grammatik, keine kubisch-geometrische Struktur, die sich dem Gesetz der Zahlen fügt, sie ist nicht *mathesis universalis* oder Graphik der Schrift, nicht kristalline Formel. Sondern ihre Grundform ist der «Pneu als formbildendes Prinzip» (Frei Otto), den man heute als Bauform des Lebens zu verstehen lernt. Pneu stammt von griechisch *pneumos,* Luft. Dieses Luftartige, das die Formen füllt und aufspannt, sich mit Membranen, Hüllen, Häuten umgibt und zu Packungen, Ketten von Zellkammern, zu wolkigen Geweben und elastisch gestützten Aggregaten fügt; dieses Pneumatische wird als Konstruktionssystem und Bauplan lebendiger Natur heute wissenschaftlich erforscht und sogar als architekturales Verfahren in «weichen» Bauformen verwendet – abgesehen von unzähligen technischen Anwendungsformen in Produkten, bei denen es auf weiche Stabilität ankommt: vom Reifen bis zur Verpackung, von Mehrkammerkonstruktionen bis zu Membrantechniken. Wang Fu demonstriert dieses Verfahren der Natur, das weit in die technische Welt hineinragt, auch als ästhetisches Prinzip. Es folgt anderen Gesetzen als die kubische Geometrie, der perspektivische Tiefenraum und die lineare Kontur. Diese beherrschten die klassische Malerei. Weil sie hier gänzlich fehlen, sind wir bei der räumlichen Zuordnung der Gemälde so irritiert: Denn ihr «pneumatisches» Formprinzip wirkt im Grössten wie im Kleinsten, im Mikro- wie im Makroraum, in Natur wie Technik und somit auch in der Kunst. Dies ist die eigentliche ästhetiktheoretische Entdeckung der Bilder Wang Fus. Er hat nicht nur eine Serie von Werken geschaffen, sondern zugleich einen Beitrag zur Kunstreflexion geleistet, zur Besinnung des ästhetischen Prozesses auf die ihm zugrunde liegenden Verfahren.

Die pneumatische Elastizität, die wolkige Quellform, die zellularen Clusterungen, energetisch versorgt von unregelmässig verteilten Zentren des Glutens, des Lichtes, der Wärme: Sie sind es, die hier vielleicht zur Darstellung kommen. Sie erklären auch, warum nur prekäre Gleichgewichte gehalten werden können, stabile Instabilitäten und vibrierende Aggregate. Dies sind Vorgänge, die weit vor dem Moment liegen, wo Objektkonstanzen und Formidentitäten erkennbar werden, die unserem Auge vertraute Gegenständlichkeiten bieten würden. Wir sind einem vorgegenständlichen, einem präsymbolischen, einem präidentitären Raum ausgesetzt, in dem die elementaren Formen sich erst herausprozessieren. Darum auch kann unser Auge nirgends anhalten und wir sind, sehend und suchend, als Betrachter selbst in einen anhaltenden Prozess der Formerzeugung verwickelt.

In gewisser Hinsicht greift Wang Fu auf die 50er und 60er Jahre des Informellen, der monochromen Malerei und des Abstrakten Expressionismus zurück, in denen schon einmal nach den vorgegenständlichen Elementen der Malerei gesucht wurde. Er verlässt damit die Jahrzehnte der Popkunst, des Neorealismus, der Installations- und Raumkunst oder der *action art,* welche die bisherigen Werke Wang Fus charakterisierten. Durchweg waren die Objekte und Installationen Wang Fus, bei aller Vielfalt der eingesetzten Formensprache, decodierbar. Kunst war Kunst und Medium der Botschaft zugleich. In der Serie *Prima Materia / Riots* ist das radikal anders. Nach der Epoche der Entgrenzung von Kunst, ihrer oft multimedialen Verbindung oder wenigstens ihres Dialogs mit neuen Medien und Popkultur scheint es, als würde Wang Fu sich in dieser Serie zurückbesinnen auf das Herzstück der europäischen Kunstgeschichte, das Tafelbild. Er tut dies in einer neuartigen Wendung, welche uns die Elementarstrukturen des Bildlichen überhaupt und damit der visuellen Welt, in der wir leben, vor Augen bringt.

1) Walter Benjamin, «Neues von Blumen», in: *Gesammelte Schriften,* Bd. III, Suhrkamp, Frankfurt am Main 1972, S. 152.

Wang Fu's Cycle
Prima Materia/Riots

HARTMUT BÖHME

Primordial forms of art—certainly. Yet what else can that mean but primordial forms of nature? — Walter Benjamin

The artist Wang Fu, based in Stuttgart, was born in China in 1960. He studied painting in his native Shijazhong and in Beijing and later set off on an adventurous journey to Europe. Arriving here in 1987, he pursued his studies with K.R.H. Sonderborg and Joseph Kosuth. His most recent paintings, measuring at least 222 by 150 cm and done in both horizontal and vertical formats, require a large exhibition space and viewers prepared to spend the necessary time to discover the mystery of his pictures. Wang Fu painted this series of pictures in 2002 while on a grant at the Künstlerhaus Schloss Wiepersdorf, the country residence of the Romantic poets Bettina and Achim von Arnim. The small Classicist palace is located in a park set back from the main street in a tiny village in the Brandenburg county of Teltow-Fläming. Stairs facing the garden lead from the terrace to a stylized and slightly Baroque ground floor encircled by

HARTMUT BÖHME is Professor of Cultural Studies and the History of Mentality at Humboldt University, Berlin.

statues of ancient gods. To the left a curved orangerie, to the right a small pond with the mandatory pair of swans. A central axis leads to the statue of Zeus at the end of the small park, irregularly planted with isolated trees and stands of trees in the style of an English landscape garden. One of the wings of the palace and the former stables provide quarters for some twenty writers and artists, for a few months at a time. The artists have spacious studios at their disposal in a separate building. Above this peaceful and remote jewel of a place, where hard-working retreat and good company are beautifully balanced, immoderately expansive skies both shelter and challenge aesthetic inspiration.

On seeing Wang Fu's pictures, we cannot help standing still. The dominant black and the amorphous shapes seem at first sight to exude an aura of gloom and oppression. What are they doing to us?

The canvases are white and unprimed. With Chinese ink, the kind that is used for calligraphy, and a wide brush, cloudy, billowing shapes with irregular marginal zones are worked in black ink. The surging black bodies coalesce into tangles, tissue-like clusters, cellular chains or compact bundles,

into quivering fluids and seething whirls and eddies; they form feathery spirals, loosely shirred centers, amorphous textures, fluffy pillows, swarming hordes, or hybrid figures. And they always hover between consolidation and decomposition. They look like chance images of a process arrested in time, whose meaning at first eludes us entirely. Among the loosely linked billowing masses of black that fill the entire picture plane, the light background shimmers through and lights up the surface here and there, lending the dominant black figures contour and shape, depth and space. In areas unevenly scattered throughout the picture, the brightness of the background is compressed into glowing yellow and orange zones. What is happening?

We do not know. And so the eyes and mind of the viewer seek support from the possible *déjà vu* of visual design or recognizable mental images. This triggers off an endless process of seeing and interpreting, endless because the series of pictures themselves seems to be infinite. Every picture produces variations of itself in new pictures, yielding an almost self-creative process of reproduction. In addition, we sink inside the pictorial body, rising from large to small, from surface to depth, from whole to part, and vice versa—somewhat like imagined visualizations of Mandelbrot sets and the fractal, self-generating play of forms in chaos theory.

We shall pursue this association, but let it be said that these pictures categorically resist confinement to one single interpretation. One must explore many avenues of interpretation before acquiring even a vague understanding of the billowing shapes in these paintings and their possible meaning. For they are not situated b e y o n d but rather b e f o r e identifiable shape and b e f o r e unequivocal meaning. They refuse to satisfy viewers' importunate longing for pictorial exegesis and meaning. They thrust them into the adventure of an imaginative journey that may take them back to the beginning of the world. But beware of presuming that herein lies the "sense" of this aesthetic enterprise and the challenge posed by its incommensurability and mystery.

Lighting, coloring, and blackness are not opposites, they are not mutual negations; instead they are a dynamic polarity of energies which have joined forces in the primordial process of generating form. There is justification but not truth in inventing the genesis of the world out of a chaotic sea of matter, where the first, unstable forms emerge. One is reminded of the pre-Socratic atomism of Democritus and Leucippus, according to whom the world arose out of the chance interplay of a chaotic mass of atoms. In the accidental exchange of fullness and emptiness, fleeting atoms combine into swelling figures, feathery clouds, bulging liquid bodies, or flaky configurations, into seething nodes, solid lumps, buttressed configurations, an energetic spiraling

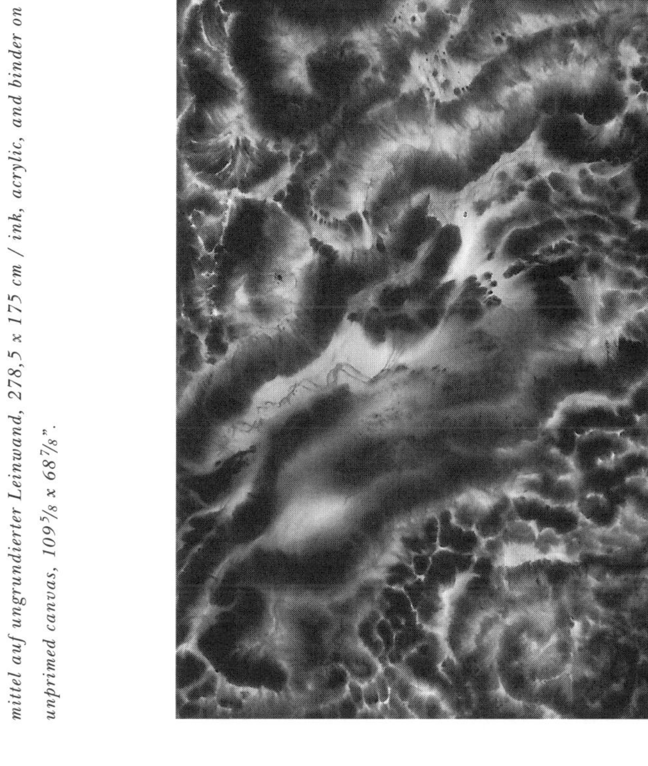

mist, and stable patterns. Are we here looking at the *autopoiesis* of matter seeking its still unknown diversity of form? Dare we evoke a pre-structural *Tohuwabohu,* the point of departure for the creative deeds of a god who created the great forms of the universe and life through the act of separation? Creation as an *opus disiunctionis,* as separation of the hitherto absolutely inchoate, which might also be called infinite blackness? Do we not see light flashing in the undulating, indeterminate flowing black, light that divides, gives form, and defines contours? Do we not see, here and there, the fiery glow of primordial energy as it takes shape in these dark configurations, like solidifying lava and tuff? Are the world bodies being generated by *nigredo,* the process of blackening conceived by alchemy, through which glowing mat-

ter consolidates into stable form? Is it far-fetched to recall the intelligent sea of matter in Andrej Tarkowsky's film *Solaris,* where astronauts have been sent to study the creative but fleeting embodiments of the ocean so rich in form, unaware that they are themselves being investigated by this primordial medium? Are we as viewers possibly being subjected to experiment by Wang Fu's pictures? Are they investigating our forms of perception, our mental processes, and our imaginative powers?

Possibly—in which case we would be taking part in a vision of the world prior to the emergence of inorganic and organic forms and in the genesis of aestheticism, assuming that art is the embodying representation of the perceivable. We participate in the primary state of the amorphous distribution of energy, an incipient stage of becoming

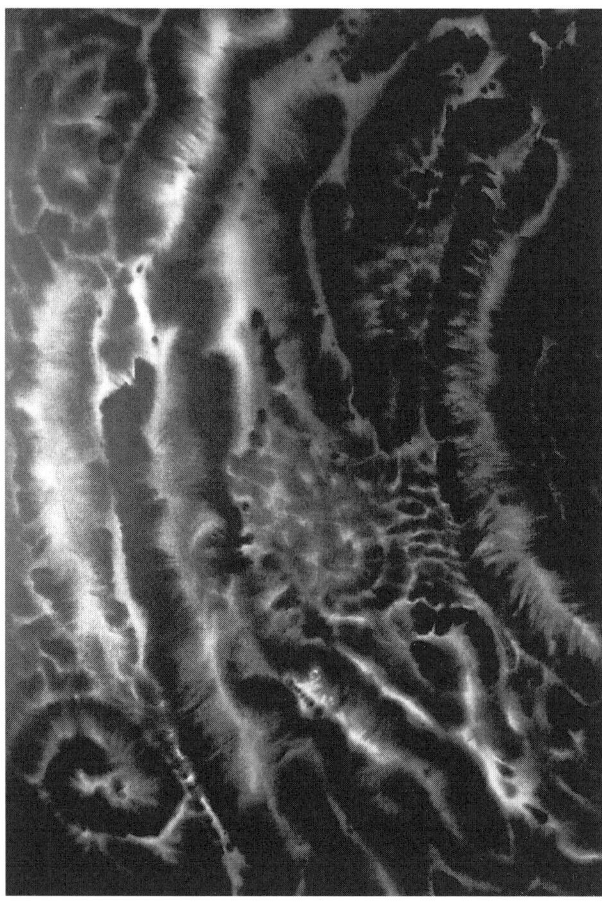

WANG FU, PRIMA MATERIA / RIOTS SERIES, 2002, Tusche, Acryl und Bindemittel auf ungrundierter Leinwand, 225 x 150 cm / ink, acrylic, and binder on unprimed canvas, 88⅝ x 59".

that is still full of unrest and has not yet found a definitive solution to its shape. *Prima materia.* This is what the ancients called the primordial state of dynamic matter saturated with energy: agitated, uneasy chaos which is the lap of all becoming (as in Hesiod). It is also the source of upheaval (riot).

Hesiod already postulated a savage revolt breaking out soon after the world emerged out of chaos and in instant response to the first divine order, a revolt that has since spawned an endless chain of violence whose burning vitality has never abated. We have now arrived at the oppressive side of the paintings. Lest we forget: revolt (riot) in all of its forms has become a permanent factor in the life of mankind. Humanity itself is quivering unrest, fleeting embodiment, rebellion and leprosy: *homo destitutus.* Since the civil wars and revolutions of the seventeenth and eighteenth centuries, the depiction of seething rebellion has been closely associated with the metaphorical imagery of volcanoes, earthquakes, savage overthrow, the collapse of equilibrium, the eruptive release of churning energy, with the fury of raging fires or apocalyptic night. Today's deregulated wars, the murderously orgiastic pogroms of civil wars, and the explosive assault of terror form a bleak background, an amorphous rhizome of unbridled violence that no order has ever been able to contain. Chaos increases with civilization; it is its eternal, archaic counterpoint.

Although the morphing of blackness seems to dominate, closer analysis of Wang Fu's pictures shows that brightness and blackness complement each other. They organize the aesthetic relationship of foreground and background. Wang Fu settles the traditional rivalry between *pittura* and *disegno* in favor of the painterly. But he inverts the classical notion that painting acts through color by using "the color black" (Max Raphael) to organize his morphology. Nonetheless, lineation— prefigured contour and shape—appears in the background, in a luminosity that seeps through the black cover. On the other hand, one recognizes undulating, quasi deregulated forms of lineation as guiding elements in the composition of the cellular, rampant, billowing, and spiraling bodies of black.

The complete absence of sky blue or the vital colors of green and brown may indicate that heaven and earth have not yet separated and that we are confronted with a state prior to the differentiation of blue (air), brown (earth), and green (vegetation). Yet we still seem to be witnessing the emergence of living forms, an impression heightened by the artist's unsettling treatment of space. Where are we actually: in the microscopic space of the (body's) interior or in the macrocosm of seething primordial matter? Much can be interpreted as pre-organic form, as the primordial soup of life, already implied by the association of the black bodies with chains of cells and tissue. Or are we perhaps in microbiological space? Are we observing typical biological processes such as cell division, hybrid reproduction and self-replication, duplication and formal redundancy? Do the dynamics and articulation of the processes unraveling on this level not only constitute the building blocks of life but also of art? Do the autopoietic and emergent qualities that we see in Wang Fu's paintings possibly provide a link between the formation of matter and self-organized life? Do these paintings articulate nature not as a perfected, immutable product but rather as a process, as *natura naturans,* which the Romantic philosopher Schelling described as the principle of self-creation, where nature and art converge?

Obviously we may also be reminded of the interior of the earth and volcanic vitality. The primary forms that yield the crust on which we live are generated in the marginal zones of incandescence and solidification. We may think of the oceanic, in particular of the dark zones in the depths of the seas with their enigmatic play of forms, their polypoidal, medusa-like and hybrid morphologies, their ancient life structures in the fluid medium. Poseidonic, seismic realm. We may equally envision the vertiginous heights of black outer space containing infinite seas of stars, flashing supernovae, and dramatically collapsing systems. Uranus. Finally we note the Argus-like nature of the paintings, for they look at us with as many eyes as we do when we gaze at them. The protean labyrinths that surround us do not give away their secret.

Then there are the conspicuous tissue-like configurations. They are the "elementary particles," the *semina rerum* of these paintings. Tissue is also *textura,* the text of nature, the elementary script of the cells and structures of organic bodies. But this *textura* has no alphabet, no grammar, no cubic-geometric structure that obeys the law of numbers; it is not *mathesis universalis* or the graphics of writing or crystalline formula. Its basic shape is the (pneumatic) tire as form-giving principle (Frei Otto), which we are now learning to read as the structural form of life. Pneumatic comes from the Greek word for air, *pneumos.* This airy matter that fills and tautens shapes, that wraps itself in membranes, shells, and skins, and that coalesces into packing, chains of cell chambers, cloudy tissues, and elastically supported aggregates—this pneumatic element is now undergoing scientific study as the constructive system and building plan of living nature. It has even been adopted as an architectural procedure for "soft" forms of construction—not to mention its countless technical applications in products that rely on soft stability, from tires to packaging, from honeycomb constructions to the use of membranes. These natural operations penetrate deep into the technical world; Wang Fu demonstrates that they are also an aesthetic principle. He does not follow the laws of solid geometry, perspectival space, and linear contours. Those are the laws that govern classical painting. Moreover, since he ignores them entirely, we find ourselves unable to identify the spatial order of his paintings. The "pneumatic" principle applies to the biggest and the smallest elements, to microspaces and macrospaces, to nature and technology—and also to art. This discovery is actually the contribution Wang Fu's paintings make to aesthetic theory. He has not just created a series of works; he has contributed to the understanding of art, to the contemplation of the fundamental procedures that underlie its aesthetic passage.

Pneumatic elasticity, cloudy billowing shapes, and clustered cells are supplied with energy from the irregularly scattered centers of incandescence, of light and warmth. They are perhaps the subject matter of these paintings, which also explains why their balance is at best precarious, with stable instabilities and vibrating aggregates. These processes take place long before the moment when objective constants and formal identities can be distinguished as familiar modes of figuration. We are exposed to space that precedes figuration, symbol, and identity, in which elementary shapes are just beginning to emerge. Thus, our roving eye can never come to rest; seeing and seeking, we as viewers are ourselves embroiled in the halting but unhaltable process of generating form.

In some respects, Wang Fu draws on movements of the fifties and sixties that had already explored pre-figurative elements of painting, such as the Informel, monochrome painting, and Abstract Expressionism. But he has abandoned the decades of Pop art, neorealism, installations, and art in space or action art, which characterized his earlier work. Despite their extreme diversity of formal idiom, Wang Fu's earlier objects and installations are consistently decodable. The *Prima Materia/Riots* series is radically different. After an age in which the boundaries of art have been eliminated to make room for a multi-media approach or at least to enter into a dialogue with the new media and Pop culture, Wang Fu seems to be taking a look back at the heart of European art history, the painting. In so doing he has taken a new turn; he shows us the elementary structures, indeed the essence of the pictorial and visual world in which we live.

(Translation: Catherine Schelbert)

C U M U L U S

From America

IN EVERY EDITION OF PARKETT, TWO CUMULUS CLOUDS, ONE FROM AMERICA, THE OTHER FROM EUROPE, FLOAT OUT TO AN INTERESTED PUBLIC. THEY CONVEY INDIVIDUAL OPINIONS, ASSESSMENTS, AND MEMORABLE ENCOUNTERS—AS ENTIRELY PERSONAL PRESENTATIONS OF PROFESSIONAL ISSUES.

OUR CONTRIBUTORS TO THIS ISSUE ARE LAURI FIRSTENBERG, CURATOR OF ARTISTS SPACE, NEW YORK, AND A PH.D. CANDIDATE IN THE HISTORY OF ART AND ARCHITECTURE DEPARTMENT AT HARVARD UNIVERSITY, AND RITA KERSTING, DIRECTOR OF THE KUNSTVEREIN FÜR DIE RHEINLANDE UND WESTFALEN IN DÜSSELDORF.

NOTES ON RENEWED APPROPRIATIONISMS

LAURI FIRSTENBERG

Rereading Douglas Crimp's catalogue essay for the seminal exhibition "Pictures," mounted in 1977 at Artists Space, New York, prompted these reflections on a young generation of artists whose disparate engagements with the operations of appropriation suggest that it remains an incessant and viable strategy. Crimp's conclusion states, "The work ... in this exhibition, and that of many other young artists as well, seems to be largely free of references to the conventions of modernist art, and instead to turn to those of other art forms more directly concerned with the representation of film and photography, most particularly—and even to the most debased of our cultural conventions—television and picture newspapers, for example. The selfreflexiveness and formalism of recent art appears to have been abandoned..."[1] My interest lies in examining some of the turns and tendencies of recent "appropriationisms" that are personal, political, formal, popular, historical, technical, and self-critical.

Perhaps our era of digital reproduction and the excess of accessible and inescapable visual information at super-speed prompts a need to isolate images, return to representation in a deliberate manner, and to dwell on signification, circulation, translation, and recontextualization. New York-based multi-media artist Kelley Walker's digital montage posters take on the propagandistic logic and language of advertising, summoning its audience to "Re-appropriate." Walker's poster presents the work as a secondary graphic output—a token of the actual work itself—a CD-ROM that includes directions for the potential alteration, replication and dispersal of the piece. The image of a California backyard devastated by an earthquake is decorated with vividly toned amorphous abstractions characteristic of digital painting. Culled from a book, the page crease in the middle of the spread remains. The action of lifting is made apparent. This is a game of contradictions played out within the logic of the computer. With a click, what could camouflage the act of co-option is not put into service. Rather, the neurosis of the Internet is evoked, providing a temporal, frenzied informational moment.

ART AND OBSOLESCENCE

Emblematic of a generational drift towards a new brand of appropriationism, the lexicon that is often reclaimed by this young generation of practitioners is that of the television, the Internet, and the video game. Historic time is the eighties. Interested in locating a language that reflects a historiography of post-seventies popular culture, Seth Price turns to the digital in an extremely low-tech manner—the suturing of footage mined and downloaded from the Internet. His video projections are low-grade transfers of digital material onto VHS tapes or DVDs. In Price's video entitled PAINTING SITES (2001), his digital style is self-consciously clumsy. Price has achieved a kind of Xerox-cinematic aesthetic in his filmic syncretization of found imagery. By conducting web searches on "painting" Price bizarrely retrieves disparate imagery ranging from kitschy garage sale paintings on E-Bay to master Renaissance portraits. Price's video mimics the random procedure and non-narrative logic of the found data. In this way, the Internet functions as a desultory democratic archive. His final product makes literal the logic of the

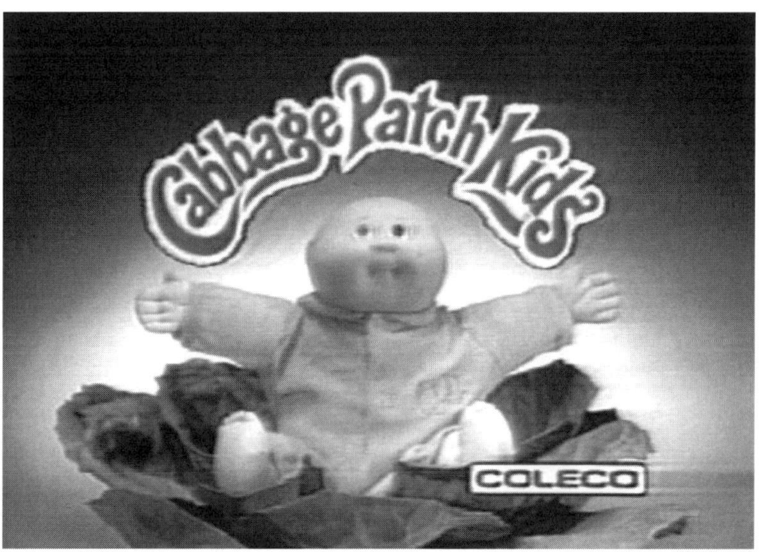

SETH PRICE, video still, 2002, after / nach: MARTHA ROSLER, GOBAL TASTE, A MEAL IN 3 COURSES, ELEMENT 1, 1985 / GLOBALER GESCHMACK, MAHLZEIT IN 3 GÄNGEN, ELEMENT 1.

technology he employs—absurd, anti-narrative, and fortuitous. His pseudo-Sister-Wendy documentary gone faux-Germanic fairy tale narration is executed in the guise of Public Access dramatization. Accompanied by a schmaltzy lyrical *Lord of the Rings*-like soundtrack, a tone is set for progression, suspense, and climax that is flattened out by the spatio-temporal collapse located in the monotonous movement of remixed imagery from William Blake to the Blue Boy to a Brooke Shields portrait.

Well-versed in the genealogy of appropriation art, Price proposes to collaborate with progenitor Martha Rosler. Interested in Rosler's recontextualization of popular cultural iconography, particularly her montage of commercials from the eighties, Price will isolate and reanimate one aspect of her original tri-partite video installation GLOBAL TASTE: A MEAL IN 3 COURSES (1985). Price's further decontextualization of Rosler's media critique signals a fascination with advertising as an archaic cultural relic.

REPROCESSING OF FORM

Wade Guyton's neo-minimalist reductive architectonic sculptures are representative of a young generation of artists gesturing to Minimalism's enmeshed traditions of sculpture, architecture, and design. In UNTITLED ACTION SCULPTURE (CHAIR) (2001), Guyton deconstructs a generic design object. A sinuous silver metal sculpture is composed of co-opted legs from a Marcel Broodthaers-like chair reconfigured into highly formal abstracted terms. Guyton's proto-morphic forms —parquet platform sculptures, cork blocks, and mirrored columns—are typical of his lexicon in which vernacular materials are translated into minimalist forms. His critique of taste and

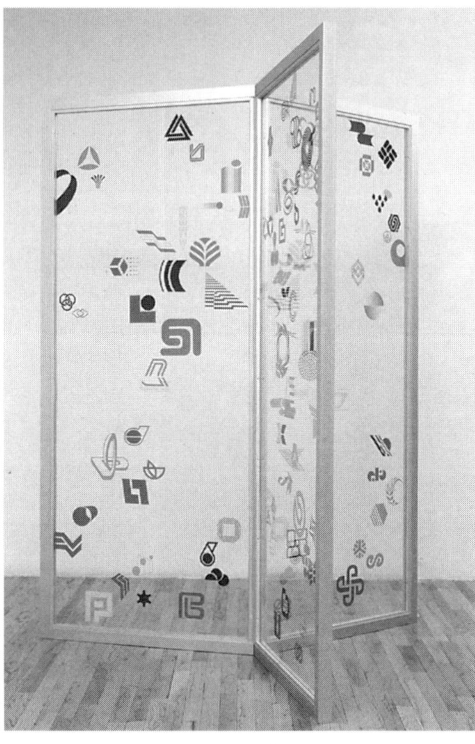

style is marked by a Home Depot aesthetic and a penchant for wood paneling and bronzed mirrors.

Guyton's most recent corpus began with his manual drawings of thick black ink onto pages torn from sixties and seventies design, home, and sculpture publications. The drawing procedure has been replaced by the labor of a computer and an ink-jet printer. Obscuring and disfiguring the image with a rudimentary graphic gesture, an inscribed black X cancels the found image. Guyton's mark both obliterates and engages with the visual terms of the appropriated material. Extracting pages from publications such as *Architectural Digest*, aggressive yet decorative gestures are performed onto the surface of the pages, inserting a formal pattern. Once source material for his sculptures, found photographic material is renewed and recycled back into a dual system of appropriationism. A set of new elemental wood triangle relational sculptures are inexact copies of a set of found shelf supports, replicas mimicking the original mass-produced artifact. Guyton's brand of quasi-readymade is not assisted, but handmade. His mode of appropriation is deceptive. In manually reproducing found forms, his mode of duplication produces unstable legibility.

THE POLITICS OF APPROPRIATION

South African artist Siemon Allen's STAMP COLLECTION (2001) represents the artist's complete collection of South African stamps that resonate a history of colonialism and democracy. The stamps, badges of nationalist propaganda, represent highly coded emblems that recount a singular and dominant narrative. The isolation and de-contextualization of such objects perform a theatricalization of these banal artifacts. Adhering to a formal-minimalist lexicon, Allen fashions dense panels of stamps into massive grids. This nostalgic-fetishistic-philatelic practice reflects an intersection of both aesthetic and ethical interests in this material, a reflection on truth, memory, history, and recovery. In his current installation, NEWSPAPERS (2002–2003), Allen mediates yet again the representation of South Africa vis-à-vis personal and historical memory.

Born out of the artist's methodical, daily practice of collecting newspapers featuring South African coverage, Allen's work signals a series of dialogic installations engaging the media-image of South Africa. Allen, with NEWSPAPERS, brazenly engages the viewer and incites translation and interpretation of South Africa as both country and construct. As both hobbyist and historian, Allen's series of collections—South African stamps, American newspapers, model guns—reverberates with his earlier collections of personal artifacts from his white suburban middle-class youth—*Hardy Boys* books, Doc Martens, model airplanes, *Tintin* comics. These relics excavate personal and cultural memory. With detachment and minimal mediation, Allen's latest found objects reflect the artist's continued interest in the effortless politicization of these prosaic readymades. Most recently, for his piece ENDURING FREEDOM (2003), Allen mounted in a grid a series of mass-produced trading cards commemorating the Bush administration. The formal gesture represents the only artistic intervention involved in this work. This act of appropriation historicizes the contemporary, creating at once temporal rift, collapse, and camouflage.

AESTHETICIZATION OF THE ORDINARY

Russian-born, New York-based artist Anton Vidokle's project is invested in the co-option of modernist, revolutionary iconography via various techniques of abstraction, decontextualization, and resignification. Vidokle's work reveals the transference and translation of signs, removed from the realm of the socio-political to the space of the commercial, into the terrain of art. His iconography masquerades as popular, referential and institutional design. For example, his series of stickers POPULAR GEOMETRIES (2001) features faux logotypes mainly extracted from Eastern European and Latin American companies, combining real and imagined iconography. The multiple transpositions of early modernist language is not purely an aesthetic question for Vidokle, but a reflection of his concern with the manner in which the early Utopian ideals of modernism were dissipated by the market, and depleted of their revolutionary social potential. Vidokle's logotypes investigate the extraction and reintegration of information into systems of vision, identity, use, and translation.

RETURNING TO CRIMP

Crimp's account cited that the appropriation art of the seventies was largely free of modernist references—its formalism and self-reflexivity. In the aforementioned examples of practitioners working today, there is a notable return to history—a past that is increasingly recent. Perhaps this compression of time and acceleration of change prompts a constant negotiation of flux of both technical and visual modes of representation. We see appropriation take a variety of forms, from a direct lifting of cultural artifacts to a more veiled resuscitation of the vernacular. What once pertained solely to the act of collecting and cutting is now the domain of sampling and hacking. These young neo-appropriationists share craftiness in their work, through slight or masked mediation. Their production is often invested in the resignification of personal, political and historical memory, entering the terrain of the critical-nostalgic, reflecting an interest in the co-option of popular culture's art-world sampling and the mutual transfer and trafficking of cultural influences and iconography. Both formal and socio-political questions are addressed in such casual gestures of looking, remembering, and re-appropriating to provide infinite possibilities for representation. Perhaps the subsequent question to ask would be: "What would post-appropriation art look like?"

1) Douglas Crimp, *Pictures,* ex. cat. (New York: Artists Space, 1977), p. 28.

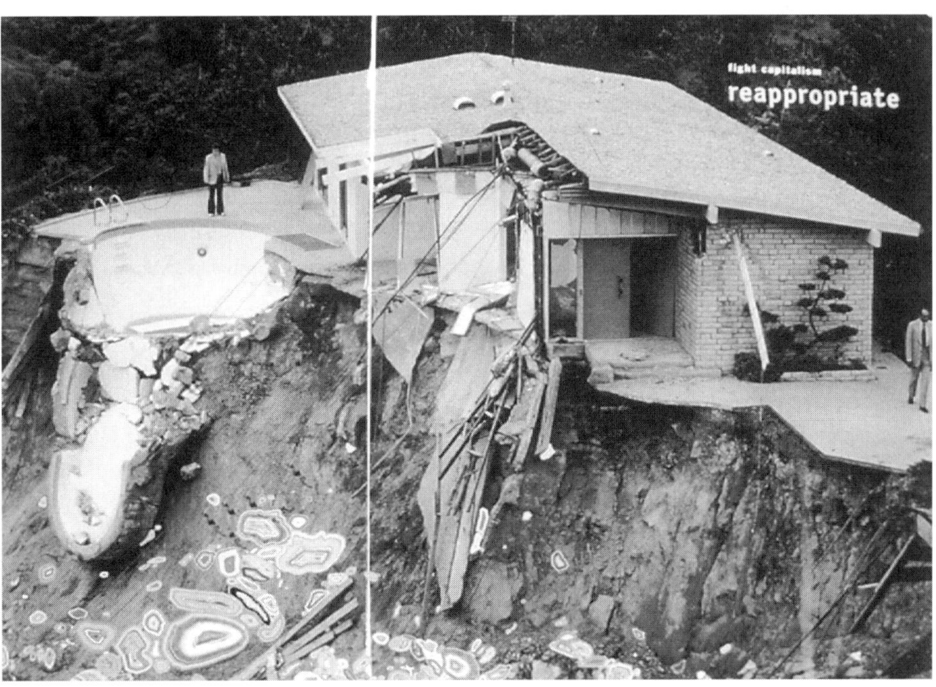

KELLEY WALKER, THEN WE JOKED ABOUT HOW WE HAD ALWAYS WANTED A SUNKEN LIVING ROOM, 2001, CD-ROM with color poster, 20 x 28" / DANN WITZELTEN WIR DARÜBER, DASS WIR UNS SCHON IMMER EINE WOHNLANDSCHAFT GEWÜNSCHT HATTEN, CD-ROM mit Farbposter, 50,8 x 71 cm. (PHOTO: PAULA COOPER CALLERY)

NOTIZEN ZUM WIEDERAUFLEBEN VON APPROPRIATIONSGESTEN

LAURI FIRSTENBERG

Angeregt zu den folgenden Reflexionen über eine junge Künstlergeneration, deren sehr unterschiedliche Verwendung von Appropriationstechniken zu beweisen scheint, dass es sich dabei um eine nach wie vor brauchbare Strategie handelt, wurde ich durch die erneute Lektüre eines Essays von Douglas Crimp im Katalog zur bahnbrechenden Ausstellung «Pictures» im Artists Space, New York, 1977. Crimp kommt zu folgendem Schluss: «Die Arbeiten … in dieser Ausstellung und die vieler anderer junger Künstler scheinen weitgehend ohne Anspielungen auf die Regeln modernistischer Kunst auszukommen und sich stattdessen anderen Kunstformen zuzuwenden, welche sich direkter mit den Repräsentationsformen von Film und Photographie beschäftigen, insbesondere auch mit dem Fernsehen und der illustrierten Presse – und zwar bis hin zu deren hanebüchensten Spielarten. Die Selbstreflexion und das Formbewusstsein neuerer Kunst scheint aufgegeben worden zu sein…»[1] Ich möchte einige Formen und Tendenzen solch neuer «Appropriationismen» untersuchen, die persönlich, politisch, formal, populär, historisch, technisch und selbstkritisch daherkommen.

Vielleicht erzeugt unsere Ära der digitalen Reproduktion mit ihrer Fülle an zugänglichen, aber auch unaus-weichlichen, superschnellen visuellen Informationen geradezu das Bedürfnis, Bilder zu isolieren, zu einer bewussten Darstellung zurückzukehren und über Dinge wie Bedeutung, Zirkulation, Übertragung und Rekontextualisierung nachzudenken. Die digitalen Postermontagen des in New York lebenden multimedialen Künstlers Kelley Walker übernehmen die propagandistische Logik und Sprache der Werbung und fordern den Betrachter zur Wiederaneignung (Re-appropriation) auf. Bei Walkers Postern wird das Werk als graphisches Nebenprodukt – oder Beweis für das eigentliche Werk – präsentiert, in Form einer CD-ROM, die auch Anweisungen enthält, wie sich das Werk verändern, duplizieren und verbreiten lässt. Das Bild eines vom Erdbeben zerstörten kalifornischen Hinterhofs ist verziert mit amorphen abstrakten Formen in kräftigen, für die digitale Malerei typischen Farben. Sie stammen aus einem Buch, wie der Falz in der Mitte der Doppelseite verrät. Der Vorgang des Heraustrennens wird sichtbar gemacht. Es ist ein Spiel mit Widersprüchen innerhalb der Logik des Computers. Was den Akt des Heraustrennens kaschieren könnte, wird nicht angeklickt. Stattdessen wird auf die neurotische Qualität des Internets angespielt und auf den kurzen, atemlosen Informationsmoment, den es uns beschert.

KUNST UND OBSOLESZENZ

Bezeichnend für diesen Hang einer ganzen Generation zu einem neuen Appropriationsmodus ist auch das Vokabular: Es ist jenes des Fernsehens, des Internets und der Videospiele. Die 80er Jahre sind Geschichte. Seth Price, der einer Sprache nachspüren will, die nach Geschichtsschreibung der Post-70er-Jahre-Populärkultur klingt, bevorzugt eine äusserst rudimentäre digitale Technik: das Aneinanderfügen von Filmmaterial, das er im Internet gefunden und heruntergeladen hat. Seine Videoprojektionen sind einfache Übertragungen von digitalem Material auf VHS-Bänder oder DVD. Der Stil von Price' Video PAINTING SITES (Malorte, 2001) ist bewusst unbeholfen. In seiner filmischen Verschmelzung vorgefundenen Bildmaterials entwickelt er eine Art Xerox-Filmästhetik. Unter dem Stichwort «Malerei» liefert ihm das Web bizarrerweise die unterschiedlichsten «Gemälde», von Kitschbildern aus E-Bay-Ramschverkäufen bis hin zu Renaissance-Porträts grosser Meister. Price' Video ahmt das willkürliche Auswahlverfahren und die nicht-narrative Logik der Datensuche nach. Das Internet funktioniert dabei als chaotisches demokratisches Archiv. Und Price' Endprodukt realisiert buchstäblich die Logik der Technologie, derer er sich bedient: absurd, antinarrativ und beliebig. Sein im Stil eines deutschen Märchens erzählter Pseudo-*Sister-Wendy*-Dokumentarfilm kommt im Mantel eines Public-Access-Videos daher. Der schmalzig-lyrische, an die Filmmusik von *Herr der Ringe* erinnernde Soundtrack lässt Entwicklung, Spannungsbogen und Höhepunkt erwarten, wirkt jedoch fade durch den raumzeitlichen Kollaps, den der monotone Remix aus Bildern von William Blake bis Blue Boy und einem Porträt von Brook Shields bewirkt.

Price, der sich in der Genealogie der Appropriationskunst bestens auskennt, visiert eine Zusammenarbeit mit seiner geistigen Vorläuferin Martha Rosler an. Da er sich für Roslers Rekontextualisierung einer populären kulturellen Ikonographie, insbesondere für ihre Montage von Werbespots aus den 80er Jahren interessiert, isoliert und reanimiert er einen Aspekt ihrer ursprünglich dreiteiligen Videoinstallation GLOBAL TASTE: A MEAL IN 3 COURSES (Globaler Geschmack: eine Mahlzeit in 3 Gängen, 1985). Die von Price weiter geführte Dekontextualisierung von Roslers Medienkritik zeigt die Faszination, welche die Werbung als archaisches Kulturrelikt für ihn hat.

DIE WIEDERAUFBEREITUNG DER FORM

Wade Guytons neominimalistische, reduktive, architektonische Skulpturen sind charakteristisch für eine junge Künstlergeneration, die sich mit den verschlungenen Traditionen von Skulptur, Architektur und Zeichnung im Minimalismus auseinander setzt. In UNTITLED ACTION SCULPTURE (CHAIR) (Aktionsskulptur ohne Titel – Stuhl, 2001) dekonstruiert Guyton ein fabrikmässig hergestelltes Designermöbelstück. Aus den Beinen eines Stuhls à

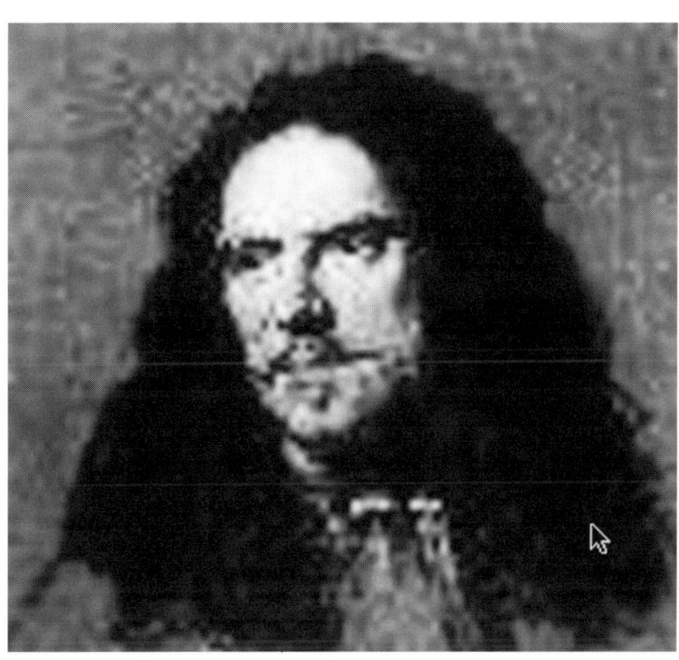

SETH PRICE, PAINTING (SITES), 2001, still from video /
MALEREI (WEBSITES), Bild aus dem Video.

la Marcel Broodthaers entsteht durch Neuzusammensetzung in extrem abstrahierter Form eine geschwungene Skulptur aus Stahlrohr. Guytons proteische Formen – mit Parkett verkleidete architektonische Skulpturen, Korkblöcke und verspiegelte Säulen – sind typisch für sein formales Vokabular, das alltäglich vertraute Materialien in minimalistische Formen übersetzt. Seine Geschmacks- und Stilkritik hat eine *Do-it-yourself*-Häuslebauer-Ästhetik und den Hang zu Holzverkleidungen und bronzierten Spiegeln im Visier.

Guytons jüngste Werkgruppe entwickelte sich aus Zeichnungen mit dicker schwarzer Tusche auf herausgerissenen Seiten von Design-, Inneneinrichtungs- und Architektur/Skulptur-Zeitschriften der 60er und 70er Jahre. An die Stelle der Zeichnungen sind inzwischen Computer und Tintenstrahldrucker getreten. Die simple graphische Geste eines schwarzen X verdeckt und verstümmelt das vorgefundene Bild und raubt ihm seine Gültigkeit. Diese Markierung ist zugleich Akt der Zerstörung und Auseinandersetzung mit den visuellen Gegebenheiten des angeeigneten Materials. Nach dem Herausreissen der Seiten aus Zeitschriften wie *Architectural Digest* wird die Papierfläche einer aggressiven und gleichzeitig dekorativen Behandlung unterzogen, aus der ein formales Muster entsteht. Dasselbe Photomaterial, das ihn früher zu seinen Skulpturen inspirierte, wird neu gestaltet und in ein doppeltes System der Appropriation zurückgeführt. Ein Set aus neuen Skulpturelementen in Form hölzerner Dreiecke besteht aus ungenauen Ko-

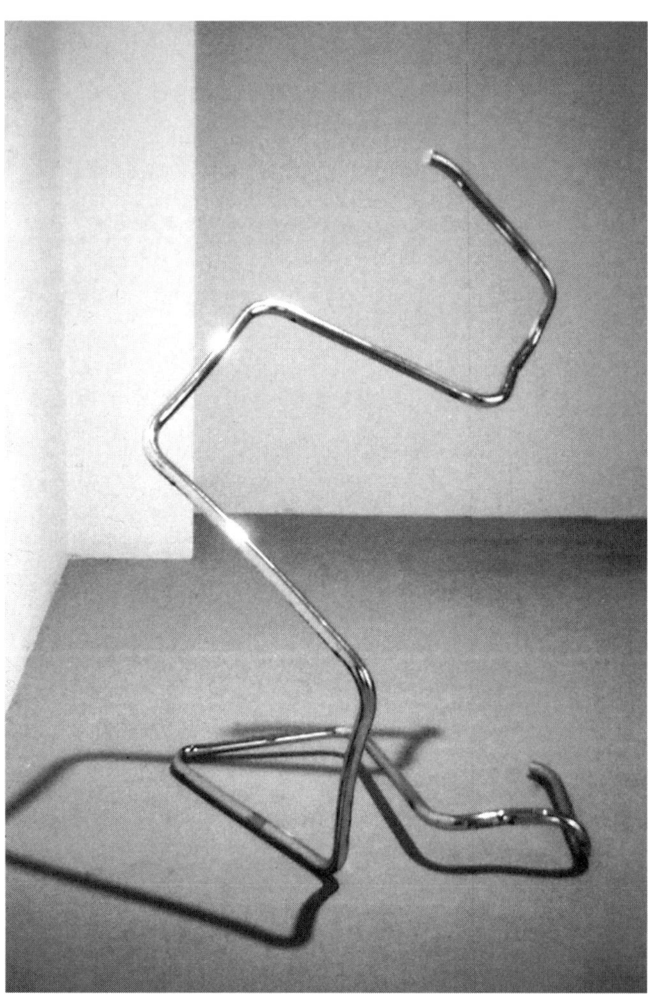

pien bestehender Regalstützen, also aus ungefähren Repliken eines Massenartikels. Guytons Quasi-Readymades sind nicht vor-, sondern handgefertigt. Seine Spielart der Appropriation wirkt irreführend. Da er vorhandene Formen von Hand nachbildet, erzeugt seine Art der Verdoppelung nur bedingt Lesbarkeit.

APPROPRIATION ALS STRATEGIE

Die STAMP COLLECTION (2001) des südafrikanischen Künstlers Siemon Allen besteht aus seiner vollständigen Sammlung südafrikanischer Briefmarken, welche die koloniale und demokratische Vergangenheit widerspiegeln. Die Briefmarken, ein Mittel nationalistischer Propaganda, sind höchst verschlüsselte Embleme, die im Wesentlichen immer dieselbe Geschichte erzählen. Isoliert und aus ihrem Kontext gerissen, erfahren diese banalen Artifakte eine dramatische Überhöhung. Allen hat sich für ein formal minimalistisches Vokabular entschieden und fügt reihenweise dicht mit Briefmarken besteckte Paneele zu massiven Rastern zusammen. Dieses nostalgisch-fetischistisch-philatelistische Vorgehen signalisiert eine Überschneidung ästhetischer und ethischer Interessen an diesem Material; es ist eine Meditation über Wahrheit, Erinnerung, Geschichte und ihre Bewältigung. Auch in seiner jüngsten Installation, NEWSPAPERS (Zeitungen, 2002–2003), geht es Allen wieder um die Darstellung Südafrikas im Verhältnis zum persönlichen und geschichtlichen Gedächtnis.

Allens tägliches systematisches Sammeln von Zeitungsberichten über Südafrika zeitigte eine Reihe dialogartiger Installationen, die sich mit dem durch die Medien vermittelten Bild Südafrikas auseinander setzen. In NEWS-PAPERS fordert Allen den Betrachter dreist heraus, Südafrika als Land wie als Konstrukt in seinen je eigenen Kontext zu übertragen und zu interpretieren. In ihrer «hobbysammlerischen» wie historischen Qualität erinnern Allens Kollektionen von südafrikanischen Briefmarken, amerikanischen Zeitungen und Modellgewehren an seine früheren Sammlungen persönlicher Gegenstände seiner bürgerlichen Jugendzeit in der weissen Vorstadt: *Hardy Boys*-Bücher, Doc-Martens-Stiefel, Modellflugzeuge, *Tim und Struppi*-Comics. Diese Relikte legen persönliche und kulturelle Erinnerungen frei. Derart distanziert und minimal vermittelt reflektieren Allens Artefakte das fortgesetzte Interesse des Künstlers an einer unangestrengten Politisierung dieser prosaischen Readymades. In jüngster Zeit hat Allen für seine Arbeit ENDURING FREEDOM (Freiheit bis zum bitteren Ende, 2003) eine Serie von Sammelkarten rasterartig angeordnet; es handelt sich um kommerziell produzierte Karten, die die Bush-Administration zum Thema haben. Die formale Geste ist der einzige Eingriff von Seiten des Künstlers. Dieser Akt der Appropriation macht das Zeitgenössische zu etwas Historischem und bewirkt dadurch bezüglich der Zeit zugleich einen Sprung, einen Kollaps und eine Verschleierung.

ÄSTHETISIERUNG DES GEWÖHNLICHEN

Das Projekt des in Russland geborenen und in New York lebenden Künstlers Anton Vidokle nimmt mit Hilfe verschiedener Techniken der Abstraktion, Dekontextualisierung und Neubewertung Bezug auf die revolutionäre Ikonographie der Moderne. Vidokles Werk zeigt die Übertragung und Übersetzung von Zeichen aus dem Soziopolitischen in den kommerziellen und schliesslich in den künstlerischen Bereich. Seine Ikonographie tritt im Gewand eines populären, beziehungsreichen und institutionellen Graphikdesigns auf. So besteht seine Aufkleber-Serie POPULAR GEOMETRIES (Beliebte Geometrien, 2001) aus «falschen» Firmenlogos, die weitgehend von Logos osteuropäischer und lateinamerikanischer Unternehmen abgeleitet sind und eine bestehende mit einer erdachten Ikonographie verbinden. Die mehrfachen Übernahmen aus der frühen Sprache der Moderne sind für Vidokle keine rein ästhetische Angelegenheit, sondern spiegeln gleichzeitig seine Kritik an der Art, wie die frühen utopischen Ideale der Moderne kommerziell verwässert und ihres revolutionären sozialen Potenzials beraubt wurden. Vidokles Logos untersuchen, wie Information aus einem Kontext extrahiert und in neue Bild-, Identitäts-, Verwertungs- und Übertragungssysteme reintegriert wird.

ZURÜCK ZU CRIMP

Crimps Darstellung zufolge war die Appropriationskunst der 70er Jahre weitgehend frei von Anspielungen auf die Moderne, ihren Formalismus und ihre Selbstreflexivität. In den erwähnten Bei-

spielen heutiger Kunstschaffender lässt sich eine eindeutige Rückbesinnung auf die Vergangenheit feststellen – eine Vergangenheit, die immer näher an die Gegenwart heranrückt. Vielleicht bewirkt diese zeitliche Komprimierung und beschleunigte Veränderung, dass der Fluss technischer wie auch visueller Repräsentationsformen immer wieder neu angepasst werden muss. Wir beobachten, dass Appropriation die unterschiedlichsten Formen annimmt, von der direkten Übernahme kultureller Artefakte bis zu einer eher verdeckten Wiederbelebung von alltäglich Vertrautem. Was man früher nur als Sammeln und Ausschneiden kannte, fällt heute in den Bereich des Sampling und Hacking. Die jungen Vertreter dieser neuen Appropriationskunst wenden alle die List der zwanglosen oder kaschierten Vermittlung an. Häufig zielt ihre Arbeit auf eine Umwertung des persönlichen, politischen oder historischen Gedächtnisses; dabei betreten sie den Bereich des Kritisch-Nostalgischen und beziehen auch den Umgang mit Kunsterzeugnissen in der Massenkultur mit ein sowie das wechselseitige Übernehmen und Vermarkten verschiedener kultureller Einflüsse und Bildsprachen innerhalb der Gesellschaft. Formale und soziopolitische Fragen werden mit so beiläufigen Gesten des Schauens, Erinnerns und des sich neu Aneignens angegangen, dass sich unendliche Darstellungsmöglichkeiten eröffnen. Die nächste Frage, die zu stellen wäre, lautet: «Wie würde post-appropriative Kunst aussehen?»

(Übersetzung: Goridis/Parker)

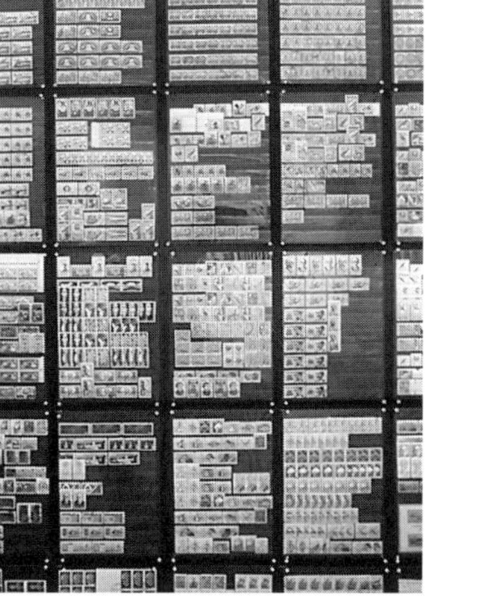

SIEMON ALLEN, STAMP COLLECTION, 2002 / BRIEFMARKENSAMMLUNG.

1) Douglas Crimp, *Pictures*, Ausstellungskatalog, Artists Space, New York 1977, S. 28.

CUMULUS

Aus Europa

IN JEDER AUSGABE VON PARKETT PEILT EINE CUMULUS-WOLKE AUS AMERIKA UND EINE AUS EUROPA DIE INTERESSIERTEN KUNSTFREUNDE AN. SIE TRÄGT PERSÖNLICHE RÜCKBLICKE, BEURTEILUNGEN UND DENK-WÜRDIGE BEGEGNUNGEN MIT SICH – ALS JEWEILS GANZ EIGENE DARSTELLUNG EINER BERUFLICHEN AUSEINANDERSETZUNG.

IN DIESEM BAND ÄUSSERN SICH RITA KERSTING, DIREKTORIN DES KUNSTVEREINS FÜR DIE RHEINLANDE UND WESTFALEN, DÜSSELDORF, SOWIE LAURI FIRSTEN-BERG, KURATORIN DES ARTISTS SPACE IN NEW YORK UND DOKTORANDIN AN DER FAKULTÄT FÜR KUNSTGESCHICHTE UND ARCHITEKTUR DER HARVARD UNIVERSITY.

Mimetische Ausschnitte

RITA KERSTING

Verwechselspiele mit der Realität treiben Künstler seit Menschengedenken. An ein frühes Meisterwerk einer naturgetreuen Wiedergabe der beobachteten Welt erinnert die Anekdote des Augenzeugen Plinius: So illusionistisch und scheinbar real hingen die von Zeuxis gemalten Trauben im Bildraum, dass Vögel sie für echt hielten und aus dem Bild picken wollten. Die Realität integriert das Artefakt und macht es in diesem Fall durch den Bericht des römischen Dichters unsterblich. Die Frage, ob diese Begebenheit wahr oder erfunden ist, spielt nur insofern eine Rolle, als wir nicht das Bild, sondern die Geschichte kennen, und das kommt bei Kunstwerken, die an der Schwelle zur Realität angesiedelt sind, recht häufig vor.

Wir glauben Plinius zuerst einmal, haben wir doch bei frühen Museumsbesuchen selbst erlebt, wie sich gierige Insekten an den gemalten Leckereien auf den Stillleben des siebzehnten Jahrhunderts erquicken wollten. Erfolglos haben wir sie weggescheucht, womit wir uns als die verwirrten Vögel entlarvten, von denen Plinius erzählt.

Seit Mitte des neunzehnten Jahrhunderts und der Erfindung der Photographie trifft man nur noch vereinzelt auf Malerei, die als Spiegelbild wirklicher Phänomene konzipiert ist. Mit Marcel Duchamp taucht zudem ein Antiheld des Hyperrealismus auf, der mit seinem revolutionären FLASCHEN-TROCKNER (1914) sozusagen die realen Trauben ins Museum trägt, auf dass auf immer die Sehnsucht nach abbildender Wirklichkeitsnähe in der Kunst verschwinde und durch die Wirklichkeit selbst ersetzt werde. Was Duchamp jedoch zum Komplizen der *Trompel'œil*-Maler macht, ist der notwendige Raum beziehungsweise Rahmen der Kunst.

Der seit den 60er Jahren anhaltende Versuch, diesen Kunstraum zu verlassen und vor der Galerie- oder Museumstür schutzlos die Kunst mit der Wirklichkeit zu verschmelzen, ist bis heute nur teilweise gelungen oder zumindest von hohen Rückfallquoten geprägt. Die künstlerischen Projekte innerhalb der Lebensrealität verschmelzen bis zur Unkenntlichkeit mit dieser und müssen deshalb in den Kunstbetrieb rücküberführt werden, wenn sie als Kunstwerke wahrgenommen werden sollen. Das kann durch Diavorträge oder Zeitschriftenartikel passieren, und so werden im Folgenden einige künstlerische Arbeiten beschrieben, die in die Wirklichkeit ein- und in ihr untergegangen sind.

Im Jahr 2000 hat die Künstlerin Tanja Ostojic, die sich in ihren Arbeiten mit Migration, Genderfragen und kulturellen Differenzen beschäftigt, von Belgrad aus eine Anzeige ins Internet gesetzt. Über einem Photo, das sie nackt und mit rasierten Haaren zeigt, stand: «Looking for a husband with a EU-passport». Das androgyn anmutende, Weiblichkeit reduzierende Bild, das die Künstlerin von sich präsentierte, stellte bei der Suche nach einem Ehemann mit EU-Pass ihr Angebot dar. «Geben und Nehmen» lautet auch auf dem Heiratsmarkt die Spielregel, die die Künstlerin Tanja Ostojic befolgt und zugleich durch die Nichterfüllung klischeehafter Erwartungen unterläuft. Auf LOOKING FOR A HUSBAND WITH A EU-PASS-

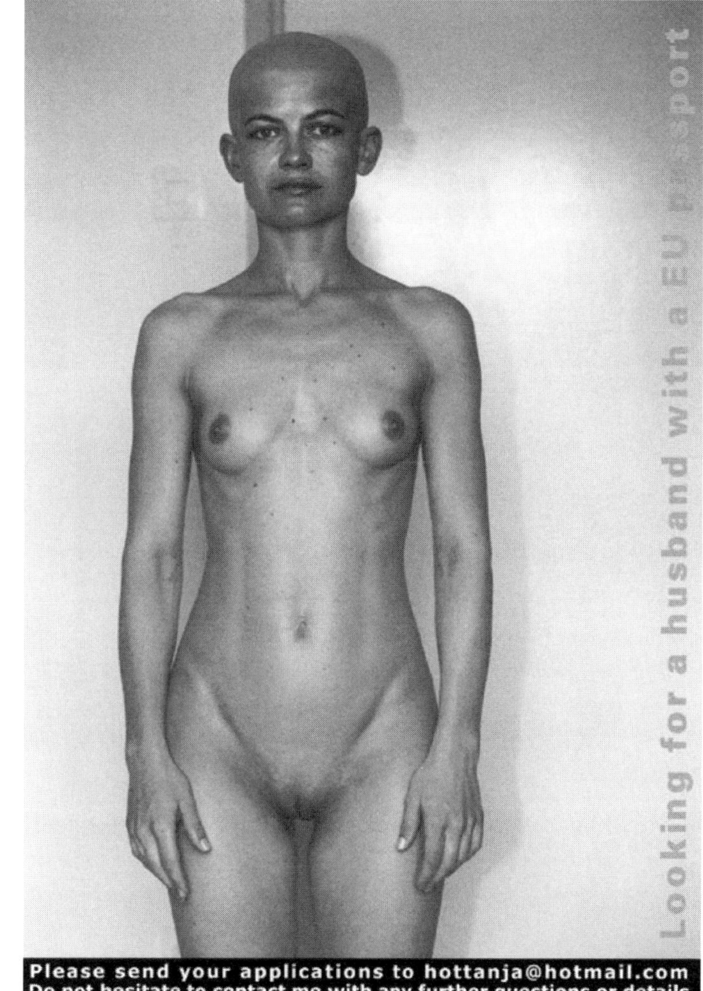

TANJA OSTOJIC, LOOKING FOR A HUSBAND WITH A EU PASSPORT, 2000–2003, interactive web project & series of actions / AUF DER SUCHE NACH EINEM EHEMANN MIT EU-PASS, interaktives Internetprojekt & Aktionsreihe. (PHOTO: BORUT KRAJNC)

PORT hat die Künstlerin zahlreiche Zuschriften erhalten. Mehrere heiratswillige Männer empfahlen sich ebenfalls mit Abbildungen ihres halb oder ganz nackten Körpers. Entschieden hat sie sich für einen Mann aus Deutschland, den sie einige Monate später geheiratet hat. Tanja Ostojic lebt seitdem in Düsseldorf, arbeitet an ihrer übergreifenden Werkserie *Integration Project* und kann reisen ohne vor Botschaften und Konsulaten Schlange stehen zu müssen. Ihre kommende Ausstellung in der halle_für_kunst in Lüneburg wird aus einem kostenlosen Deutschkurs für Ausländer in Lüneburg bestehen, an dem sie auch selbst teilnehmen wird.

Während Tanja Ostojic sich selbst und ihre Situation als Frau, Künstlerin und Ausländerin in ihre persönlich-politisch orientierten Arbeiten integriert, welche bis zur Unkenntlichkeit mit der Wirklichkeit verschmelzen, simuliert die belgische Künstlerin Germaine Kruip in ihren Performances alltägliche Vorgänge.

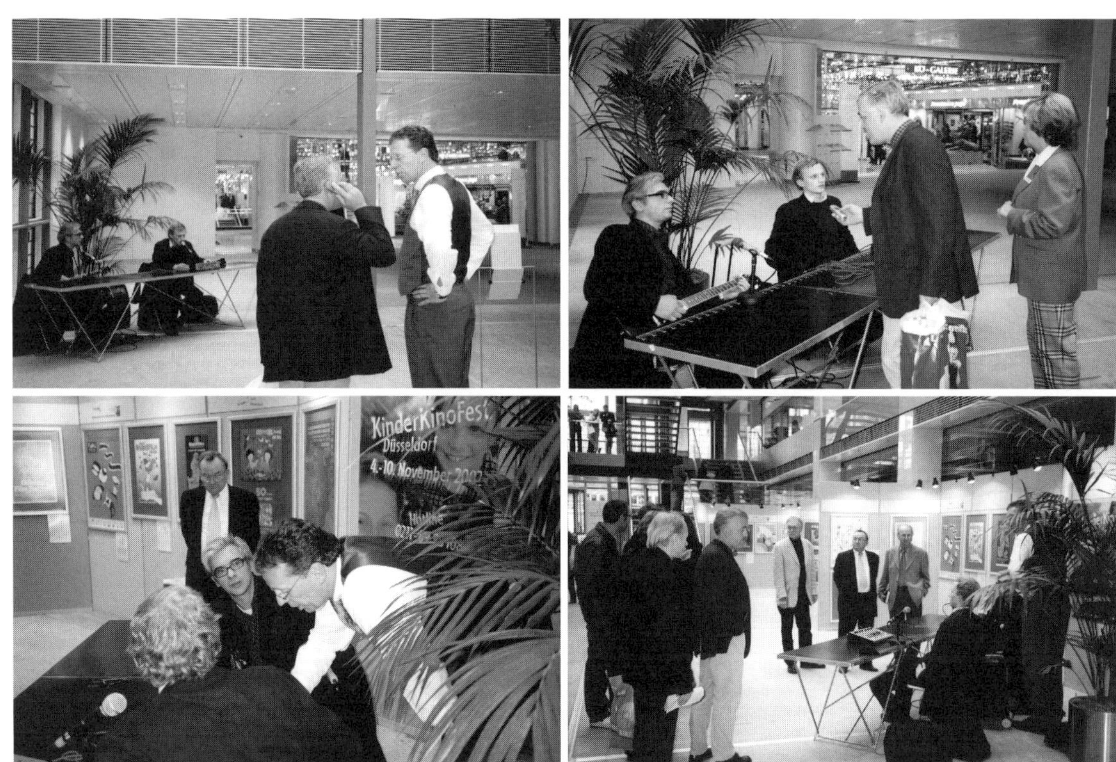

ANDREAS WEGNER & PETER WÄCHTLER, CONCERT, 3 DEC. 2002: 1) Erste Drohung und Anruf bei Verantwortlichen der Stadtsparkasse / First threat and call to the SSK authorities. 2) Erste Handgreiflichkeiten und Anruf bei der Polizei / First blows and call to the police. 3) Stromzufuhr des Verstärkers wird unterbrochen / Power to the amplifier is cut off. 4) Warten auf die Polizei / Waiting for the police. (PHOTOS: INFECTION MANIFESTO – ANDREA KNOBLOCH)

1999 war im Amsterdamer Oosterpark bei sonnigem Wetter eine Gruppe von Menschen zu sehen, die aufmerksam das nicht weiter auffällige Geschehen im Park verfolgte. Ein Liebespaar wurde beobachtet, ein alter Mann mit Krücken in Augenschein genommen, eine Kartenleserin, vier Jogger, ein Limonadenverkäufer, einige Obdachlose, Musizierende und andere Parkbesucher ins Visier genommen. Ungläubig näherten sie sich den im Park Anwesenden, blickten den Vorbeiziehenden und Sitzenden in die Gesichter und betrachteten ihre Kleidung, ihre Bewegungen oder ihre Kommunika-tion. Einen überquellenden Papierkorb inspizierten sie ebenso sorgfältig wie einen gefällten, in regelmässige Scheiben zersägten Baum. Dann zog das laute Rufen eines Kuckucks ihre Aufmerksamkeit auf sich.

Bei der Gruppe handelte es sich um die Jury für den niederländischen Kunstpreis Prix de Rome. Im Oosterpark erlebte und beurteilte sie eine Arbeit der jungen Künstlerin Germaine Kruip, die Schauspieler gebeten hatte, Parkbesucher zu spielen. Was die Arbeit ausmachte und wo sie war, blieb jedoch unerkennbar. Das inszenatorische Projekt vermischte sich in einer Weise mit der Realität, dass seine Elemente von der Wirklichkeit ununterscheidbar blieben.

Eine ähnliche Aktion hat der polnische Künstler Pawel Althamer anlässlich der «manifesta 3» (2000) in der Innenstadt von Ljubljana mit der Arbeit MOTION PICTURE I realisiert, bei der Schauspieler das alltägliche Leben auf einem zentralen Platz «verdoppelten» und täglich zur gleichen Zeit eine unsichtbare Aufführung von Realität zum Besten gaben.

Auf der Oberfläche alltäglicher Szenen im scheinbar öffentlichen Raum weben auch die Berliner Künstler And-

180

reas Wegner und Peter Wächtler ihre Arbeit ein. Sie stören dabei den geschickt kanalisierten Fluss urbaner Geschäftigkeit jedoch erheblich, und zwar an seiner empfindlichsten Stelle, in der Höhle des Konsums, wo sie Machtverhältnisse an der Schnittstelle von Privatheit und Öffentlichkeit auf die Probe stellen. In der von ihr kuratierten Reihe «Kunst und Konsum» hatte die Düsseldorfer Künstlerin Andrea Knobloch für den 3. Dezember 2002 ab 15 Uhr ein «Concert» mit den beiden Künstlern angekündigt («Eintritt frei», «open end»), welches so lange dauern sollte, bis Security-Leute eingreifen und es auflösen würden. Auf Plakaten und per E-Mail wurde auf das «uneingeladene Konzert» aufmerksam gemacht, das im Finanzkaufhaus der Stadtsparkasse stattfinden sollte. Viele Leute waren gekommen um die Aktion zu sehen, weitere kamen zufällig dazu. Mit Gitarre und Gesang wurde ein Konzert gegeben, das elektronisch und über die Marmor-, Glas- und Messing-Oberflächen der angrenzenden «Kö-Galerie» verstärkt durch das Finanzkaufhaus und die Einkaufspassage hallte. Mehrere Angestellte der Stadtsparkasse und die Geschäftsführerin des angrenzenden Bayern-Mode-Ladens Frankonia liefen aufgeregt herbei, bahnten sich einen Weg durch die Menschenmenge in der Passage und forderten die Künstler vergeblich auf, ihr Konzert zu beenden. Überraschend war auch die Polizei da, verlangte die Personalausweise der Performer und erteilte ihnen Hausverbot. «Unsere Musik ist weder besonders laut noch aggressiv... die Hausordnung ist die Provokation», so der Kommentar von Wegner und Wächtler. Nach zwanzig Minuten war die Aktion vorbei und ein verspäteter Besucher, der eine noch

immer sichtlich irritierte Angestellte der Bank nach der Performance fragte, wurde auf die hauseigene Kulturetage im 4. Stock verwiesen, wo am selben Abend ein Jazz-Quartett auftreten sollte. Nein, was sie gerade erlebt hätte, sei keine Kunst, sondern eine Zumutung gewesen.

Während Andreas Wegner und Peter Wächtler in ihrer kritischen Arbeit den realen, von Unternehmen besetzten, ökonomisierten Raum unter die Lupe nehmen, dessen strategisch kontrollierte Atmosphäre in der Wahrnehmung des Flaneurs öffentlich anmutet, jedoch zielgerichtet aufs Geldausgeben konzipiert ist, wenden sich andere Künstler einer durch Anzeigen finanzierten Kindermode-Zeitschrift zu und nutzen so die Gesetze des Marktes scheinbar affirmativ.

Blättert man in *Kid's Wear,* einem von Katharina Koppenwallner in Köln produzierten, erfolgreichen Trendmagazin für Kindermode, das in einer Auflage von 20 000 Exemplaren erscheint und von Inserenten wie Dolce & Gabbana, Clements Ribeiro oder Yves Saint Laurent genutzt und finanziert wird, fällt die hohe Qualität der Text- und Bildgestaltung auf, wobei die Ästhetik vieler (Kinder-)Photos sich deutlich an die künstlerische Photographie der 90er Jahre anlehnt. Die Untertitel der Hefte («Fortpflanzen und Überleben», «Das Vermächtnis») lassen Zweifel an der kommerziellen Ernsthaftigkeit des Unternehmens aufkommen. Aufmerksam blättert man durch Photostrecken, in denen überbelichtete oder abgeschnittene Bilder die im Untertitel beschriebene Hose von Marc O'Polo oder Schuhe von Roberto Cavalli n i c h t zeigen. Der besonders bei Kindern beliebten Electro-Surf-Band *The Los Angeles* ist im

jüngsten Heft ein mehrseitiges Porträt gewidmet, mit exzentrischen gestylten Photos der posierenden Musiker und einem ebenso reisserisch wie religiös anmutenden Text, der von Wellenlängen, Glück und dem Universum handelt. Photos aus den Familienalben der drei Bandmitglieder sollen die beschriebene biographische Vergangenheit der Stars bezeugen.

Auch für jene, dic genau hingucken, vermischen sich hier verschiedene Grade von Fiktion auf undurchschaubare Weise. Anzeigen können *fakes* oder echt (bezahlt) sein, ebenso die Leserbriefe, in denen all die Themen zur Sprache kommen, von denen das Magazin lebt: Kommerzialität, Klassengesellschaft, Pädophilie, Kapitalismus, Markenfetischismus. Künstler wie Christian Jendreiko, M. C. Schäfer, Alex Jasch, Thea Djordjadze, Jens Ullrich nutzen das Heft als Medium; sie stellen ihre Gemälde nicht aus, sondern publizieren sie in *Kid's Wear,* sie schreiben Gedichte, treten als Band auf für ein Bild oder schreiben Leserbriefe samt den paradoxen Antworten der Redaktion: «Wir schreiben für die Schönen und Reichen. Gehören Sie dazu?»

In *Kid's Wear* steckt eine prekäre Symbiose: Designerjäckchen vollkotzende Babys setzen ebenso ästhetische Trends wie die Interventionen der Künstler. Die künstlerische Arbeit bildet das dekorative redaktionelle Umfeld für teuer bezahlte Anzeigen. So speist sich die verhängnisvolle Symbiose aus gegenseitigem Missbrauch produktiv. «Es schmeichelt uns natürlich, dass Sie meinen, wir wären die Zukunft, aber das wollen wir, ehrlich gesagt, nicht hoffen.»

Mimetic Moments

RITA KERSTING

Artists have been playing tricks with reality since the dawn of humanity. And we have an eye-witness account by Pliny of an early masterpiece where the artist had faithfully depicted the world as he observed it: the grapes painted by Zeuxis so perfectly created an illusion of reality, hanging there in the picture space, that the birds took them for the real thing and tried to peck them off the picture. The artifact had become one with reality and in this case achieved immortality in the description by the Roman poet. The question whether these circumstances were fact or fiction is only significant in that we know the story but not the picture, which is rather often the case for works of art that operate somewhere on the brink of reality.

Our first reaction is to believe Pliny —after all we, too, have visited art museums and have seen greedy insects attempting to draw nourishment from lusciously painted fruits on 17th-century still lifes. And we have tried in vain to shoo them away, no cleverer than the confused birds Pliny wrote about.

Since the invention of photography in the mid-19th century there have only been isolated instances of painting intended as a mirror-image of real phenomena. Indeed Marcel Duchamp even emerges as the anti-hero of hyper-realism, carrying the real grapes into the museum, as it were, with his revolutionary BOTTLE DRYER (1914), in the hope that the longing for faithful likenesses of reality in art would disappear, and that their place would be taken by reality itself. Nevertheless, Duchamp's need for a dedicated space or setting for his work in an art context showed that he was also still supping with the *trompe l'oeil* painters.

The persistent efforts made by artists since the 1960s to leave the art context, and to mercilessly mingle their art with reality outside the door of the art gallery or museum, has only had lim-ited success so far, or, to put it another way, there has been a high relapse rate. Indeed certain art projects in the real world mingle with ordinary life to the extent that they are indistinguishable from the latter and therefore have to be relayed back into the art world again, if they are to be registered as works of art at all. This can be done in slide shows or in articles in art journals, as in this case, where the spotlight now turns on a number of artistic works which merged into reality only to sub-merge and disappear from sight.

In 2000 Tanja Ostojic, whose work deals with migration, questions of gender and cultural differences, posted an advertisement on the internet from her base in Belgrade in the shape of a pho-tograph of herself—naked and shaven-headed. The accompanying caption read: "Looking for husband with EU-passport." The androgynous image she presented of herself, reducing her own femininity to a minimum, summed up what she had to offer in return for a husband with a European Union passport. "Taking and Giving" is the rule in the marriage market, which Tanja Ostojic observed, at the same time subverting it by the non-fulfillment of clichéd expectations. She received numerous replies to LOOKING FOR A HUSBAND WITH A EU PASSPORT. Several men, applying to become that husband, responded with images of themselves either naked or semi-naked. Ostojic chose a man from Germany whom she married some months later. Since her marriage Tanja Ostojic has lived in Düsseldorf and has been working on her large-scale series *Integration Project,* able now to travel abroad without having to stand in line outside embassies and consulates. Her up-coming work in the halle_für_kunst in Lüneburg will consist of a free German course for foreigners in Lüneburg, which she herself will also participate in.

While Tanja Ostojic integrates herself and her situation as a woman, an artist and a foreigner into her works, which have their own very individual personal politics and merge seamlessly with the reality of everyday life, the Belgian artist Germaine Kruip simulates everyday events in her artistic performances.

In 1999, one sunny day in the Oosterpark in Amsterdam, a group of people could be seen carefully observing an otherwise unremarkable scene in the park. They saw a couple in love, then an old man with crutches caught their eye, as did a woman reading cards, four joggers, a man selling lemonade, a number of homeless people, musicians and others just strolling in the park. Incredulously they approached the people in the park, stared into the eyes of people walking by or just sitting there, gazed at their clothes, their movements or the ways they communicated with each other. They inspected an overflowing waste basket just as carefully as they investigated a felled tree, sawn into regular chunks. The loud call of a cuckoo drew their attention.

The members of the group were the jury for the Dutch art prize, the Prix de Rome. They were in the Oosterpark to witness and assess a work by the young artist Germaine Kruip who had asked a number of actors to play the parts of visitors to the park. But the actual nature of the work and where it was were impossible to determine. The staged actions mixed in with reality to the extent that they became indistinguishable from real life.

At "manifesta 3" (2000), the Polish artist Pawel Althamer mounted a similar action in the city center of Ljubljana. His work, MOTION PICTURE I, involved a number of actors replicating everyday life in one of the city's main squares, invisibly "performing" reality to the best of their ability, at the same time each day.

The Berlin artists Andreas Wegner and Peter Wächtler also weave their work into the surface of ordinary scenarios in seemingly public places. In so doing they significantly upset the skillfully channeled flow of one of the most sensitive areas of urban life, in the caves of consumerism, where they challenge the power balance on the interface between private and public life. As part of the series "Art and Consumption," curated by the Düsseldorf artist Andrea Knobloch, Wegner and Wächt-

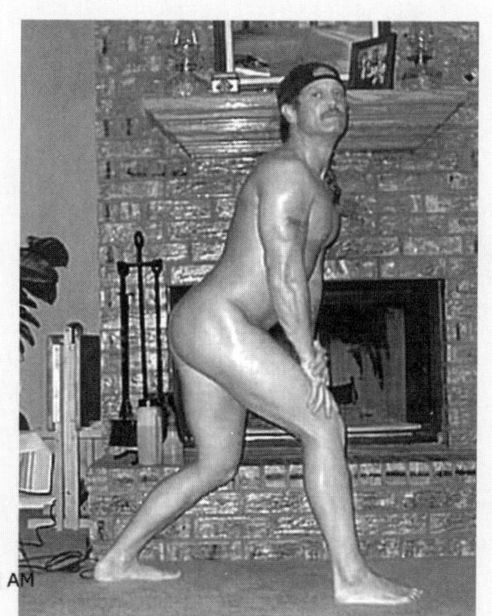

From: John Hickman
To: tanja@diplomats.com
Sent: Saturday, January 05, 2002 5:32 AM
Subject: Looking for a Husband

Hello Dear Lady,
I know this is a bit late but I just now found your add and site. Are you still in the market for a husband? I don't want to go into any great details if I am wasting my time.

John, 43 years old in Texas

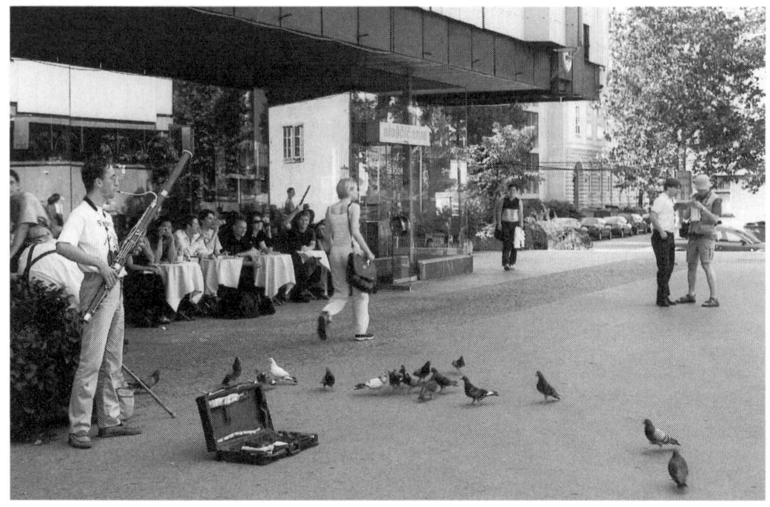

performers' identity cards and banned them from the Finanzkaufhaus. "Our music is neither particularly loud nor aggressive… it's the house rules that are the provocation," was Wegner and Wächtler's response. After twenty minutes the action was over, and a latecomer who asked a still visibly disconcerted bank employee about the performance was directed to the bank's own arts suite on the 4th floor, where a jazz quartet was to perform that same evening. No, what they had just witnessed was—according to the bank employee—not art, that was an outrage.

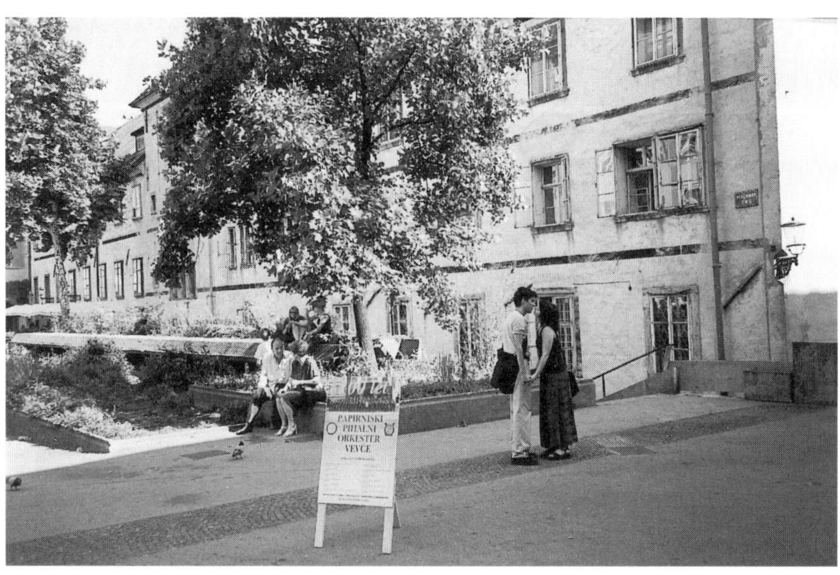

ler were invited to perform in a "Concert." The time was set at 3 p.m. on 3 December 2002 ("admission free," "open end"), and it was to continue until security guards intervened and put an end to the event. The "uninvited concert" which was to take place in the Finanzkaufhaus of the Stadtsparkasse was publicized on posters and by e-mail. Large numbers came specifically to see the action, others stumbled across it by chance. The concert with guitars and vocals, amplified electronically but also by the marble, glass and brass surfaces of the neighboring Kö-Galerie, echoed through the bank premises and the shopping arcade. Several employees of the Stadtsparkasse and the manageress of Frankonia next door, a specialist shop for Bavarian fashions, forced their way through the crowds in the arcade and vainly implored the artists to end their concert. Surprisingly the police also appeared, asked to see the While Andreas Wegner and Peter Wächtler's critical work examines real-life commercialized spaces occupied by businesses, where the strategically controlled atmosphere seems public and open to the flaneur although it is designed specifically to encourage spending, other artists have turned their attention to a children's fashion magazine, thus using and apparently affirming the laws of the market place.

Kid's Wear, produced in Cologne by Katharina Koppenwallner, is a successful style magazine for children's fashions. With a circulation of 20,000 it sells advertising space to companies like Dolce & Gabbana, Clements Ribeiro and Yves Saint Laurent, and anyone leafing through it cannot help but be struck by the high quality of the text and picture layouts, although the aesthetics of many of the photographs (of children) are clearly indebted to the art photography of the 1990s. The subtitles of the various issues ("Reproduction and Survival," "The Legacy") raise doubts about the commercial gravity of the enterprise. The reader assiduously peruses sequences of photographs—over-exposed or cropped—which consistently do n o t show the Marc O'Polo trousers or Roberto Cavalli shoes described in the captions. In the most recent issue, several pages are devoted to a portrait of the electro-surf band, The Los Angeles, who are particularly popular amongst children. Eccentrically stylized photographs of the musicians in various poses are accompanied by a text—as scandal-mongering as it is pseudo-religious—about wavelengths, happiness, and the universe. Snapshots from the three band-members' family albums are reproduced, supposedly confirming the account given of the stars' biographies.

Even for those who look very closely at the magazine, different degrees of fiction mingle confusingly. Advertisements can be fakes or genuine (paid for); the same goes for the readers' letters, which touch on all the issues that are the life's blood of *Kid's Wear:* commercialism, the class society, paedophilia, Capitalism, brand name fetishism. Artists like Christian Jendreiko, M. C. Schäfer, Alex Jasch, Thea

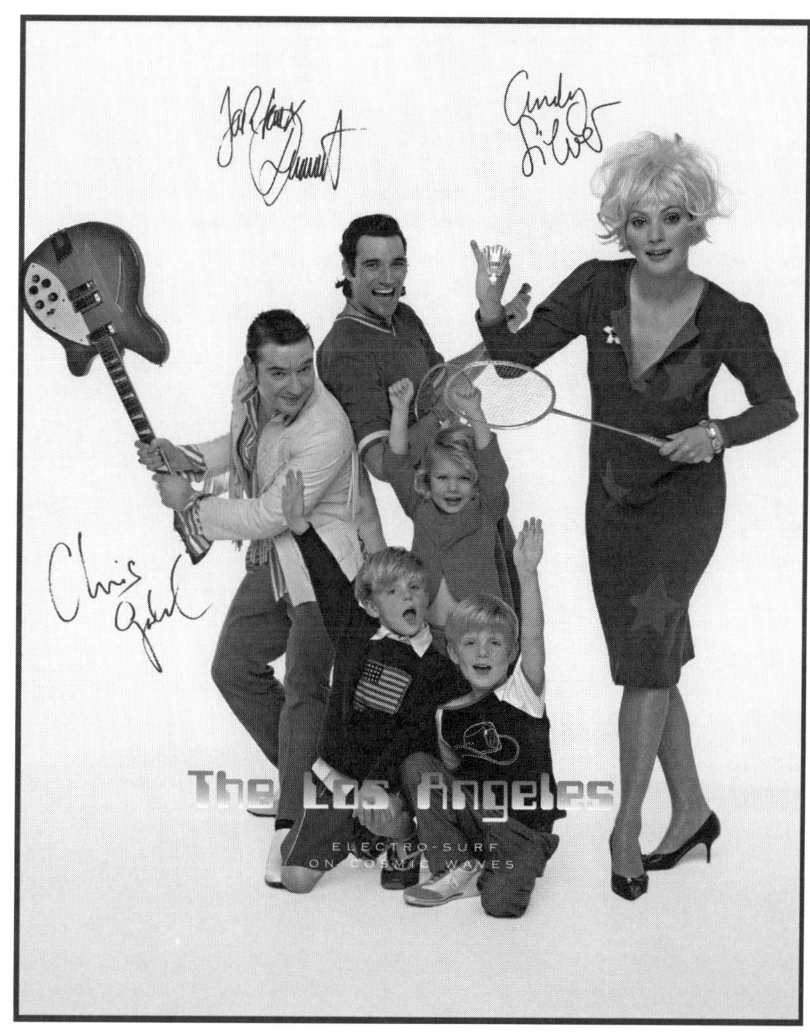

THE LOS ANGELES in «Kid's Wear» No. 16, Frühjahr-Sommer 2003.

Djordjadze, and Jens Ullrich use it as a medium for their work: instead of exhibiting paintings they publish them in *Kid's Wear,* they write poems, pose in photographs as a "band" or write readers' letters which then appear with paradoxical replies from the letters editor: "We are writing for the rich and the beautiful. Are you one of us?"

A precarious symbiosis operates in *Kid's Wear:* babies spewing down cute designer jackets set aesthetic trends as much as do the artists' interventions. Artistic works provide the decorative editorial context for costly advertisements. So the ominous symbiosis is productively nurtured by mutual abuse. "Of course, we find it flattering that you think we are the future, but to be honest, we hope you're wrong."

(Translation: Fiona Elliott)

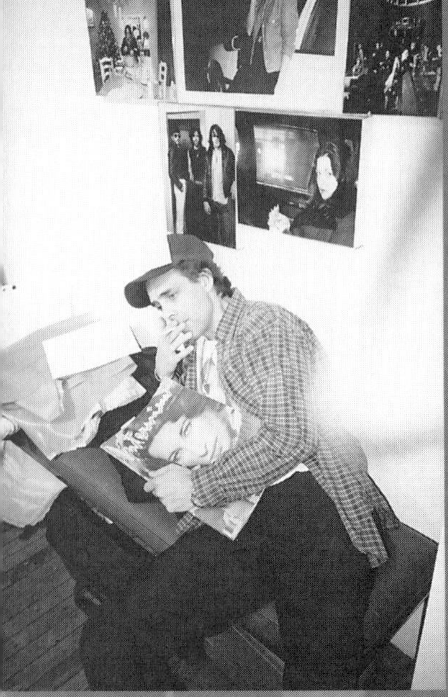

FRANCESCO BONAMI

Underground, Underworld, Understanding Colin De Land 1955–2003

While my identity has changed from artist to critic to curator, Colin De Land never changed his. Instead, he morphed into an endless, fascinating variation of the same personality—using himself in the way that a musician might experiment with a note with subtle variations and tonal differentiation. I met Colin in all three of my art guises, yet he never modified his attitude according to my respective roles. He was one of those rare people who knew what he was and he could care less what the others knew about themselves. He was not selfish but just aware that, after all, as Heraclitus said, "We become what we are." Colin became what he is: the last cult figure of an art world underground that he is dragging away with him.

The art world has perfected itself into an imaginative parody of the business and entertainment world, but American Fine Arts, Colin's gallery, remained a run-down gas station in the middle of the prairie, a place that always has some fuel to spare to remind us that even Ferraris can run out of gas.

Almost a year ago, my answering machine had a message from Colin reminding me who we once were and then he suggested that I have a look again at the work of one of his artists, someone who fell off my radar quite a while ago. I listened to his voice and wondered if one of us was out of sync. Then, I suddenly realized that while we curators believe only in what we see—and we hope that what we see is what people will look at—Colin's belief in his artists was more like that of a religious guru's for his followers: they meant for him what he believed in, not what the world around him asked him to believe in. He was living in an odd kind of present, parallel to the past and the future, not after or before. He never changed his hat—practically and metaphorically. He witnessed the art world's transformation into a valley of unbelievers. He sat still with his stable of unlikely new and old names, and while the energy of the underground receded more and more, he managed to stay put, underground and content, the world above oblivious to where he was and what he did. Colin De Land insisted on a self-defeating attitude and style, but in a time obsessed with hype and success, he turned out to be the only winner of an absurd race. Every world needs an underworld, every ground an underground. People cannot live without a shadow and Colin was the shadow of the New York art world. He taught his friends and others that ideas, places, and things do not need to change all of the time, over and over, but surely, they need to be transformed and yet be trusted for what they are and mean. Colin became who he is: a suburban visionary, the vintage kind that we will miss the most. I have no idea where we go when we have to go: to hell or heaven or reincarnated in some kind of animal, who knows? I guess that angels, devils, and deer all look alike amongst themselves, but if you spot the one with a baseball hat, you'll know for sure who that one is.

FRANCESCO BONAMI is Director of the 50th International Exhibition of Visual Arts, La Biennale di Venezia (2003), and Manilow Senior Curator at the Museum of Contemporary Art. Chicago.

Untergrund, Unterwelt
Zum Gedenken an
Colin De Land 1955–2003

Während sich meine Identität vom Künstler über den Kritiker zum Kurator gewandelt hat, ist Colin De Land sich immer treu geblieben. Dafür wusste er mit endlosen, faszinierenden Variationen ein- und derselben Persönlichkeit aufzuwarten – er experimentierte mit sich selbst, wie ein Musiker einem Grundton immer wieder neue subtile Variationen und Zwischentöne entlockt. Ich bin Colin in allen meinen drei Rollen begegnet, doch er hat seine Haltung keiner von ihnen je angepasst. Er war einer jener seltenen Menschen, die wissen, was sie sind, und die gelassen hinnehmen, was andere von sich halten. Er war bestimmt kein Egomane, ihm war lediglich klar, dass wir, wie Heraklit sagte, «werden, was wir sind». Colin jedenfalls wurde, was er ist: die letzte Kultfigur einer Untergrund-Kunstszene, die er mit sich fortnimmt.

Die Kunstwelt hat sich perfektioniert und ist zu einer phantastischen Parodie der Geschäftswelt und Unterhaltungsindustrie geworden, American Fine Arts jedoch, Colins Galerie, hat sich behauptet wie eine alte, rostige Tankstelle inmitten der Prärie, eine Zapfsäule, die jederzeit etwas Sprit für uns bereithält und uns daran erinnert, dass selbst einem Ferrari einmal das Benzin ausgehen kann.

Vor beinah einem Jahr war auf meinem Anrufbeantworter eine Nachricht von Colin, die mich an vergangene Zeiten erinnerte und in der er mir vorschlug, ich solle mir doch noch einmal das Werk eines seiner Künstler anschauen; es handelte sich um jemand, den ich schon seit geraumer Zeit aus den Augen verloren hatte. Ich hörte ihn sprechen und fragte mich, ob einer von uns verrückt war. Dann überkam mich die Erkenntnis, dass wir Kuratoren nur glauben, was wir sehen – wobei wir hoffen, dass andere dasselbe sehen wollen –, während Colins Glaube an seine

Künstler eher dem eines Gurus für seine Anhänger ähnelte: Sie verkörperten für ihn das, woran er glaubte, im Gegensatz zu dem, was seine Umgebung ihm weismachen wollte. Er lebte in einer seltsamen Art von Gegenwart, parallel zur Vergangenheit und Zukunft, nicht davor oder danach. Er hat seinen Hut nie gewechselt – weder im wörtlichen noch im übertragenen Sinn. Er erlebte, wie die Kunstwelt sich in eine Niederung der Ungläubigen verwandelte. Doch er hielt zu seinem Stall voller unwahrscheinlicher alter und neuer Namen, und während der Untergrund mehr und mehr an Vitalität verlor, konnte er seine Stellung da unten halten und war zufrieden. Die Oberwelt hingegen hatte vergessen, wer er war und was er machte. Colin De Land hielt hartnäckig an einer Haltung und einem Stil fest, die ihm mehr schadeten als nützten, doch in einer von Erfolg und Medienhype besessenen Zeit war er schliesslich der einzige Gewinner eines absurden Wettrennens. Jede Welt braucht eine Unterwelt, jeder Boden einen Untergrund. Die Menschen können nicht ohne Schatten leben und Colin war der Schatten der New Yorker Kunstwelt: Er lehrte seine Freunde und andere, dass Ideen, Orte und Dinge nicht immer und um jeden Preis neu und anders sein müssen; gewiss, sie müssen sich ändern, gleichzeitig sollte man ihnen aber auch vertrauen aufgrund dessen, was sie sind und bedeuten. Colin ist geworden, was er ist: ein suburbaner Visionär jener alten Gilde, die uns am meisten fehlen wird. Ich habe keine Ahnung, wohin wir gehen, wenn wir gehen müssen: in die Hölle, in den Himmel, oder ob wir als Tier wieder geboren werden, wer weiss? Die einzelnen Engel, Teufel und Tiere werden sich wohl kaum gross voneinander unterscheiden, sollten Sie aber einem mit Baseballkappe begegnen, dann gibt es keinen Zweifel, wer das ist.

FRANCESCO BONAMI ist Künstlerischer Leiter der 50. Biennale von Venedig (2003) und Manilow Senior Curator am Museum of Contemporary Art, Chicago.

BALKON

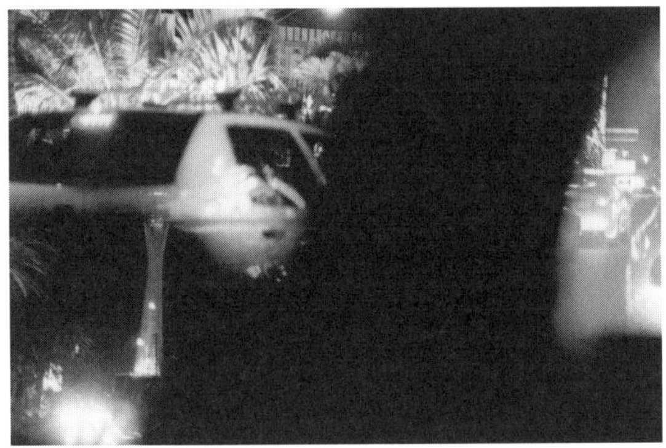

DANIELE MUSCIONICO

AUTOEROTIK

Das helle Ahornholz liegt wie eine Augenbraue über dem Armaturenbrett. Gott gibt vor, den Steuerknüppel zu suchen, und fasst Eva ans Knie. Sie kichert. Seine Hände schwitzen. Das hügelige Relief des Straussenleders am Lenkrad kontrastiert erregend mit dem glatten Holz. Die vorherrschende Farbe im Wageninnern ist Magnolienweiss.

Die adaptive Geschwindigkeitsregelung stellt das Fahrtempo auf die Geschwindigkeit vorausfahrender Fahrzeuge ein. Gott lehnt sich in den Schalensitz zurück. Er hat seinem Fahrer am Ende des langen Arbeitstags freigegeben, um sich während der Rückreise

DANIELE MUSCIONICO lebt in Zürich und ist Kulturredaktorin und Autorin der *Neuen Zürcher Zeitung*.

entlang der Küste zu entspannen. Der Blick über die Klippen ist aussichtsreich. Der Sonnenuntergang ist hysterisch. Man weiss nicht, ob sich das Fahrzeug selbst durch die Landschaft bewegt oder ob Phototapeten vor den Fenstern vorbeigezogen werden.

Im Fahrzeuginnern rauscht das Meer. In die Kopfstützen eingebaute Lautsprecher übertragen den Sound der Stereoanlage von Nakamichi. Das GM-Navigationssystem und vier Freisprech-Handys sind ebenfalls an Bord. Die Handys sind stumm, das Navigationssystem navigiert. Das Infotronic-System dient Gott als mobiles Büro mit abnehmbarem Plug-and-Play-Laptop-Computer, der in der Mittelkonsole angedockt ist und automatisch ausgefahren werden kann. So erhält er die

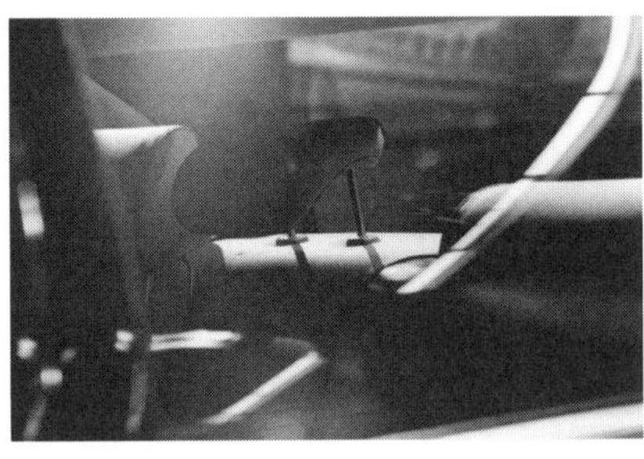

Daten vom Global-Positioning-System, einen Internetzugang für Wetter-, Verkehrs- und Navigationsmeldungen in Echtzeit sowie einen E-Mail-Anschluss, Telefon und Informationen zur Fahrzeugdiagnose.

Sensoren, die auf Hindernisse aufmerksam machen, und Heckkameras anstelle von Rückspiegeln erleichtern das Rückwärtsfahren. Ein überflüssiger Luxus. Gott würde niemals rückwärts

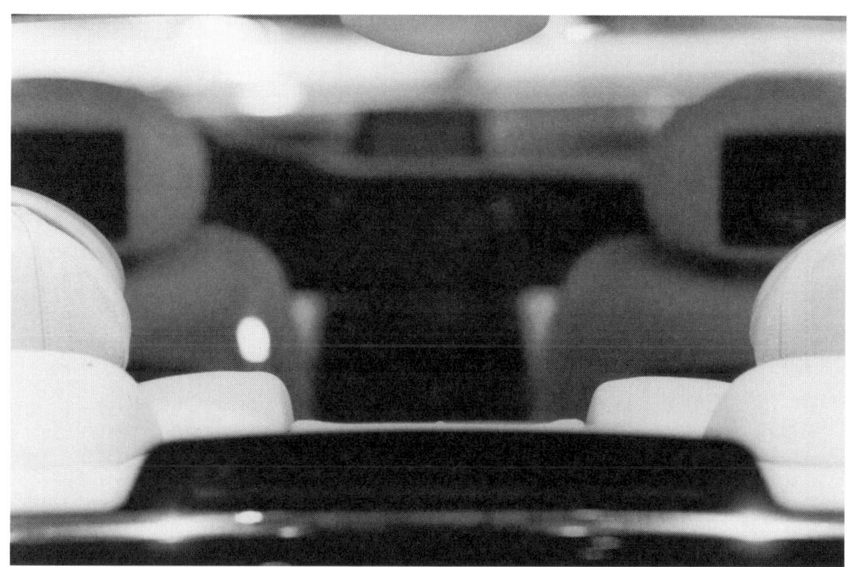

PATRICK WEIDMANN, 2003,
Photoserie ohne Titel /
untitled photo series.

fahren, geschweige denn rückwärts einparken, wobei ihm der Front- und der Heckradar all das erleichtern würden. Und mehr noch: Das Infrarot-Nachtsicht-System liefert dem Fahrer Einblick in die Umgebung vor und hinter dem Fahrzeug.

Eva spielt mit dem elektronischen Fensterheber. Für ihre Sicherheit im Fahrzeuginnern sorgen intelligente Airbags sowie Seiten-Airbags im gesamten Innenraum. Auch Evas Sitz verfügt über eine eigene Klimasteuerung, E-Mail-Zugang und einen von IBM entwickelten LCD-Bildschirm mit Abspielfunktionen von DVD. Präzise berechnete Verstärkungen im Bereich der Schweller und stabile Übergänge an den Verbundsknoten von A- und B-Säulen sowie Bodengruppen verschaffen dem Fahrzeug eine hohe Verwindungssteifigkeit. Detaillierte Schwingungsanalysen und lokale Karosseriemassnahmen stellen den Komfort sicher.

Gott setzt eine Pilotenbrille auf und beschleunigt. Evas Antilopenhals spannt sich. Die Bordlektüre von Helmut Newton scheint ihr eine plötzliche Übelkeit zu verursachen. Evas langes, schwarzes Haar versteift sich im Rücken zum Kamm. Gott beschleunigt stärker. Die pannensicheren Run-Flat-Reifen, die 20-Zoll-Magnesiumräder, das ABS-System, die Antriebs-Schlupfregelung und die Brembo-Bremsen werden aktiv von der Fahrdynamikregelung gesteuert. Gott fährt mit 180 Kilometern pro Stunde aus einer Linkskurve – in eine Herde von 1800 Merinoschafen der Firma Benetton. Viele Tiere sind auf der Stelle tot. Eva übergibt sich. Das helle Ahornholz.

Der Genfer Photograph Patrick Weidmann steht am Strassenrand und drückt den Auslöser. Er zoomt auf die Mittelkonsole, die Schaltkulisse und die Türgriffblende aus glanzgebürstetem Aluminium. Er zoomt auf die Motorhaube, die Airbags, die Kopfstützen, die im Sonnenuntergang rot glänzen. Im Fahrzeuginnern läuten die Handys ins Leere.

Patrick Weidmann steigt in das Unfallauto und beginnt es entzweizusägen. Er schneidet das Lenkrad wie eine Geburtstagstorte an und schiebt es sich

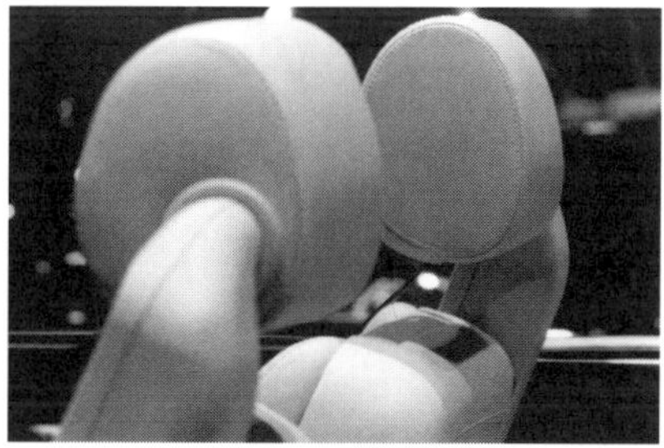

stückweise in den Mund. Dann zertrümmert er die elektrisch beheizbare Heckscheibe aus Splitter bindendem Glas. Die zäh-elastische Zwischenschicht erschwert das Durchdringen des Gesamtglaselements. Endlich löst sich die Scheibe doch in Glaskrümel auf und fällt in sich zusammen. Scharfkantige Splitter lösen sich. Das Verbundsicherheitsglas bietet keinerlei Schutzwirkung mehr, weder vor Einbruch noch für Leib und Leben.

Auf dem entwickelten Film erkennt man auf einem Hintersitz Helmut Newtons Photomappe *Autoerotic*. Unversehrt. Gott und Eva sind vor dem Aufprall dem Auto entstiegen. Seitdem irrlichtern sie durch Weidmanns Bilder. Unerkannt.

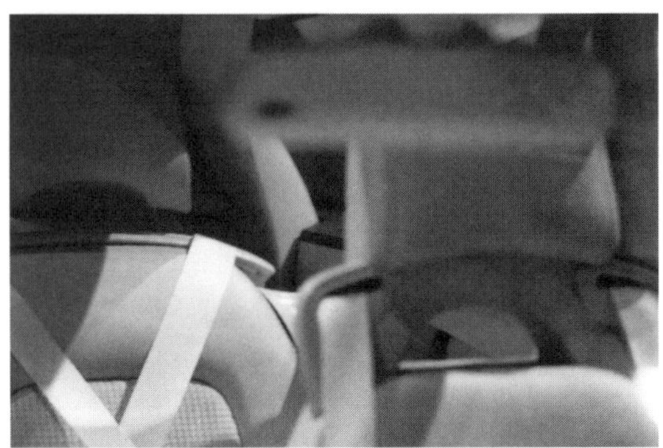

DANIELE MUSCIONICO

AUTOEROTICISM

An eyebrow of light-colored acorn wood graces the dashboard. God pretends to reach for the gear shift and lands on Eve's knee. She giggles. His hands are sweating. The contrast between the hilly relief of the ostrich leather on the steering wheel and the smooth wood is arousing. The décor inside the car is magnolia white.

The adaptive cruise control system steadily adjusts the speed to that of the car ahead. God leans back in his bucket seat. He has given his driver the evening off after a long day so that he can relax while driving back along the coast. The view from the cliffs is promising. The sunset is hysterical. You can't tell whether the car is moving through the landscape or whether photo wallpaper is being pulled past the windows.

DANIELE MUSCIONICO lives in Zurich and is a staff writer on cultural affairs for the *Neue Zürcher Zeitung*.

The ocean is roaring inside the car. Loudspeakers built into the headrests transmit the sound of the Nakamichi stereo system. The GM navigation system and four hands-free cell phones are also on board. The phones are mute, the navigation system is navigating. The Infotronic system is God's mobile office with a removable plug-and-play laptop computer docked in the central console. It slides open automatically and supplies him with GPS data: Internet reports in real time on the weather, traffic conditions and navigation, as well as e-mail access, a telephone connection and vehicle diagnosis.

Sensors draw attention to obstructions and instead of mirrors, there are rearview cameras to facilitate driving in reverse. A superfluous luxury. God would never drive backwards, let alone park in reverse, even though front and rear radar are there to make life much easier. What's more: the infrared night vision system gives the driver a view of what's going on in front of and behind the vehicle.

Eve is playing with the power window. Smart airbags and side airbags are strategically placed inside the car for her safety. Eve's seat has its own climate control, e-mail access, and an LCD monitor developed by IBM with a built-in DVD player. Precisely calculated reinforcement around the rocker rails and stable transitions in the composite joints of the A and B columns as well as floor pans make for an extremely torsion-resistant vehicle. Detailed vibration analyses and chassis modifications guarantee comfort.

God puts on his aviator glasses and accelerates. Eve's antelope neck tenses. The Helmut Newton board literature suddenly seems to make her nauseous. Eve's long, black hair stiffens in the back like a cock's crest. God accelerates even more. Extra-safety run-flat tires, 20-inch magnesium wheels, ABS system, transmission slippage prevention, and Brembo brakes are all actively controlled by the driving dynamics control. God comes barreling out of a left curve at 110 mph—and into a herd of 1800 Merino sheep belonging to

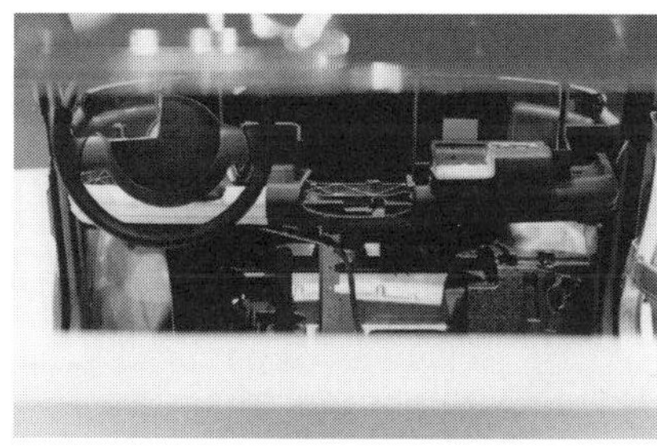

Benetton. A number of animals are dead on the spot. Eve vomits. Light-colored acorn wood.

Genevan photographer Patrick Weidmann is standing at the side of the road; he presses the camera release. He zooms in on the central console, the shift pattern plate and the brushed aluminum door handle plate. He zooms in on the hood, the airbags, and the headrests glowing red in the sunset. The cell phones in the car are ringing off the hook.

Patrick Weidmann climbs into the bashed vehicle and starts sawing it in half. He cuts the steering wheel like a birthday cake and shoves it into his mouth piece by piece. Then he smashes the rear window. It has an electric defroster and splinter-proof glass. He can barely break through the elastic inner layer. Finally the glass crumbles and the window collapses. Sharp splinters come tinkling down. The safety glass no longer prevents theft or protects body and life.

In the developed film you can see Helmut Newton's photo portfolio *Auto-erotic* on the back seat. Unharmed. God and Eve escaped from the car before it crashed. They've been drifting through Weidmann's pictures ever since. Unrecognized.

(Translation: Catherine Schelbert)

PATRICK WEIDMANN, 2003, Photoserie ohne Titel / untitled photo series.

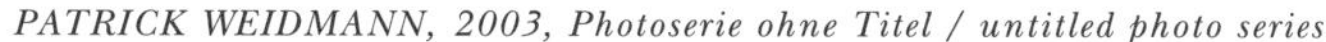

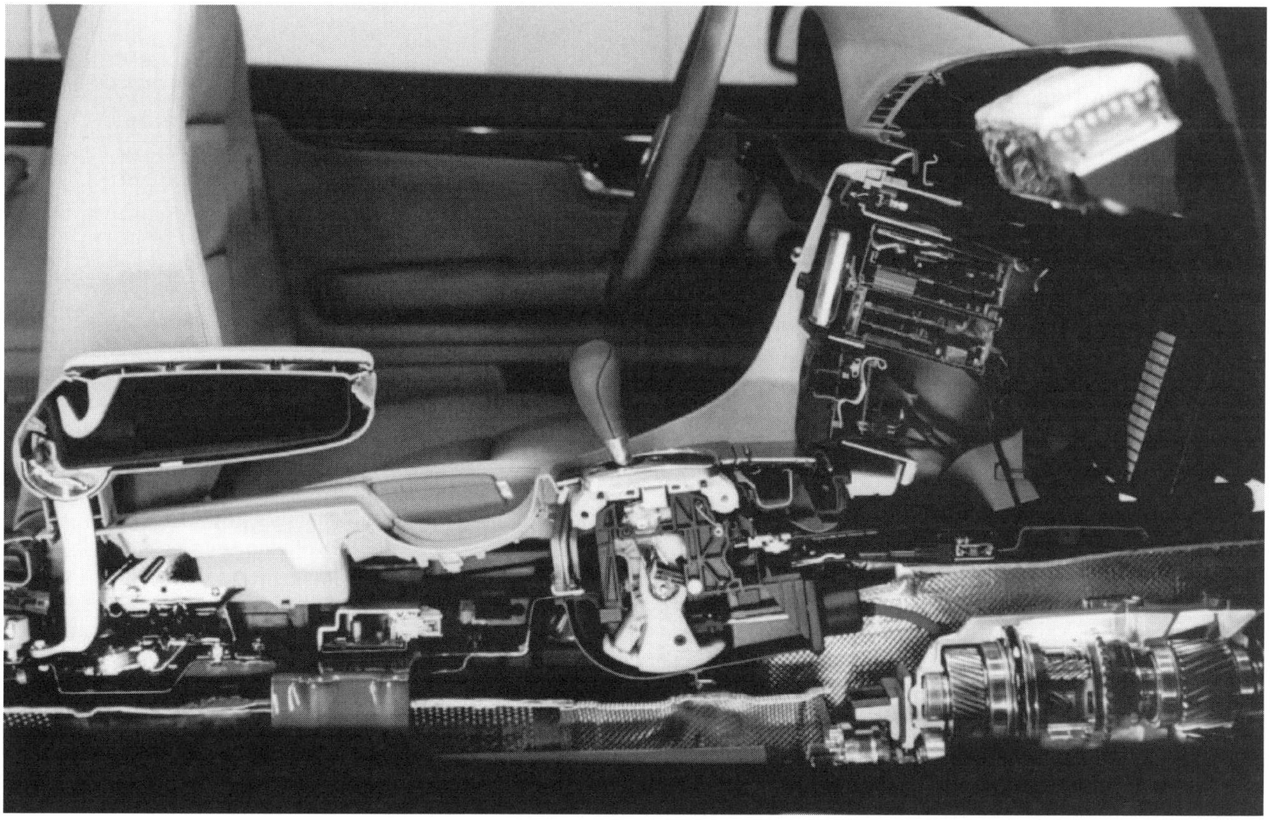

COMPLETE YOUR PARKETT LIBRARY
VERVOLLSTÄNDIGEN SIE IHRE PARKETT-BIBLIOTHEK

OUT OF PRINT / VERGRIFFEN: **NO. 1** ENZO CUCCHI, **2** SIGMAR POLKE, **3** MARTIN DISLER, **4** MERET OPPENHEIM, **5** ERIC FISCHL, **6** JANNIS KOUNELLIS, **7** BRICE MARDEN, **8** MARKUS RAETZ, **9** FRANCESCO CLEMENTE, **10** BRUCE NAUMAN, **12** ANDY WARHOL, **13** REBECCA HORN, **16** ROBERT WILSON, **17** FISCHLI/WEISS, **19** JEFF KOONS, MARTIN KIPPENBERGER, **20** TIM ROLLINS&K.O.S., **22** CHRISTIAN BOLTANSKI, JEFF WALL, **25** KATHARINA FRITSCH, **26** GÜNTHER FÖRG, PHILIP TAAFFE, JAMES TURRELL, **27** LOUISE BOURGEOIS, ROBERT GOBER, **29** CINDY SHERMAN, JOHN BALDESSARI, **30** SIGMAR POLKE, **31** DAVID HAMMONS, MIKE KELLEY, **35** GERHARD RICHTER, **38** ROSS BLECKNER, MARLENE DUMAS, **45** MATTHEW BARNEY, SARAH LUCAS, ROMAN SIGNER

For out-of-print issues you can register your name and address with Parkett and you will be notified, if your issue(s) become(s) available on the secondary market / Für vergriffene Bände nimmt der Verlag gerne Ihren Suchauftrag entgegen und macht Ihnen bei allfälliger Verfügbarkeit im Handel ein Angebot.

COLLABORATIONS

FRANZ ACKERMANN
EIJA-LIISA AHTILA
DAN GRAHAM

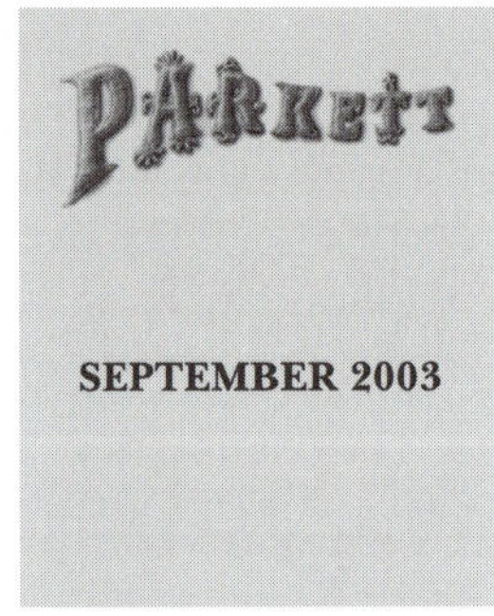

No. 68 - ISBN 3-907582-18-7

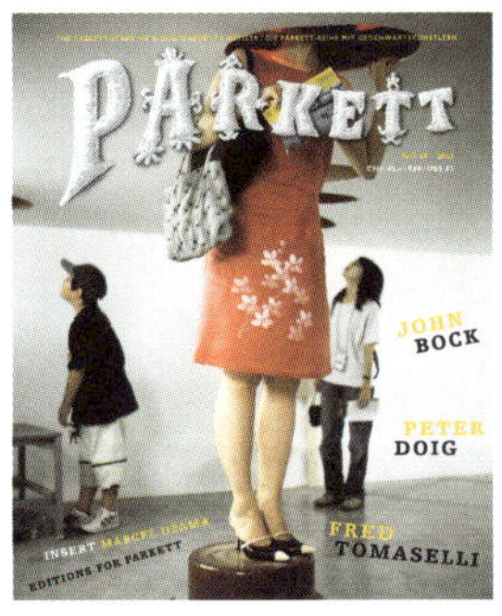

No. 67 - ISBN 3-907582-17-9

JOHN BOCK
PETER DOIG
FRED TOMASELLI
HOFFMANN, BIRNBAUM, AVGIKOS
BONAVENTURA, FUCHS, RUF
CAMERON, RONDEAU, PINCHBECK
INSERT: **MARCEL DZAMA**
T. SELVARATNAM: **SIMON STARLING**
S. OMLIN: **HANNE DARBOVEN**
T. VISCHER/J. HERZOG: SCHAULAGER BASEL
LES INFOS: H. BÖHME ON **WANG FU**
CUMULUS: L. FIRSTENBERG, R. KERSTING
BALKON: DANIELE MUSCIONICO

ANGELA BULLOCH
DANIEL BUREN
PIERRE HUYGHE
REBENTISCH, WILSON, PRINZHORN
RORIMER, GINGERAS, BUREN/HUYGHE
MILLAR, OBRIST, HOBBS
T. NICHOLS GOODEVE/GIULIANA BRUNO
EDWARD DIMENDBERG: **ALLAN SEKULA**
LES INFOS: ROBERTO OHRT ON
MONICA BONVICINI
CUMULUS AMERICA: NATO THOMPSON
CUMULUS EUROPA: GREG HILTY

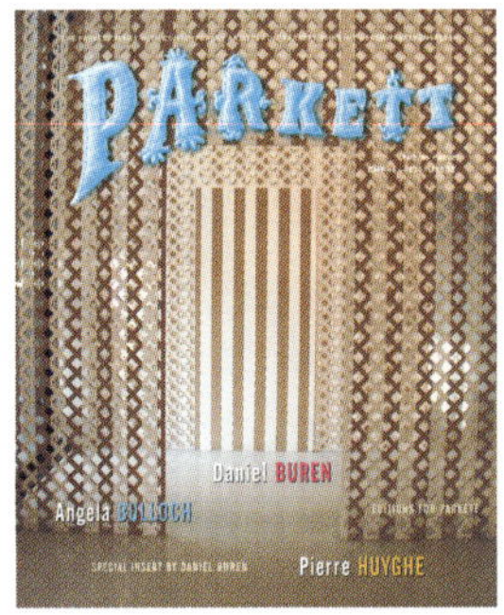

No. 66 - ISBN 3-907582-16-0

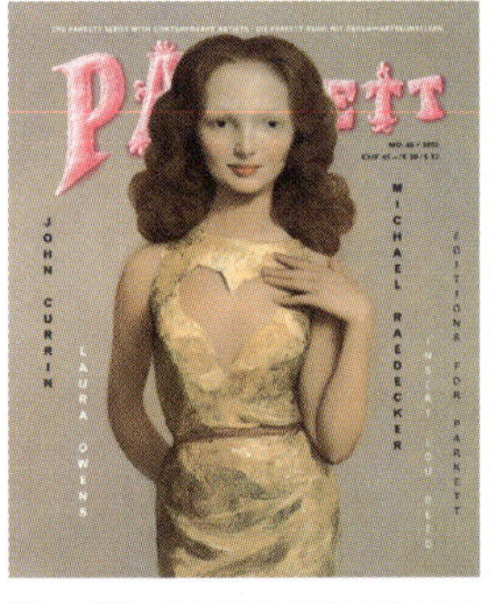

No. 65 - ISBN 3-907582-15-2

JOHN CURRIN
LAURA OWENS
MICHAEL RAEDECKER
SEWARD, VAN DE WALLE, BERG,
FERGUSON, THOMSON, WEISSMAN,
VERSCHAFFEL, MYERS, EGGERS
INSERT: **LOU REED**
KURT W. FORSTER: **JEFF WALL**
STORR: **DIETER ROTH & DOROTHY IANNONE**
KONRAD BITTERLI: **HUBBARD/BIRCHLER**
LES INFOS: CHRISTINA VÉGH
CUMULUS: OLAV WESTPHALEN, THOMAS HAHN
BALKON: SHEENA WAGSTAFF

OLAFUR ELIASSON
TOM FRIEDMAN
RODNEY GRAHAM
BLOM, MORGAN, CAMERON, MATSUI,
WATERS/FRIEDMAN, COOKE, HALE
INSERT: **AMY SILLMAN**
VÉRONIQUE D'AUZAC: **XAVIER VEILHAN**
A.M. HOMES: **CHRIS VERENE** (INTERVIEW)
HAKAN NILSSON: **ANNIKA LARSSON**
INQUIRY/UMFRAGE:
LEARNING FROM "DOCUMENTA"

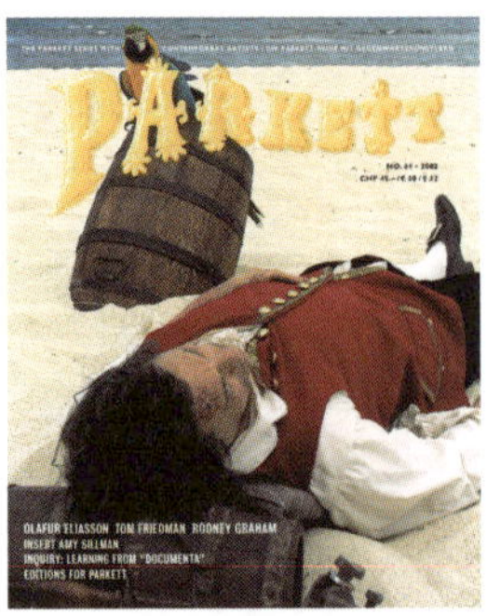

No. 64 - ISBN 3-907582-14-4

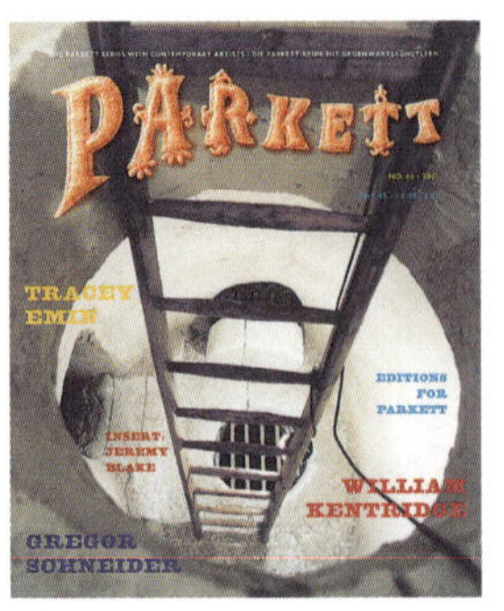

No. 63 - ISBN 3-907582-13-6

TRACEY EMIN
WILLIAM KENTRIDGE
GREGOR SCHNEIDER
BARBER, MUIR, PREECE, GUNNING,
STEWART, GOLDBERG, PUVOGEL, LOOCK
INSERT: **JEREMY BLAKE**
CLAUDIA SPINELLI: **FABRICE GYGI**
RAINER FUCHS: **KATHARINA GROSSE**
ADRIAN DANNATT: **THE THREE**
CUMULUS: CH. RATTEMEYER, D. BIRNBAUM
BALKON: MICHAEL OPPITZ

JOHN WESLEY
TACITA DEAN
THOMAS DEMAND
MILLAR, CARABELL, SCHWARZ
NORDEN, KÖNIG/STOCKEBRAND
HAINLEY, SEARLE, RUBY, HEISER
INSERT: **G. STEINER & J. LENZLINGER**
PHILIP URSPRUNG: **ALLAN KAPROW**
RUSSELL FERGUSON: **GLEN WILSON**
EDWARD A. SCHEER: **MIKE PARR**
LES INFOS: DAVID GREENBERG
CUMULUS: G. CARMINE, S. DIETZ

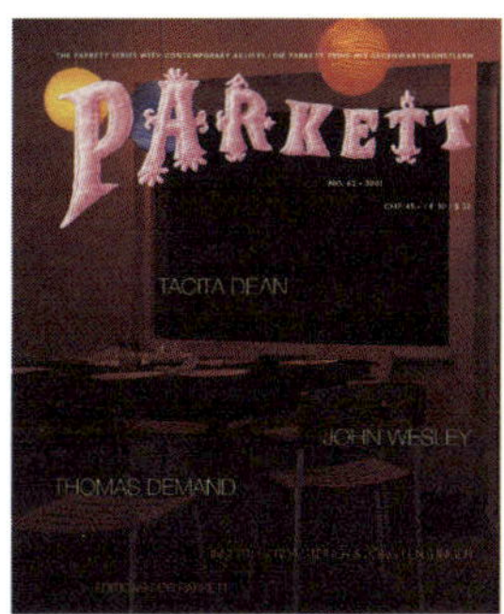

No. 62 - ISBN 3-907582-12-8

BRIDGET RILEY
LIAM GILLICK
SARAH MORRIS
MATTHEW RITCHIE
KUDIELKA, HICKEY
GILLICK, STEMMRICH, WOLLEN
NICHOLS GOODEVE, KLEIN, PRINZHORN
RABINOWITZ, GALISON/JONES, MARCUS
ELISABETH KLEY: **PAUL LINCOLN**
CUMULUS: O. ENWEZOR, M. WARNER
BALKON: STELLA ROLLIG

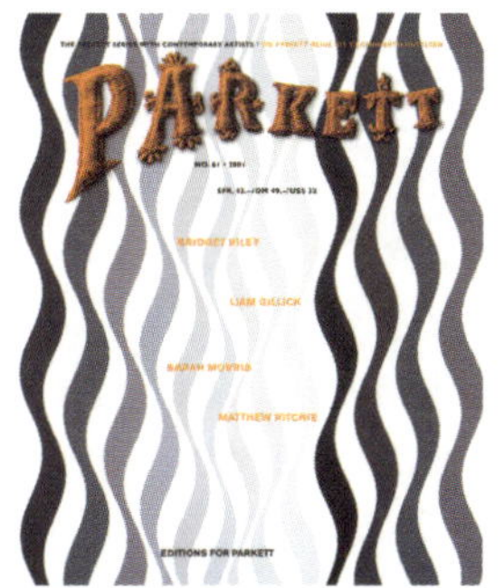

No. 61 - ISBN 3-907582-11-X

CHUCK CLOSE
DIANA THATER
LUC TUYMANS
PROSE, CLOSE/PEYTON, SHIFF,
CLOSE/CURIGER
ARRHENIUS, HASLINGER, GILBERT-ROLFE
HOPTMAN, MOSQUERA, REUST
INSERT: **SHIRANA SHAHBAZI**
GREG HILTY: **JEREMY DELLER**
HOWARD SINGERMAN: **DAVID BUNN**
LES INFOS: THIERRY DE DUVE—INTERVIEW
CUMULUS: FRAZER WARD, HANS ULRICH RECK

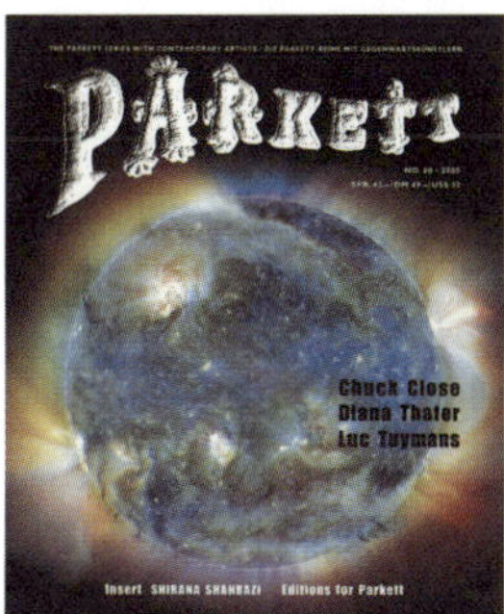

No. 60 - ISBN 3-907582-10-1

MAURIZIO CATTELAN
YAYOI KUSAMA
KARA WALKER
BOURRIAUD, GINGERAS, BONAMI
PANHANS-BÜHLER, MATSUI, POLLOCK
DUBOIS SHAW, JANUS, WALKER
INSERT: **ANDREAS ZÜST**
VINCENT KATZ,
ELISABETH BRONFEN: **ANNETTE MESSAGER**
JAN AVGIKOS: **ANNA GASKELL**
LES INFOS: ALI SUBOTNICK
CUMULUS: M. ROWELL, L. FÖLDENYI
BALKON: MICHELLE NICOL

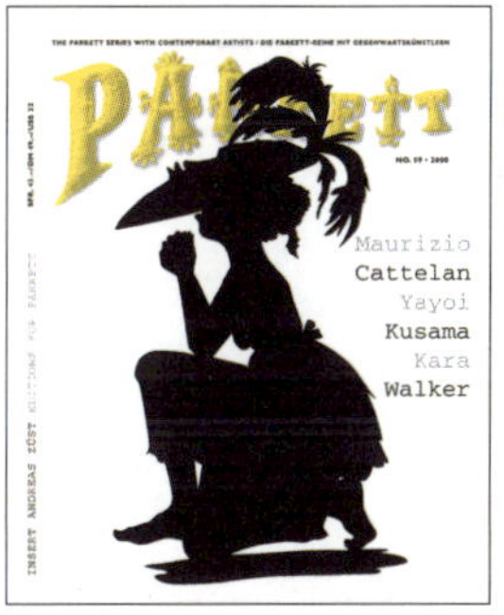

No. 59 - ISBN 3-907582-09-8

JAMES ROSENQUIST
SYLVIE FLEURY
JASON RHOADES
RUSSELL, KOONS/ROSENQUIST, HULTEN, FELIX
GLENN, LOBEL, DANNATT, RUF, KOETHER
FERGUSON, ORTH, SCHEIDEMANN/HERMANN
INSERT: **HENRY BOND**
GILDA WILLIAMS: **JANE & LOUISE WILSON**
SLAVOJ ZIZEK, PAUL D. MILLER & CHRIS OFILI
LES INFOS: ANNA HELWING
CUMULUS: DAVID ROBBINS, HILDE TEERLINCK
BALKON: KNUT EBELING

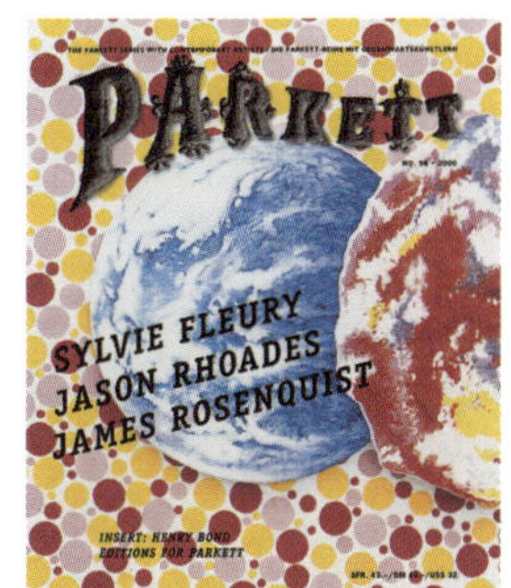

No. 58 - ISBN 3-907582-08-X

DOUG AITKEN
NAN GOLDIN
THOMAS HIRSCHHORN
ROBERTS, BONAMI, VAN ASSCHE, LEBOVICI
DANTO, LIEBMANN, FRIIS-HANSEN, HAKERT,
EISENBERG, FLECK, GINGERAS, VERGNE, STEINWEG
DAVID GREENBERG: **DONALD BAECHLER**
ANDREA KROKSNES: **LOUISE LAWLER**
LIONEL BOVIER: **JOHN MILLER**
LES INFOS: RUDOLF SCHMITZ
CUMULUS: H.U. OBRIST, CONNIE BUTLER
BALKON: JURI STEINER & ANNELISE COSTE

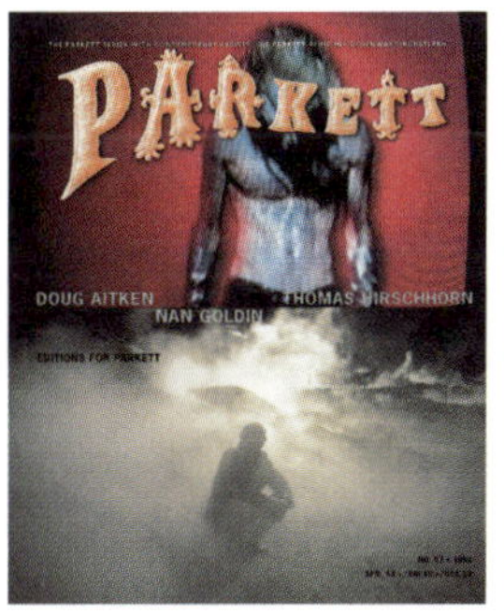

No. 57 - ISBN 3-907582-07-1

ELLSWORTH KELLY
VANESSA BEECROFT
JORGE PARDO
KELLEIN, FER, MAURER, RIMANELLI
BRYSON, TAZZI, SEWARD, AVGIKOS
FERGUSON, VÉGH, VAN WINKEL
FRANGENBERG, BUSH
GREG HILTY: **CERITH WYN EVANS**
THOMAS Y. LEVIN: **CHRISTIAN MARCLAY**
LYNNE COOKE: **DIANA THATER**
LES INFOS: DIANE LEWIS
CUMULUS: ADRIAN DANNATT, PETR NEDOMA

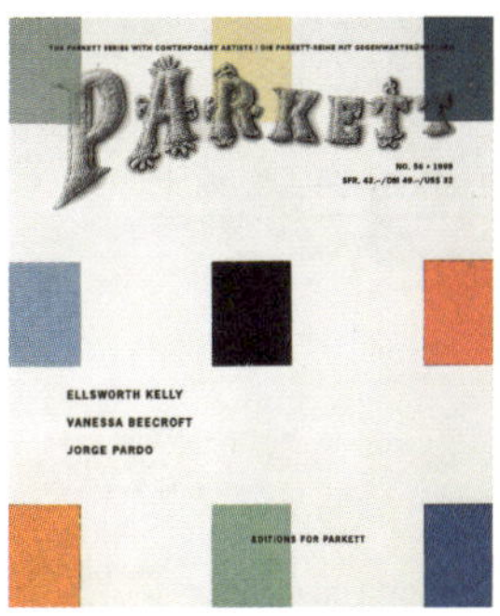

No. 56 - ISBN 3-907582-06-3

EDWARD RUSCHA
ANDREAS SLOMINSKI
SAM TAYLOR-WOOD
PERRONE, HIGGIE, SINGERMAN, SCHENKER
SCANLAN, SPECTOR, FREY, HEYNEN
GROYS/FUNCKE/HOFFMANN, BRONFEN
BONAMI, LAJER-BURCHARTH
INSERT: **KARA WALKER**
BORIS GROYS: **PAVEL PEPPERSTEIN**
RUDOLF SCHMITZ: **ALEXANDER KLUGE**
BEATRIX RUF: **EIJA-LIISA AHTILA**
CUMULUS: MICHELLE NICOL, SUELY ROLNIK

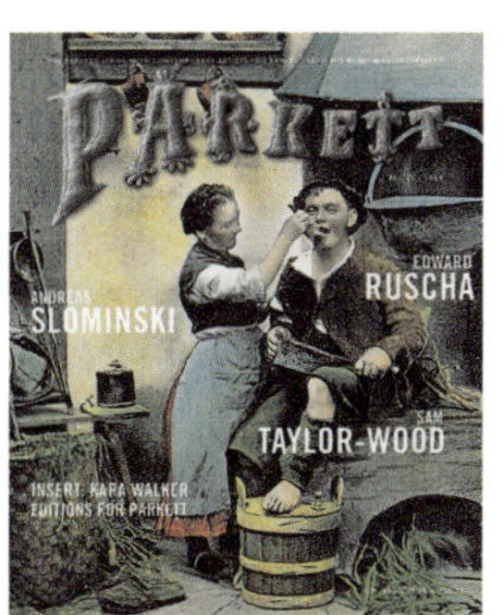

No. 55 - ISBN 3-907582-05-5

RONI HORN
MARIKO MORI
BEAT STREULI
SCHORR, GUNNARSSON, GOROVOY, LEWIS
SPECTOR, BRYSON, NAKAZAWA, NICHOLS
GOODEVE, STALS, DANTO, AMANO, SMITH
INSERT: **MATTHEW RITCHIE**
VINCENT KATZ: **ALEX KATZ**
HORST BREDEKAMP: **STEPHAN VON HUENE**
PAUL D. MILLER: **SHIRIN NESHAT**
LES INFOS:
OKWUI ENWEZOR & WILLIAM KENTRIDGE
CUMULUS: VALÉRIA PICCOLI, MARIA LIND

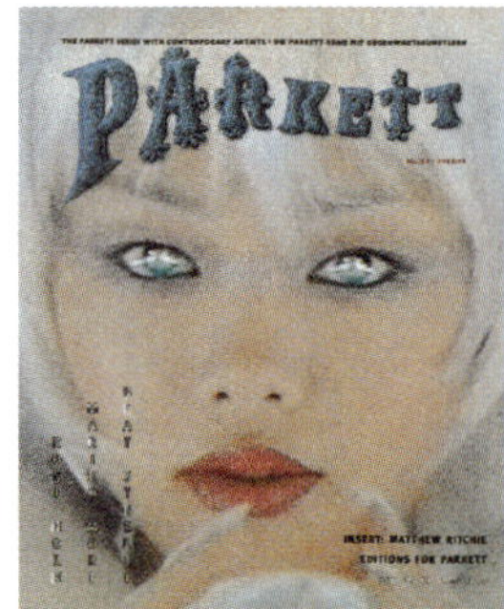

No. 54 - ISBN 3-907582-04-7

TRACEY MOFFATT
ELIZABETH PEYTON
WOLFGANG TILLMANS
MARTIN, LAJER-BURCHARTH, RIMANELLI
PILGRIM, URSPRUNG, LIEBMANN, MATSUI
WAKEFIELD, BUDNEY, NESBITT, ZIEGLER
INSERT: **DAVID SHRIGLEY**
CATHERINE BERNARD: **JOHAN GRIMONPREZ**
BERNARD MARCADÉ: **ROBERT GOBER**
LES INFOS DE L'ENFER: VALERIA LIEBERMANN
CUMULUS: BLESSING, AUPETITALLOT
BALKON: STEINER/MAGNAGUAGNO

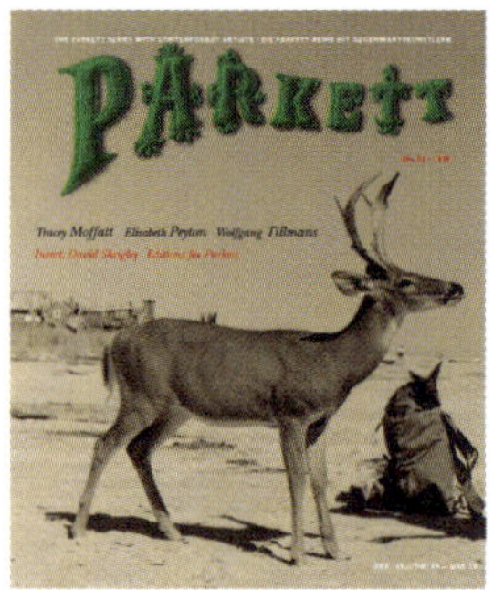

No. 53 - ISBN 3-907582-03-9

KAREN KILIMNIK
MALCOLM MORLEY
UGO RONDINONE
SCHORR, BÜRGI, JUNCOSA, MORLEY,
LEBENSZTEJN, BONAMI, VERWOERT, HOPTMAN,
INSERT: **THOMAS BAYRLE**
ED WHITE: **JEAN MICHEL OTHONIEL**
NEVILLE WAKEFIELD: **RICHARD SERRA**
GILDA WILLIAMS: **GILLIAN WEARING**
ROBERT GRESKOVIC: **MERCE CUNNINGHAM**
CUMULUS: WALKER, KURZMEYER
BALKON: CECILIA VICUÑA

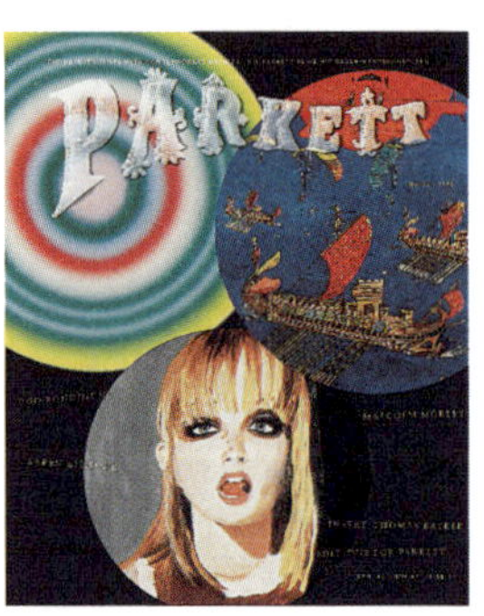

No. 52 - ISBN 3-907582-02-0

JOHN M ARMLEDER, JEFF KOONS
JEAN-LUC MYLAYNE
THOMAS STRUTH, SUE WILLIAMS
DI PIETRANTONIO, BOVIER, MUNIZ,
SEWARD, LOERS, NICHOLS GOODEVE,
COOKE, DION, ARNAUDET, MYLAYNE,
CURIGER, LINGWOOD, OKUTSU, BRYSON,
SCHJELDAHL, NESBIT, DANNATT, CAMHI
INSERTS: **TOBA KHEDOORI, TACITA DEAN**
ONFRAY: **HYACINTHE RIGAUD**, NICOL: **SAM SAMORE**
MURPHY, VAN DER WALLE, STEINER,
KURT W. FORSTER: **FRANK GEHRY**
CUMULUS: COLEMAN, BIRNBAUM

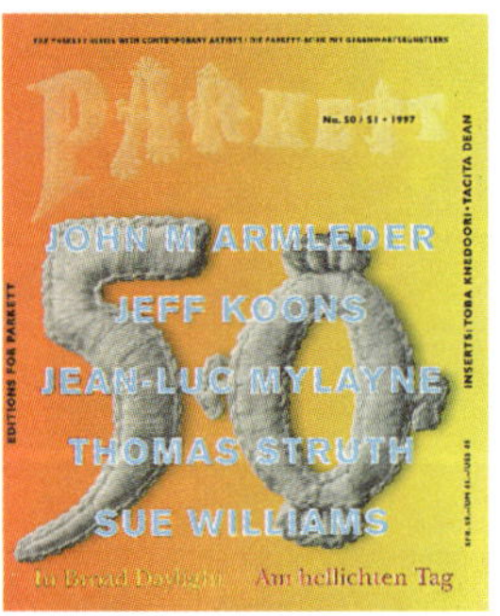

50/51 - ISBN 3-907582-00-4

LAURIE ANDERSON
DOUGLAS GORDON
JEFF WALL
FLOOD, BEZZOLA, FERGUSON
GILLICK/GORDON, BRYSON, PONTBRIAND
SCHORR, ANDERSON, BURCKHARDT, BUDNEY
INSERT: **SILVIA BÄCHLI**
COLIN DE LAND: **JOHN WATERS**
ROBERT STORR: **SEYDOU KEITA**
DANIELA SALVIONI: **CLEGG & GUTTMANN**
CUMULUS: KITTELMANN, MEYER

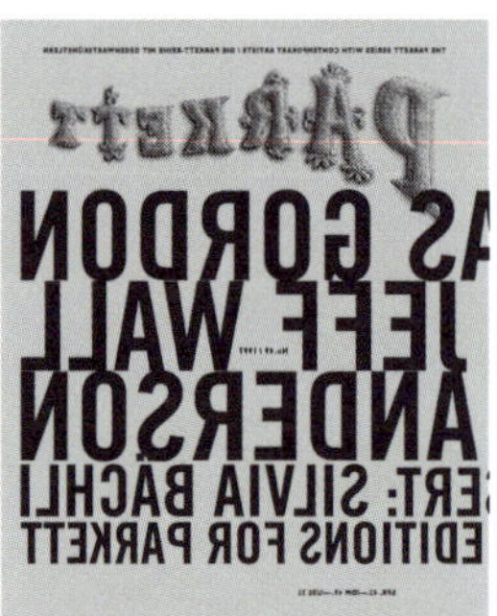

No. 49 - ISBN 3-907509-99-4

GARY HUME
GABRIEL OROZCO
PIPILOTTI RIST
BOVIER, MUIR, FOGLE, BONAMI
DE ZEGHER, SPECTOR, URSPRUNG
BABIAS, COLOMBO, ANDERSON
INSERT: **RUDY BURCKHARDT**
VINCENT KATZ: **RUDY BURCKHARDT**
VAN DER WALLE: **CHARLES LONG
& STEREOLAB**
FAYE HIRSCH: **BRUCE CONNER**
CHRISTOPH DOSWALD: **IAN ANÜLL**
CUMULUS: LEGGAT, SCHNEIDER

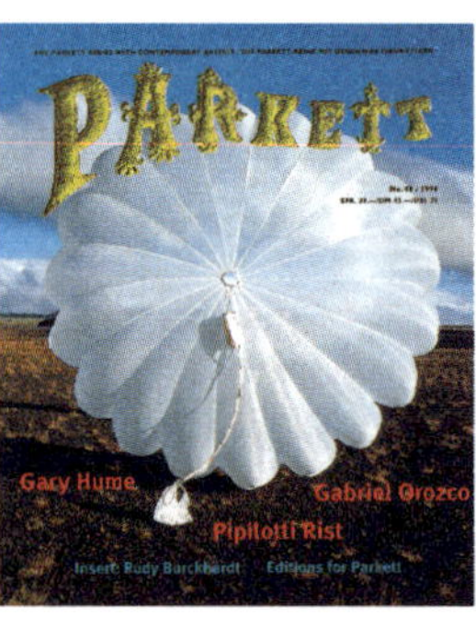

No. 48 - ISBN 3-907509-98-6

TONY OURSLER
RAYMOND PETTIBON
THOMAS SCHÜTTE
COOKE, RICHARD, NERI,
LEWIS, GROYS, ALS, RUGOFF,
GOODEVE, SEARLE, MARI, REUST,
WAKEFIELD, LOOCK, JANUS
INSERT: **ZOE LEONARD & CHERYL DUNYE**
JURI STEINER: **EMMA KUNZ**
MAX WECHSLER: **CHRISTOPH RÜTIMANN**
SUSAN MORGAN: **DIANE ARBUS**
CUMULUS: PRINCENTHAL, BOVIER/CHERIX

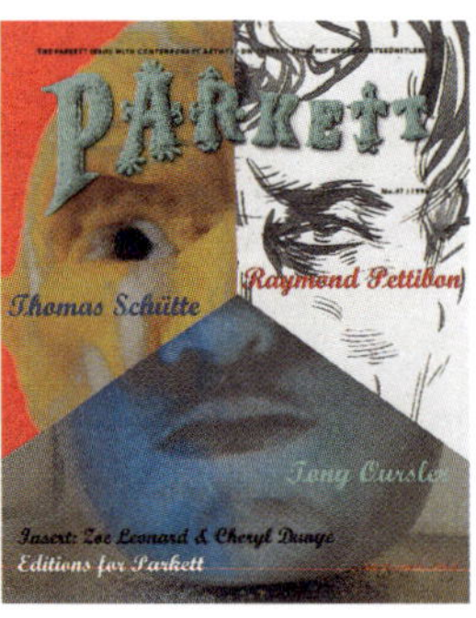

No. 47 - ISBN 3-907509-97-8

RICHARD ARTSCHWAGER
CADY NOLAND
HIROSHI SUGIMOTO
DEITCHER, SCHAFFNER, FORSTER, MUNIZ
ARMSTRONG, RELYEA, BOGDAN, GOODEVE
NICKAS, BRYSON, RUGOFF, DENSON
INSERT: **JOHN M ARMLEDER**
ROLAND WÄSPE: **ERWIN WURM**
DANIEL BIRNBAUM: **ÖYVIND FAHLSTRÖM**
LES INFOS DU PARADIS: ROBERT FLECK
CUMULUS: MILLER, VETTESE
BALKON: MARTIN HELLER

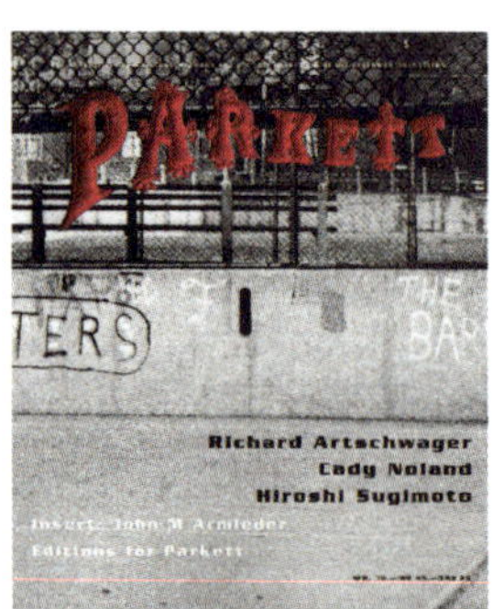

No. 46 - ISBN 3-907509-96-X

VIJA CELMINS
ANDREAS GURSKY
RIRKRIT TIRAVANIJA
PRINCENTHAL, LEWIS, SILVERTHORNE
SHIFF, CRIQUI, BURCKHARDT, WAKEFIELD
SCHORR, MELO, GILLICK, FLOOD, STEINER
INSERT: **HANS DANUSER**
LES INFOS: LIAM GILLICK & DOUGLAS GORDON
LYNNE COOKE, DAVID DEITCHER
DANIEL KURJAKOVIC: **MARIE JOSÉ BURKI**
NAN GOLDIN: **PETER HUJAR**
NOEMI SMOLIK: **ANDREAS SLOMINSKI**
JASON SIMON: **MARK DION**
LUK LAMBRECHT: **MARK LUYTEN**

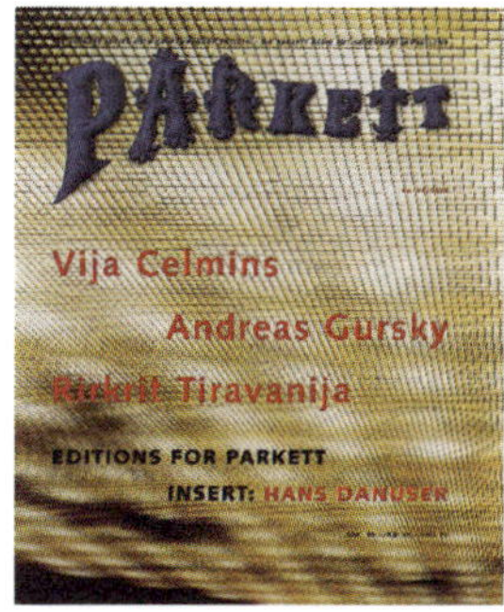

No. 44 - ISBN 3-907509-94-3

JUAN MUÑOZ
SUSAN ROTHENBERG
LYNNE COOKE, ALEXANDRE MELO
JAMES LINGWOOD, GAVIN BRYARS
ROBERT CREELEY, INGRID SCHAFFNER
JEAN-CHRISTOPHE AMMANN
MARK STEVENS, JOAN SIMON
INSERT: **ROBERT SMITHSON**
NEVILLE WAKEFIELD
MICHELLE NICOL: **CARSTEN HÖLLER**
HANS-ULRICH OBRIST: **FABRICE HYBERT**

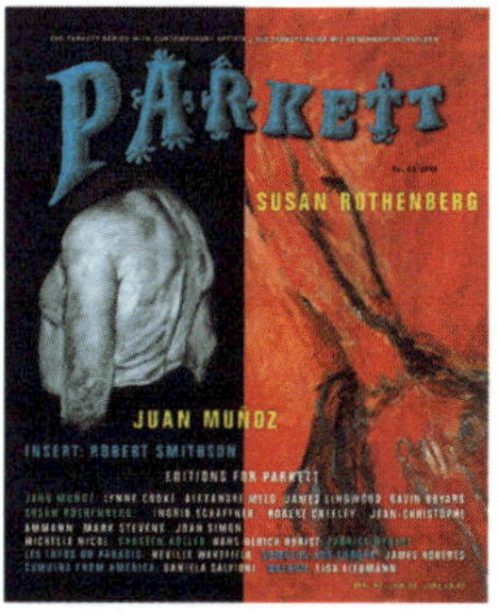

No. 43 - ISBN 3-907509-93-5

LAWRENCE WEINER
RACHEL WHITEREAD
BROOKS ADAMS, FRANCES RICHARD
DIETER SCHWARZ, DANIELA SALVIONI
ED LEFFINGWELL, LANE RELYEA
NEVILLE WAKEFIELD, RUDOLF SCHMITZ
TREVOR FAIRBROTHER, SIMON WATNEY
INSERT: **NAN GOLDIN**
VINCE LEO: **ROBERT FRANK**
CLAUDE RITSCHARD: **MARKUS RAETZ**

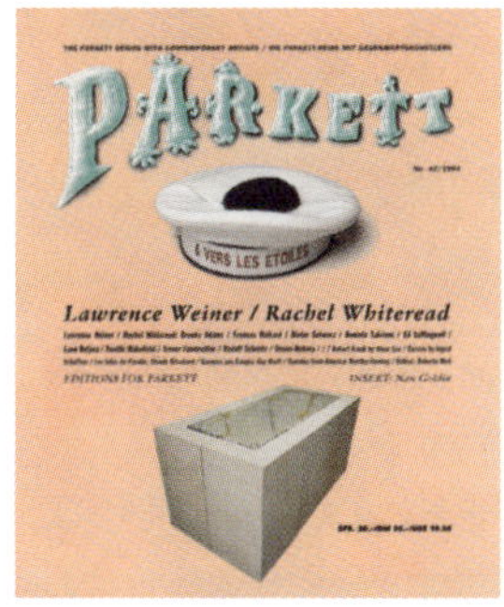

No. 42 - ISBN 3-907509-92-7

FRANCESCO CLEMENTE
GÜNTHER FÖRG
PETER FISCHLI / DAVID WEISS
DAMIEN HIRST
JENNY HOLZER
REBECCA HORN
SIGMAR POLKE
HOLLAND COTTER, BORIS GROYS
MAX WECHSLER, DAVID RIMANELLI
JOAN SIMON, GORDON BURN
GILBERT LASCAULT, WERNER SPIES
BICE CURIGER, JEFF PERRONE
G. ROGER DENSON, VIK MUNIZ
DAVE HICKEY

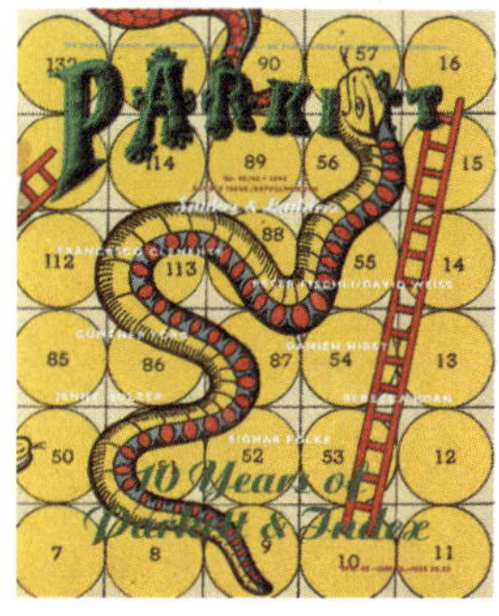

40/41 - ISBN 3-907509-90-0

FELIX GONZALEZ-TORRES
WOLFGANG LAIB
NANCY SPECTOR, SIMON WATNEY,
SUSAN TALLMAN, DIDIER SEMIN,
CLARE FARROW, JEAN-MARC AVRILLA,
THOMAS McEVILLEY
CLAUDE GINTZ: **GABRIEL OROZCO**
WALTER GRASSKAMP: **AXEL KASSEBÖHMER**
NEVILLE WAKEFIELD: **MATTHEW BARNEY**
INSERT: **RONI HORN**
LES INFOS DU PARADIS: **BURT BARR**
CUMULUS: **MEYER VAISMAN**

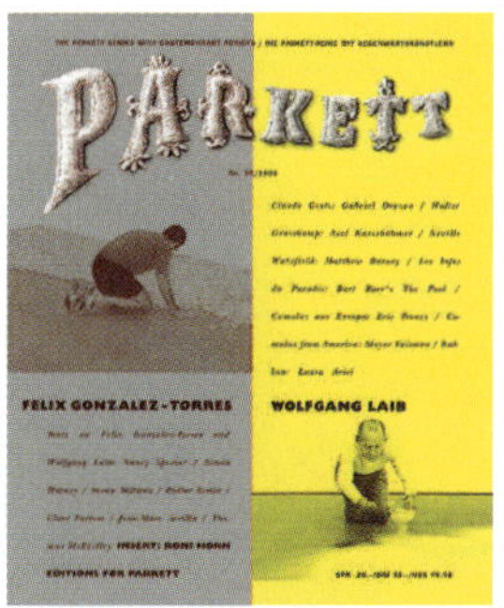

No. 39 - ISBN 3-907509-89-7

CHARLES RAY
FRANZ WEST
KLAUS KERTESS, CHRISTOPHER KNIGHT
PETER SCHJELDAHL, ROBERT STORR
JAN AVGIKOS, AXEL HUBER
MARTIN PRINZHORN, ELISABETH
SCHLEBRÜGGE, HARALD SZEEMANN,
DENYS ZACHAROPOULOS
INSERT: **PIPILOTTI RIST**
JEAN BAUDRILLARD
HANS RUDOLF REUST: **LUC TUYMANS**
PARKETT INQUIRY:
CHERCHEZ LA FEMME PEINTRE!

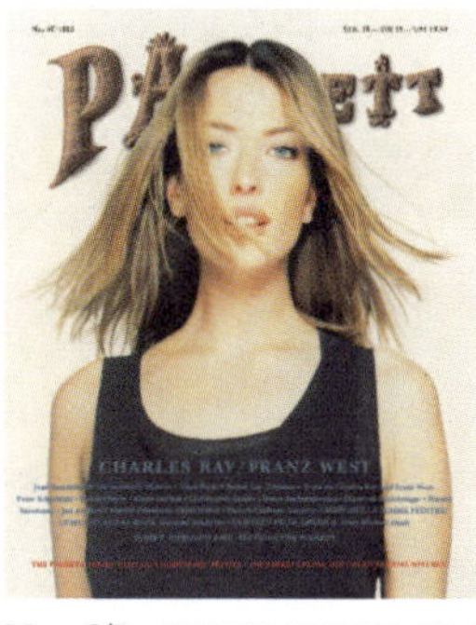

No. 37 - ISBN 3-907509-87-0

ILYA KABAKOV
RICHARD PRINCE
BORIS GROYS, ROBERT STORR
JAN THORN-PRIKKER
CLAUDIA JOLLES, EDMUND WHITE
SUSAN TALLMAN, DANIELA
SALVIONI, KATHY ACKER
INSERT: **TATSUO MIYAJIMA**
GUDRUN INBODEN: **ASTA GRÖTING**
LYNNE COOKE: **GARY HILL**
PATRICK McGRATH: **STEPHEN ELLIS**

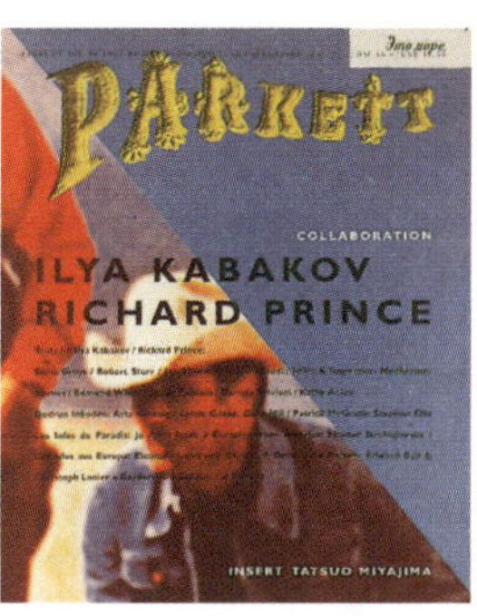

No. 34 - ISBN 3-907509-84-6

ROSEMARIE TROCKEL
CHRISTOPHER WOOL
VERONIQUE BACCHETTA,
BARRETT WATTEN,
ANNE WAGNER, JIM LEWIS,
GREIL MARCUS, JEFF PERRONE,
DIEDRICH DIEDERICHSEN
INSERT: **ADRIAN SCHIESS**
MARINA WARNER: **PENIS PLENTY**
G. ROGER DENSON:
DENNIS OPPENHEIM
CAMIEL VAN WINKEL

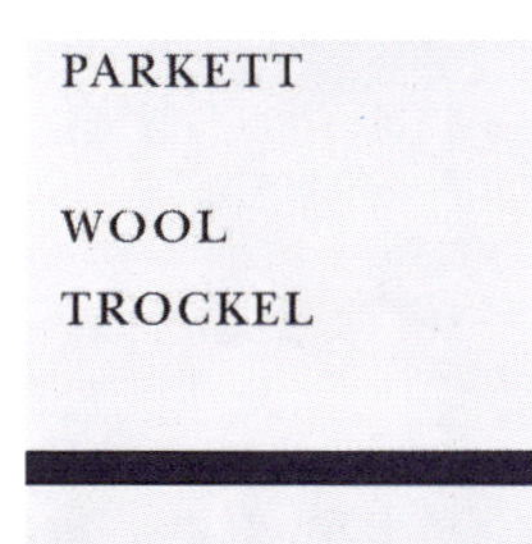

No. 33 - ISBN 3-907509-83-3

IMI KNOEBEL
SHERRIE LEVINE
RUDOLF BUMILLER
RAINER CRONE/DAVID MOOS
LISA LIEBMANN, DANIELA SALVIONI
ERICH FRANZ, HOWARD SINGERMANN
INSERT: **DAMIEN HIRST**
SHEENA WAGSTAFF: **VIJA CELMINS**
JIM LEWIS: **LARRY CLARK**
LIAM GILLICK: **BETHAN HUWS**
THOMAS KELLEIN: **WALTER DE MARIA**

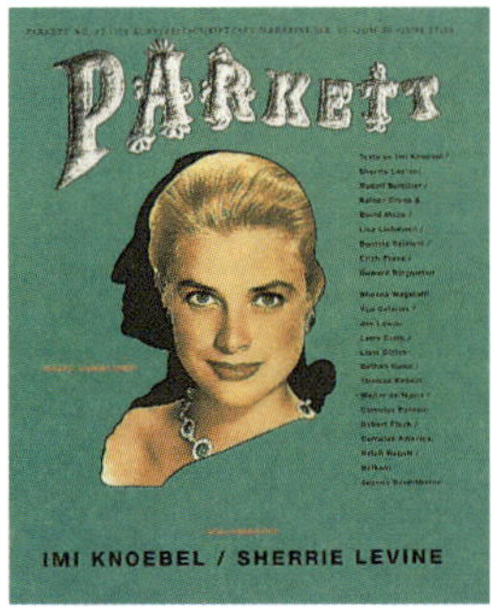

No. 32 - ISBN 3-907509-82-X

FRANZ GERTSCH
THOMAS RUFF
HELMUT FRIEDEL, ULRICH LOOCK
I. MICHAEL DANOFF, AMEI WALLACH
RAINER MICHAEL MASON
MARC FREIDUS, JÖRG JOHNEN
TREVOR FAIRBROTHER/NORMAN BRYSON
INSERT: **LIZ LARNER**
JAMES LEWIS: **RICHARD PRINCE**
DAVID HICKEY:
THE INVISIBLE DRAGON/
DER UNSICHTBARE DRACHEN
PAUL TAYLOR: **JAMES ROSENQUIST**

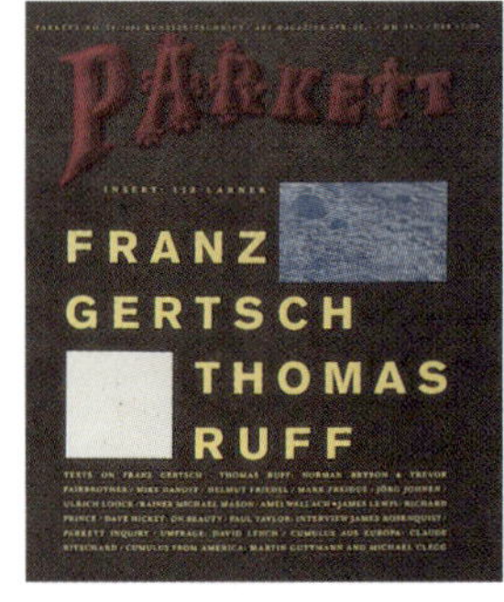

No. 28 - ISBN 3-907509-78-1

ALIGHIERO E BOETTI
JEAN-CHRISTOPHE AMMANN
GIOVAN BATTISTA SALERNO
RAINER CRONE & DAVID MOOS
FRIEDEMANN MALSCH
JEAN-PIERRE BORDAZ
ALAIN CUEFF
INSERT: **CINDY SHERMAN**
SHEENA WAGSTAFF:
SOPHIE CALLE
HERBERT LACHMEYER/
BRIGITTE FELDERER: **FRANZ WEST**
JUTTA KOETHER: **MIKE KELLEY**

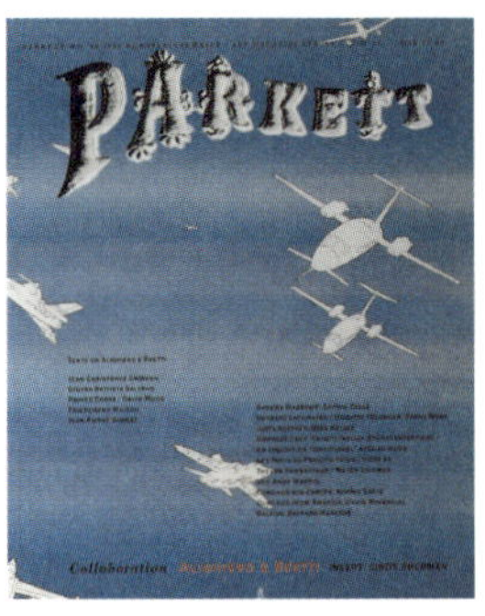

No. 24 - ISBN 3-907509-74-9

RICHARD ARTSCHWAGER
ARTHUR C. DANTO, GEORG KOHLER,
MARIO A. ORLANDO, JOYCE
CAROL OATES, WERNER OECHSLIN,
ALAN LIGHTMAN, PATRICK
McGRATH, DANIEL SOUTIF,
LASZLO F. FÖLDENYI, JEAN STROUSE
INSERT: **DAVID BYRNE**
RENATE PUVOGEL: **ANDRÉ THOMKINS**
ULRICH LOOCK: **THOMAS STRUTH**
NANCY SPECTOR: **MEREDITH MONK**

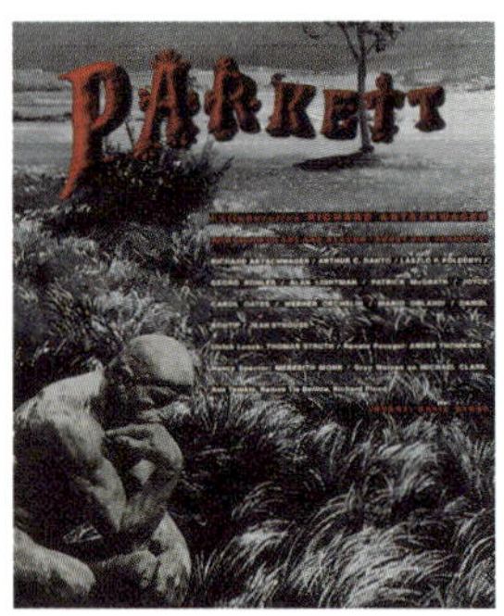

No. 23 - ISBN 3-907509-73-0

ALEX KATZ
JOHN RUSSELL, BROOKS ADAMS,
DAVID RIMANELLI, FRANCESCO
CLEMENTE, MICHAEL KRÜGER,
RICHARD FLOOD, PATRICK FREY,
CARL STIGLIANO, BICE CURIGER,
GLENN O'BRIEN
INSERT: **WILLIAM WEGMAN**
LISA LIEBMAN: **ROBERT GOBER**
JACQUELINE BURCKHARDT:
GIULIO ROMANO

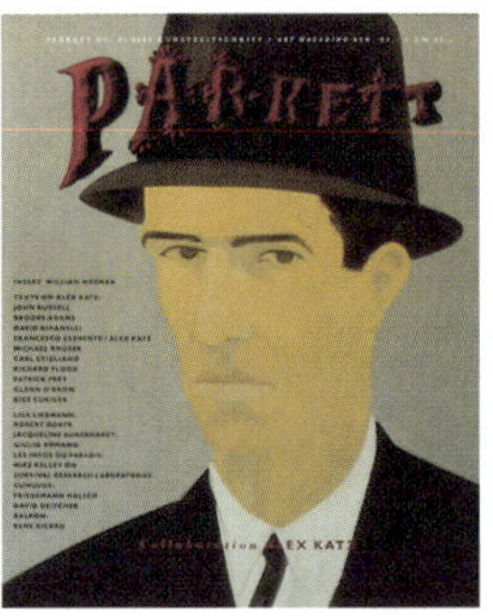

No. 21 - ISBN 3-907509-71-4

MARIO MERZ
MARLIS GRÜTERICH, JEANNE
SILVERTHORNE, DEMOSTHENES
DAVVETAS, HARALD SZEEMANN,
DENYS ZACHAROPOULOS
INSERT: **GENERAL IDEA**
MAX KOZLOFF: **GILLES PERESS**
FRIEDEMANN MALSCH:
GEORG HEROLD
BRUNELLA ANTOMARINI:
FRANCESCA WOODMAN

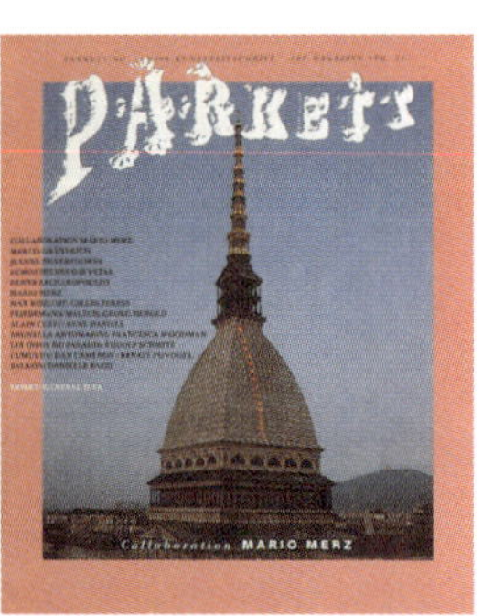

No. 15 - ISBN 3-907509-65-X

GILBERT & GEORGE
DUNCAN FALLOWELL, MARIO
CODOGNATO, JEREMY COOPER,
DEMOSTHENES DAVVETAS,
WOLF JAHN
INSERT: **ROSEMARIE TROCKEL**
ROBERT STORR: **NANCY SPERO**
HAIM STEINBACH: **MANIFESTO**
JÖRG ZUTTER: **THOMAS HUBER**

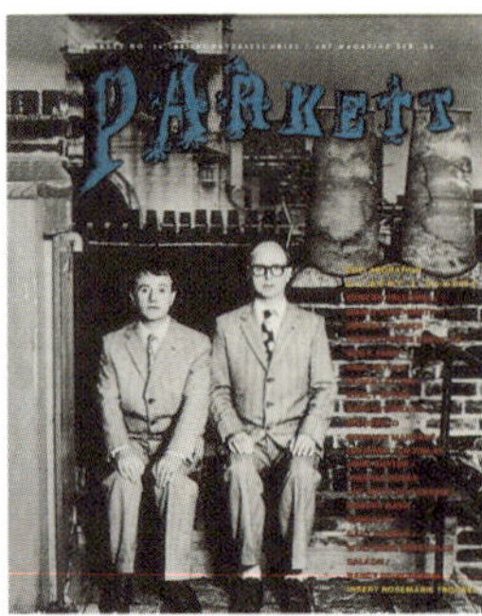

No. 14 - ISBN 3-907509-64-1

GEORG BASELITZ
REMO GUIDIERI, DIETER
KOEPPLIN, ERIC DARRAGON,
RAINER MICHAEL MASON, FRANZ
MEYER, JOHN CALDWELL
INSERT: **BARBARA KRUGER**
GRAY WATSON: **DEREK JARMAN**
CAROL SQUIERS:
PHOTO OPPORTUNITY
ROSETTA BROOKS:
TROY BRAUNTUCH

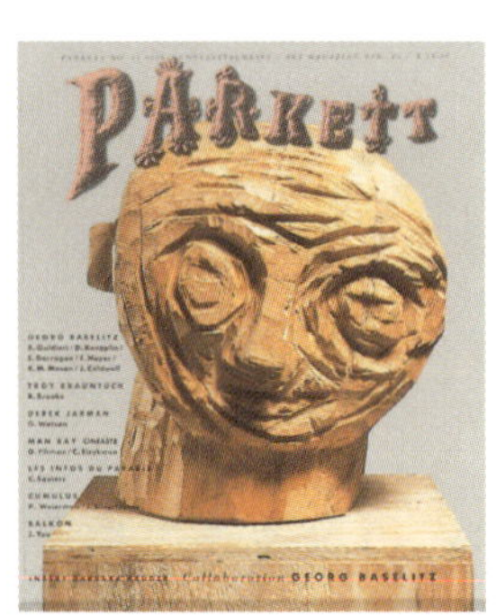

No. 11 - ISBN 3-907509-61-7

Each volume of PARKETT is created in collaboration with artists, who contribute an original work specially made for the readers of PARKETT. The works are available in a signed and numbered Special Edition. Prices are subject to change. Postage is not included.

EDITIONS FOR PARKETT

Jeder PARKETT-Band entsteht in Collaboration mit Künstlern, die eigens für die Leser von PARKETT Originalbeiträge gestalten. Diese Vorzugsausgaben sind als nummerierte und signierte Editionen erhältlich. Preisänderungen vorbehalten. Versandkosten und MwSt. (Schweiz) nicht inbegriffen.

JOHN BOCK

**GEOMETRISCHER ORT DER 2 MIO. $ KNÖDELKNICKER-
BOCKERMIGRÄNEHITSHITBITSSOUFFLÉVISAGE, DRIN
STROHMULMIGE ISOQUANTE TOUCHIERT GOLDENE
BILANZREGEL + INSOLVENZSNOB, 2003**

Unikat-Unterhose, Strickmaterial, Goldpailletten, Strohhalm, Silikon,
Hasenkötel, Migränetablette.
Auflage: 60, signiertes und nummeriertes Zertifikat.
CHF 1400.– / € 920

Unique underpants, knitted fabric, gold sequins, straw, silicone, bunny
droppings, migraine pill.
Edition of 60, signed and numbered certificate.
$ 1000 / € 920

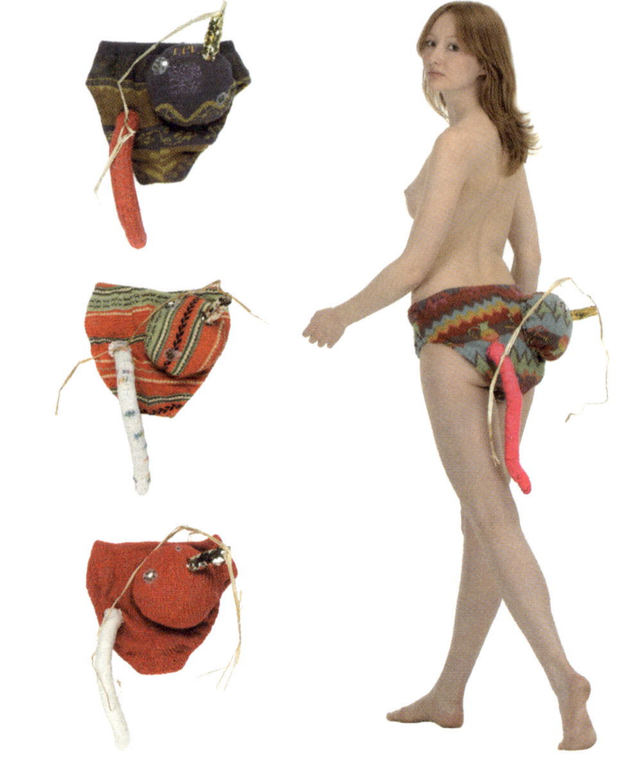

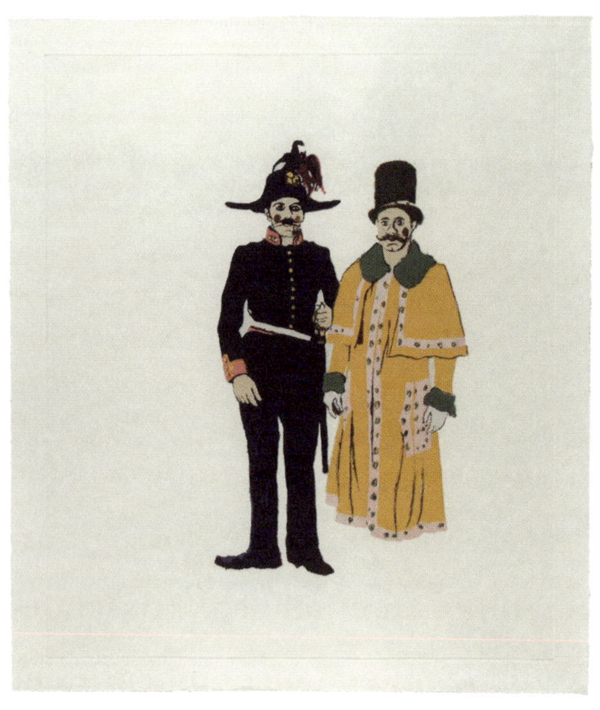

PETER DOIG

GASTHOF, 2003

7-color etching with aquatint, 26 x 22”,
on Hahnemühle 300 gm^2, natural white, 31 x 26”.
Printed by Hope Sufferance Press, London.
Edition of 70, signed and numbered.
$ 1300 / € 1200

Radierung und Aquatinta (7 Farben), 66 x 55,5 cm,
auf Hahnemühle 300 gm^2, naturweiss, 73 x 63 cm.
Gedruckt bei Hope Sufferance Press, London.
Auflage: 70, signiert und nummeriert.
CHF 1800.–/ € 1200

FRED TOMASELLI

CYCLOPTICON, 2003

Surface-mounted pigment print on Plexiglas, 12 x 12".
Printed by David Adamson, Adamson Editions, Washington, D.C.
Edition of 60, signed and numbered.
$ 1400 / € 1300

Pigmentdruck hinter Plexiglas aufgezogen, 30,5 x 30,5 cm.
Gedruckt bei David Adamson, Adamson Editions,
Washington, D.C.
Auflage: 60, signiert und nummeriert.
CHF 1900.– / € 1300

The anatomy of a mind spewing a tidy universe
of chaotic invention.

System und Auflösung im Zyklopenblick
menschlicher Wahrnehmung.

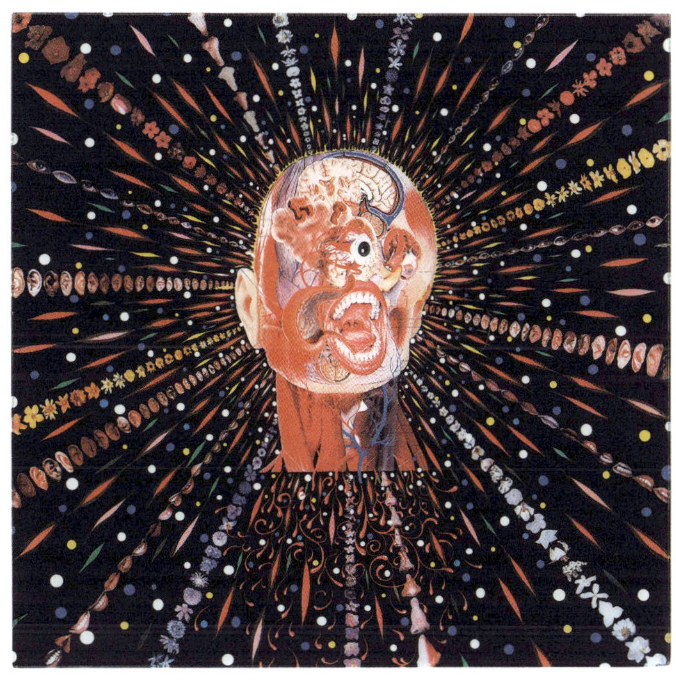

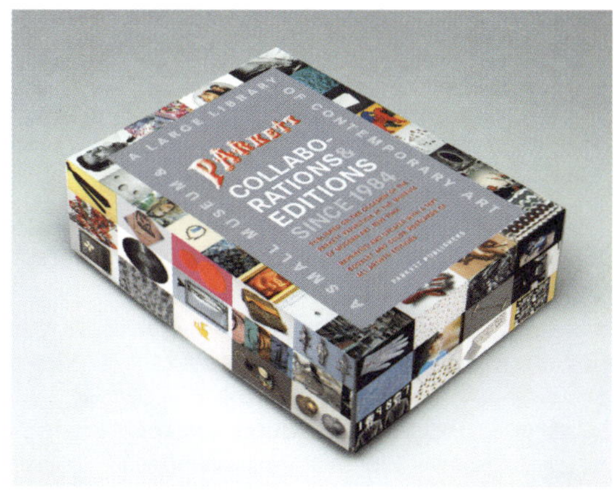

PARKETT POSTCARD SET WITH TEXT BOOKLET ON MOMA SHOW

Featuring the artists' editions made for PARKETT since 1984
and a booklet with essays by Deborah Wye (Chief Curator Illustrated Books
and Prints at MoMA) and Susan Tallman.
128 color postcards, booklet with 2 texts, color reproductions of
64 PARKETT covers. 64 p., packed in a white box, 6¼ x 4¾ x 2⅜".

PARKETT-POSTKARTEN-SET MIT TEXTBÜCHLEIN ZUR MOMA-AUSSTELLUNG

Mit Postkarten der seit 1984 von Künstlern für PARKETT geschaffenen
Editionen. Das Textbüchlein enthält 2 Essays zur Ausstellung im MoMA,
New York, von Deborah Wye (Chefkuratorin für illustrierte Bücher
und Grafik am MoMA) und Susan Tallman.
128 Farbpostkarten, Büchlein mit zwei Texten, Farbabb. von
64 PARKETT-Titelblättern u.a.m. 64 S., in weisser Schachtel, 16 x 12 x 6 cm.

CHF 45.– / $ 29 / € 30
ISBN 3-907582-23-3

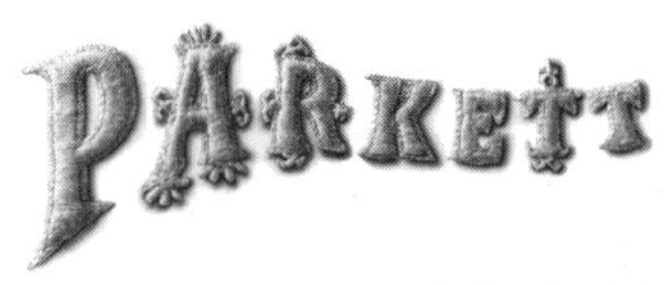

Franz Ackermann, vol. 68
Eija-Liisa Ahtila, vol. 68
Doug Aitken, vol. 57
Laurie Anderson, vol. 49
John Armleder, vol. 50/51
Richard Artschwager, vol. 23, vol. 46
John Baldessari, vol. 29
Stephan Balkenhol, vol. 36
Matthew Barney, vol. 45
Georg Baselitz, vol. 11
Vanessa Beecroft, vol. 56
Ross Bleckner, vol. 38
John Bock, vol. 67
Alighiero e Boetti, vol. 24
Christian Boltanski, vol. 22
Louise Bourgeois, vol. 27
Angela Bulloch, vol. 66
Daniel Buren, vol. 66
Sophie Calle, vol. 36
Maurizio Cattelan, vol. 59
Vija Celmins, vol. 44
Francesco Clemente, vol. 9 & 40/41
Chuck Close, vol. 60
Enzo Cucchi, vol. 1
John Currin, vol. 65
Tacita Dean, vol. 62
Thomas Demand, vol. 62
Martin Disler, vol. 3
Peter Doig, vol. 67
Marlene Dumas, vol. 38
Olafur Eliasson, vol. 64
Tracey Emin, vol. 63
Eric Fischl, vol. 5
Peter Fischli/David Weiss, vol.17, 40/41
Sylvie Fleury, vol. 58
Günther Förg, vol. 26 & 40/41
Tom Friedman, vol. 64
Katharina Fritsch, vol. 25
Liam Gillick, vol. 61
Franz Gertsch, vol. 28
Gilbert & George, vol. 14
Robert Gober, vol. 27
Nan Goldin, vol. 57
Felix Gonzalez-Torres, vol. 39

Douglas Gordon, vol. 49
Dan Graham, vol. 68
Rodney Graham, vol. 64
Andreas Gursky, vol. 44
David Hammons, vol. 31
Thomas Hirschhorn, vol. 57
Damien Hirst, vol. 40/41
Jenny Holzer, vol. 40/41
Rebecca Horn, vol. 13 & 40/41
Roni Horn, vol. 54
Pierre Huyghe, vol. 66
Gary Hume, vol. 48
Ilya Kabakov, vol. 34
Alex Katz, vol. 21
Mike Kelley, vol. 31
Ellsworth Kelly, vol. 56
William Kentridge, vol. 63
Karen Kilimnik, vol. 52
Martin Kippenberger, vol. 19
Imi Knoebel, vol. 32
Jeff Koons, vol. 19, 50/51
Jannis Kounellis, vol. 6
Yayoi Kusama, vol. 59
Wolfgang Laib, vol. 39
Sherrie Levine, vol. 32
Sarah Lucas, vol. 45
Brice Marden, vol. 7
Mario Merz, vol. 15
Tracey Moffatt, vol. 53
Mariko Mori, vol. 54
Malcolm Morley, vol. 52
Sarah Morris, vol. 61
Juan Muñoz, vol. 43
Jean-Luc Mylayne, vol. 50/51
Bruce Nauman, vol. 10
Cady Noland, vol. 46
Meret Oppenheim, vol. 4
Gabriel Orozco, vol. 48
Tony Oursler, vol. 47
Laura Owens, vol. 65
Jorge Pardo, vol. 56
Raymond Pettibon, vol. 47
Elizabeth Peyton, vol. 53
Sigmar Polke, vol. 2, 30 & 40/41

Richard Prince, vol. 34
Michael Raedecker, vol. 65
Markus Raetz, vol. 8
Charles Ray, vol. 37
Jason Rhoades, vol. 58
Gerhard Richter, vol. 35
Bridget Riley, vol. 61
Pipilotti Rist, vol. 48
Matthew Ritchie, vol. 61
Tim Rollins & K.O.S., vol. 20
Ugo Rondinone, vol. 52
James Rosenquist, vol. 58
Susan Rothenberg, vol. 43
Thomas Ruff, vol. 28
Edward Ruscha, vol. 18 & 55
Gregor Schneider, vol. 63
Thomas Schütte, vol. 47
Cindy Sherman, vol. 29
Roman Signer, vol. 45
Andreas Slominski, vol. 55
Beat Streuli, vol. 54
Thomas Struth, vol. 50/51
Hiroshi Sugimoto, vol. 46
Philip Taaffe, vol. 26
Sam Taylor-Wood, vol. 55
Diana Thater, vol. 60
Wolfgang Tillmans, vol. 53
Rirkrit Tiravanija, vol. 44
Fred Tomaselli, vol. 67
Rosemarie Trockel, vol. 33
James Turrell, vol. 25
Luc Tuymans, vol. 60
Kara Walker, vol. 59
Jeff Wall, vol. 22 & 49
Andy Warhol, vol. 12
Lawrence Weiner, vol. 42
John Wesley, vol. 62
Franz West, vol. 37
Rachel Whiteread, vol. 42
Sue Williams, vol 50/51
Robert Wilson, vol. 16
Christopher Wool, vol. 33

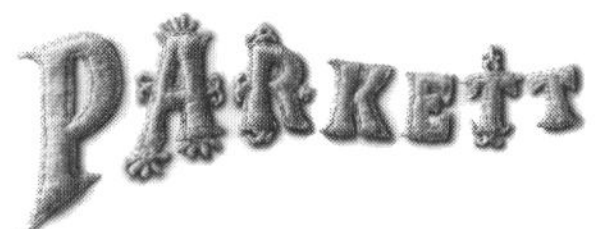

The PARKETT Series is created in collaboration with artists, who contribute an original work available exclusively to the subscribers in the form of a signed limited SPECIAL EDITION. The available works are also reproduced in each PARKETT issue.

Each SPECIAL EDITION is available by order from any one of our offices in New York or Zurich. Just fill in the details below and send this card to the office nearest you. Once your order has been processed, you will be issued with an invoice and your personal edition number. Upon receipt of payment, you will receive the SPECIAL EDITION. (Please note that supply is subject to availability. PARKETT does not assume responsibility for any delays in production of SPECIAL EDITIONS. Postage is not included.)

☐ As a subscriber to PARKETT, I would like to order the following Special Edition(s), signed and numbered by the artist.

PARKETT No.	ARTIST		NAME:
PARKETT No.	ARTIST		ADDRESS:
PARKETT No.	ARTIST		CITY:
PARKETT No.	ARTIST		STATE/ZIP:
PARKETT No.	ARTIST		COUNTRY:
PARKETT No.	ARTIST		PHONE:

☐ I have indicated my way of payment on the reverse side of this form.

Send this form to the PARKETT office nearest you:

PARKETT PUBLISHERS   155 AV. OF THE AMERICAS   NEW YORK, NY 10013   PHONE (212) 673-2660   FAX (212) 271-0704
PARKETT VERLAG   QUELLENSTRASSE 27   CH-8031 ZÜRICH   TELEFON +41-1-271 81 40   FAX +41-1-272 43 01
Visit our website: www.parkettart.com

Die PARKETT-Buchreihe entsteht in Zusammenarbeit mit Künstlern, die eigens für die Abonnenten einen Originalbeitrag in Form einer limitierten und signierten EDITION gestalten. Diese Editionen sind auch in der Zeitschrift abgebildet und können mit dieser Bestellkarte in jedem unserer Büros in Zürich, Frankfurt oder New York bestellt werden. Sie erhalten dann Ihre persönliche Editionsnummer und eine Rechnung. Sobald wir Ihre Zahlung erhalten haben, schicken wir Ihnen Ihre Edition(en). Lieferung solange Vorrat. PARKETT übernimmt keine Verantwortung für allfällige Verzögerungen bei der Herstellung der Vorzugsausgaben. Versandkosten und MwSt (Schweiz) nicht inbegriffen.

☐ Ich bin PARKETT-Abonnent(in) und bestelle folgende EDITION(EN), nummeriert und vom Künstler signiert:

PARKETT Nr.	KÜNSTLER/IN		NAME:
PARKETT Nr.	KÜNSTLER/IN		STRASSE:
PARKETT Nr.	KÜNSTLER/IN		PLZ/STADT:
PARKETT Nr.	KÜNSTLER/IN		LAND:
PARKETT Nr.	KÜNSTLER/IN		TEL.:

☐ Meine Zahlungsweise habe ich auf der Rückseite angegeben.

Senden Sie die Bestellkarte an das PARKETT-Büro in Ihrer Nähe:

PARKETT VERLAG   QUELLENSTRASSE 27   CH-8031 ZÜRICH   TELEFON +41-1-271 81 40   FAX +41-1-272 43 01
PARKETT PUBLISHERS   155 AV. OF THE AMERICAS   NEW YORK, NY 10013   PHONE (212) 673-2660   FAX (212) 271-0704
Besuchen Sie unsere Website: www.parkettart.com

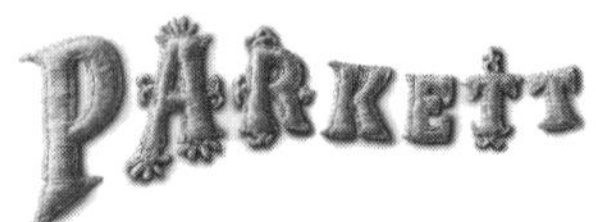

SUBSCRIBE, COMPLETE OR SEND A GIFT SUBSCRIPTION TO THE BEST BOOK SERIES ON CONTEMPORARY ARTISTS – WWW.PARKETTART.COM

☐ I wish to subscribe to the PARKETT Series, starting with issue no. _______

☐ I wish to send a gift subscription, starting with issue no. _______ (a gift card in my name will be sent to the recipient):

   ☐ for 1 year (3 issues) at US $ 80 (USA/Canada), € 82 (Europe), € 98 (Rest of the World)

   ☐ for 2 years (6 issues) at US $ 145 (USA/Canada), € 150 (Europe), € 188 (Rest of the World)

   ☐ for 3 years (9 issues) at US $ 205 (USA/Canada), € 212 (Europe), € 278 (Rest of the World)

   ☐ for 1 year (3 issues) at the special student discount (US $ 65 for USA/Canada, € 67 for Europe). A copy of my student ID is enclosed. Postage included. All prices subject to change.

☐ I wish to complete my PARKETT library and order the following issue(s):

No. ____

at € 30 each (up to no. 43: € 20; no. 44–48: € 28), postage not included. Within the USA & Canada $ 32 (up to no. 43: $ 22.50; no. 44–48: $ 29), add postage: $ 5 (USA), $ 10 (Canada). (Sold out: No. 1–10, 12, 13, 16, 17, 19, 22, 25, 26, 27, 29–31, 35, 36, 38, 45).

☐ I wish to order _______ copies of the PARKETT Postcard Set with Text Booklet on MoMA Show. Featuring all artists' editions made for PARKETT since 1984 and a booklet with essays by Deborah Wye (Chief Curator Illustrated Books and Prints at MoMA) and Susan Tallman. 128 color postcards, booklet with 2 texts, color reproductions of all 64 PARKETT covers. 64 p., packed in a box, 6¼ x 4¾ x 2⅜", € 30 (USA $ 29) per set, plus postage.

NAME: ____

ADDRESS: _____________________________________

CITY: ____

STATE/ZIP/COUNTRY: ___________________________

TEL.: _________________ FAX: __________________

E-MAIL: _______________________________________

GIFT RECIPIENT: _______________________________

ADDRESS: _____________________________________

CITY: ____

STATE/ZIP: ____________________________________

COUNTRY: _____________________________________

☐ Charge my Visa Card   ☐ Mastercard   ☐ AMEX

Card No. |__|__|__|__|__|__|__|__|__|__|__|__|__| Expiration date _______

☐ Payment enclosed (US check or money order)   ☐ Bill me

DATE ____

SIGNATURE ____________________________________

Send this form to the PARKETT office nearest you:

PARKETT PUBLISHERS 155 AV. OF THE AMERICAS NEW YORK, NY 10013 PHONE (212) 673-2660 FAX (212) 271-0704

PARKETT VERLAG QUELLENSTRASSE 27 CH-8031 ZÜRICH TELEFON +41-1-271 81 40 FAX +41-1-272 43 01

Visit our website: www.parkettart.com

PÄRKETT   67

ABONNIEREN, VERVOLLSTÄNDIGEN ODER VERSCHENKEN SIE DIE UMFASSENDSTE BUCHREIHE ÜBER GEGENWARTSKÜNSTLER – WWW.PARKETTART.COM

☐ Ich abonniere die PARKETT-Reihe ab Nr. _______

☐ Ich verschenke ein PARKETT-Abonnement ab Nr. _______ (Der/die Beschenkte erhält eine Geschenkkarte in meinem Namen)

   ☐ für 1 Jahr (3 Bände) zu: € 78 (Deutschland), CHF 116.– (Schweiz), € 82 (übriges Europa)

   ☐ für 2 Jahre (6 Bände) zu: € 140 (Deutschland), CHF 216.– (Schweiz), € 150 (übriges Europa)

   ☐ für 3 Jahre (9 Bände) zu: € 200 (Deutschland), CHF 312.– (Schweiz), € 212 (übriges Europa)

   ☐ für 1 Jahr (3 Bände) zum Studenten-Sonderpreis (Deutschland: € 65 /Schweiz: CHF 96.– / übriges Europa: € 67). Eine Kopie meines gültigen Studentenausweises lege ich bei. Preise einschliesslich Versandkosten. Preisänderungen vorbehalten.

☐ Ich möchte meine PARKETT-Bibliothek vervollständigen und bestelle die folgenden noch erhältliche(n) Ausgabe(n):

Nr. ____

zu je € 30 / CHF 45.– (bis Nr. 43: € 20 / CHF 30.–; Nr. 44–48: € 28 / CHF 39.–), zzgl. Versandkosten (vergriffen: Nr. 1–10, 12, 13, 16, 17, 19, 22, 25, 26, 27, 29–31, 35, 36, 38, 45).

☐ Ich bestelle _______ Ex. des PARKETT-Postkarten-Sets mit Textbüchlein zur MoMA-Ausstellung. Mit Postkarten der seit 1984 von Künstlern für PARKETT geschaffenen Editionen. Das Textbüchlein enthält 2 Essays zur Ausstellung im MoMA, New York, von Deborah Wye (Chefkuratorin für illustrierte Bücher und Grafik am MoMA) und Susan Tallman. 128 Farbpostkarten, Büchlein mit zwei Texten, Farbabb. aller 64 PARKETT-Titelblätter u.a.m. 64 S., in bunter Schachtel, 16 x 12 x 6 cm. € 30 / CHF 45.– pro Set, zzgl. Versandkosten.

NAME: ____

STRASSE: _____________________________________

PLZ/STADT: ___________________________________

LAND: ____

TEL.: _________________ FAX: __________________

E-MAIL: _______________________________________

BESCHENKTE(R): _______________________________

STRASSE: _____________________________________

PLZ/STADT: ___________________________________

LAND: ____

☐ Ich zahle mit Visa   ☐ Eurocard/Mastercard   ☐ AMEX

Karten Nr. |__|__|__|__|__|__|__|__|__|__|__|__|__| Gültig bis _______

☐ Mein Scheck über CHF/€ _____________________ liegt bei.

☐ Bitte senden Sie mir eine Rechnung.

DATUM _______________________________________

UNTERSCHRIFT _________________________________

Senden Sie die Bestellkarte an das PARKETT-Büro in Ihrer Nähe:

PARKETT VERLAG QUELLENSTRASSE 27 CH-8031 ZÜRICH TELEFON +41-1-271 81 40 FAX +41-1-272 43 01

PARKETT PUBLISHERS 155 AV. OF THE AMERICAS NEW YORK, NY 10013 PHONE (212) 673-2660 FAX (212) 271-0704

Besuchen Sie unsere Website: www.parkettart.com

vol.	Collaboration			vol.	Collaboration			vol.	Collaboration		
68	Franz Ackermann	m	e	53	Elizabeth Peyton	m		35	Gerhard Richter		
	Eija-Liisa Ahtila	m	e		Wolfgang Tillmans	m		34	Ilya Kabakov	m	
	Dan Graham	m	e	52	Karen Kilimnik	m	e		Richard Prince	m	
67	John Bock	m	e		Malcolm Morley	m	e	33	Rosemarie Trockel	m	
	Peter Doig	m	e		Ugo Rondinone	m	e		Christopher Wool	m	
	Fred Tomaselli	m	e	50/51	John Armleder	m		32	Imi Knoebel	m	
66	Angela Bulloch	m	e		Jeff Koons	m	e		Sherrie Levine	m	
	Daniel Buren	m	e		Jean-Luc Mylayne	m		31	David Hammons		
	Pierre Huyghe	m	e		Thomas Struth	m		31	Mike Kelley		
65	John Currin	m			Sue Williams	m		30	Sigmar Polke		
	Laura Owens	m	e	49	Laurie Anderson	m	e	29	John Baldessari		
	Michael Raedecker	m	e		Douglas Gordon	m		29	Cindy Sherman		
64	Olafur Eliasson	m			Jeff Wall	m		28	Franz Gertsch	m	
	Tom Friedman	m		48	Gary Hume	m			Thomas Ruff	m	
	Rodney Graham	m			Gabriel Orozco	m		27	Louise Bourgeois		
63	Tracey Emin	m	e		Pipilotti Rist	m			Robert Gober		
	William Kentridge	m	e	47	Tony Oursler	m		26	Günther Förg		
	Gregor Schneider	m			Raymond Pettibon	m			Philip Taaffe		
62	Tacita Dean	m	e		Thomas Schütte	m	e	25	Katharina Fritsch		e
	Thomas Demand	m		46	Richard Artschwager	m			James Turrell		e
	John Wesley	m	e		Cady Noland	m		24	Alighiero e Boetti	m	e
61	Liam Gillick	m			Hiroshi Sugimoto	m		23	Richard Artschwager	m	
	Sarah Morris	m	e	45	Matthew Barney	m		22	Christian Boltanski		
	Bridget Riley	m	e		Sarah Lucas				Jeff Wall		
	Matthew Ritchie	m	e		Roman Signer		e	21	Alex Katz	m	
60	Chuck Close	m		44	Vija Celmins	m		20	Tim Rollins + K.O.S.	m	
	Diana Thater	m	e		Andreas Gursky	m		19	Martin Kippenberger		
	Luc Tuymans	m	e		Rirkrit Tiravanija	m	e		Jeff Koons		
59	Maurizio Cattelan	m		43	Juan Muñoz	m		18	Ed Ruscha	m	
	Yayoi Kusama	m	e		Susan Rothenberg	m		17	Fischli/Weiss		
	Kara Walker	m		42	Lawrence Weiner	m	e	16	Robert Wilson		
58	Sylvie Fleury	m			Rachel Whiteread	m		15	Mario Merz	m	
	Jason Rhoades	m	e	40/41	Francesco Clemente	m		14	Gilbert & George	m	
	James Rosenquist	m	e		Fischli/Weiss	m		13	Rebecca Horn		
57	Doug Aitken	m	e		Günther Förg	m		12	Andy Warhol		
	Nan Goldin	m			Damien Hirst	m		11	Georg Baselitz	m	
	Thomas Hirschhorn	m			Jenny Holzer	m		10	Bruce Nauman		
56	Vanessa Beecroft	m			Rebecca Horn	m		9	Francesco Clemente		
	Ellsworth Kelly	m			Sigmar Polke	m		8	Markus Raetz		
	Jorge Pardo	m	e	39	Felix Gonzalez-Torres	m		7	Brice Marden		
55	Edward Ruscha	m			Wolfgang Laib	m		6	Jannis Kounellis		
	Andreas Slominski	m		38	Ross Bleckner			5	Eric Fischl		
	Sam Taylor-Wood	m			Marlene Dumas			4	Meret Oppenheim		
54	Roni Horn	m	e	37	Charles Ray	m		3	Martin Disler		
	Mariko Mori	m			Franz West	m	e	2	Sigmar Polke		
	Beat Streuli	m		36	Stephan Balkenhol			1	Enzo Cucchi		
53	Tracey Moffatt	m			Sophie Calle						

m = available monograph / erhältliche Monographie, e = available edition / erhältliche Edition
Delivery subject to availability at time of order / Lieferung solange Vorrat

PARKETT IN BOOKSHOPS (Selection)

PARKETT IS AVAILABLE IN 500 LEADING ART BOOKSHOPS AROUND THE WORLD. FOR FURTHER INFORMATION CONTACT:
PARKETT GIBT ES IN 500 FÜHRENDEN KUNSTBUCHHANDLUNGEN AUF DER GANZEN WELT. FÜR WEITERE INFORMATIONEN WENDEN SIE SICH BITTE AN:
PARKETT VERLAG, QUELLENSTRASSE 27, CH-8031 ZÜRICH, TEL. +41-1 271 81 40, FAX 272 43 01, WWW.PARKETTART.COM;
PARKETT, *155, AVENUE OF THE AMERICAS, 2ND FLOOR, NEW YORK, N.Y. 10013, PHONE +1 (212) 673-2660, FAX 271-0704, WWW.PARKETTART.COM*

NORTH & SOUTH AMERICA, ASIA, AUSTRALIA
DISTRIBUTOR / VERTRIEB
D.A.P. (DISTRIBUTED ART PUBLISHERS)
155 AVENUE OF THE AMERICAS, 2ND FLOOR,
NEW YORK, NY 10013

USA

AUSTIN, TX
BOOK PEOPLE
603 N. LAMAR

BERKELEY, CA
BERKELEY ART MUSEUM
2625 DURANT AVENUE
CODY'S BOOKS
2454 TELEGRAPHE AVENUE

BEVERLY HILLS, CA
RIZZOLI
9501 WILSHIRE BOULEVARD

BOSTON, MA
INSTITUTE OF CONTEMPORARY ART
955 BOYLSTON STREET
TRIDENT BOOKSELLERS
338 NEWBURY STREET

BUFFALO, NY
TALKING LEAVES
3158 MAIN STREET

CAMBRIDGE, MA
MIT PRESS BOOKSTORE
292 MAIN STREET

CHICAGO, IL
ART INSTITUTE OF CHICAGO
104 S. MICHIGAN
MUSEUM OF CONTEMPORARY ART
220 EAST CHICAGO AVENUE
QUIMBY'S
1854 W. NORTH AVENUE
SMART MUSEUM OF ART
5550 S. GREENWOOD AVENUE

CINCINNATI, OH
CONTEMPORARY ARTS CENTER
115 E. 5TH STREET

COLUMBUS, OH
COLUMBUS MUSEUM OF ART
372 COMMONS MALL
WEXNER CENTER BOOKSTORE
30 W. 15TH STREET

CORAL GABLES, FL
BOOKS & BOOKS
296 ARAGON ROAD

HOUSTON, TX
BRAZOS BOOKSTORE
2421 BISSONNET
CONTEMPORARY ARTS MUSEUM
5216 MONTROSE BOULEVARD
MENIL COLLECTION
1520 SUL ROSS

HUNTINGTON, WV
HUNTINGTON MUSEUM OF ART
2033 MCCOY ROAD

LOS ANGELES, CA
BOOKSOUP
8818 SUNSET BOULEVARD
MUSEUM OF CONTEMPORARY ART
250, S. GRAND
UCLA / ARMAND HAMMER MUSEUM OF ART
10899 WILSHIRE BOULEVARD

MIAMI, FL
BOOKS & BOOKS
296 ARAGON AVENUE, CORAL GABLES
MUSEUM OF CONTEMPORARY ART
770 N.E. 125TH STREET NORTH MIAMI

MINNEAPOLIS, MN
THE WALKER ART CENTER BOOKSTORE
VINELAND PLACE

NEW YORK, NY
GUGGENHEIM DOWNTOWN MUSEUM
575 BROADWAY
MUSEUM OF MODERN ART
11 W. 53RD STREET
NEW MUSEUM OF CONTEMPORARY ART
583 BROADWAY
RIZZOLI
454 WEST BROADWAY
SAINT MARK'S BOOKSTORE
31 3RD AVENUE

OAKLAND, CA
DIESEL, A BOOKSTORE
5433 COLLEGE AVENUE

OAK PARK, MI
BOOK BEAT LTD.
26010 GREENFIELD

OMAHA, NE
JOSLYN ART MUSEUM
2200 DODGE STREET

PHILADELPHIA, PA
AVRIL 50
3406 SANSOM STREET
WATERSTONE BOOKSELLERS
2191 HORNIG ROAD

PITTSBURGH, PA
CARNEGIE INSTITUTE
4400 FORBES AVENUE

PORTLAND, OR
POWELL'S BOOKS
7 NW 9TH STREET

PROVIDENCE, NY
ACCIDENT OR DESIGN
128 N. MAIN STREET
RHODE ISLAND SCHOOL OF DESIGN
2 COLLEGE STREET, 1765

SAN ANTONIO, TX
SLOAN / HALL SAN ANTONIO
5930 BROADWAY

SAN FRANCISCO, CA
A CLEAN WELL LIGHTED PLACE
601 VAN NESS AVENUE
CITY LIGHTS BOOKSHOP
261 COLUMBUS AVENUE
SAN FRANCISCO MUSEUM OF MODERN ART,
MUSEUMBOOKS
151 3RD STREET, 1ST FLOOR

ST. LOUIS, MO
LEFT BANK BOOKS
399 NORTH EUCLID

SANTA MONICA, CA
ARCANA
1229 3RD STREET PROMENADE
HENNESSEY & INGALLS BOOKS
1254 3RD STREET PROMENADE

ST. PAUL, MN
HUNGRY MIND BOOKSTORE
1648 GRAND AVENUE

SEATTLE, WA
UNIVERSITY BOOKSTORE
4326 UNIVERSITY WAY

WASHINGTON D.C.
NATIONAL GALLERY OF ART
6TH STREET & CONSTITUTION AVENUE, NW

CANADA / KANADA
CALGARY
TREPANIER BAER GALLERY
105 999 8TH STREET SW

MONTREAL
ARTEXTE
3575 STREET LAURENT
OLIVIERI LIBRAIRIE BOOKSTORE
185 STREET CATHERINE WEST

TORONTO
ART GALLERY OF ONTARIO
317 DUNDAS STREET WEST
ART METROPOLE
788 KING STREET WEST
DAVID MIRVISH BOOKS ON ART
596 MARKHAM STREET

VANCOUVER
VANCOUVER ART GALLERY
750 HORNBY STREET

AUSTRALIA / AUSTRALIEN
DARLINGHURST
EAST SYDNEY BOOKSTORE
THE DOME, THE ELAN BUILDING
1 KINGS CROSS ROAD

SYDNEY
MUSEUM OF CONTEMPORARY ART
140 GEORGE STREET, CIRCULAR QUAY NORTH
GLEE BOOKS
191 GLEBE POINT ROAD, GLEBE

NEW ZEALAND / NEUSEELAND
AUCKLAND
PROPAGANDA
2 CARR ROAD, MT ROSKILL

ASIA / ASIEN
JAPAN
TOKYO
AOYAMA BOOK CENTRE, SHIBUYA-KU
COSMOS AOYAMA GARDEN FLOOR B2F
5-53-97, JINGUMAE
ART & BOOKS
2-1-13-307
TAKANAWA, MINATO-KU
WATARI MUSEUM OF CONTEMPORARY ART,
ON SUNDAYS BOOKSHOP
376 JINGUMAE SHIBUYA-KU

SINGAPORE / SINGAPUR
PAGE ONE BOOKSTORE
20 KAKI BUKIT VIEW TECHPARK

GREAT BRITAIN / GROSSBRITANNIEN
DISTRIBUTOR / VERTRIEB
CENTRAL BOOKS
99, WALLIS ROAD
LONDON E9 5LN

BRISTOL
ARNOLFINI BOOKSHOP
16 NARROW QUAY

LONDON
BORDERS BOOKSHOP
120 CHARING CROSS ROAD

BORDERS BOOKSHOP
203–207 OXFORD STREET
CAMDEN ARTS CENTRE
ARKWRIGHT ROAD
HAYWARD GALLERY
SOUTH BANK
IAN SHIPLEY BOOKSHOP
70 CHARING CROSS ROAD
INSTITUTE OF CONTEMPORARY ARTS
12 CARLTON HOUSE TERRACE
THE MALL
SERPENTINE GALLERY
KENSINGTON GARDENS
TATE MODERN
BANKSIDE
ZWEMMER LTD. ART BOOKS
24 LITCHFIELD STREET

IRELAND / IRLAND
DUBLIN
DOUGLAS HYDE GALLERY
TRINITY COLLEGE

GERMANY / DEUTSCHLAND
DISTRIBUTOR / VERTRIEB
GVA VERLAGSSERVICE GÖTTINGEN
PF 2021
D-37010 GÖTTINGEN
BERLIN
BÜCHERBOGEN AM SAVIGNYPLATZ
STADTBAHNBOGEN 593
GALERIE 2000 KUNSTBUCHHANDLUNG
KNESEBECKSTRASSE 56/58
WALTHER KÖNIG BUCHHANDLUNG, MUSEUM FÜR
GEGENWARTSKUNST
IM HAMBURGER BAHNHOF INVALIDENSTRASSE 50–51
WIENS LADEN & VERLAG
LINIENSTRASSE 158 (HOF)
WASMUTH GMBH & CO.
PFALZBURGERSTRASSE 43–44
BREMEN
BEIM STEINERNEN KREUZ GMBH
BEIM STEINERNEN KREUZ 1
DÜSSELDORF
LITERATUR BEI RUDOLF MÜLLER
NEUSTRASSE 38
WALTHER KÖNIG BUCHHANDLUNG
HEINRICH-HEINE-ALLEE 15
FRANKFURT
KUNST-BUCH, KUNSTHALLE SCHIRN
RÖMERBERG 7
WALTHER KÖNIG BUCHHANDLUNG
DOMSTRASSE 6
HAMBURG
HELMUT VON DER HÖH BUCHHANDLUNG
GROSSE BLEICHEN 21
SAUTTER + LACKMANN BUCHHANDLUNG
ADMIRALITÄTSTRASSE 71/72
HANNOVER
MERZ KUNSTBUCHHANDLUNG
KURT-SCHWITTERS-PLATZ
KARLSRUHE
HANS MENDE BUCHHANDLUNG
KARLSTRASSE 76
KÖLN
SCHADEN.COM BUCHHANDEL
BURGMAUER 10
WALTHER KÖNIG BUCHHANDLUNG
EHRENSTRASSE 4
KIOSK-BUCH-EVENT GMBH
IM MEDIAPARK 7
MÜNCHEN
HANS GOLTZ BUCHHANDLUNG
FÜR BILDENDE KUNST
TÜRKENSTRASSE 54
ILKA KÖNIG BUCHHANDLUNG
MAXIMILIANSTRASSE 35

L. WERNER BUCHHANDLUNG
RESIDENZSTRASSE 18
NÜRNBERG
WALTHER KÖNIG BUCHHANDLUNG
LUITPOLDSTRASSE 5
STUTTGART
LIMACHER BUCHHANDLUNG
KÖNIGSTRASSE 28 / KÖNIGSBAU

SPAIN / SPANIEN
BARCELONA
LAIE – CAIXAFÒRUM
MARQUES DE COMILLAS 6–8
LAIE – CCCB (CENTRE DE CULTURA
CONTEMPORÀNIA DE BARCELONA)
MONTALEGRE 5
MADRID
MUSEO NACIONAL REINA SOFIA
C/ SANTA ISABEL, 52

FRANCE / FRANKREICH
PARIS
CENTRE POMPIDOU, FLAMMARION 4
26, RUE JACOB
GALERIE NATIONALE DU JEU DE PAUME
1, PLACE DE LA CONCORDE
LIBRAIRIE DU MUSÉE D'ART MODERNE
9, RUE GASTON DE SAINT-PAUL
CHRISTOPH DAVIET-THERY,
LIVRES & EDITIONS D'ARTISTES
10, RUE DUCHEFDELAVILLE
COLETTE
213, RUE SAINT-HONORÉ

ITALY / ITALIEN
MILANO
A&M BOOKSTORE
30, VIA TADINO
ROMA
GALLERIA NAZIONALE D'ARTE MODERNA
131, VIA DELLE BELLE ARTI
GALLERIA PRIMO PIANO
203, VIA PANISPERNA

NORWAY / NORWEGEN
OSLO
THE NATIONAL MUSEUM OF CONTEMPORARY ART
BANKPLASSEN 4 / SKATTEFOG

PORTUGAL
LISBOA
MODULO CENTRO DIFUSOR DE ARTE
CALÇADA DOS MESTRES 34 A–B
PORTO
MODULO CENTRO DIFUSOR DE ARTE
AV. BOAVISTA 854

SWEDEN / SCHWEDEN
STOCKHOLM
KULTURHUSET KONSTIG
MEDIA & KONSTBOKHANDEL
SERGELS TORG 3
MODERNA MUSEET
SKEPPSHOLMEN
GÖTEBORG
GÖTEBORGS KONSTMUSEUM
GÖTAPLATSEN / AVENYN

TURKEY / TÜRKEI
ISTANBUL
ROBINSON CRUSOE BOOKS PUSULA PRODUCTIONS
389 ISTIKAL CADDESI BEYOGLU

**NETHERLANDS, BELGIUM
AND LUXEMBURG**
DISTRIBUTOR / VERTRIEB
IDEA BOOKS
NIEUWE HERENGRACHT 11
NL-1011 RK AMSTERDAM

NETHERLANDS / NIEDERLANDE
AMSTERDAM
ART BOOK
VAN BAERLESTRAAT 126
ATHENAEUM NIEUWSCENTRUM
SPUI 14–16
ROBERT PREMSELA BOOKSHOP
VAN BAERLESTRAAT 78
GRONINGEN
SCHOLTENS / WRISTERS BOOKSHOP
FULDENSTRAAT 20
ROTTERDAM
DONNER BOOKSHOP
LIJNBAAN 150

BELGIUM / BELGIEN
ANTWERPEN
F.N.A.C.
GROENPLAATS
BRUXELLES
TROPISMES LIBRAIRIES
GALERIE DES PRINCES 11
GENT
COPYRIGHT BOOKSHOP
JACOBIJNENSTRAAT 8

LUXEMBOURG / LUXEMBURG
LUXEMBOURG
CASINO LUXEMBOURG
41, RUE NOTRE-DAME

SWITZERLAND / SCHWEIZ
DISTRIBUTOR / VERTRIEB
SCHEIDEGGER & CO. C/O AVA
CENTRALWEG 16
CH-8910 AFFOLTERN A. A.
BASEL
FONDATION BEYELER
BASELSTRASSE 77, RIEHEN
GALERIE STAMPA
SPALENBERG 2
JÄGGI BUCHHANDLUNG
FREIE STRASSE 32
KUNSTHALLE BASEL
KLOSTERGASSE 5
BERN
STAUFFACHER BUCHHANDLUNG
IM KUNSTMUSEUM
HODLERSTR. 12
LUZERN
RÄBER BÜCHER AG
FRANKENSTRASSE 7-9
GENÈVE
LIBRAIRIE PAYOT
5, RUE DE CHANTEPOULET
MENDRISIO
GABRIELE CAPELLI LIBRERIA ARCHITETTURA
4, VIA NOBILI BOSIA
ST. GALLEN
RÖSSLITOR BÜCHER
WEBERGASSE 5
ZÜRICH
CALLIGRAMME BUCHHANDLUNG
HÄRINGSTRASSE 4
HOWEG BUCHHANDLUNG
WAFFENPLATZ 1
KUNSTGRIFF BUCHHANDLUNG
LIMMATSTRASSE 270
KUNSTHAUS ZÜRICH
HEIMPLATZ 1
KUNSTKIOSK
LIMMATQUAI 31
ORELL FÜSSLI KRAUTHAMMER
MARKTGASSE 12
ORELL FÜSSLI BUCHHANDLUNG
FÜSSLISTRASSE 4
SCALO BOOKS & LOOKS
WEINBERGSTRASSE 22 A
SEC 52 BUCHHANDLUNG
JOSEFSTRASSE 52

E X H I B I T I O N S

ZÜRICH

ARS FUTURA GALERIE AG	Bleicherweg 45 8002 Zürich Tel. 01 201 88 10 www.arsfutura.com info@arsfutura.com	ERWIN WURM ART 34 BASEL, Halle 2.1 Stand V3 ART 34 BASEL, ART Unlimited: YVES NETZHAMMER	**16.5.–12.7.2003** **18.6.–23.6.2003** **18.6.–23.6.2003**
FIRST ART TRADE	Stauffacherstrasse 153 8004 Zürich Tel. 043 317 95 11 Tel. 0848 200 777 www.first-art-trade.ch office@first-art-trade.ch	KAREN LA KAR – Körper Felder G. MICHAEL SCHLEENHAIN – Zeichnungen	**30.10.–12.12.2003** **18.12.–5.2.2004**
ELISABETH KAUFMANN	Müllerstrasse 57 8004 Zürich Tel./Fax 043 322 01 15 elkauf@yahoo.com	PARA…SIGNS mit: ROBERT ESTERMANN very yellow plane, SCOTT MYLES, JOS NÄPFLIN, VITTORIO SANTORO Bice Curiger, Kuratorin, und Prof. Dr. Daniel Weiss, Linguist, im Gespräch: Moderation Daniel Kurjakovic Sommerpause	 **17.5.–11.7.2003** **22.05.2003** **12.7.–18.8.2003**
GALERIE LEHMANN LESKIW + SCHEDLER	Josefstrasse 53 8005 Zürich Tel. 01 440 6120 www.schedler.ch zurich@schedler.ch	group show – new paintings JAN CZERWINSKI	**Juni** **August**
GALERIE LELONG	Utoquai 31 8008 Zürich Tel. 01 251 11 20 galerie.lelong@dplanet.ch	PIERRE ALECHINSKY Peintures des années 2002 & 2003 ART 34 BASEL, S3 Halle 202 Streifzüge – Expeditions KIKI SMITH	 **bis 21.6.2003** **18.6.–23.6.2003** **28.6.–24.8.2003** **September 2003**
MAI 36 GALERIE	Rämistrasse 37 8001 Zürich Tel. 01 261 68 80 www.artgalleries.ch/mai36 mai36@artgalleries.ch	JOHN BALDESSARI GLEN RUBSAMEN THOMAS RUFF	**7.6.–19.7.2003** **22.8.–27.9.2003** **3.10.–15.11.2003**
MARK MÜLLER	Gessnerallee 36 8001 Zürich Tel. 01 211 81 55 www.markmueller.ch mark.mueller@dplanet.ch	MARKUS WEGGENMANN "Besuch einer Landschaft vor dem Winter" (2. Teil) ROBERT ZANDVLIET "1 Bild" ART 34 BASEL – KünstlerInnen der Galerie ART Unlimited – KARIM NOURELDIN KATHARINA GROSSE – Bilder	 **31.5.–19.7.2003** **18.6.–23.6.2003** **18.6.–23.6.2003** **21.8.–11.10.2003**
GALERIE SEMINA RERUM IRÈNE PREISWERK	Cäcilienstrasse 3 8032 Zürich Tel. 01 251 26 39 www.seminarerum.ch ipreiswerk@bluewin.ch	UTE LANGANKY NIVES WIDAUER ROMEO VENDRAME	**10.5.–28.6.2003** **17.6.–12.7.2003** **ab 28.8.2003**

E X H I B I T I O N S

BOB VAN ORSOUW	Limmatstrasse 270	FABRICE GYGI	16.5.–12.7.2003
	8005 Zürich	ART 34 BASEL	18.6.–23.6.2003
	Tel. 01 273 11 00	Summerbreak	14.7.–21.8.2003
	mail@bobvanorsouw.ch	JULIAN OPIE	23.8.–11.10.2003
ANNEMARIE VERNA	Neptunstrasse 45	RICHARD TUTTLE – Celebration	6.5.–5.7.2003
	8032 Zürich	ART 34 BASEL, 2.0 S2	18.6.–23.6.2003
	Tel. 01 262 38 20	Sommerausstellung (by appointment)	**Juli / August**
	www.annemarie-verna.ch		
	office@annemarie-verna.ch		
GALERIE	Waldmannstrasse 6	JAHANGUIR	
JAMILEH WEBER	8001 Zürich	future of the past	
	Tel. 01 252 10 66	paintings and sculptures	8.5.–28.6.2003
	www.jamilehweber.com		
	info@jamilehweber.com		
BRIGITTE WEISS	Müllerstrasse 67	CHRISTINA ZURFLUH	9.5.–26.6.2003
	8004 Zürich	GRAEME TODD	20.8.–18.10.2003
	Tel. 01 241 83 35		
	www.likeyou.com/brigitteweiss		
	brigitteweiss@bluewin.ch		

BASEL

NICOLAS KRUPP	Erlenstrasse 15	WERNER REITERER	3.4.–31.5.2003
	4058 Basel	ANNELIESE COSTE	5.6.–26.7.2003
	Tel. 061 683 32 65	Liste 03	17.6.–22.6.2003
	www.nicolaskrupp.com	Summer group show	31.7.–20.9.2003
	nic@nicolaskrupp.com	HEIMO ZOBERNIG	25.9.–15.11.2003
GALERIE FRIEDRICH	Grenzacherstrasse 4	SILVIA BÄCHLI	25.4.–31.5.2003
	4058 Basel	THOMAS SCHÜTTE	5.6.–12.7.2003
	Tel. 061 683 50 90	ART 34 BASEL, Halle 2.1 Stand X.5	18.6.–23.6.2003
	galerie-friedrich@bluewin.ch	LISA HOEVER	30.8.–4.10.2003

ST. GALLEN

WILMA LOCK	Schmiedgasse 15	DANIEL ZIMMERMANN	
	9000 St. Gallen	"VIRTUELLES GERÖLL" & "KNÜLLER"	28.6.2003
	Tel. 071 222 62 52	BERNARD FRIZE – MARK FRANCIS –	
	wilmalock@freesurf.ch	KELLY WOOD – ERWIN WURM	**Juli / August**
		IMI KNOEBEL	**September / Oktober**
SUSANNA KULLI	Davidstrasse 40	ROLF GRAF – Fotografien	9.5.–25.6.2003
	9000 St. Gallen	ART 34 BASEL, Halle 2.1 Stand V8	18.6.–23.6.2003
	Tel. 071 223 59 58	ART Unlimited:	
	www.susannakulli.ch	CHRISTOPH BÜCHEL "Close Encounter"	18.6.–23.6.2003
	info@susannakulli.ch	OLIVIER MOSSET	**Juli bis 13.8.2003**

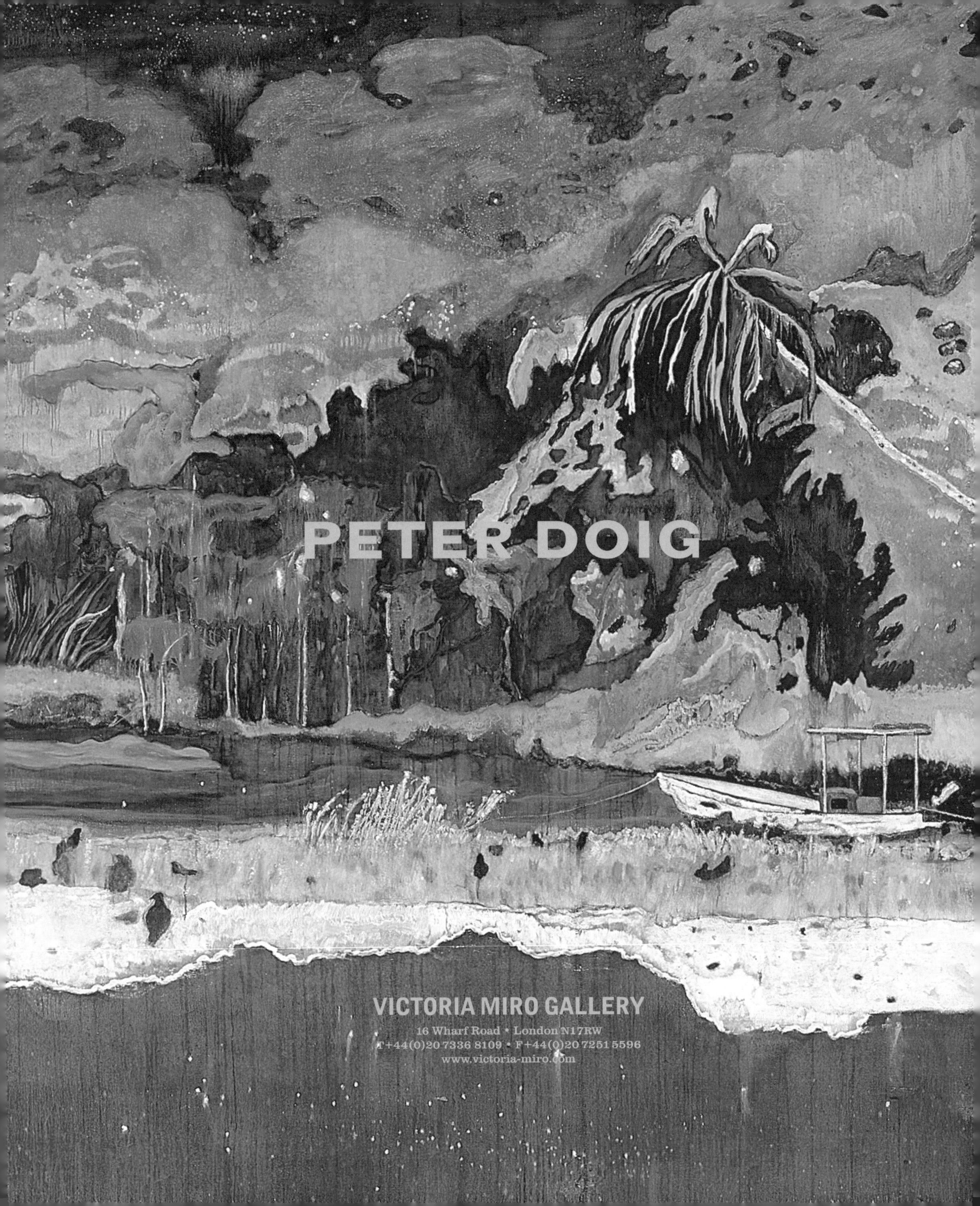

PETER DOIG

VICTORIA MIRO GALLERY
16 Wharf Road • London N1 7RW
T +44 (0)20 7336 8109 • F +44 (0)20 7251 5596
www.victoria-miro.com

FRED TOMASELLI

MAY 9 – JUNE 21, 2003

James Cohan Gallery

533 WEST 26TH STREET NEW YORK NEW YORK 10001

TEL 212 714 9500 FAX 212 714 9510 WWW.JAMESCOHAN.COM

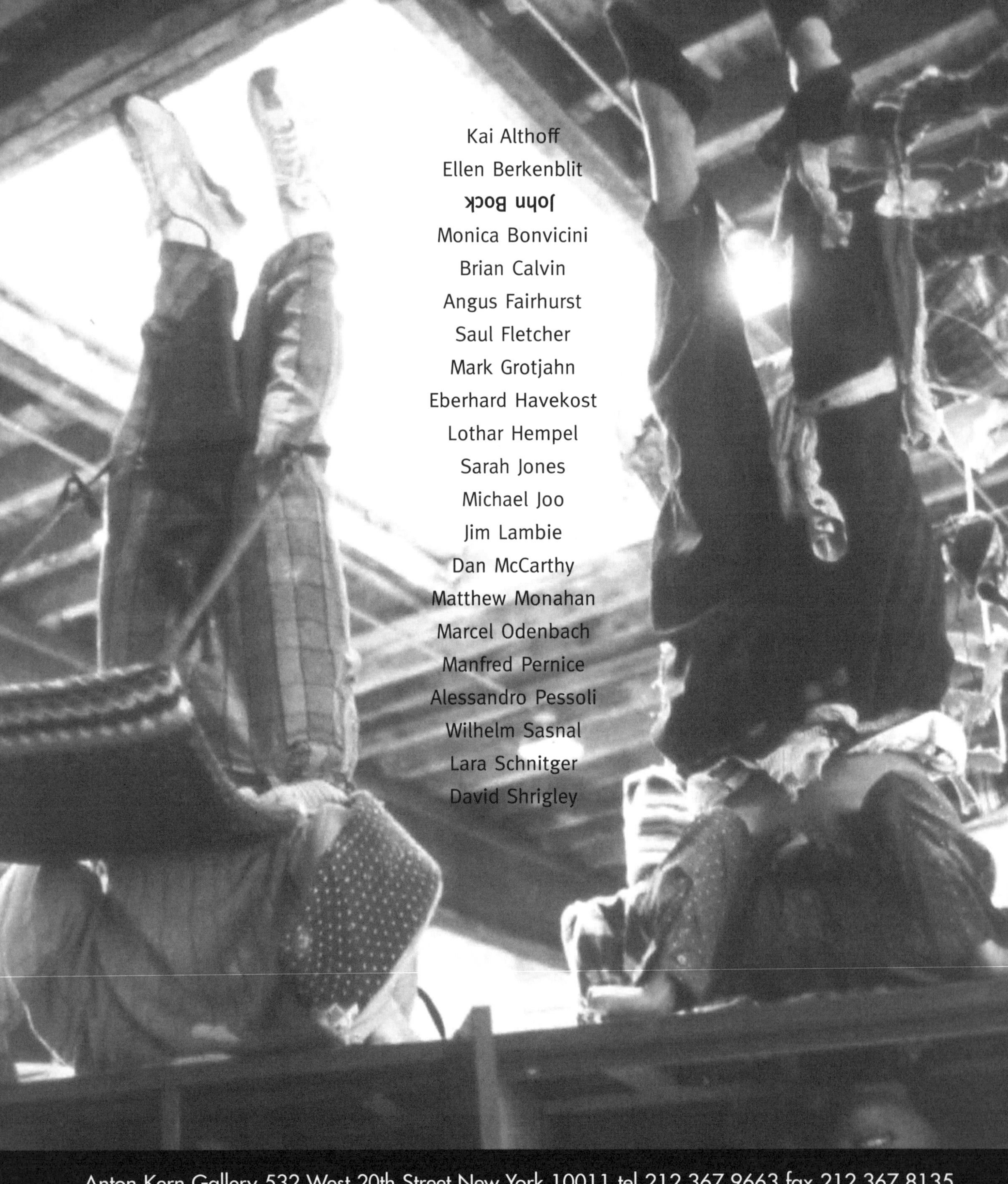

Kai Althoff
Ellen Berkenblit
John Bock
Monica Bonvicini
Brian Calvin
Angus Fairhurst
Saul Fletcher
Mark Grotjahn
Eberhard Havekost
Lothar Hempel
Sarah Jones
Michael Joo
Jim Lambie
Dan McCarthy
Matthew Monahan
Marcel Odenbach
Manfred Pernice
Alessandro Pessoli
Wilhelm Sasnal
Lara Schnitger
David Shrigley

Anton Kern Gallery 532 West 20th Street New York 10011 tel 212.367.9663 fax 212.367.8135
www.antonkerngallery.com

franz ackermann
james angus
dirk bell
martin creed
verne dawson
PETER DOIG
urs fischer
dara friedman
mark handforth
udomsak krisanamis
mark leckey
aleksandra mir
victoria morton
chris ofili
laura owens
oliver payne & nick relph
elizabeth peyton
steven pippin
katja strunz
rob pruitt
rirkrit tiravanija
piotr uklanski

rob pruitt &
jonathan horowitz

PEACOCK HILL
May 17– Labor Day 2003

Gavin Brown's enterprise
436 W 15th St. NY 10011   p 212-627-52581   f 212-627-5261   gallery@gavinbrown.biz

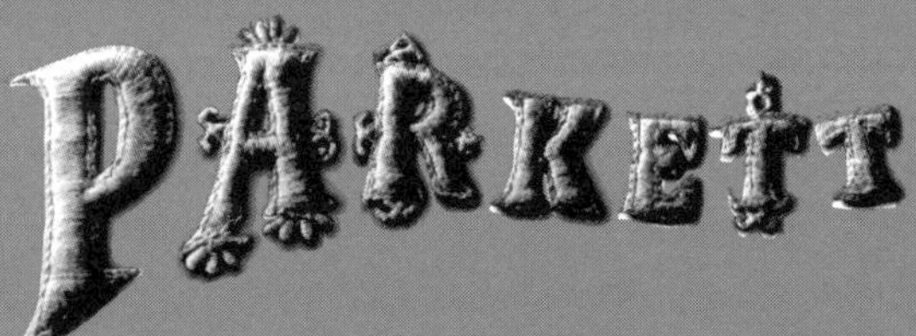

A SMALL MUSEUM AND A LARGE LIBRARY WITH CONTEMPORARY ARTISTS

PARKETT

For further information on subscriptions,
back issues and editions, please contact the office nearest you:

PARKETT VERLAG · QUELLENSTR. 27 · 8031 ZÜRICH
TELEFON +41-1-271 81 40 · FAX +41-1-272 43 01

PARKETT · 155 AV. OF THE AMERICAS · N.Y. 10013
PHONE 212 - 673 2660 · FAX 212 - 271 0704

WWW.PARKETTART.COM

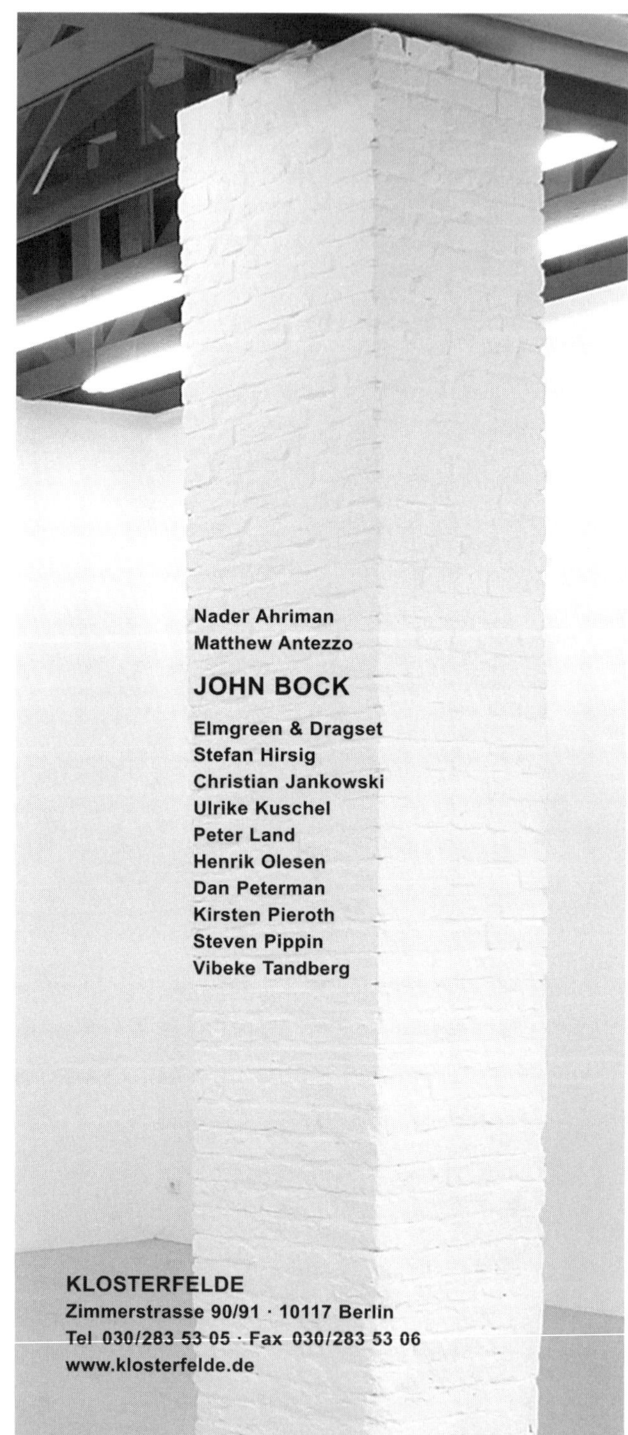

Nader Ahriman
Matthew Antezzo

JOHN BOCK

Elmgreen & Dragset
Stefan Hirsig
Christian Jankowski
Ulrike Kuschel
Peter Land
Henrik Olesen
Dan Peterman
Kirsten Pieroth
Steven Pippin
Vibeke Tandberg

KLOSTERFELDE
Zimmerstrasse 90/91 · 10117 Berlin
Tel 030/283 53 05 · Fax 030/283 53 06
www.klosterfelde.de

carlier | gebauer   representing **Fred Tomaselli**

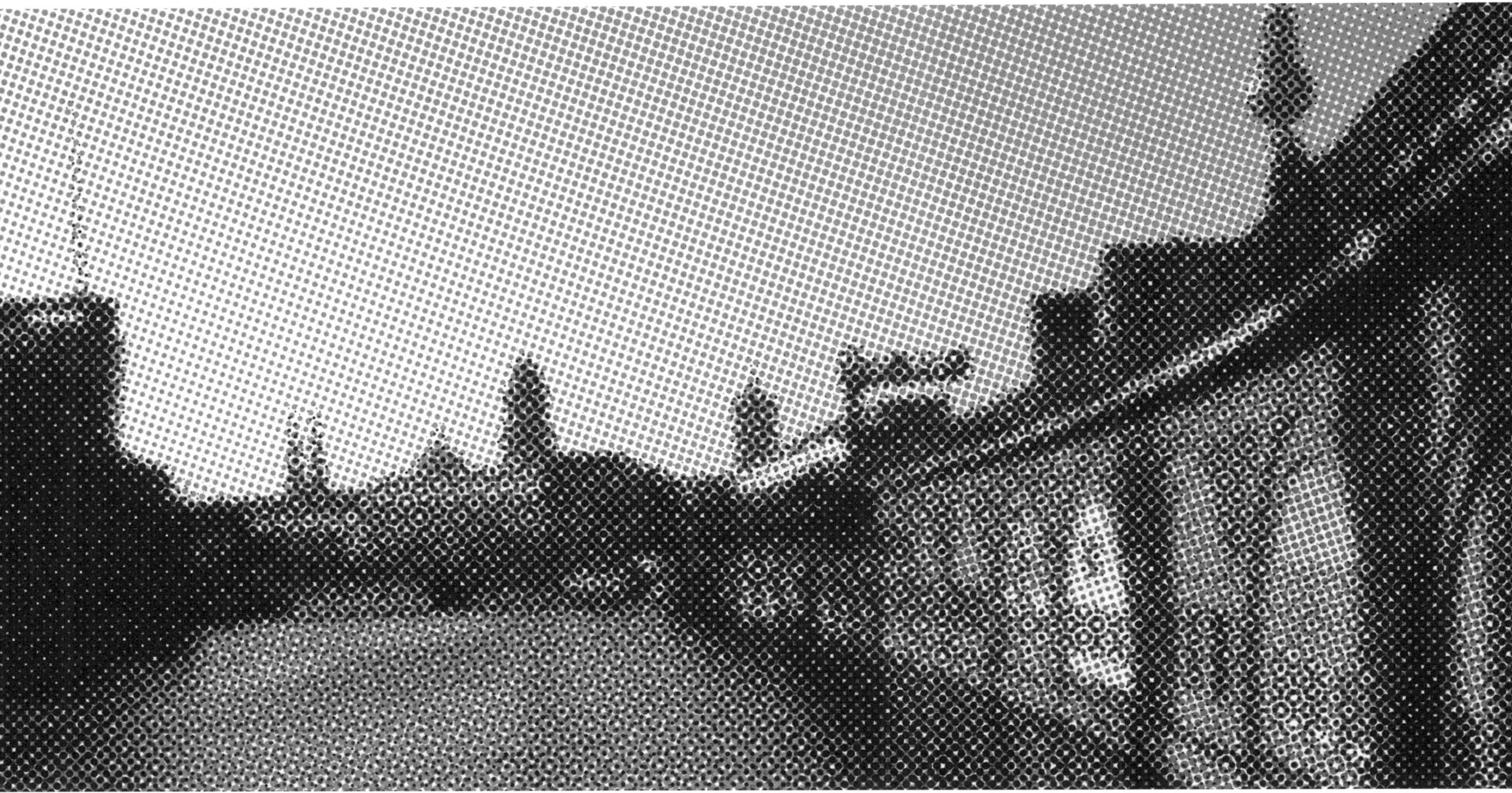

Sebastian Diaz Morales | A K Dolven | Tracey Emin | Michel François | Meschac Gaba | Hans Hemmert | Jonathan Hernández | Thomas Huber | Anne-Marie Jugnet & Alain Clairet | Aernout Mik | Jean-Luc Moulène | Peter Pommerer | Bojan Šarčević | Erik Schmidt | Christian Schumann | Thomas Schütte | Santiago Sierra | **Fred Tomaselli** | Sophie Tottie | Janaina Tschäpe | Luc Tuymans | Mark Wallinger

Holzmarktstraße 15–18, Bogen 51/52 | 10179 Berlin | Germany | P: +49 30 2808110 | F: +49 30 2808109 | www.carliergebauer.com

THOMAS SCHÜTTE

MAY 15 – JUNE 28, 2003

MARIAN GOODMAN GALLERY

24 WEST 57TH STREET NEW YORK, NY 10019
TEL: 212-977-7160 FAX: 212-581-5187 WWW.MARIANGOODMAN.COM

Studio view of *Dirty Dictators*, 2003, clay (not yet fired). Photo: Niels Dietrich, Cologne

Jason Rhoades for Hauser & Wirth

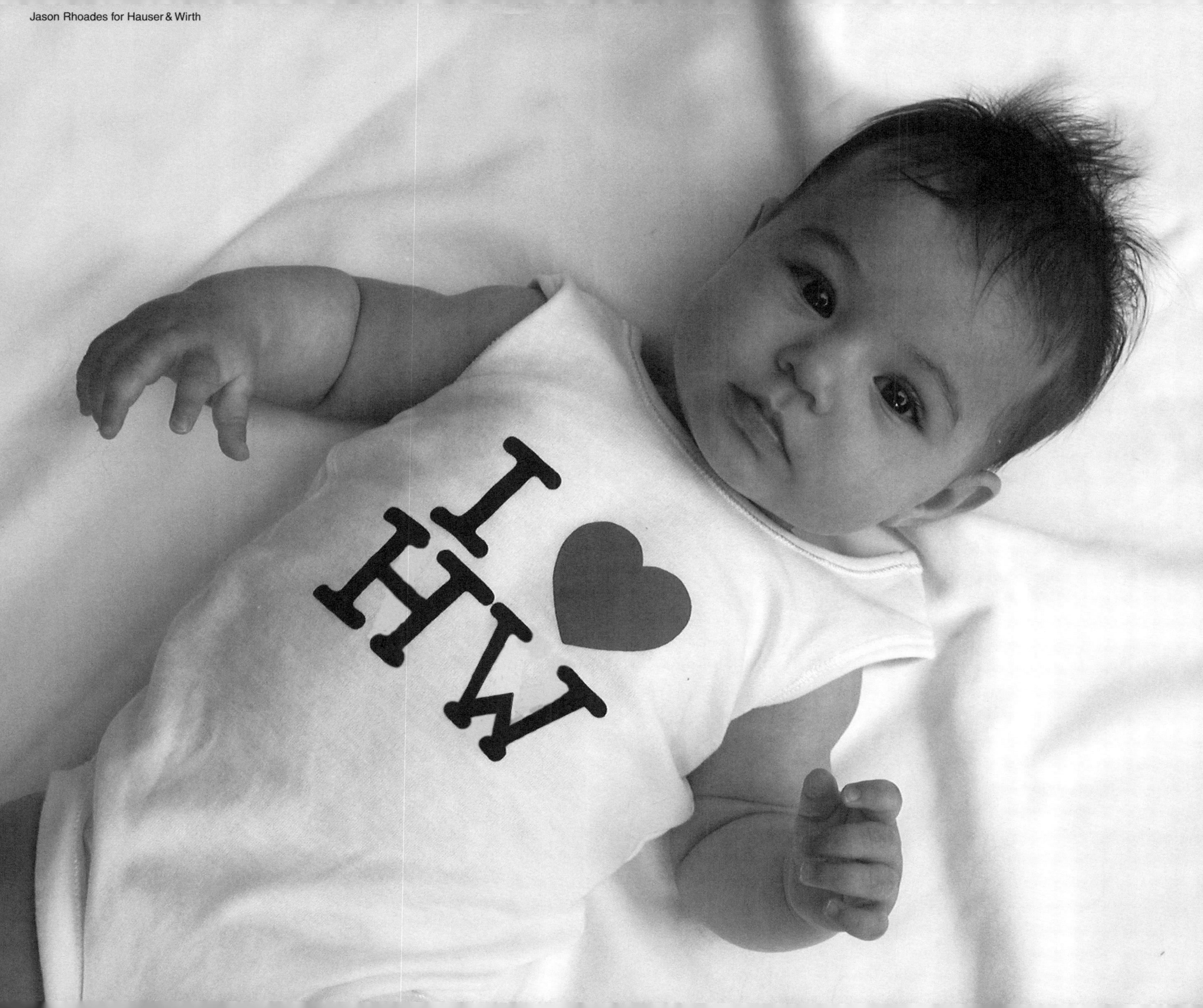

WORKS AVAILABLE BY:

Josef Albers	Malcolm Morley
Richard Artschwager	Bruce Nauman
Louise Bourgeois	Yves Oppenheim
Jean-Marc Bustamante	Michelangelo Pistoletto
Alexander Calder	Peter Rogiers
John Chamberlain	Robert Ryman
Lili Dujourie	Julião Sarmento
William Eggleston	Ettore Spalletti
Barry Flanagan	Frank Stella
Lucio Fontana	Mitja Tušek
Adam Fuss	Cy Twombly
Antony Gormley	Patrick Vanden Eynde
Dianne Hagen	Jan Vercruysse
Roni Horn	Gert Verhoeven
Donald Judd	Didier Vermeiren
Robert Mapplethorpe	Andy Warhol
Allan McCollum	James Welling
Jürgen Meyer	Stephen Wilks

―――――――――――――――――

Xavier Hufkens

Sint-Jorisstraat 6–8 rue Saint-Georges

Brussel 1050 Bruxelles

TEL. 32 (0)2 639 67 30 – FAX 32 (0)2 639 67 38

info@xavierhufkens.com
http://www.xavierhufkens.com

Open Tuesday to Saturday, noon to 6 pm

Ellsworth Kelly

Matthew Marks Gallery
May–June

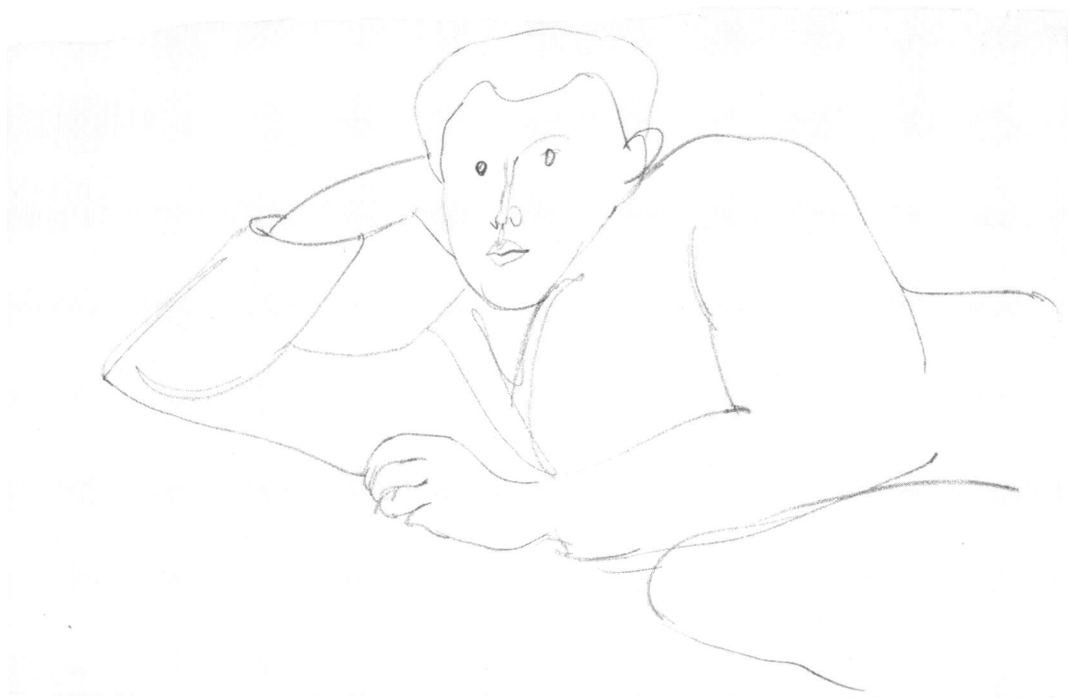

Self-portrait 1949 graphite on paper 12 1/2 x 18 3/4 inches; 31 x 48 cm

Ellsworth Kelly

523 W 24 Street and 522 W 22 Street New York
Fully illustrated catalogue is available with 40 color plates and essay by Benjamin H.D. Buchloh

1944–1992

Ellsworth Kelly: Self-Portrait Drawings

529 W 21 Street New York
Fully illustrated catalogue is available with 53 color plates and essay by Harry Cooper
Inaugural exhibition in our new gallery

Matthew Marks Gallery
212 243 0200
www.mattthewmarks.com

GALERIE MEERT RIHOUX

CARLA ACCARDI
ROBERT ADAMS
MARIO AIRÒ
JOHN BALDESSARI
ROBERT BARRY
INAKI BONILLAS   >   MAY - JULY 2003
ENRICO CASTELLANI
HANNE DARBOVEN
MARIA ANNA DEWES
SYLVIE EYBERG
ISA GENZKEN
JEF GEYS
MIMMO JODICE
PETER JOSEPH
DONALD JUDD
LOUISE LAWLER
SOL LEWITT
ROBERT MANGOLD
EVA MARISALDI
LILIANA MORO
FRED SANDBACK
THOMAS STRUTH
GRAZIA TODERI
RICHARD TUTTLE
MICHAEL VENEZIA
IAN WALLACE
JEFF WALL

RUE DU CANAL 13
1000 BRUXELLES
VAARTSTRAAT 13
1000 BRUSSEL
TEL 32(0)2 219 14 22
FAX 32(0)2 219 37 21
GRETA.MEERT@SKYNET.BE

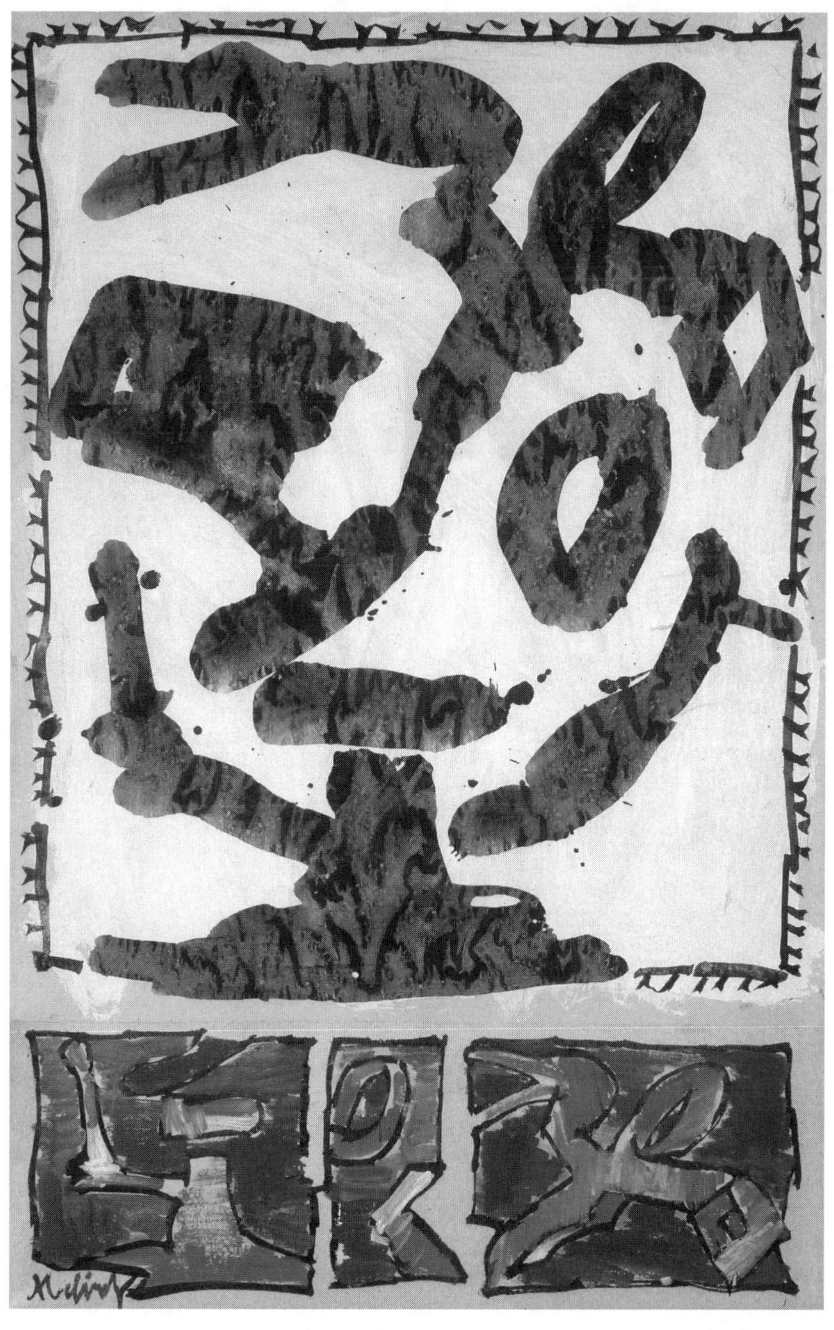

GALERIE LELONG ZÜRICH ART BASEL Halle 2.0, Stand S 3

Utoquai 31 • CH-8008 Zürich • T +41-1-251 11 20 • F +41-1-262 52 85 • E-Mail: galerie.lelong@dplanet.ch

GEORG KARGL

Chris Johanson   june—august 2003

SCHLEIFMÜHLGASSE 5 WIEN 1040
TEL 5854199 FAX 58541999

GALERIA ■ HELGA DE ALVEAR

DR. FOURQUET 12, 28012 MADRID.TEL:(34) 91 468 05 06 FAX:(34) 91 467 51 34
e-mail:galeria@helgadealvear.net   www.helgadealvear.net

April 29 - June 7

"REFLECTIONS"

BERNARD FRIZE, CALLUM INNES,
PRUDENCIO IRAZÁBAL

ALEXANDER TIMTSCHENKO

June 10 - July 19

FRANK THIEL

JAVIER VALLHONRAT

June 13 - 18

Art | 34 | Basel

Hall 2.1 Stand E 2

Sadie Coles   HQ
exhibitions by

Carl Andre
John Bock
Don Brown
Jeff Burton
Liz Craft
John Currin
Keith Edmier
Angus Fairhurst
Urs Fischer
Felix Gonzalez-Torres
Jonathan Horowitz
David Korty
Jim Lambie
Sarah Lucas
Victoria Morton
Hellen van Meene
JP Munro
Laura Owens
Simon Periton
Raymond Pettibon
Elizabeth Peyton
Richard Prince
Ugo Rondinone
Wilhelm Sasnal
Gregor Schneider
Daniel Sinsel
Andreas Slominski
Nicola Tyson
TJ Wilcox
Andrea Zittel

forthcoming
exhibitions

Richard Prince
23 Apr – 31 May 2003

TJ Wilcox
3 June – 5 July 2003

Wilhelm Sasnal
9 July – 23 Aug 2003

Sadie Coles   HQ
35 Heddon Street
London W1B 4BP
T + 44 [0] 20 7434 2227
F + 44 [0] 20 7434 2228
www.sadiecoles.com

Richard Prince   **Sadie Coles HQ**

TJ Wilcox   **Sadie Coles HQ**

Wilhelm Sasnal   **Sadie Coles HQ**

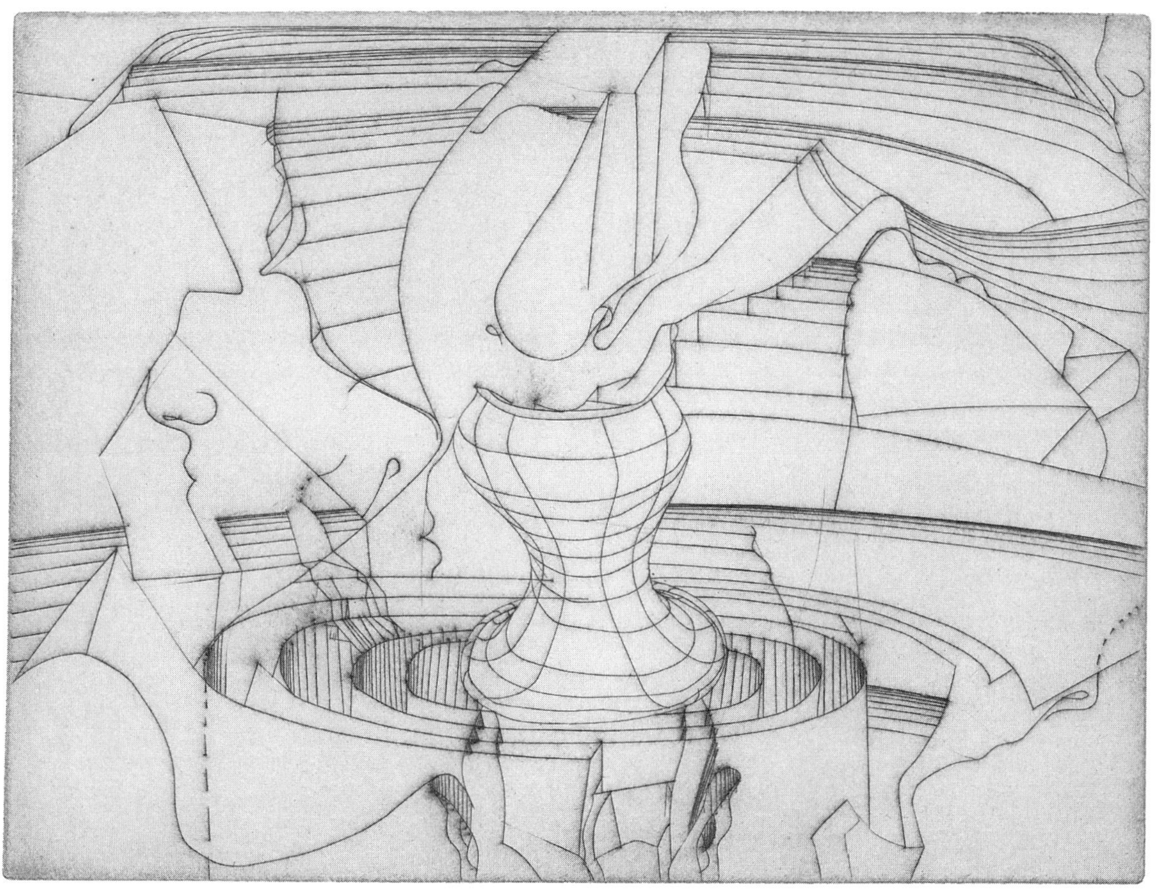

24. MAI – 26. JULI, 2003

DIETER ROTH

Prints and Books 1958 – 1995

24. MAI – 26. JULI, 2003

FRANZ WEST

Anker, Seil und Rettungsring

ART 34 BASEL JUNE 18 – JUNE 23, 2003 BOOTH H 2.1 / S 1
ART UNLIMITED: UGO RONDINONE 'NO HOW ON', 2002 / JEAN-FRÉDÉRIC SCHNYDER 'AM THUNERSEE', 1995

EMMANUELLE ANTILLE / SWISS PAVILION, VENICE BIENNALE 2003

DOUG AITKEN – EMMANUELLE ANTILLE – ANGELA BULLOCH – VERNE DAWSON – MARIA EICHHORN
URS FISCHER – PETER FISCHLI/DAVID WEISS – SYLVIE FLEURY – LIAM GILLICK – CANDIDA HÖFER – RONI HORN – KAREN KILIMNIK
GERWALD ROCKENSCHAUB – UGO RONDINONE – DIETER ROTH – JEAN-FRÉDÉRIC SCHNYDER – BEAT STREULI – FRANZ WEST – SUE WILLIAMS

GALERIE HAUSER & WIRTH & PRESENHUBER

Limmatstrasse 270, 8005 Zürich / Tel: +41 1 446 80 60, Fax: +41 1 446 80 65 / www.ghwp.ch / Öffnungszeiten: Di- Fr 12 -18, Do -20, Sa 11 -16 Uhr

**A
series
of
photographic
diptychs**

**20 x 24
inches**

**Edition
of
45**

www.editionschellmann.com

Double Exposure

**Edition Schellmann
München
Tel +89-331717
Fax +89-332800
New York
Tel +212-2191821
Fax +212-9419206**

**Uta Barth
Vanessa Beecroft
Thomas Demand
Olafur Eliasson
Nan Goldin
Candida Höfer
Axel Hütte
Alfredo Jaar
Bill Jacobson
Malerie Marder
Barbara Probst
Thomas Ruff
James Welling
Catherine Yass**

BOROS

GALLERIA CARDI & CO
CORSO DI PORTA NUOVA, 38
I - 2 0 1 2 1 M I L A N O
T . + 3 9 0 2 6 2 6 9 0 9 4 5
F . + 3 9 0 2 6 2 6 9 4 0 1 6

GALLERIA CARDI
PIAZZA S . ERASMO , 3
I - 2 0 1 2 1 M I L A N O
T . + 3 9 0 2 2 9 0 0 3 2 3 5
F . + 3 9 0 2 2 9 0 0 3 3 8 2

WWW.GALLERIACARDI.COM
INFO@GALLERIACARDI.COM

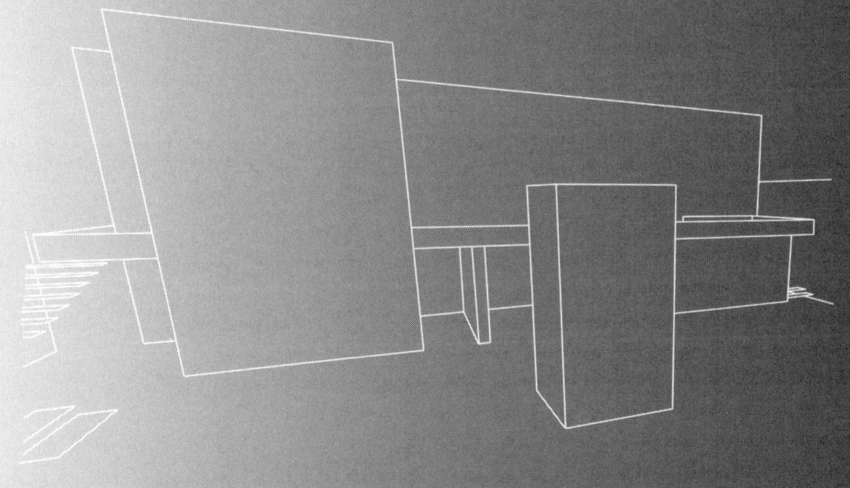

Donald Baechler
Bertozzi & Casoni
Alighiero Boetti
Greg Bogin
Maurizio Cannavacciuolo
Francesco Clemente
Greg Colson
Wim Delvoye
Nicola De Maria
Kim Dingle
Graham Gillmore
Toland Grinnell
Peter Halley
Guillermo Kuitca
Wolfgang Laib
Jonathan Lasker
Richard Long
Malcolm Morley
Vik Muniz
Mc Dermott & Mc Gough
Tom Sachs
David Salle
Julian Schnabel
Philip Taaffe
Richard Tuttle
Not Vital
Andy Warhol
William Wegman

SERGE ZIEGLER GALERIE

Carlos Amorales	Biennale di Venezia, Dutch Pavilion
Ruedi Bechtler	
Nic Hess	
Daniel Knorr	
Yoko Ono	
Bülent Sangar	
Javier Téllez	Biennale di Venezia
Minnette Vári	Art	34	Basel	18 - 23	6	2003	Art Unlimited

www.zieglergalerie.com

20,21

Galerie Edition Kunsthandel GmbH
Meisenburgstraße 169–173
45133 Essen
Tel. **+49 2 01 8 71 00-0**
Fax **+49 2 01 8 71 00-10**
INFO@2021ART.COM
WWW.2021ART.COM

Di–Fr 10–18 · Sa 11–16
und nach Vereinbarung

John Isaacs
24|5–31|7|2003

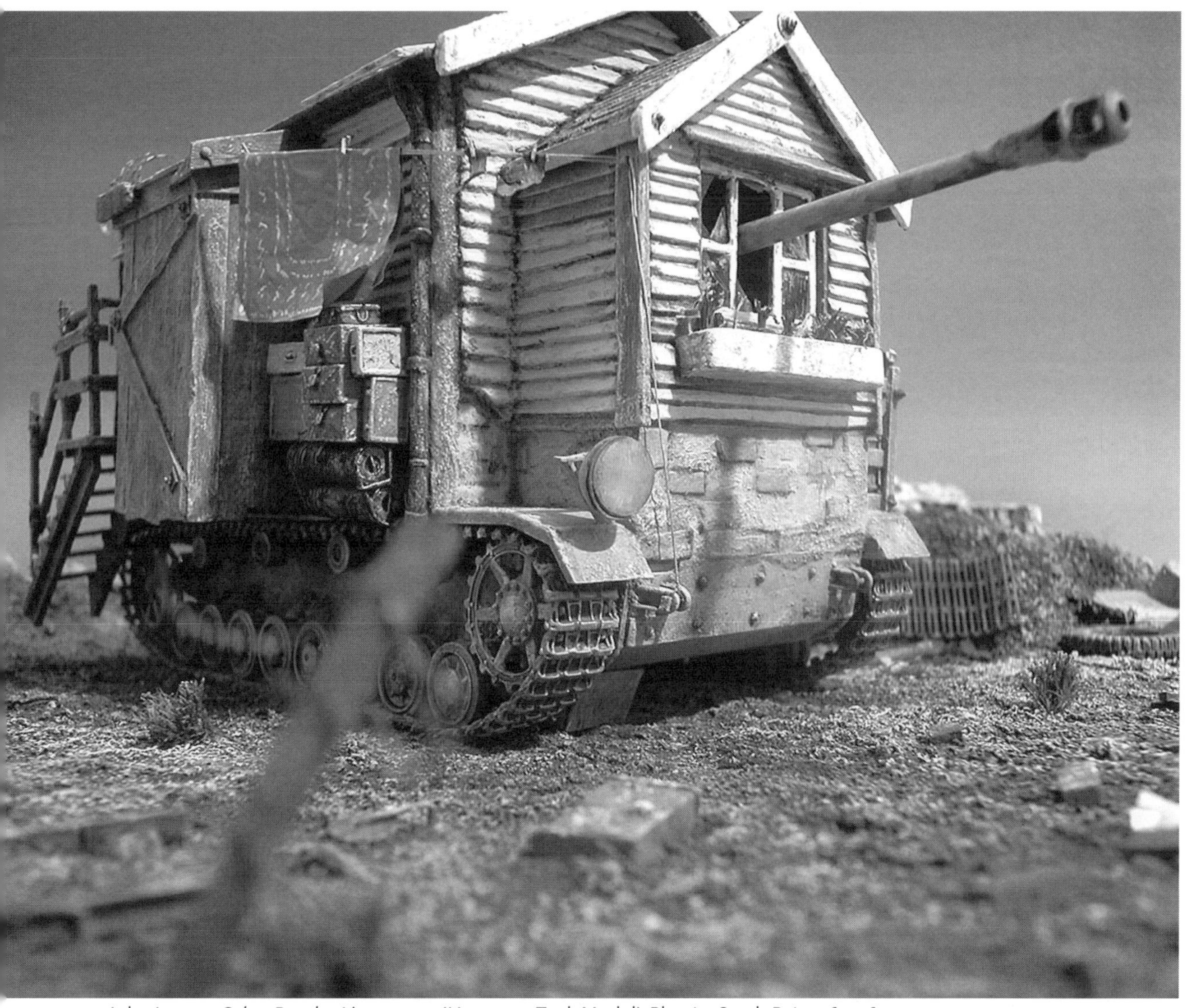

John Isaacs: *Other Peoples Lives*, 2002 (House on Tank Model) Plastic, Steel, Paint, 60 x 60 x 20 cm

Geplant für 2003
Matthias Hoch, Bogomir Ecker (September)
Martin Parr, Dirk Larsen (Dezember)

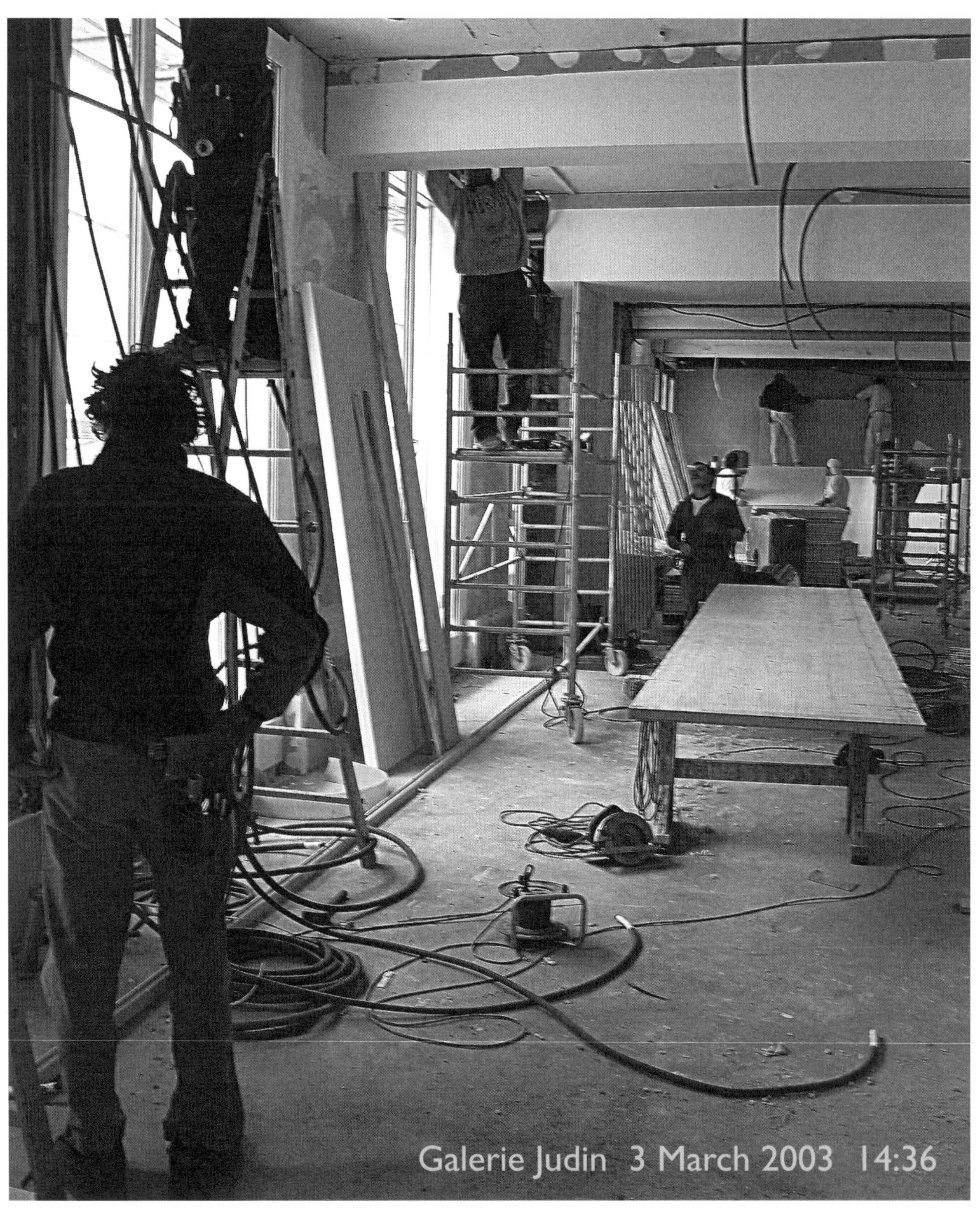
Galerie Judin 3 March 2003 14:36

BARRY LE VA

A Survey of Drawings 1966-2003
&
Two New Sculptures

15 May - 24 June 2003

A comprehensive catalogue with an essay by
ROBERT STORR
will be available

GALERIE JUDIN

Lessingstrasse 5   8002 Zurich   Switzerland   Phone +41 43 422 88 88   info@galeriejudin.ch   www.galeriejudin.ch

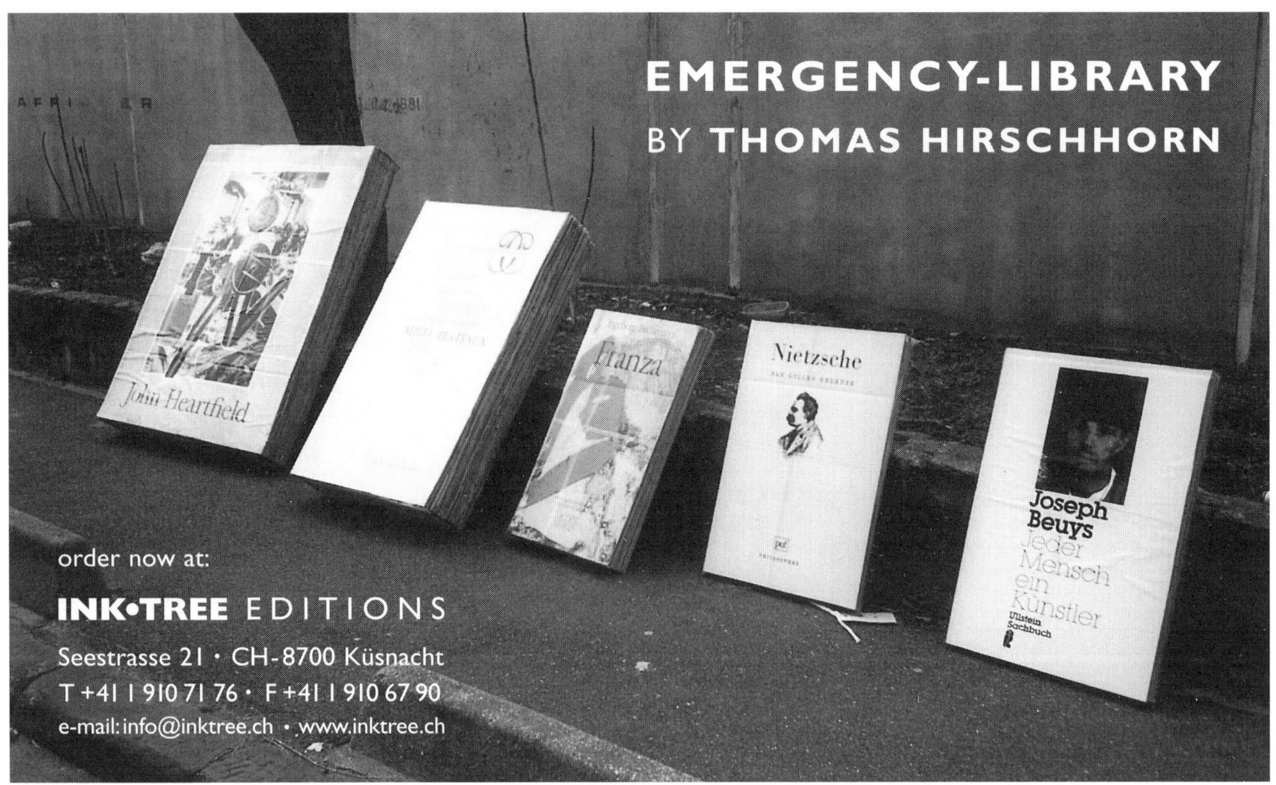

CAROLINA NITSCH CONTEMPORARY ART

WORKS ON PAPER, PHOTOGRAPHY, NEW MEDIA, PRINTS AND MULTIPLES

DAVID BUNN, LOUISE BOURGEOIS, E.V.DAY, INKA ESSENHIGH, ROBERT GOBER, DONALD JUDD, JEFF KOONS, MATT MULLICAN, BRUCE NAUMAN, OLAF NICOLAI, JORGE PARDO, RAYMOND PETTIBON, ELIZABETH PEYTON, MARKUS RAETZ, GERHARD RICHTER, THOMAS RUFF, ED RUSCHA, LAURIE SIMMONS, RICHARD TUTTLE, REMY ZAUGG, ANDY WARHOL, FRANZ WEST AND OTHERS

101 WOOSTER STREET NEW YORK NY 10012   •   BY APPOINTMENT
TEL 212 966 4095   •   FAX 212 226 0862
WWW.ARTNET.COM/CNITSCH.HTML   •   ACNITSCH@AOL.COM

gallery bob van orsouw   limmatstrasse 270   8005 zurich
phone +41-01 273 11 00   fax +41-01 273 11 02   mail@bobvanorsouw.ch

may 17
until
july 12, 2003
fabrice gygi

july 14
until
august 21, 2003
summerbreak

august 23
until
october 11, 2003
julian opie

50th venice biennial—june 15 until november 2, 2003
french pavilion: jean-marc bustamante
italian pavilion: shirana shahbazi—delays and revolutions
curated by francesco bonami and daniel birnbaum

John M Armleder   Christoph Büchel   Thomas Hirschhorn

Jean-Luc Manz   Sylvie Fleury

Gaylen Gerber   Thom Merrick

Rolf Graf   Olivier Mosset

Peter Z. Herzog   Gerwald Rockenschaub

Adrian Schiess   Muntean / Rosenblum

Art 34 Basel 18.–23. Juni 2003; Halle 2.1, Stand V8
Art Unlimited: Christoph Büchel «Close Encounter»

Galerie Susanna Kulli

Davidstrasse 40 • CH-9000 St. Gallen • Tel. 071 223 59 58 • Fax 071 223 59 35
www.susannakulli.ch • Offen: Di bis Fr 14 –18 • Sa 11–17

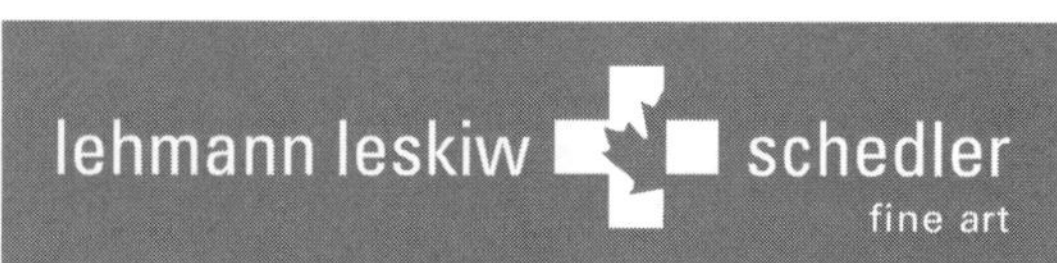

Lehmann Leskiw + Schedler
Fine Art Zürich Toronto
Schedler, Aktiengesellschaft

Josefstrasse 53 / 77
CH 8005 Zürich
T +41 1 440 61 20
F +41 1 440 61 21
galerie@schedler.ch

626 Richmond Street West
Toronto, Ontario M5V1Y9
T +1 416 922 1914
F +1 416 922 1915
toronto@l-l-s.com

Peter Aspell	Christoph Hänsli	Gyle Ryon
Stephen Barker	Cherry Hood	James Sheehan
Jan Czerwinski	Marcus Leatherdale	Philipp Späti
Matthew Dayler	Margaret Morgan	Karlheinz Weinberger
Martin Fivian	Andrea Muheim	Rodney White
Allen Frame	Richard Müller	Chantal Wicki
Max Grüter	Walter Pfeiffer	Pascale Wiedemann
Dieter Hall	Eliane Rutishauser	Hans Witschi

www.schedler.ch / www.l-l-s.com
Member of
Association of Swiss Galleries AGS

GALERIE BOB GYSIN
WWW.BG-GALERIE.CH
AUSSTELLUNGSSTRASSE 24, 8005 ZÜRICH
T +41-1-278 40 60—F +41-1-278 40 50—INFO@BG-GALERIE.CH

Andrea Wolfensberger - Was uns blüht
bis 7. Juni 2003

Klaus Born & Gunter Frentzel
13. Juni bis 9. August 2003
Christoph Schreiber 21. August bis 25. Oktober 2003

DI–FR 13-18—SA 11-16

De Ateliers offers you a studio,
a grant and weekly guidance by prominent artists.
Application is possible anytime.

Staff in 2003:
Rob Birza
Dominic van den Boogerd
Marlene Dumas
Ceal Floyer
Georg Herold
Rita McBride
Steve McQueen
Willem Oorebeek
Marien Schouten
Toon Verhoef
Didier Vermeiren
Marijke van Warmerdam

Stadhouderskade 86
1073 AT Amsterdam
the Netherlands
Tel +31 20 6739359
Fax +31 20 6755039
office@de-ateliers.nl
www.de-ateliers.nl

de **ateliers**

MAI 36 GALERIE

JOHN BALDESSARI
7. Juni – 19. Juli 2003

Art|34|Basel|18–23|03

GLEN RUBSAMEN
22. August – 27. September 2003

THOMAS RUFF

Rämistrasse 37, CH-8001 Zürich, www.artgalleries.ch/mai36
Tel. +41 1 261 68 80, Fax +41 1 261 68 81, mai36@artgalleries.ch

Roni Horn «If on a Winter's Night … Roni Horn …»

Sponsored by UBS AG

29.3. - 1.6.2003

Boris Mikhailov Retrospektive

14.6. - 24.8.2003

Charles Sheeler Amerikanischer Modernist

6.9. - 2.11.2003

FOTOMUSEUM WINTERTHUR

Grüzenstrasse 44
CH-8400 Winterthur
Tel: 052/233 60 86
www.fotomuseum.ch

Di – Fr 12 – 18 Uhr
Mi 12 – 19.30 Uhr
Sa/So 11 – 17 Uhr

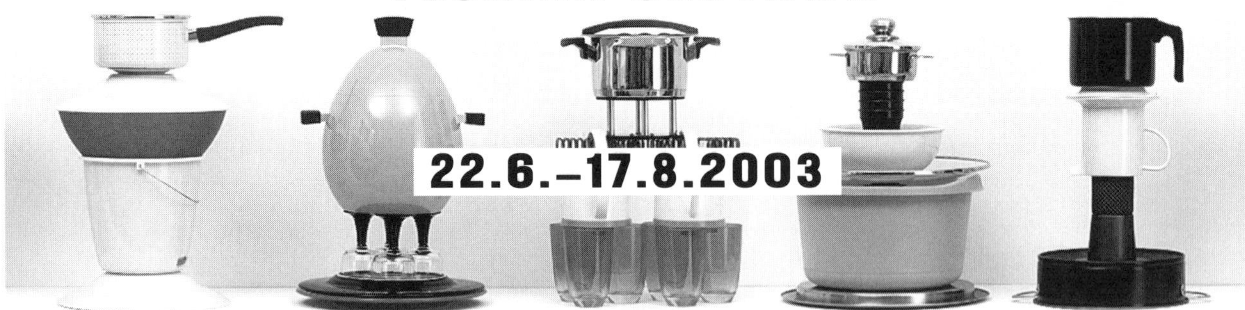

Kunstmuseum Thun, Thunerhof
Hofstettenstrasse 14, CH-3602 Thun
Öffnungszeiten:Di bis So 10–17 Uhr
Mi 10–21 Uhr, Mo geschlossen
www.kunstmuseumthun.ch

Brice Marden

June 14, 2003 – January 4, 2004

DAROS EXHIBITIONS
Löwenbräu-Areal
Limmatstrasse 268
CH-8005 Zurich

T: +41 1 447 70 00
F: +41 1 447 70 10
www.daros.ch

OPENING HOURS
Thursday and Friday
3 p.m. to 7 p.m.
Saturday and Sunday
1 p.m. to 5 p.m.

June 16, 18, 19, 20
(Art Basel)
12 a.m. to 7 p.m.
August 1
1 p.m. to 5 p.m.

September 6
(Lange Nacht der Museen)
7 p.m. to 2 a.m.

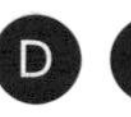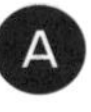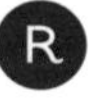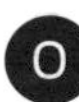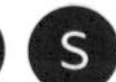

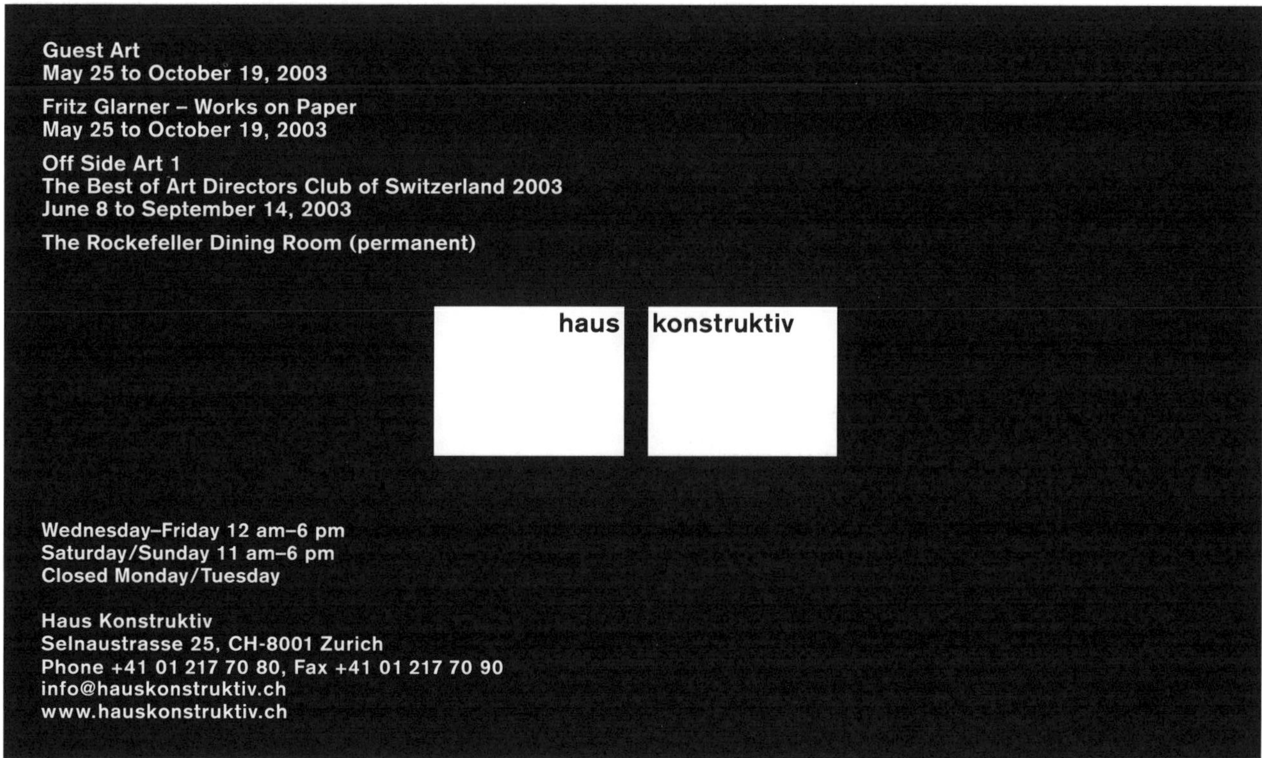

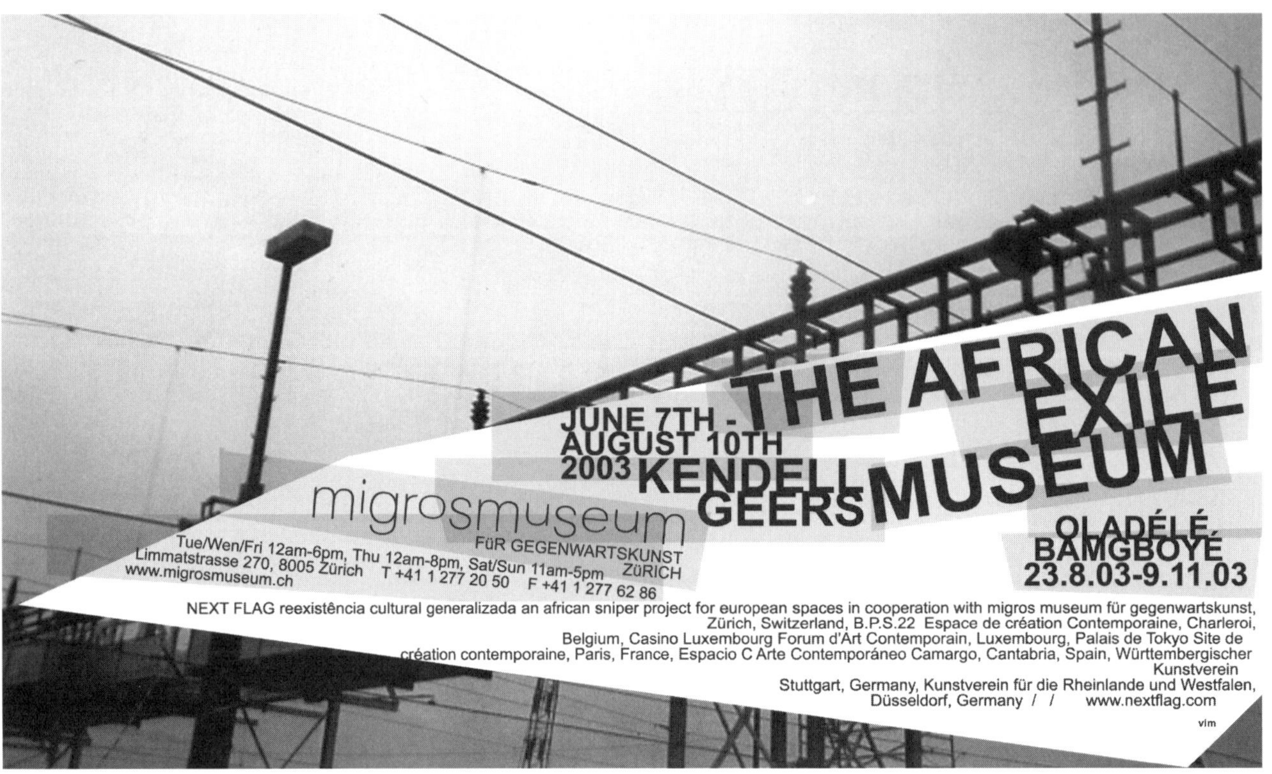

PHANTOM DER LUST

VISIONEN DES MASOCHISMUS IN DER KUNST

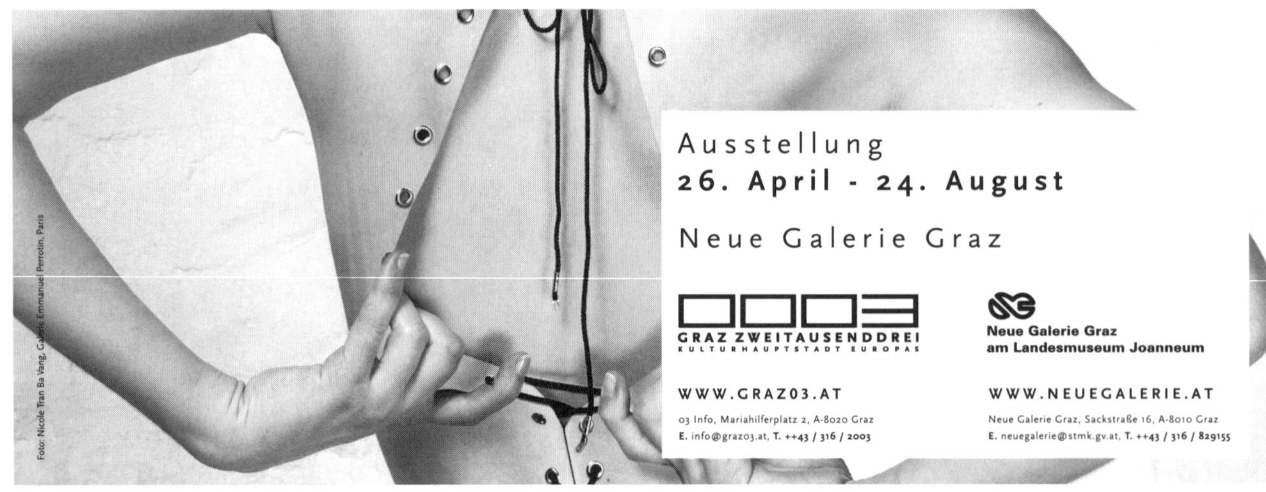

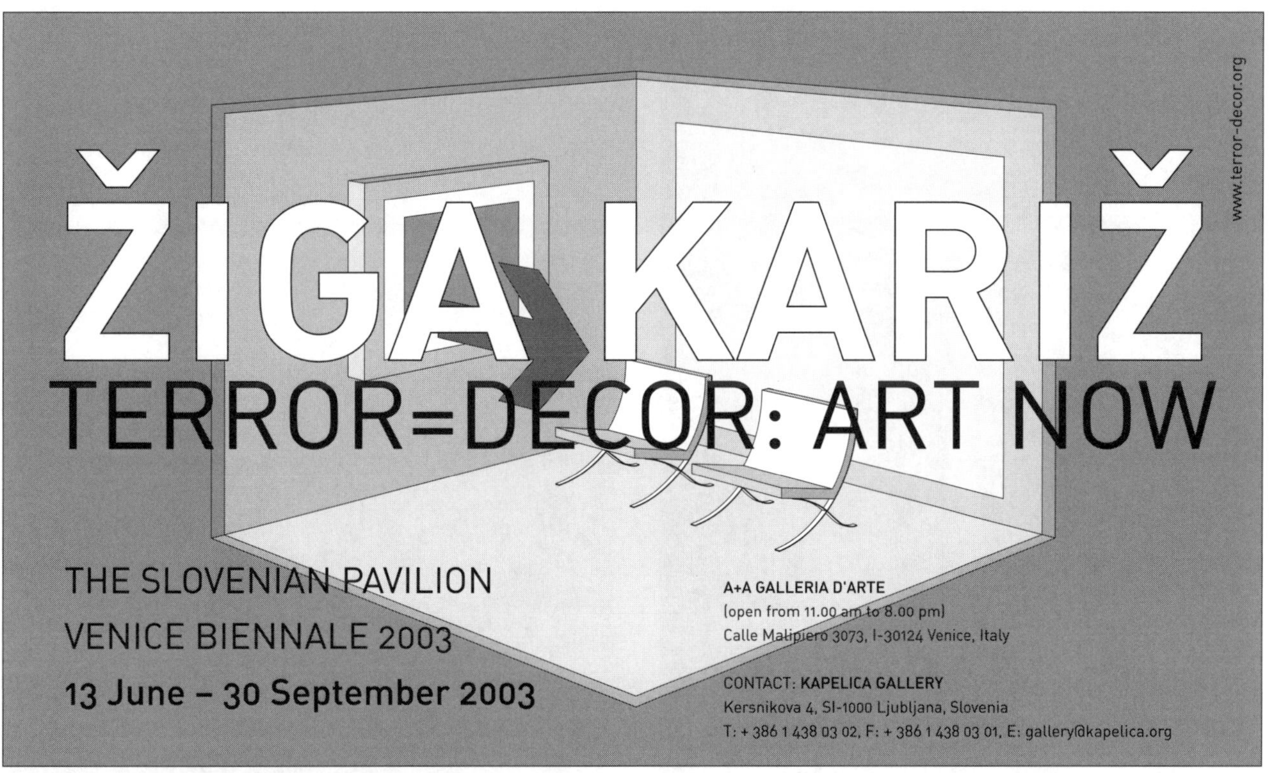

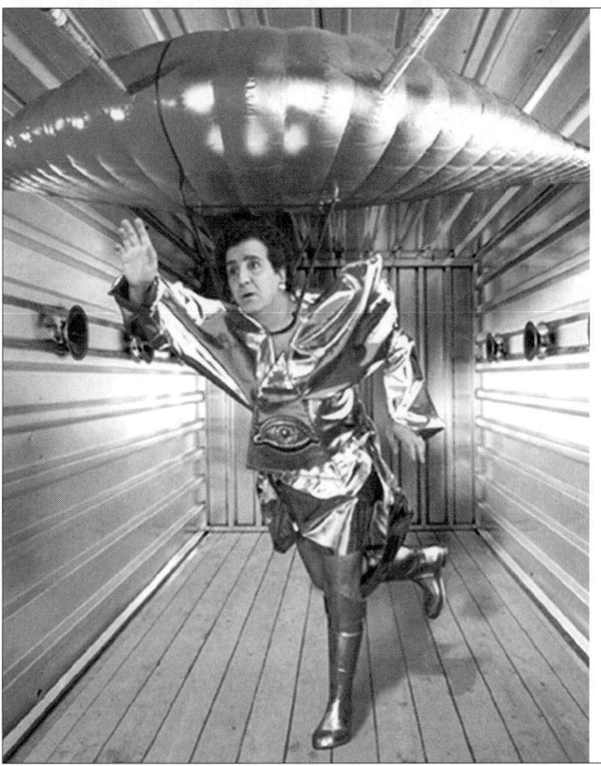

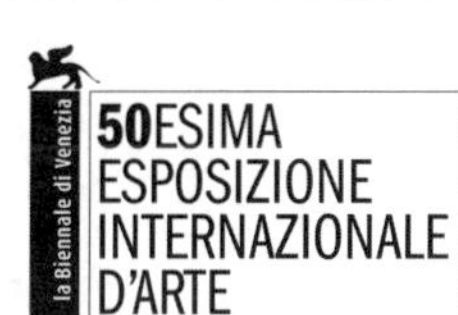

Nikos Charalambidis
"La Casa Curva"
12 June - 2 November 2003

Curator **Henry Meyric Hughes**

FONDAZIONE QUERINI STAMPALIA Onlus
Santa Maria Formosa, Castello 5252, 30122 Venezia
Tel> 0412711411, Fax> 0412711445
Tue-Sun> 10-18hrs, Fri-Sat> 10-22hrs, Mon> closed
querini.stampalia@provincia.venezia.it
www.querinistampalia.it

REPUBLIC OF CYPRUS
Ministry of Education and Culture
Cultural Services
lmichaelidou@culture.moec.gov.cy
socialgym@hotmail.com

Bernard Buffet

Vingt-Mille Lieux sous les Mers de Jules Verne

14. Juni – 25. Juli 2003

galerie ursula walbröl
kronprinzenstrasse 9. 40217 düsseldorf
fon: +49 211 31 80 223 fax: +49 211 31 80 225
www.galerie-walbroel.de
ursula.walbroel@t-online.de
di – fr 11 – 18 uhr, sa 12 – 15 uhr

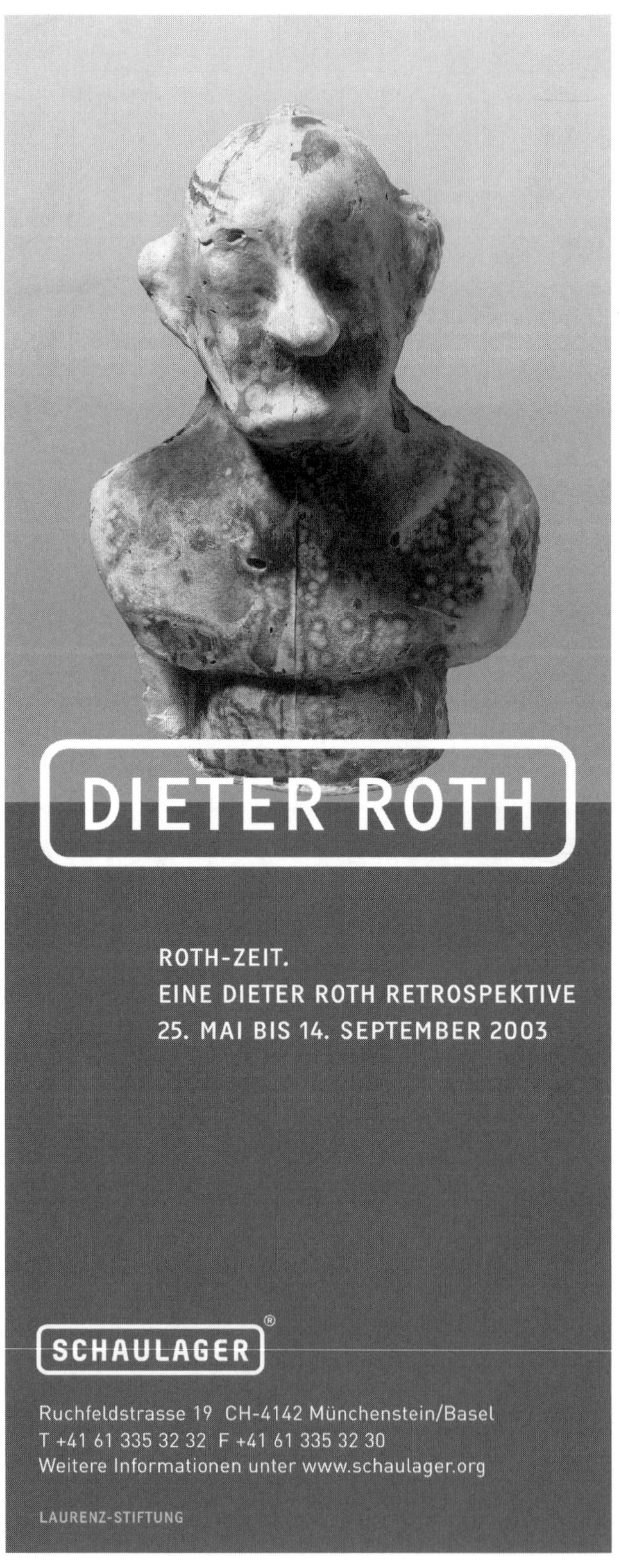

Olivier
MOSSET
Travaux 1966 – 2003

Musée cantonal des Beaux-Arts Lausanne
23.05 – 24.08
ma – je 11h –18h   ve – di 11h – 17h
Jeudi de l'Ascension / 1er août   11h – 17h   Lundi de Pentecôte fermé
Palais de Rumine   Place de la Riponne 6   1000 Lausanne 17
T +41(0)21 316 3445   F +41(0)21 316 3446

Kunstverein St.Gallen Kunstmuseum
24.05 –10.08
Di – Fr 10 –12 / 14 –17 Uhr   Mi bis 20 Uhr   Sa / So 10 –17 Uhr
Auffahrt und Pfingstmontag 10 –17 Uhr / 1. August geschlossen
Kunstmuseum   Museumstrasse 32   9000 St.Gallen
T +41 (0)71 242 0671   F +41 (0)71 242 0672

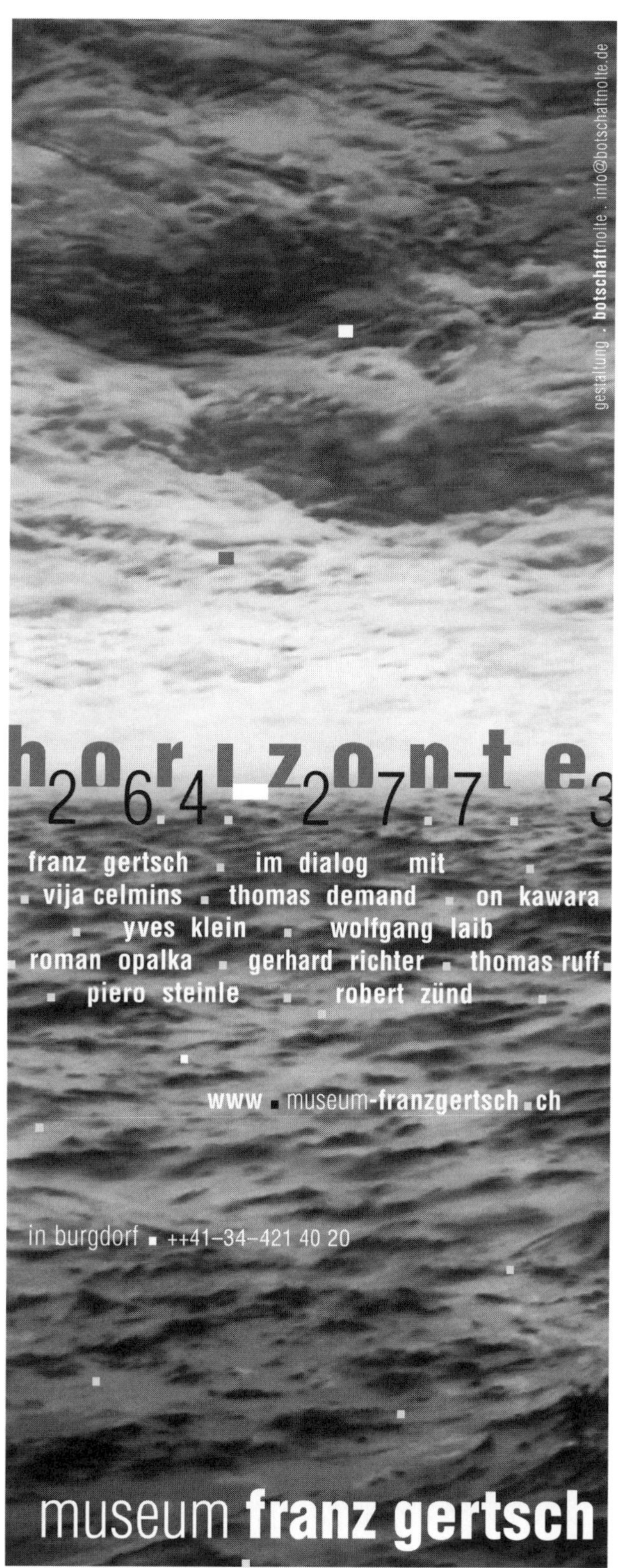

gestaltung . botschaftnolte . info@botschaftnolte.de
horizonte
26.4. 27.7.
franz gertsch . im dialog   mit
. vija celmins . thomas demand . on kawara
. yves klein . wolfgang laib
roman opalka . gerhard richter . thomas ruff
. piero steinle . robert zünd
www . museum-franzgertsch . ch
in burgdorf . ++41–34–421 40 20
museum franz gertsch

Arco 04

international contemporary art fair February 12-16, 2004

04
GRECIA

23rd Edition
Parque Ferial Juan Carlos I
Madrid Halls 7 and 9
www.arcospain.org

Official opening:
(by invitation): Wednesday
11th February: 7p.m.

Professional Visit:
(by invitation): Wednesday 11
February: 4p.m. to 7p.m.
Thursday 12th February:
11 a.m. to 2 p.m.

Open to the general public:
Thursday 12th February: 2 p.m.
to 9 p.m. Friday 13th, Saturday
14th,Sunday 15th and Monday
16th: Noon to 9.p.m.

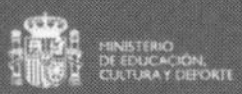
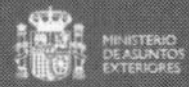
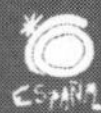
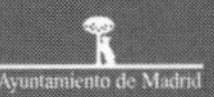
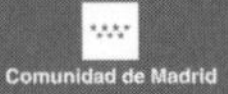
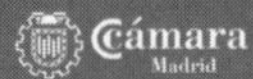
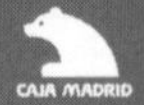
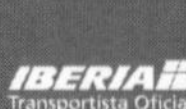
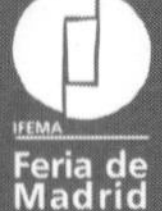

Art | 34 | Basel | 18–23 | 6 | 03

«Die weltbeste Kunstmesse»

Focus Magazin, München

Art | Basel | Miami Beach | 4–7 | 12 | 03

«Vielleicht die erste Ausgabe der Kunstmesse der Zukunft»

Die Welt am Sonntag, Berlin

Die Kunstmesse – The Art Show
Art 34 Basel, MCH Messe Basel AG, CH-4005 Basel
Fax +41/58-206 26 86, info@ArtBasel.com, www.ArtBasel.com

mch
messe schweiz

✤ UBS

Kunst

2004

Zürich

10th International Contemporary Art Fair

ABB Hall 550

Zürich-Oerlikon

Phone +41 1 381 00 52

mail@kunstzuerich.ch

www.kunstzuerich.ch

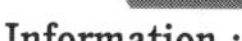

9-13 October 2003
Paris Expo Porte de Versailles
www.fiac-online.com

30
years

Information :
Reed expositions France
11, rue du Colonel-Pierre-Avia
BP 571, 75726 Paris Cedex 15
Tél : +33 (0) 141.90.47.80
Fax : +33 (0) 141.90.47.89
E-mail : fiac@reedexpo.fr

Fiac
Paris
international contemporary
art fair

Reed Exhibitions

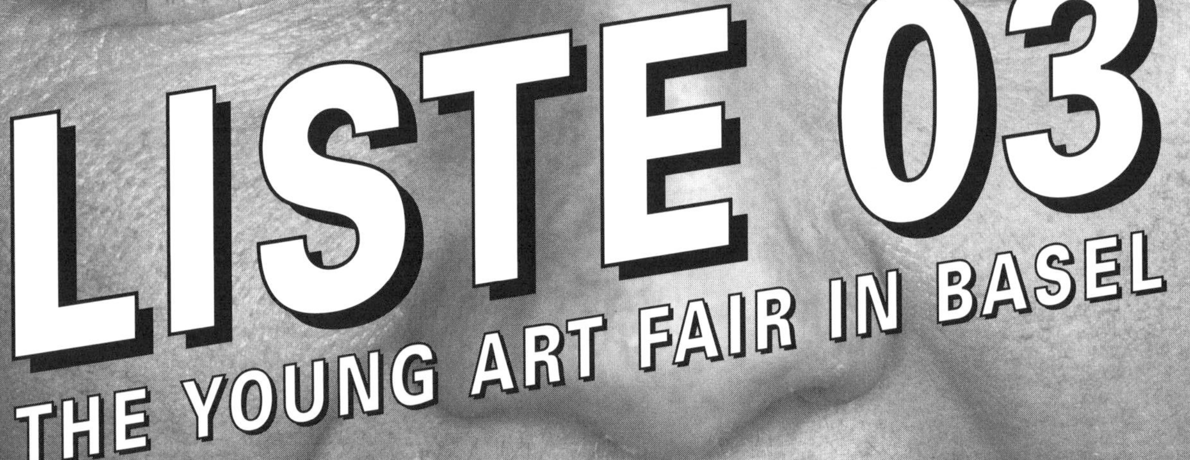

LISTE 03
THE YOUNG ART FAIR IN BASEL

June 17–22, 2003
Open hours: 1 p.m. to 9 p.m.

Opening reception: Monday, June 16, 6 p.m. to 10 p.m.
A project in the workshop community Warteck pp
Burgweg 15, CH-4058 Basel
T/F: ++41/61/692 20 21, info@liste.ch, www.liste.ch

47 galleries from 19 countries

Austria: Michael Hall, Vienna. mezzanin, Vienna. **Belgium:** Drantmann, Brussels. **Denmark:** Christina Wilson, Copenhagen. **France:** &:gb agency, Paris. Jousse Entreprise, Paris. Loevenbruck, Paris. Maisonneuve, Paris. **Germany:** Frehrking Wiesehöfer, Cologne. Vera Gliem, Cologne. Karin Guenther, Hamburg. Kamm, Berlin. Johann König, Berlin. Giti Nourbakhsch, Berlin. Sies + Höke, Dusseldorf. **Great Britain:** asprey jacques, London. doggerfisher, Edinburgh. Mobile Home, London. Vilma Gold, London. VTO, London. **Greece:** Unlimited Contemporary Art, Athens. **Holland:** Ellen de Bruijne Projects, Amsterdam. SMART Project Space, Amsterdam. **Israel:** Sommer Contemporary Art, Tel-Aviv. **Italy:** 404 Arte Contemporanea, Napels. francesca kaufmann, Milan. Maze, Torino. Laura Pecci, Milan. Sonia Rosso, Torino/Pordenone. Zero, Piacenza. **Japan:** Kodama, Osaka. **Lithuania:** IBID Projects, Vilnius/London. **Luxembourg:** Alimentation Générale-Art Contemporain, Luxembourg. **Mexico:** kurimanzutto, Mexico. **New Zealand:** Hamish McKay, Wellington. **Slovenia:** Škuc, Ljubljana. **Sweden:** ALP/Peter Bergman, Stockholm. **Switzerland:** Ausstellungsraum25, Zurich. Nicolas Krupp, Basel. Edward Mitterrand, Geneva. **USA:** Spencer Brownstone, New York. Cohan Leslie and Browne, New York. Mary Goldman, Los Angeles. maccarone inc., New York. moniquemeloche, Chicago. Team, New York. Ten in One, New York.

Main sponsor: E. GUTZWILLER & CIE, BANQUIERS, Basel

ART FORUM BERLIN

1.–5. Oktober 2003

Die internationale Messe für Gegenwartskunst

Messegelände Berlin, täglich 12–20 Uhr

Vernissage 30. September 2003, 16–21 Uhr

www.art-forum-berlin.de

IIIIIII Messe Berlin

Heine/Lenz/Zizka

buy art!

»Interesseloses Wohlgefallen? Nicht immer!
Wahre Leidenschaft und Liebe zur Kunst zeigt sich
auch daran, was man auszugeben bereit ist.«
Peter Weiermair, Bologna

www.artfrankfurt.de
art frankfurt

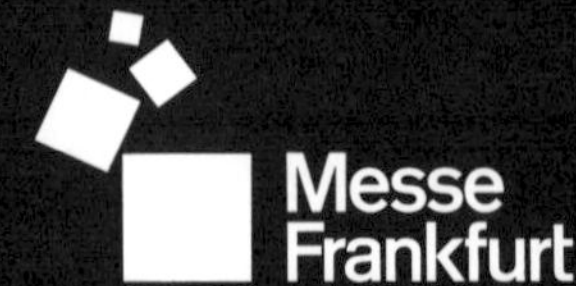
Messe
Frankfurt

Art | 34 | Basel | 18–23 | 6 | 03

Art Galleries at Art 34 Basel | A | **303 Gallery** New York | **Acquavella** New York | **Air de Paris** Paris | **Aizpuru** Madrid, Sevilla |
Alexander and Bonin New York | **de Alvear** Madrid | **Ammann** Zürich | **Andréhn-Schiptjenko** Stockholm | **Andriesse** Amsterdam | **Arndt & Partner** Berlin |
arsFutura Zürich | **Art Focus** Zürich | **Art & Public** Genève | **Artiaco** Napoli | **B |** **von Bartha** Basel | **Berinson** Berlin | **Bernier/Eliades** Athens |
Beyeler Basel | **Bischofberger** Zürich | **Blau** München | **Blum** New York, Zürich | **Blum & Poe** Santa Monica | **Brito Cimino** São Paulo | **Brown** New York |
Brusberg Berlin | **Buchholz** Köln | **Buchmann** Lugano, Köln | **Bugdahn und Kaimer** Düsseldorf | **C |** **C & M** New York | **c/o – Gerhardsen** Berlin |
Campaña Köln | **Capitain** Köln | **carlier gebauer** Berlin | **Carzaniga + Ueker** Basel | **Cats** Bruxelles, Knokke | **Cheim & Read** New York |
Chelouche Tel Aviv | **Chouakri Brahms** Berlin | **Clairefontaine** Luxembourg | **Cobo** Sevilla | **Coles** London | **Contemporary Fine Arts** Berlin |
Cooper New York | **Corkin** Toronto | **Cottier** Sydney | **Crane Kalman** London | **Crousel** Paris | **D |** **Dabbeni** Lugano | **De Cardenas** Milano |
De Carlo Milano | **Denise René** Paris | **Di Meo** Paris | **Ditesheim** Neuchâtel, Genève | **Durand-Dessert** Paris | **E |** **Ecart** Genève | **Eigen + Art** Berlin, Leipzig |
F | **Faber** Wien | **Fischer** Düsseldorf | **Flay** Paris | **Fontana** Milano | **Fortes Vilaça** São Paulo | **Fraenkel** San Francisco | **Friedman Stephen** London |
Friedrich Basel | **Frith** London | **G |** **Gagosian** New York | **Galerie 1900-2000** Paris | **Galerie de France** Paris | **Galleria dello Scudo** Verona |
Gasser & Grunert New York | **Gladstone** New York | **Gmurzynska** Köln, Zug | **González** Madrid | **Goodman Marian** New York, Paris |
Goodman Gallery Johannesburg | **Grässlin** Frankfurt | **Gray** Chicago, New York | **Greve** Köln, Milano, Paris, St. Moritz | **H |** **Haas & Fuchs** Berlin |
Hamiltons London | **Hauser & Wirth** Zürich | **Hauser & Wirth & Presenhuber** Köln, Zürich | **Hécey** Luxembourg | **Hengesbach** Wuppertal |
Hetzler Berlin | **Hilger** Wien, Paris | **Holtmann** Köln, Berlin | **Hoss** Paris, Bruxelles | **Hufkens** Bruxelles | **Hutton** New York | **Hyundai** Seoul, Paris |
I | **Interim Art** London | **Invernizzi** Milano | **J |** **Jablonka** Köln | **Jacobson** London, San Francisco | **Janssen Michael** Köln | **Janssen Rodolphe** Bruxelles |
Johnen/Schöttle Köln, München | **Jopling** London | **Juda** London | **K |** **Kaplan** New York | **Kargl** Wien | **Kelly** New York | **Kerlin** Dublin | **Kicken** Berlin |
Kilchmann Zürich | **Klosterfelde** Hamburg, Berlin | **Klüser** München | **König** Wien | **Koyama** Tokyo | **Koyanagi** Tokyo | **Kraus** New York |
Krinzinger Wien | **Krohn** Badenweiler | **Krugier** Genève, New York | **Kukje** Seoul | **Kulli** St. Gallen | **L |** **L.A.** Frankfurt | **L.A. Louver** Venice | **La Città** Verona |
Lahumière Paris | **Lambert** Paris | **Landau** Montreal | **Lelong** Zürich, Paris, New York | **Linder** Basel | **Lisson** London | **Löhrl** Mönchengladbach |
Lorenzo Madrid | **Lowenstein** Miami, Buenos Aires | **Luhring Augustine** New York | **M |** **m Bochum** Bochum | **Mai 36** Zürich | **March** Valencia |
Marconi Milano | **Marks** New York | **Marlborough** Zürich, Boca Raton, London, Madrid, New York, Santiago | **Mathes** New York | **Maubrie** Paris |
Mayer Düsseldorf, Berlin | **Mayor** London | **McKee** New York | **Meert Rihoux** Bruxelles | **Meier** San Francisco | **Metro Pictures** New York |
Meyer Riegger Karlsruhe | **Meyer-Ellinger** Frankfurt | **Minini** Brescia | **Miro** London | **Mitchell-Innes & Nash** New York | **Modern Institute** Glasgow |
Moeller New York | **Müller** Zürich | **Munro** Hamburg | **N |** **nächst St. Stephan** Wien | **Nagel** Köln, Berlin | **Nahmad Helly** London | **Nelson** Paris |
Neu Berlin | **neugerriemschneider** Berlin | **New Art Centre** Salisbury | **Nolan/Eckman** New York | **Nordenhake** Stockholm, Berlin | **Nothelfer** Berlin |
O | **OMR** Mexico | **Orangerie-Reinz** Koln | **Oxley9** Sydney | **P |** **PaceWildenstein** New York | **Pailhas** Marseille | **Painter** Santa Monica | **Pauli** Lausanne |
Paviot Paris | **Persano** Torino | **Petzel** New York | **Piccadilly** London | **Prats** Barcelona | **Produzentengalerie** Hamburg | **Protetch** New York |
Pudelko Bonn | **R |** **Reckermann Heidi** Köln | **Regen Projects** Los Angeles | **Reynolds** London | **Ricke** Köln | **Ropac** Salzburg, Paris | **Rosen** New York |
S | **S65** Aalst | **SCAI** Tokyo | **Scalo** Zürich, New York | **Scheibler** Köln | **Schipper & Krome** Berlin | **Schlégl** Zürich | **Schulte** Berlin | **ShanghART** Shanghai |
Shimada Tokyo | **Shugoarts** Tokyo | **Skarstedt** New York | **Sonnabend** New York | **Skarstedt** New York | **Sperone Westwater** New York, Roma, Milano |
Sprüth/Magers Köln, München | **Stähli** Zürich, Köln | **Stampa** Basel | **Starmach** Kraków | **Stein** Milano | **Stolz** Berlin | **Strelow** Düsseldorf |
Strina São Paulo | **Svestka** Prague | **Szwajcer** Antwerpen | **T |** **Tanit** München | **Tàpies** Barcelona | **Tega** Milano | **Templon** Paris | **Thomas** München |
Thorens Basel | **Tolksdorf** Frankfurt | **Torch** Amsterdam | **Trisorio** Napoli | **Tschudi** Glarus | **U |** **Utermann** Dortmund | **V |** **van Orsouw** Zürich |
Verna Zürich | **Villepoix** Paris | **W |** **Waddington** London | **Wallner** Copenhagen | **Walter** Basel | **Wang** Oslo | **Washburn** New York | **Weber Jamileh** Zürich |
Weiss Berlin | **Welters** Amsterdam | **Werner** New York, Köln | **Wuethrich** Basel | **Y |** **Young** Chicago | **Z |** **Zabriskie** New York | **Zeno X** Antwerpen |
Ziegler Renée Zürich | **Zwirner** New York | **Zwirner & Wirth** New York |

Art Edition, Galleries | **Alexander** New York | **Art of this century** Paris, New York | **Artelier** Graz | **Cramer** Genève | **Cristea** London |
Crown Point San Francisco | **Fanal** Basel | **Gemini** Los Angeles, New York | **Item** Paris | **Knust** München | **Lapis** Los Angeles |
Lelong Editions Paris, Zürich, New York | **Nitsch** New York | **Noire** San Sebastiano Po-Torino | **Pace Prints** New York | **Paragon** London | **Polígrafa** Barcelona |
Putman Paris |

Art Statements, Artists, Galleries | **Saâdane Afif** Rein, Paris | **Kader Attia** Mennour, Paris | **Jan De Cock** Welters, Amsterdam |
Lara Favaretto Noero, Torino | **Chris Johanson** Roberts & Tilton, Los Angeles | **Sven't Jolle** Lohaus, Antwerpen | **Friedrich Kunath** BQ, Köln |
Robert Melee Kreps, New York | **Nicolas Moulin** Valentin, Paris | **Saskia Olde Wolbers** Stigter, Amsterdam | **Florian Pumhösl** Krobath Wimmer, Wien |
Eva Rothschild Modern Art, London | **Monika Sosnowska** Foksal, Warszawa | **Catherine Sullivan** Bastide, Brussels |
Padraig Timoney Raucci/Santamaria, Napoli | **Gary Webb** The Approach, London | **Eric Wesley** China Art Objects, Los Angeles |

Art Film | Art Unlimited | List in formation, Index February 03

Der Katalog erscheint Anfang Mai 2003 | Bestellungen: Tel. +49/711-44 05 204, Fax +49/711-44 05 220, sales@hatjecantz.de

Die Kunstmesse – The Art Show
Art 34 Basel, MCH Messe Basel AG, CH-4005 Basel
Fax +41/58-206 26 86, info@ArtBasel.com, www.ArtBasel.com

messe schweiz

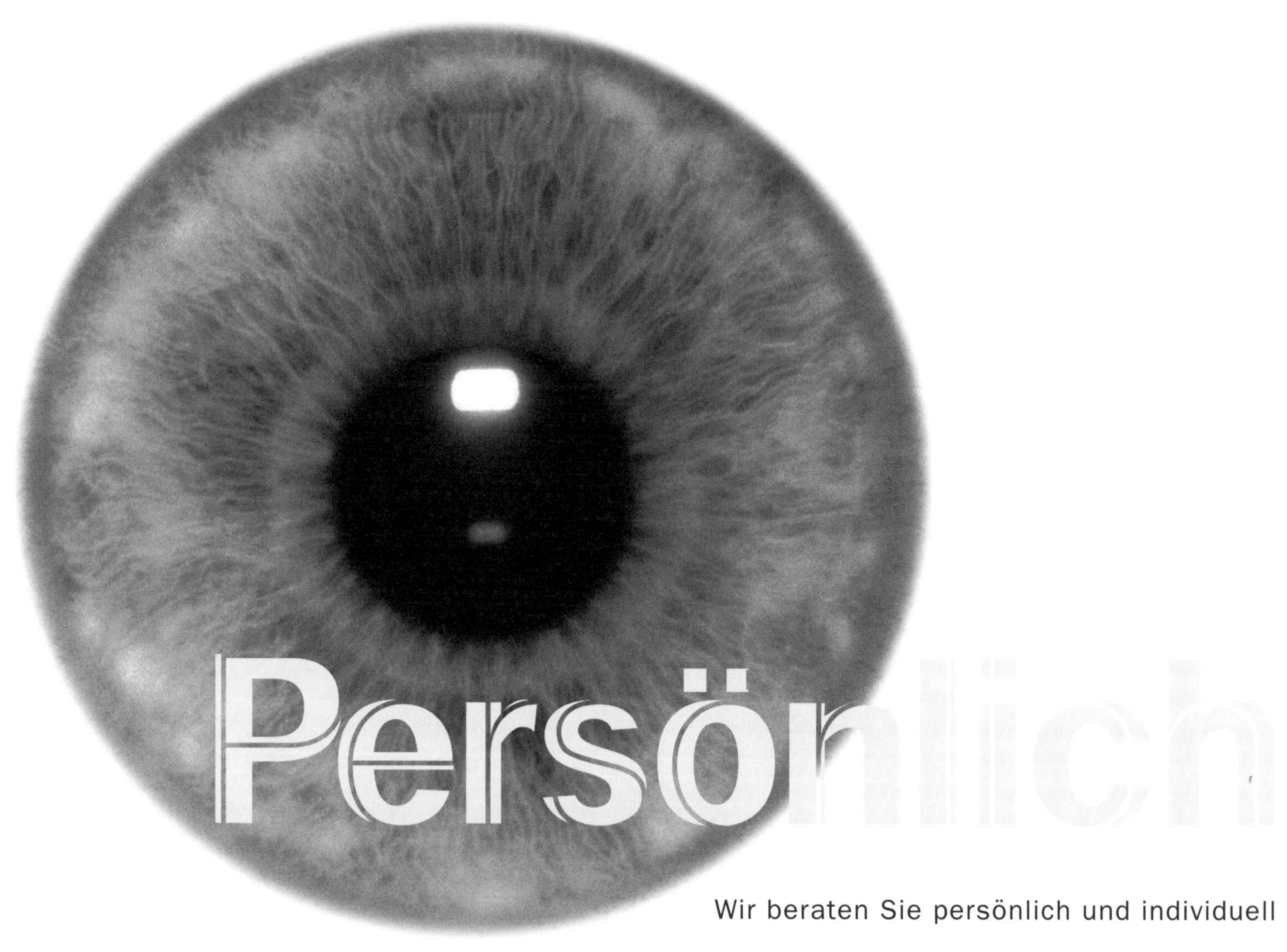

Zürichsee Druckereien AG • Seestrasse 86 • Postfach • 8712 Stäfa • Telefon 01 928 53 03 • Telefax 01 928 53 10 • Internet http://www.zsd.ch

Defile

An Art Metropole + YYZ Artists' Outlet Magazine
artmetropole.com + yyzartistsoutlet.org

Ron Terada: The Trading Places Issue
Volume 1 Issue 1 Spring 2003

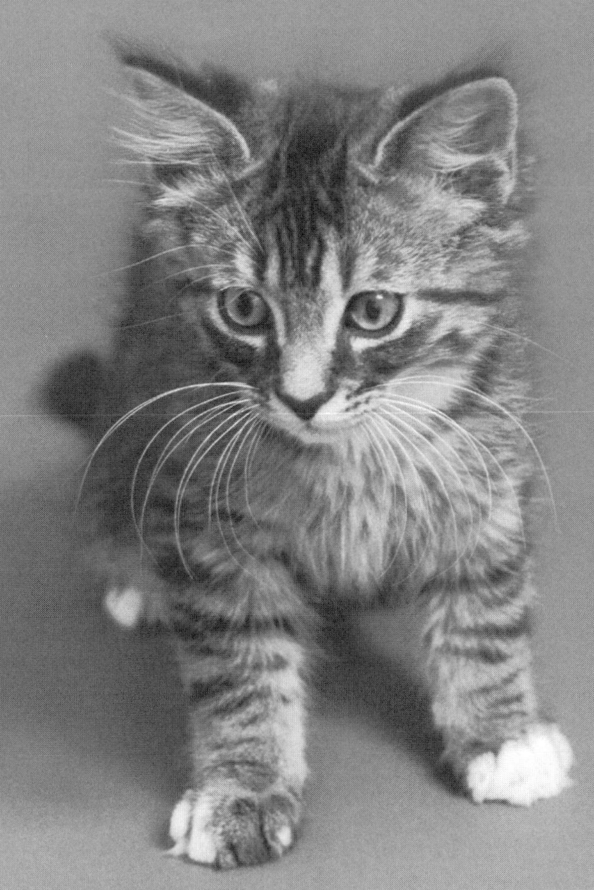

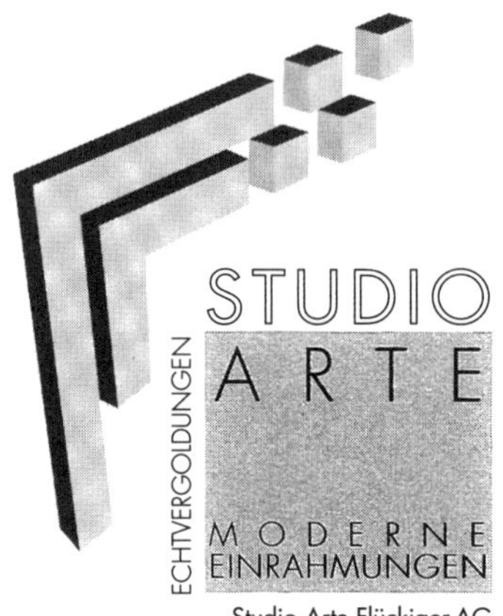

MODERNE EINRAHMUNGEN

Wir haben alle Rahmen für die Ausstellungen der PARKETT - Editionen im Museum Ludwig, Köln, im Louisiana Museum, Dänemark, im Hill Side Forum, Tokio, und im Museum of Modern Art, New York, hergestellt.

Zu unseren Kunden zählen:

Kunstsammler, Museen, Galerien, Industrie und Private.

fabric
FRONTLINE ZURICH

ART EDITIONS ON SILK

MICHAEL RAEDECKER EDITION FOR PARKETT NR. 65
SOPHIE CALLE EDITION FOR PARKETT NR. 36
KATHARINA FRITSCH
UGO RONDINONE
URS FISCHER
LAWRENCE WEINER FOR WWF
CHRISTA NAEHER
MARKUS OEHLEN
MARTIN KIPPENBERGER
WERNER BÜTTNER
HEIMO ZOBERNIG
LUIS CLARAMUNT
MEUSER
ALBERT OEHLEN
GÜNTHER FÖRG
HUBERT KIECOL
JÖRG SCHLICK

THE ADDRESSES FOR THE WORLD'S FINEST SILK PRODUCTS:

FABRIC FRONTLINE SEIDENSALON BAHNHOFSTRASSE 25 8001 ZÜRICH
AND ANKERSTRASSE 118 8004 ZÜRICH WWW.FABRICFRONTLINE.CH

AND THE OUTSTANDING PLACE FOR FINE FOOD:

SEIDENSPINNER RESTAURANT ANKERSTRASSE 120 8004 ZÜRICH
WWW. SEIDENSPINNER.CH

Here, There, Elsewhere...

A book project initiated by **Anton Vidokle** in collaboration with: **Kurt Finsten, Lauri Firstenberg, Jens Hoffmann, Hans Ulrich Obrist**, students at **Krabbesholm Højskole, Pascale Willi/nextext** and **Julieta Aranda**.

Published by **Krabbesholm Books** for *Utopia Station* at Venice Biennale 2003.

For further information and images please contact Kurt Finsten:
Krabbesholm Højskole
Krabbesholm Allé 15
7800 Skive
Denmark
Tel. (+45) 9752 0227
Fax (+45) 9751 2269
post@krabbesholm.dk
www.krabbesholm.dk

A special limited edition of large c-prints by Anton Vidokle, produced by Krabbesholm Højskole in conjunction with this project, is currently available.

ISBN 87-91197-09-0
Print: Skive Offset, Denmark
© Krabbesholm 2003

KRABBESHOLM BOOKS publications:
The Idea of a Chair, Krabbesholm 2001; *Yvette Brackman: Imagined Communities*, Krabbesholm 2001; *Michel Auder: Krabbesholm mon amour*, Krabbesholm 2001; *Jason Dodge: Autumn Winter Spring Summer Autumn*, Krabbesholm 2001; *Pardo House*, Krabbesholm 2002; *Paul Ouwerkerk: DIN 1451: font > book, a process*, Krabbesholm 2002.

eyekon.ch on/offline media

Eröffnung
Info Offspring 15.05.03
19 Uhr
Vortrag: **Katja Diefenbach**, Berlin
Was vom Kriege übrigbleibt Kapitalismus
und Ausnahmezustand
21 Uhr I Eröffnung am Kiosk
Installation: *das leben der autos*

Info Offspring 29.05.03
19 Uhr
Vortrag: **Fabian Kröger**, Berlin
Vom Glas, dem Unfall und der DNA-Automobilität
Analogien im Kreisverkehr zirkulieren lassen
21 Uhr I Eröffnung am Kiosk
Neuinstallation von Fabian Kröger u.a.

Radio Urban Document ab 02.05.03
forum sound. tests, kommunikation
& interventionsplanung
jeden Samstag Mai/Juni, 14 -18 Uhr

Public Sampler 30.04 - 31.05.03
Do–So 14–20 Uhr
Do–So 21–23 Uhr auf dem Postplatz
Videoprojektionen:
Eva Hertzsch/Adam Page, Dresden
Observatorium, Rotterdam
Anne Frémy/Benjamin Riviére, Paris
Sisley Xhafa, New York u.a.

Public Sampler

spot_off

Info Offsping

Radio Urban Document

Symposium Kunst im Stadtraum

Spot Off   06.05.03
Beginn Film- und Vortragsreihe
"Einstürzende Neubauten"
jeden Dienstag:
Vorträge: 19 Uhr I Filme: 20 Uhr
Start: **"Hass"**, Regie: **Mathieu Kassovitz**,
Frankreich 1995

13.05.03 I **19 Uhr**
"Banlieue-Show" oder
Das Politikspektakel der Sprengung
abgewirtschafteter Stadtviertel
Vortrag: **Mognis H. Abdallah**, Paris

20.05.03 I **19 Uhr**
"Rückbau Ost" zur Zukunft
ostdeutscher Plattenbausiedlungen
Vortrag: **Matthias Berndt**, Leipzig

30/31.05.03
Workshop zu Interventionen
im öffentlichen Raum:
Reclaim the Public Space -
Die Stadt uns allen
30.05.03 I 17–20 Uhr
31.05.03 I 10–18 Uhr
mit **CityCrimeControll**, Bremen
Innenstadtgruppe Frankfurt/M.
Ausländerrat e.V., Dresden u.a.

DRESDENPostplatz I Projektraum
Wilsdruffer Str. 27 I 01067 Dresden
weitere Termine unter:
www.dresden-postplatz.de
Kontakt : T.: +49(0)351.482 45 44
          F.: +49(0)351.482 45 45
E-Mail: goltz@dresden-postplatz.de

Gefördert von der Kulturstiftung des Bundes   Projektträger: Kunstfonds des Freistaates Sachsen

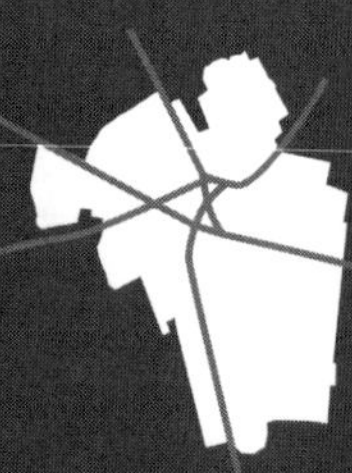

DRESDENPostplatz
Mai bis Oktober 2003

Soweit war ich mit meinen Gedanken gekommen,
als plötzlich der Frühling hereinbrach

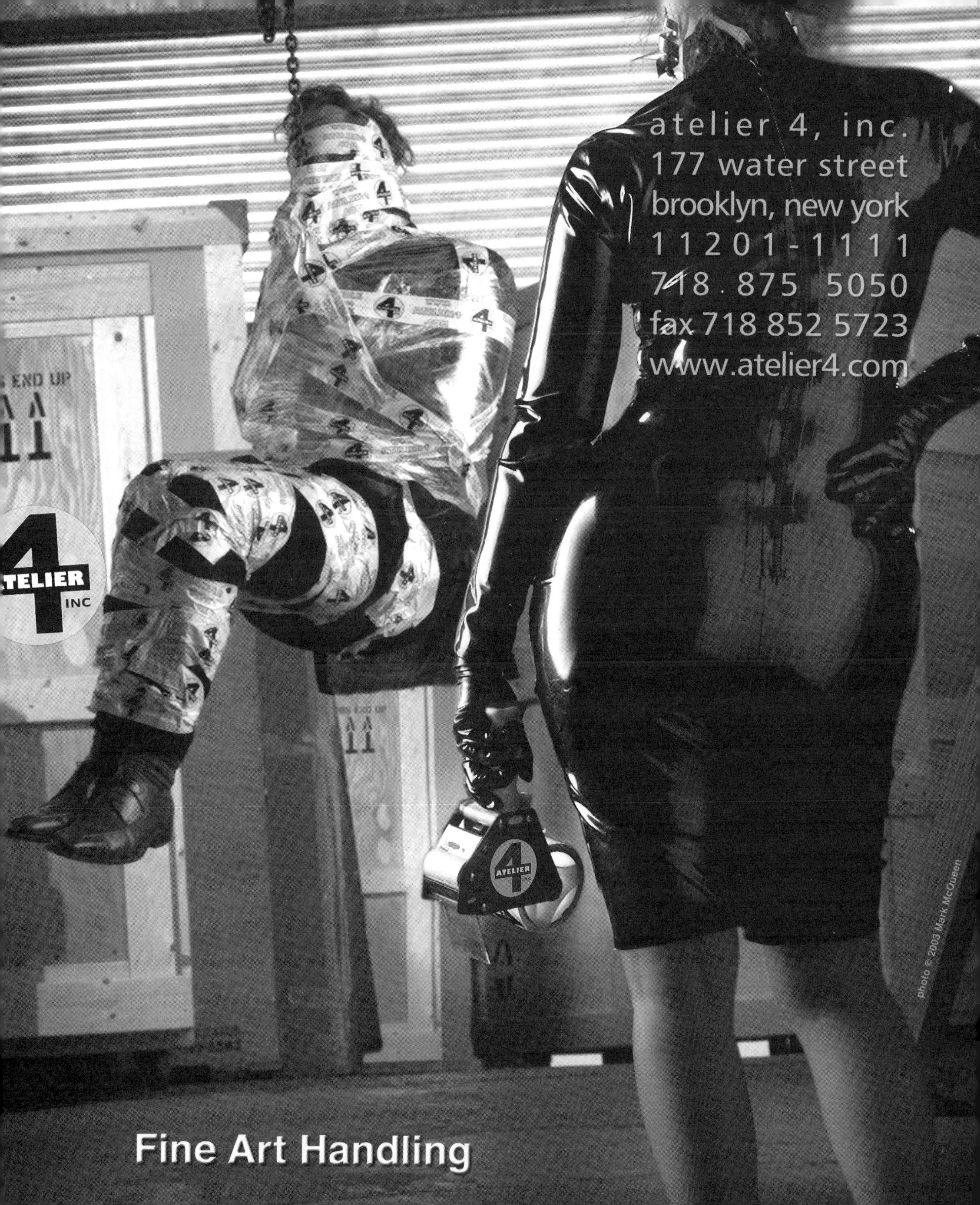
atelier 4, inc.
177 water street
brooklyn, new york
11201-1111
718 . 875 5050
fax 718 852 5723
www.atelier4.com

ATELIER 4 INC

Fine Art Handling

photo © 2003 Mark McQueen

THE NEXT DOCUMENTA SHOULD BE CURATED BY AN ARTIST

A new e-flux project curated by Jens Hoffmann
http://www.e-flux.com

Pawel Althamer
Ricardo Basbaum
Laura Bélem
AA Bronson
Michael Elmgreen & Ingar Dragset
Morgan Fisher
Liam Gillick
Natascha Sadr Haghighian
CM von Hauswolff
Federico Herrero
Carsten Höller

Alfredo Jaar
Dorit Margreiter
Cildo Mereiles
John Miller
Jonathan Monk
Rivane Neuenschwander
Florian Pumhösl
Martha Rosler
Julia Scher
Markus Schinwald
TinoSeghal

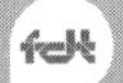

e-flux fdt

Contact:
projects@e-flux.com

A publication will be available
by **Revolver**, Frankfurt concluding
the project in October 2003
(ISBN 3-936919-05-4)

Schweizerische Treuhandgesellschaft

Ihr Partner für Vermögensverwaltung und Beratung

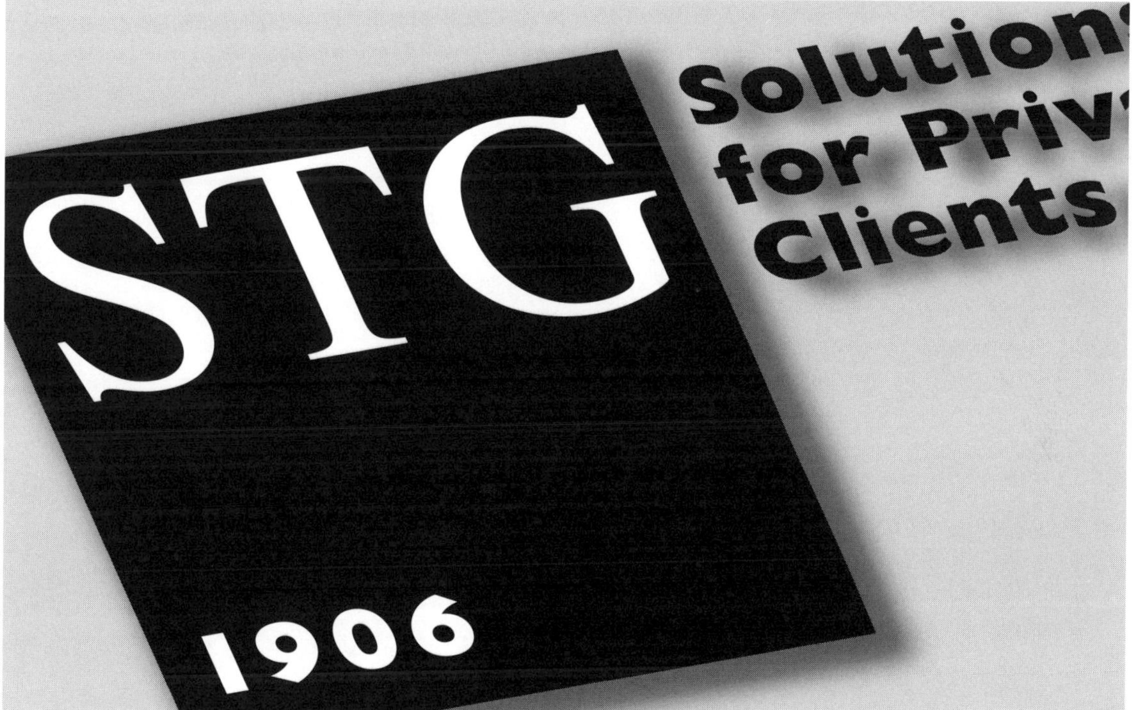

www.stg.ch

- Vermögensberatung und Asset Management
- Buchführungen in Zusammenhang mit der Vermögensbetreuung
- Beratung in Steuer-, Rechts- und Erbschaftsfragen
- Finanzplanung
- Trusts und Stiftungen
- **Fine Art Services**
- Executive search
- Immobiliendienstleistungen

**Die Gesellschaft für die individuelle Betreuung
aller Ihrer Vermögensangelegenheiten**

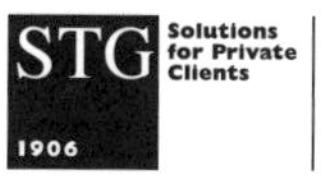

Schweizerische Treuhandgesellschaft
Société Fiduciaire Suisse

Basel +41 (0)61 277 55 00, Bern +41 (0)31 326 73 00, Genève +41 (0)22 710 74 00, Lausanne +41 (0)21 728 37 50, Lugano +41 (0)91 913 77 00, Zürich +41 (0)1 219 79 00

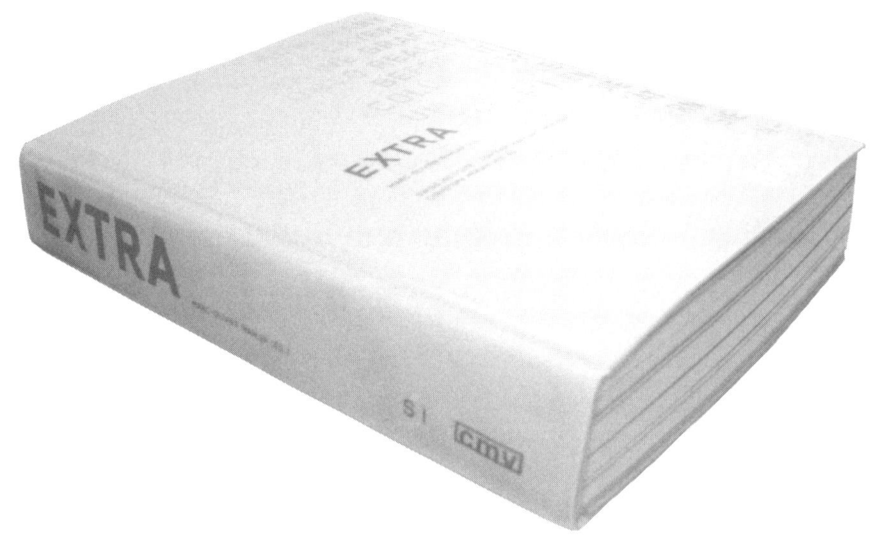

HOW MANY EXTRA LAYERS CAN WE GRAFT ONTO REALITY BEFORE IT COLLAPSES?

EXTRA / THE BOOK

WITH EXTRA, 28 ARTISTS HAVE COME TOGETHER, JOINED BY CRITICS, CURATORS AND PHYSICISTS, TO EXPOSE THE DEPTH AND COMPLEXITY OF REALITY IN A GRAND COLLABORATION.

EACH ARTIST HAS CONTRIBUTED AN ORIGINAL VISUAL ESSAY IN FULL COLOR. THEIR IMAGES ARE COMPLIMENTED BY SEVERAL FASCINATING TEXTS. DAVID DEUTSCH AND SETH LLOYD, QUANTUM PHYSICISTS, DELIVER A PASSIONATE ROUND OF "BRAIN TENNIS" IN THEIR CORRESPONDENCE DISCUSSING THE CONCEPT OF MULTIPLE UNIVERSES. MARC-OLIVIER WAHLER'S TEXT ABOUT GLIDING THROUGH THE FOLDS OF REALITY IS AN INTRICATE COMPANION TO HIS EXHIBITION. THE TEXTS OF ART CRITIC BOB NICKAS AND SEVERAL ARTISTS (JOHN GIORNO, JUTTA KOETHER, OLIVIER MOSSET AND STEVEN PARRINO) SERVE TO ROUND OUT AND COMPLETE THIS MULTILAYERED COLLABORATION.

EXTRA ORIGINAL VISUAL ESSAYS BY:
VIRGINIE BARRÉ, OLIVIER BLANCKART, OLAF BREUNING, STÉPHANE DAFFLON, WIM DELVOYE, DANIEL FIRMAN, URS FISCHER, PETER FISCHLI / DAVID WEISS, SYLVIE FLEURY, GELATIN, JOHN GIORNO, JANINE GORDON, FABRICE GYGI, LORI HERSBERGER, CHRISTIAN JANKOWSKI, OLIVIER MOSSET, GIANNI MOTTI, ERIK PARKER, STEVEN PARRINO, JUTTA KOETHER, BRUNO PEINADO, UGO RONDINONE, JEAN-CLAUDE RUGGIRELLO, STÉPHANE SAUTOUR, JIM SHAW, ROMAN SIGNER, OLAV WESTPHALEN AND ERWIN WURM.

EXTRA, 440 PAGES, FULL COLOR
EDITED BY MARC-OLIVIER WAHLER
PUBLISHED BY THE SWISS INSTITUTE - CONTEMPORARY ART AND CHRISTOPH MERIAN VERLAG
DISTRIBUTED IN NORTH-AMERICA BY D.A.P.
TO ORDER NOW VISIT WWW.SWISSINSTITUTE.NET

S I SWISS INSTITUTE - CONTEMPORARY ART,
495 BROADWAY 3RD FLOOR / NEW YORK NY 10012
TUESDAY – SATURDAY 11 A.M. – 6 P.M. / p 212 925 2035 / f 212 925 2040
www.swissinstitute.net / info@swissinstitute.net

Portuguese Ministry of Culture | Institute of Contemporary Art

Serralves Museum of Contemporary Art

Portuguese
Pavilion

50th Venice Biennial
2003

pedro CABRITA REIS

curated by

Vicente Todolí

João Fernandes

Portuguese Pavilion   Giudecca, 8 (Antichi Granai)   30133 Venice   Italy

Portuguese Representation   T + 351 21 361 45 08   F + 351 21 364 98 72

portugalbiennalevenezia2003@min-cultura.pt   www.pedrocabritareis.com

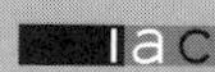

CentrePasquArt Kunsthaus Centre d'art Seevorstadt 71–75 faubourg du Lac

CH 2502 Biel Bienne T + 41 32 322 55 86 www.pasquart.ch info@pasquart.ch Bus 11 ab Bahnhof depuis la gare

Öffnungszeiten heures d'ouverture Mi–Fr me–ve 14h–18h, Sa–So sa–di 11h–18h, Mo–Di geschlossen lu–ma fermé

Fabrice Gygi 07 06–03 08 2003

Einzelausstellung / exposition personnelle

(Galeries - Parkett 1)

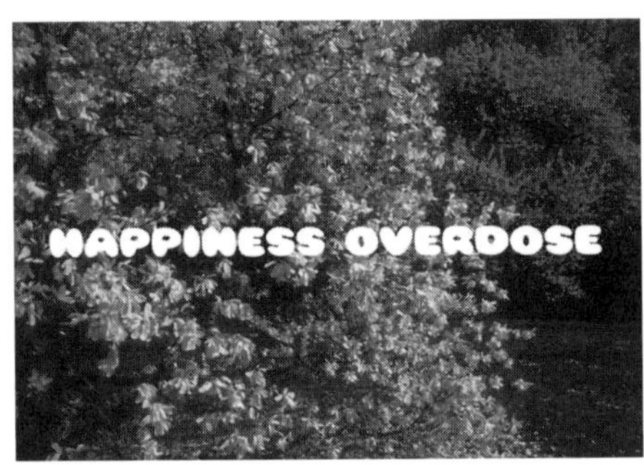

Erik Steinbrecher 07 06–03 08 2003

Einzelausstellung / exposition personnelle

(Salle Poma - Parkett 2)

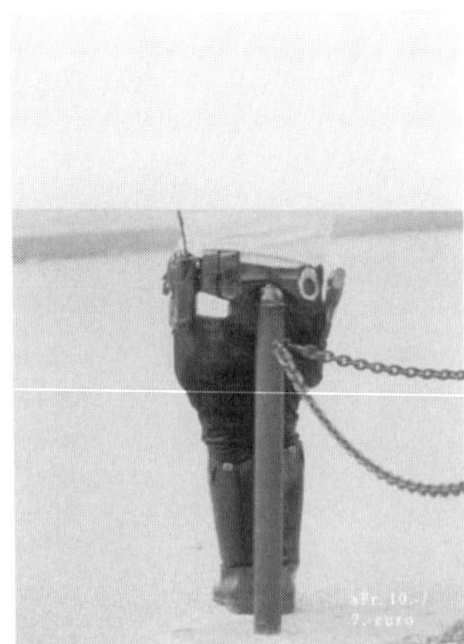

Bregenz Kunsthaus

Franz West

5.7. – 14.9.03

Di–So 10–18, Do 10–21; 16.7.–18.8. 10–21 Uhr | T (+43-5574) 485 94-0 | www.kunsthaus-bregenz.at   **40 km ↓**

St.Gallen Kunstmuseum

Striptease

29.3. – 24.8.03

Di–Fr 10–12, 14–17 Uhr; Mi bis 20 Uhr; Sa/So 10–17 Uhr | T (+41-71) 242 06 71   **70 km ↓**

Vaduz Kunstmuseum Liechtenstein

Migration

27.6. – 2.11.03

Di–So 10–17 Uhr, Do 10–20 Uhr | T (+423) 235 03 00 | www.kunstmuseum.li   **40 km ↓**

Chur Bündner Kunstmuseum

Augusto Giacometti

21.6. – 14.9.03

Di–So 10–17 Uhr, Do 10–20 Uhr | T (+41-81) 257 28 68 | www.buendner-kunstmuseum.ch   **40 km ↑**

Kunstmuseum Bern

Kunstmuseum Bern, Hodlerstrasse 8–12, 3000 Bern 7, Telefon +41 31 328 09 44, Fax +41 31 328 09 55
Dienstag 10–21 Uhr, Mittwoch bis Sonntag 10–17 Uhr, Montag geschlossen, www.kunstmuseumbern.ch

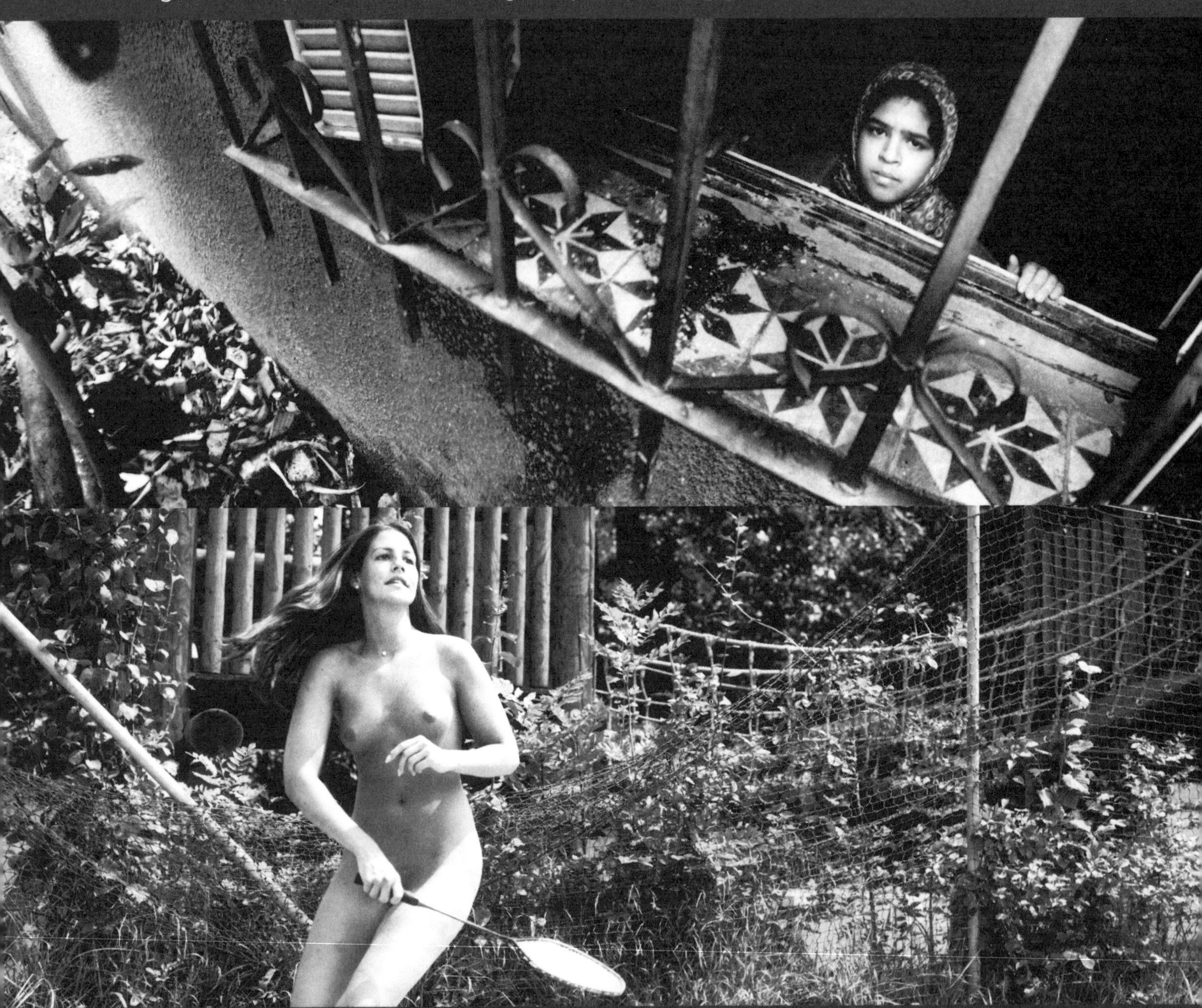

Michael von Graffenried

Zwischen Welten · Fotoinstallation   5.3. – 22.6.2003

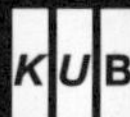

12. April bis 22. Juni 2003
fragmente bregenz 2003

GERHARD
MERZ

5. Juli bis 14. September 2003
WE'LL NOT CARRY COALS

FRANZ
WEST

K|U|B

Kunsthaus Bregenz
Karl Tizian Platz
A-6900 Bregenz

Telefon +43-(0)55 74-485 94-0
www.kunsthaus-bregenz.at

Di – So 10 – 18 Uhr
Do 10 – 21 Uhr
Während der Bregenzer
Festspiele täglich von
10 bis 21 Uhr

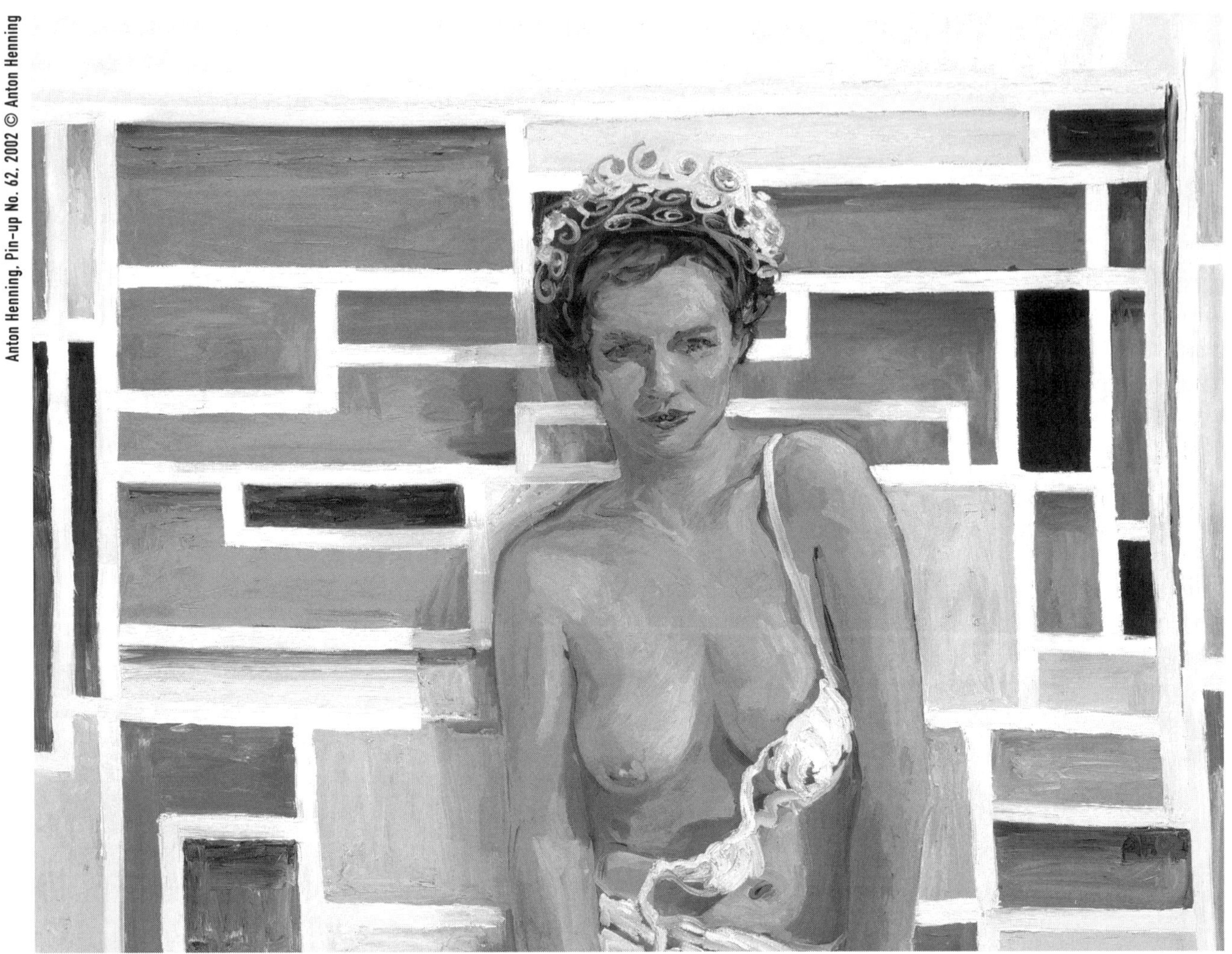

Anton Henning *Ziemlich schöne Malereien*
May 10 – July 20

Anton Egloff *subskulptur*
May 10 – August 3

me & more **Magdalena Abakanowicz, Laylah Ali,
Ross Bleckner, Antony Gormley, Barbara Kruger,
Elke Krystufek, Tatjana Marusic, Zhang Huan and others**
August 9 – November 23

Kunstmuseum Luzern Museum of Art Lucerne
Europaplatz 1 (KKL Level K) CH–6002 Luzern Tel. +41 (0)41 226 78 00
Infotel. +41 (0)41 226 78 78 www. kunstmuseumluzern.ch

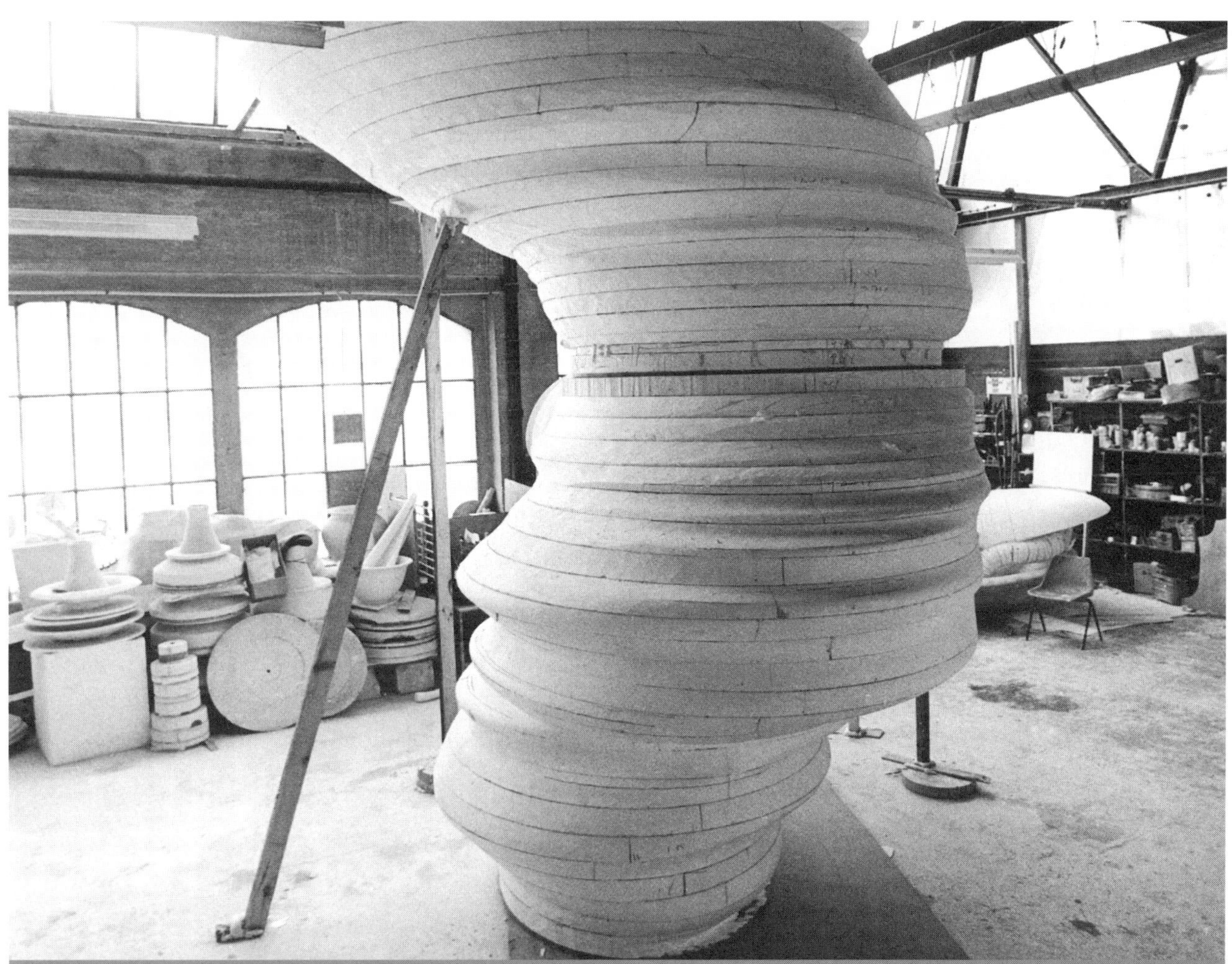

TONY CRAGG
SIGNS OF LIFE

23. MAI   BIS   5. OKTOBER 2003   IN   BONN

KUNST- UND AUSSTELLUNGSHALLE DER BUNDESREPUBLIK DEUTSCHLAND

D-53113 BONN · MUSEUMSMEILE · FRIEDRICH-EBERT-ALLEE 4 · +49 (0)228 / 9171-200

WWW.BUNDESKUNSTHALLE.DE · ÖFFNUNGSZEITEN: DI + MI 10–21 UHR · DO–SO 10–19 UHR · MO GESCHLOSSEN

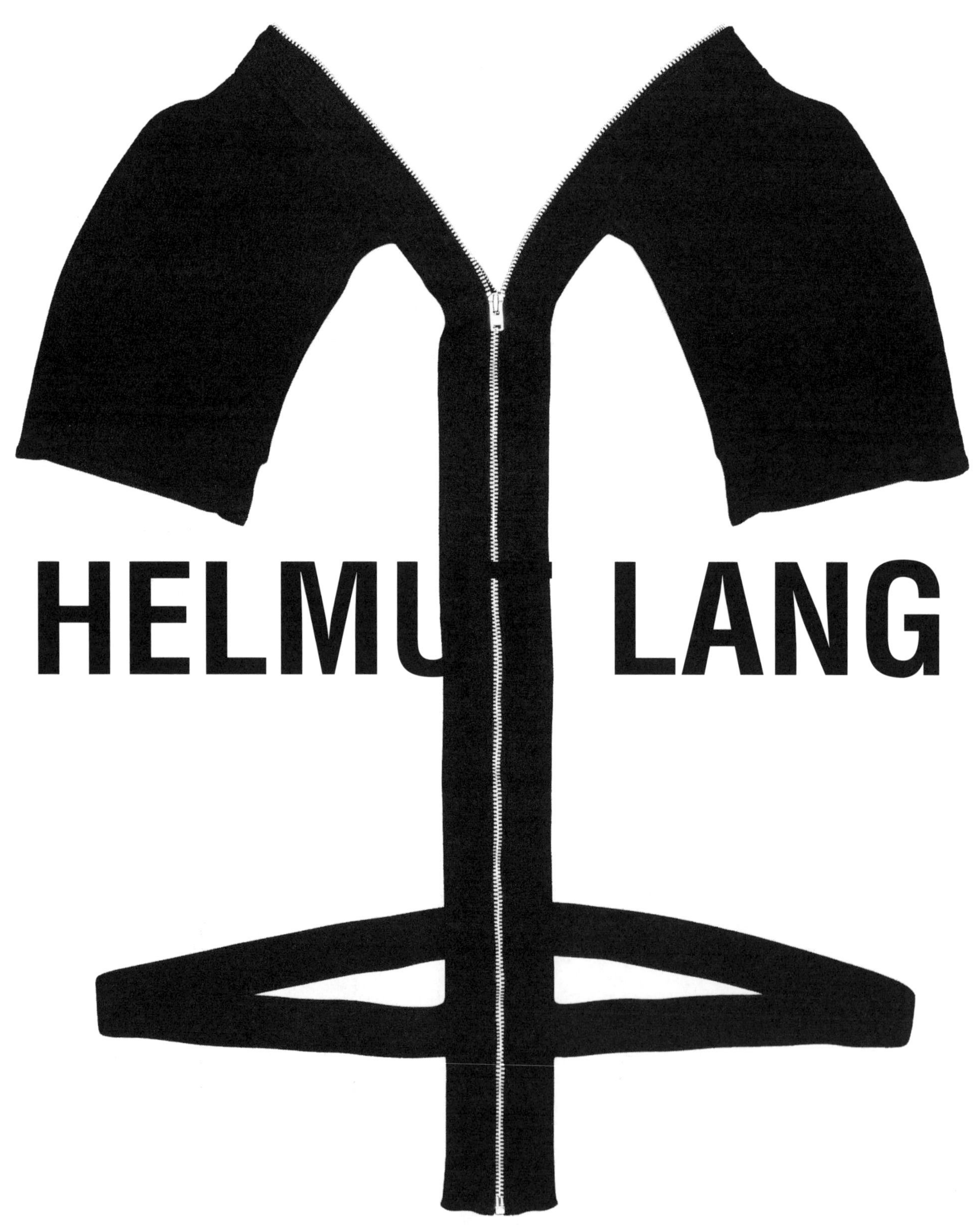

surf wetsuit v-strap skeleton Paris New York, N.Y. **HELMUT LANG** - S/S 03

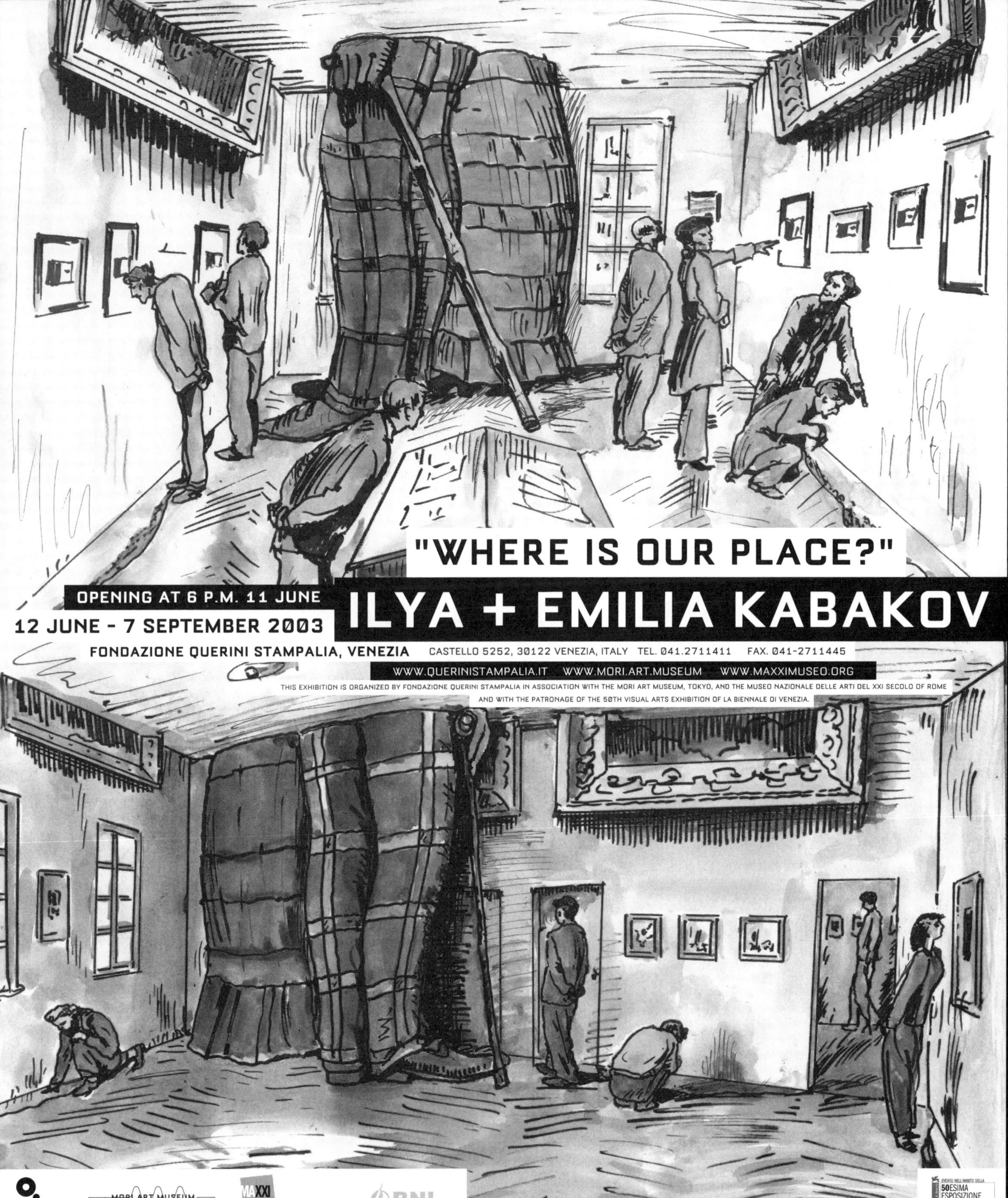

"WHERE IS OUR PLACE?"
ILYA + EMILIA KABAKOV
OPENING AT 6 P.M. 11 JUNE
12 JUNE - 7 SEPTEMBER 2003
FONDAZIONE QUERINI STAMPALIA, VENEZIA
CASTELLO 5252, 30122 VENEZIA, ITALY   TEL. 041.2711411   FAX. 041-2711445
WWW.QUERINISTAMPALIA.IT   WWW.MORI.ART.MUSEUM   WWW.MAXXIMUSEO.ORG
THIS EXHIBITION IS ORGANIZED BY FONDAZIONE QUERINI STAMPALIA IN ASSOCIATION WITH THE MORI ART MUSEUM, TOKYO, AND THE MUSEO NAZIONALE DELLE ARTI DEL XXI SECOLO OF ROME
AND WITH THE PATRONAGE OF THE 50TH VISUAL ARTS EXHIBITION OF LA BIENNALE DI VENEZIA.
Fondazione
Querini Stampalia
MORI ART MUSEUM
MORI ARTS CENTER
MAXXI
MUSEO NAZIONALE
PER LE ARTI
DEL XXI SECOLO
BNL
EVENTO NELL'AMBITO DELLA
50ESIMA
ESPOSIZIONE
INTERNAZIONALE
D'ARTE

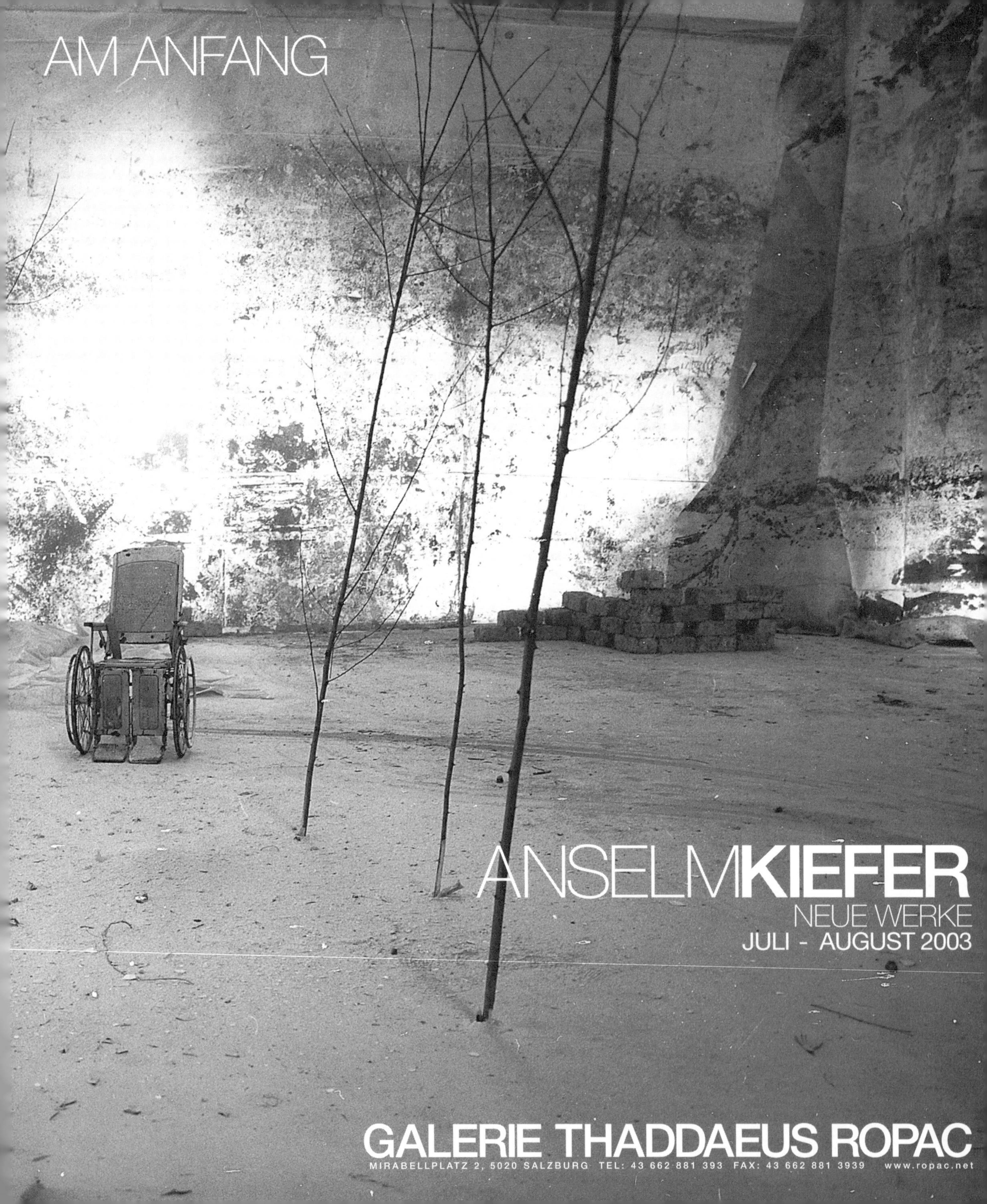

AM ANFANG

ANSELMKIEFER
NEUE WERKE
JULI - AUGUST 2003

GALERIE THADDAEUS ROPAC
MIRABELLPLATZ 2, 5020 SALZBURG TEL: 43 662 881 393 FAX: 43 662 881 3939   www.ropac.net

THOMAS AMMANN FINE ART AG ZURICH

THIRTY THREE WOMEN

JUNE 16 – SEPT 30 2003

WILLEM DE KOONING

ART 34'03 BASEL

RESTELBERGSTRASSE 97 · CH-8044 ZÜRICH · TEL +41 1 360 51 60 · FAX +41 1 360 51 61
WWW.AMMANNFINEART.COM · DA@AMMANNFINEART.COM

jahanguir

future of the past
paintings and sculptures
may 8 – june 28, 2003

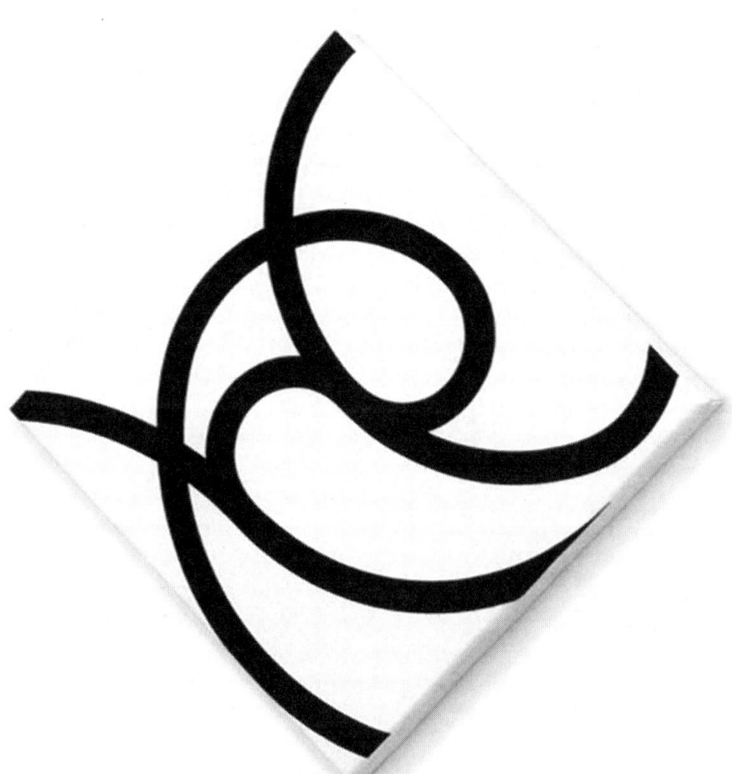

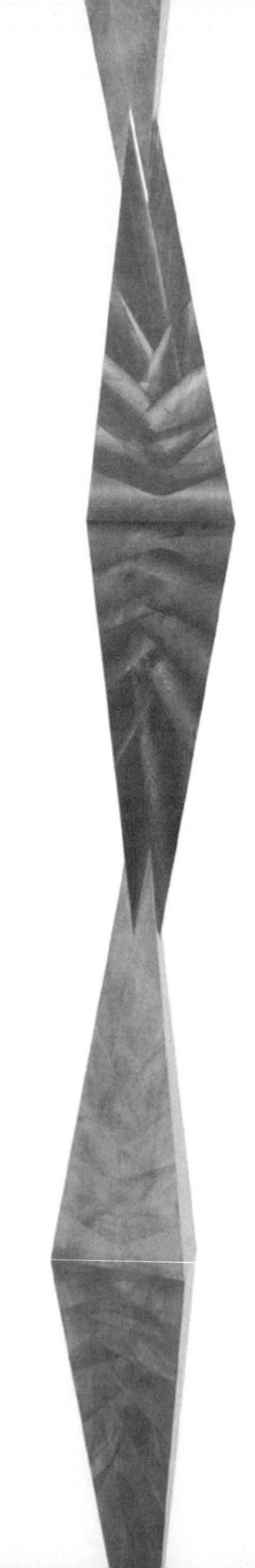

galerie jamileh weber

waldmannstrasse 6
ch–8001 zurich
telefon +41 1 252 10 66
telefax +41 1 252 11 32
www.jamilehweber.com
info@jamilehweber.com
tu–fr 11–18h, sa 10–16h